Juraj Hromkovič

Sieben Wunder der Informatik

Juraj Hromkovič

Sieben Wunder der Informatik

Eine Reise an die Grenze des Machbaren
mit Aufgaben und Lösungen

2., überarbeitete und erweiterte Auflage

Mit Zeichnungen von Ingrid Zámečniková

STUDIUM

**VIEWEG+
TEUBNER**

Bibliografische Information der Deutschen Nationalbibliothek
Die Deutsche Nationalbibliothek verzeichnet diese Publikation in der
Deutschen Nationalbibliografie; detaillierte bibliografische Daten sind im Internet über
<http://dnb.d-nb.de> abrufbar.

Prof. Dr. Juraj Hromkovič
Geboren 1958 in Bratislava, Slowakei. Studium der Mathematischen Informatik an der Komenský Universität, Bratislava. Promotion (1986) und Habilitation (1989) in Informatik an der Komenský Universität. 1990 – 1994 Gastprofessor an der Universität Paderborn, 1994 – 1997 Professor für Parallelität an der CAU Kiel. 1997 – 2003 Professor für Algorithmen und Komplexität an der RWTH Aachen. Seit 2001 Mitglied der Slowakischen Gesellschaft. Seit Januar 2004 Professor für Informatik an der ETH Zürich.

1. Auflage 2006
2., überarbeitete und erweiterte Auflage 2009

Lektorat: Ulrich Sandten | Kerstin Hoffmann

Vieweg+Teubner ist Teil der Fachverlagsgruppe Springer Science+Business Media.
www.viewegteubner.de

Umschlaggestaltung: KünkelLopka Medienentwicklung, Heidelberg
Druck und buchbinderische Verarbeitung: STRAUSS GMBH, Mörlenbach
Gedruckt auf säurefreiem und chlorfrei gebleichtem Papier.
Printed in Germany

ISBN 978-3-8351-0172-2

Für

Urs Kirchgraber

Burkhard Monien

Adam Okrúhlica

Péťa und Peter Rossmanith

Georg Schnitger

Erich Valkema

Klaus und Peter Widmayer

und alle, die sich mit

der Forschung begeistern

lassen

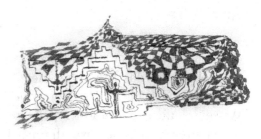

Die Wissenschaft ist innerlich eine Einheit.
Die Aufteilung in einzelne Gebiete
ist nicht durch die Natur der Dinge bedingt,
sondern insbesondere durch die Schranken
der menschlichen Fähigkeiten in dem Erkenntnisprozess.

Max Planck

Vorwort

Dieses Buch ist eine Materialisierung der Vorlesungsreihe „Sieben Wunder der Informatik", die im Wintersemester 2005/2006 an der ETH Zürich für jedermann angeboten wurde. Viele Menschen verbinden die Informatik nur mit dem Rechner und der Fähigkeit, mit ihm umzugehen. Textverarbeitung, Bildverarbeitung, Suche im Internet und andere Anwendungen gehören zu den Themen des Unterrichts für den Computerführerschein und irrtümlicherweise wird dies in vielen Bildungsbereichen mit dem Informatikunterricht verwechselt. Dabei hat die Nutzung unterschiedlicher Software ungefähr so viel mit der Informatik zu tun, wie das Autofahren mit dem Maschinenbau. Wenn wir also einen Autofahrer nicht automatisch für einen Maschinenbauingenieur halten, sollten wir auch einen Computeranwender nicht als Informatiker bezeichnen. Die erste und ursprüngliche Zielsetzung dieser Veranstaltung war es, die naive Vorstellung über Informatik durch das Bild einer Wissenschaftsdisziplin zu ersetzen, die einerseits ähnlich wie die Mathematik und die Naturwissenschaften die Gesetze entdeckt, nach denen diese Welt funktioniert und so zum allgemeinen Wissen beiträgt, und andererseits die errungenen Erkenntnisse mit Hilfe ingenieurwissenschaftlicher Techniken zur Herstellung unterschiedlicher Produkte nützt.

Obwohl diese Korrektur der Darstellung der Informatik in der Öffentlichkeit und in den Bildungssystemen für mich wichtig und erstrebenswert geblieben ist, verlagerte sich meine Aufmerksamkeit während der Vorbereitung der

„Sieben Wunder der Informatik" immer mehr in Richtung anderer Prioritäten. Ich wollte das Entstehen der Informatik und ihre Entwicklung als eine spannende Geschichte erzählen. Und zwar nicht als Geschichte einer isolierten Wissenschaft, sondern einer Wissenschaft, die untrennbar mit anderen Wissenschaften verbunden ist, die aus Kenntnissen und Forschungsergebnissen anderer Gebiete schöpft und die andere Wissenschaften durch ihre Errungenschaften bereichert. Meine Idee war es, dass man auf diese Weise durch das Beispiel der Informatik zusätzlich mehr Verständnis für die Art und Weise gewinnen kann, wie allgemein Wissenschaften aufgebaut werden, und dass man so die Dynamik der Forschungsprozesse begreifen lernt. Es wurde mir wichtig zu vermitteln, dass nicht nur die in der Öffentlichkeit popularisierten Resultate und Entdeckungen den Erfolg der Forschung bestimmen, sondern dass die Entwicklung der Fachsprachen und die damit verbundene Begriffsbildung maßgebend für den wissenschaftlichen Fortschritt sind.

Während meiner Bemühungen, diese Ziele zu erreichen, bin ich zu der Überzeugung gelangt, dass die Anstrebung der typischen Ziele von Vorträgen für die Öffentlichkeit, wie beispielsweise das Verständnis der Bedeutung und der Wichtigkeit wissenschaftlicher Resultate zu fördern, für mich nicht zufriedenstellend ist. Ich entschloss mich, die Zuhörer auf die Entdeckungswege so mitzunehmen, dass sie danach fähig wären, selbstständig Teile dieser Wege zu beschreiten und somit die tiefe Begeisterung der Entdecker in einem tieferen Verständnis mitzuerleben. Dazu gehört nicht nur, einfache und anschauliche Darstellungen von komplexen Sachinhalten und Zusammenhängen zu finden, sondern auch die Zuhörer von ihrer passiven Rolle zu befreien. Deswegen beinhaltet dieses Buch viele Aufgabenstellungen, die an den Leser gerichtet sind. Die Aufgaben sind im Buch genau dort platziert, wo es am sinnvollsten ist, sie zu bearbeiten. Die Bemühungen, sie zu lösen, überprüfen und festigen das richtige Verständnis der vorangegangenen Erklärungen oder fordern den Teilnehmer auf, zu versuchen, die gewonnenen Kenntnisse zum selbstständigen Erreichen ursprünglicher Forschungsresultate anzuwenden.

Die ausgesuchten Themen gehören nicht nur zu den Meilensteinen der Informatikentwicklung. Sie sind auch wahre „Wunder" in dem Sinne, dass der Forschungsweg zu ihnen voller unerwarteter Wendungen und spektakulärer Erkenntnisse war und dass sie auf den ersten Blick oft unglaubwürdig erscheinen. Damit bieten diese Themen die Möglichkeit einer spannenden Präsentation, die die Zuhörer oder die Leser emotional in ihren Bann zieht. In welchem Maß dies dem Autor dieses Buches gelungen ist, bleibt Ihnen zu beurteilen.

Hilfreiche Unterstützung Anderer hat zur schnellen Entstehung dieser Materialisierung der Vorlesungsreihe „Sieben Wunder der Informatik" beigetragen. Mein tiefster Dank gilt Hans-Joachim Böckenhauer und Joachim Kupke für die Mitwirkung bei der Durchführung der Vorlesungsreihe und für die Ausarbeitung der Musterlösungen zu den in den Vorträgen formulierten Aufgaben. Diese Musterlösungen befinden sich zusammen mit meinen Kurzfassungen der Vorträge auf

`www.openclass.inf.ethz.ch/programm/archiv/WS2005/aufgaben`

und stehen allen Lesern frei zur Verfügung. Wie bei den meisten meiner Bücher hat Hans-Joachim Böckenhauer sein scharfes Auge auf das ganze Manuskript geworfen und ich bin ihm für die vielen seiner Kommentare und Verbesserungsvorschläge sehr dankbar. Ein herzlicher Dank geht an Petra Hieber für die Erfindung des OpenClass-Konzeptes für die Vortragsreihen an der ETH und für ihre Bereitschaft, als Testperson das ganze Buch auf die Verständlichkeit für Nicht-Naturwissenschaftler zu prüfen.

Den mehr als 200 Teilnehmern von OpenClass „Sieben Wunder der Informatik" danke ich herzlichst für die tolle Atmosphäre. Dank ihrer Begeisterung ist das Buchprojekt zu Stande gekommen. Nicolas Born, Yannick Born und Robin Künzler danke ich herzlich sowohl für die Einbettung des Manuskriptes in LaTeX und die damit verbundene Text- und Bildbearbeitung, als auch für sorgfältiges Korrekturlesen. Ein herzlicher Dank geht auch an das Team des Teubner Verlages für die hervorragende Zusammenarbeit, insbesondere an Ivonne Domnick und Ulrich Sandten, bei denen ich mich für den Zeitdruck entschuldigen muss, unter den ich sie während unserer Zusammenarbeit gesetzt habe. Mein tiefster Dank geht auch an Herbert Bruderer und Erich Valkema für die Diskussionen und für ihre Verbesserungsvorschläge zu den Themen der Manifeste, die am Ende des Buches als Nachworte präsentiert sind. Herzlichst danke ich Ingrid Zámečniková für ihre originellen Illustrationen und Grzegorz Rozenberg und Arto Salomaa für die Erlaubnis, die Illustrationen aus ihren Büchern verwenden zu dürfen.

Ich wünsche Ihnen viel Spaß und aufregendes Lesevergnügen.

Zürich, August 2006.   Juraj Hromkovič

Vorwort zur zweiten Auflage

Inhaltlich unterscheidet sich die zweite Auflage kaum von der ersten. Es wurden jedoch viele kleine Verbesserungen vorgenommen, insbesondere was die Qualität der graphischen Darstellungen betrifft.

Für die Korrekturen und die Verbesserungsvorschläge möchte ich mich herzlich bei allen bedanken, die mir geschrieben haben. Besonders Aussagen aus Leserbriefen wie „Dieses Buch zu lesen ist spannender als ein Detektivroman." haben mir viel Freude bereitet. Mein besonderer Dank geht an Yannick Born und Björn Steffen für die Hilfe bei der Bearbeitung des Manuskripts und eigene Verbesserungsvorschläge, sowie an Jela Skerlak für das Zeichnen von neuen Abbildungen. Herzlichst bedanke ich mich auch bei Kerstin Hoffman und Ulrich Sandten von Vieweg+Teubner für die wie immer ausgezeichnete Zusammenarbeit mit einem nicht unbedingt einfachen Autor.

Den neuen Leserinnen und Lesern wünsche ich viel Vergnügen beim Lesen.

Zürich, September 2008.   Juraj Hromkovič

Inhaltsverzeichnis

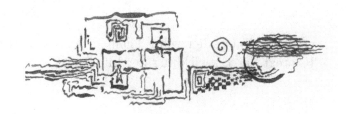

In ununterbrochener Begeisterung zu leben,
mit dem Interesse für alles Unerreichbare,
wachse der Mensch damit,
dass er nach oben strebt.
Den Sinn des Lebens sehe ich in der Schöpfung,
die unendlich ist.

Maxim Gorkij

Kapitel 1

Eine kurze Geschichte der Informatik, oder: Warum Informatik nicht nur ein Führerschein zur Computerbenutzung ist.

1.1 Was erfahren wir hier?

Die Zielsetzung der Vorlesung, auf der dieses Kapitel basiert, unterscheidet sich wesentlich von den nachfolgenden Vorträgen, die jeweils auf ein spezielles Thema eingehen. Hier wollen wir leicht verständlich und auf unterhaltsame Weise die Geschichte des Entstehens der Informatik als einer selbstständigen Wissenschaftsdisziplin erzählen und dadurch eine erste Vorstellung vermitteln, wie Wissenschaften aufgebaut sind und wie die Grundbausteine der Informatik aussehen. Dabei lernen wir einige Ziele der Grundlagenforschung in der Informatik, sowie ein Beispiel ihrer engen Verzahnung mit anderen Wissenschaftsdisziplinen kennen. Wir nutzen dieses Kapitel auch zur kurzen Vorstellung aller zehn Themen der nachfolgenden Kapitel, natürlich im Kontext der Entwicklung der Informatik.

1.2   Steht das Gebäude der Wissenschaften auf einem wackeligen Fundament?

Wissenschaftsdisziplinen nur als Zusammensetzung von Forschungsresultaten und Entdeckungen anzusehen, liefert ein falsches Bild. Noch schlimmer ist es, wenn man die Wissenschaften nur durch ihre Anwendungen im alltäglichen Leben anschaut. Wie würde wohl die Definition der Physik aussehen, wenn sie sich ausschließlich auf die Beschreibung der von Menschen hergestellten Geräte stützt? Fast alles, was die Menschen jemals fertiggestellt haben (von Häusern bis zu Maschinen und Geräten aller Art), basiert auf den Kenntnissen der physikalischen Gesetze, und trotzdem hält niemand den TV- oder Computerhersteller und schon gar nicht jeden TV-Zuschauer oder Computerbenutzer für einen Physiker. Wir trennen hier klar zwischen physikalischer Grundlagenforschung und den technischen Anwendungen in der Elektrotechnik oder dem Maschinenbau. Die Fähigkeit, Geräte zu benutzen, mit Ausnahme des Rechners, verbindet man in der Öffentlichkeit mit keiner Wissenschaft.

Warum assoziiert man dann die Fähigkeit, gewisse Softwaresysteme zu nutzen, mit der Informatik? Was für einen allgemeinen Bildungswert hat die Vermittlung dieser Fähigkeiten, wenn die Softwaresysteme sich durch die ständige Entwicklung alle paar Jahre wesentlich ändern? Ist die relative Kompliziertheit des Rechners im Vergleich zu anderen Geräten der einzige Grund für diese Missentwicklung?

Sicherlich ist die Nutzung von Computern so verbreitet, dass die Anzahl der Autofahrer ungefähr der Anzahl der Computerbenutzer entspricht. Aber lernen wir in der Schule in einem Spezialfach für den Führerschein? Bald werden sich Mobiltelefone zu kleinen und leistungsfähigen Rechnern entwickeln. Wird der Umgang mit ihnen in einem neuen Fach an der Schule vermittelt werden? Ich möchte mich jetzt mit der Beantwortung dieser Fragen nicht zu viel beschäftigen. Die gängige Praxis in mehreren Ländern zeigt, dass man gute Anwenderkenntnisse durch in andere Fächer integrierten Unterricht oder kleine Blockkurse erfolgreich erwerben kann.

Unsere zentrale Frage ist: *„Was ist Informatik?"* Es ist schon jetzt klar, dass es nicht die Fähigkeit sein kann, einen Rechner zu benutzen. Sonst würden bald fast alle Menschen Informatiker sein. Die Informatik selbst liefert nach außen auch deswegen kein klares Bild, weil man sie nicht eindeutig einer Wissenschaftsart wie den Naturwissenschaften oder den Ingenieurwissenschaften zuordnen kann. Die Situation ist ähnlich, als wenn die Physik, die Elektrotechnik und der Maschinenbau in nur einer Wissenschaftsdisziplin unter einem Namen vereinigt wären. Von der Softwareherstellung aus gesehen ist Informatik eine angewandte Ingenieurwissenschaft mit allen Merkmalen einer technischen Disziplin, die die Entwicklung und Herstellung komplexer Systeme und Produkte anstrebt. Die Grundlagen der Informatik sind eher mathematisch-naturwissenschaftlicher Natur und die theoretische Informatik spielt für die Softwareentwicklung eine ähnliche Rolle wie die theoretische Physik für die technischen Disziplinen.

Und gerade die mangelnde Kenntnis dieser Grundlagenforschung[1] in der Öffentlichkeit ist verantwortlich für die falschen Vorstellungen über Informatik. Deswegen haben wir diese Vorlesungsreihe primär auf die Erläuterung einiger theoretischer Grundlagen der Informatik ausgerichtet.

Wir wissen jetzt, dass der bestmögliche Zugang zum Verständnis der Informatik nicht über die Anwendungen führt. Wir haben aber gleich am Anfang gesagt, dass es auch nicht hinreichend ist, eine Wissenschaftsdisziplin als Summe ihrer Forschungsresultate anzusehen. Die ersten zwei zentralen Fragen sind deshalb die folgenden:

>*„Wie entsteht eine Wissenschaft?"*

>*„Was sind die Grundbausteine einer Wissenschaft?"*

Jede Wissenschaft hat ihre eigene Sprache und somit ihre eigenen Begriffe (Fachwörter), ohne die man keine Aussagen über die Objekte der Untersuchung formulieren kann. Die **Begriffsbildung** als die Bestimmung der Bedeutung der Fachwörter ist somit zentral für alle Wissenschaften. Eine genaue und richtig interpretierbare Bedeutung eines wichtigen Fachbegriffes kostet dann auch oft mehr Aufwand, als die Herleitung hoch anerkannter Forschungsergebnisse. Nehmen wir uns ein paar Beispiele vor. Es dauerte 300 Jahre, bis man sich auf eine exakte und formale (mathematische) Definition des Begriffes „Wahrscheinlichkeit" geeinigt hatte. Mathematiker haben Tausende von Jahren gebraucht, bis sie das Unendliche als einen formalen Begriff festgelegt hatten[2]. Wir benutzen in der Physik und auch umgangssprachlich sehr häufig den Begriff „Energie". Weiß der Kuckuck, was das ist. Die ganze

---

[1]in der die Gesetze der Informationsverarbeitung untersucht werden und damit die Grenzen des automatisch (rechnerunterstützt) Machbaren aufgezeigt werden

[2]Diese Geschichte wird im dritten Kapitel erzählt.

Geschichte der Physik könnte man als eine nicht abgeschlossene Geschichte der Entwicklung unseres Verständnisses dieses Begriffes ansehen. Jetzt kann jemand die Hand heben und sagen: „Lieber Herr Hromkovič, das ist mir jetzt zu viel. Ich weiß, was Energie ist, das habe ich in der Schule gelernt." Und dann werde ich Sie fragen: „Haben Sie die griechische Definition[3] der Energie als wirkende Kraft gelernt? Oder die Schulbuchdefinition der Energie als die Fähigkeit eines physikalischen Systems, Arbeit zu verrichten? Dann sagen Sie mir zuerst, was Kraft und was Arbeit ist." Und wenn Sie damit anfangen, stellen Sie fest, dass Sie sich im Kreise drehen[4], weil sie zur Definition von Kraft und Arbeit den Begriff Energie verwenden.

Ähnlich ist es mit dem Begriff des Lebens in der Biologie. Eine genaue Definition dieses Begriffes wäre für uns ein Instrument, mit dem man eindeutig zwischen toter und lebendiger Materie unterscheiden könnte. Eine solche Definition auf der physikalisch-chemischen Ebene existiert aber nicht.

Liebe Zuhörer, liebe Leser! Ich möchte Sie keineswegs auf diese Weise in Ihrem Wissen verunsichern. Es ist keine Katastrophe, dass wir einige wichtige Begriffe nicht ganz genau spezifizieren können. In der Wissenschaft arbeitet man oft mit Definitionen, die einen benannten Begriff nur ungenau, annähernd und bis zu einem gewissen Grad spezifizieren. Das gehört aber zu dem normalen Leben der Forscher. Sie müssen dann wissen, dass sie bei ihren Resultaten keine höhere Genauigkeit in der Interpretation erreichen können, als die Genauigkeit der vorliegenden Begriffsspezifikationen. Deswegen streben auch die Wissenschaftler ständig danach, ihr Wissen in Definitionen umzuwandeln, die die Bedeutung der zentralen Begriffe genauer approximieren (annähern). Fortschritte in dieser Richtung sind oft maßgebend für die Entwicklung der Wissenschaft. Ein wunderbares Beispiel des Fortschritts in der Begriffsbildung ist unser sich im Laufe der Jahrtausende immer vertiefendes Verständnis des Begriffes „Materie".

Um zu verstehen, was es bedeutet und wie schwer es ist, Begriffe genau zu definieren, betrachten wir ein konkretes Beispiel. Nehmen wir das Wort „Stuhl". Der Stuhl ist kein abstraktes wissenschaftliches Objekt. Er ist ein gewöhnlicher Gegenstand und die meisten von uns wissen oder glauben zu wissen, was es ist. Jetzt versuchen Sie, diesen Begriff durch eine Beschreibung zu definieren.

---

[3]Griechisch „energeia" bedeutet wirkende Kraft.
[4]Zum Beispiel versteht man in der Thermodynamik unter Arbeit die Energiedifferenzen, die nicht thermisch ausgetauscht werden.

> **Definieren** *bedeutet, so genau zu beschreiben, dass jede und jeder, der noch nie einen Stuhl gesehen hat, anhand dieser Beschreibung für jeden Gegenstand eindeutig entscheiden kann, ob es ein Stuhl ist oder nicht. In der Definition dürfen nur Wörter (Begriffe) verwendet werden, deren Bedeutung schon vorher festgelegt wurde.*

Die erste Idee wäre, vorauszusetzen, dass man schon weiß, was ein „Stuhlbein" ist. In diesem Fall könnte man mit der Aussage anfangen, dass das Ding vier Beine hat. Aber halt. Hat der Stuhl, auf dem Sie sitzen, nicht nur ein Bein und noch dazu ein merkwürdiges?[5] Also lassen wir das lieber. Meine Aufgabe ist es nicht, Sie zu quälen. Es geht nur darum, zu verstehen, dass Begriffsbildung nicht nur eine wichtige, sondern auch eine sehr mühsame Arbeit ist.

Wir haben jetzt klar gemacht, dass Begriffsbildung ein zentrales Thema in der Wissenschaft ist. Auch das Entstehen der Informatik als Grundlagenwissenschaft verbindet man mit der Bildung eines Begriffes, nämlich des Begriffes „Algorithmus". Bevor wir aber zu dieser Geschichte übergehen, müssen wir noch wissen, was Axiome in der Wissenschaft sind.

> **Axiome** *sind Grundbausteine der Wissenschaft. Es sind Tatsachen oder Begriffsspezifikationen, von deren Wahrhaftigkeit und Korrektheit wir fest überzeugt sind, obwohl es keine Möglichkeit gibt, ihre Korrektheit zu beweisen.*

Das klingt zunächst nicht nur merkwürdig, sondern geradezu verdächtig. Will man an der Zuverlässigkeit der wissenschaftlichen Aussagen zweifeln?

Versuchen wir zuerst das Ganze anhand eines Beispiels zu erläutern. Ein solches Axiom ist die Annahme, dass wir korrekt denken und somit unsere Art zu argumentieren zweifellos zuverlässig ist. Können wir beweisen, dass wir korrekt denken? Auf welche Weise? Durch unsere Argumentation, die auf diesem Denken basiert? Unmöglich. Es bleibt uns also nichts anderes übrig, als unserer Denkweise zu vertrauen. Wenn dieses Axiom nicht stimmen sollte, dann haben wir Pech gehabt und das Gebäude der Wissenschaft bricht zusammen. Dieses Axiom ist nicht nur ein philosophisches. Es hat eine mathematische Form und weil die Mathematik die formale Sprache der Wissenschaften ist, kann man ohne sie nichts anfangen.

---

[5]Im Hörsaal von OpenClass gibt es Stühle mit nur einem Bein, das die Form des Buchstabens L hat und den Stuhl an einer vertikalen Wand (nicht auf dem Boden) befestigt.

Erklären wir also genauer, was unser Festhalten an diesen Axiomen bedeutet. Wenn

eine Tatsache B eine Folgerung aus einer Tatsache A ist,

muss immer Folgendes gelten:

Wenn A wahr ist (wenn A gilt),
dann ist auch B wahr (dann gilt B).

In anderen Worten,

die Unwahrheit kann nicht die Folgerung aus einer Wahrheit sein.

In der Mathematik benutzt man die Bezeichnung

$$A \Rightarrow B$$

für die Tatsache „B ist eine Folgerung aus A". Man sagt auch „A **impliziert** B". Dann sagt unser Axiom: Wenn

$A \Rightarrow B$ *und A gelten,*

dann

gilt auch B.

Es lohnt sich zu bemerken, dass wir erlauben, dass eine Unwahrheit eine Wahrheit impliziert. Wir erlauben nur nicht, dass die Wahrheit eine Unwahrheit als Schlussfolgerung hat.

Um dies besser zu verstehen, präsentieren wir das folgende Beispiel.

Beispiel 1.1 Betrachten wir zwei Aussagen A und B.

A ist „*Es regnet*"

und

B ist „*Die Wiese ist nass*".

Nehmen wir an, dass unsere Wiese unter freiem Himmel ist (also nicht bedeckt oder überdacht). Somit können wir annehmen, dass die Behauptung

„*Wenn es regnet, ist die Wiese nass.*"

also

$$A \Rightarrow B$$

wahr ist. Nach unser Interpretation des Fachwortes Folgerung muss die Wiese nass sein (also muss B gelten), wenn es regnet (wenn A gilt). Schauen wir uns das noch genauer an.

„A gilt" bedeutet „Es regnet".
„A gilt nicht" bedeutet „Es regnet nicht".
„B gilt" bedeutet „Die Wiese ist nass".
„B gilt nicht" bedeutet „Die Wiese ist trocken".

Es gibt die folgenden vier Situationen, was die Gültigkeit von A und B betrifft.

S_1: Es regnet und die Wiese ist nass.
S_2: Es regnet und die Wiese ist trocken.
S_3: Es regnet nicht und die Wiese ist nass.
S_4: Es regnet nicht und die Wiese ist trocken.

Diese Möglichkeiten kann man in einer sogenannten Wahrheitstabelle darstellen (Fig. 1.1).

	A	B
S_1	gilt	gilt
S_2	gilt	gilt nicht
S_3	gilt nicht	gilt
S_4	gilt nicht	gilt nicht

Fig. 1.1: Wahrheitstabelle

Die Mathematiker lieben es, alles so kurz wie möglich zu schreiben, und nehmen dabei leider auch gerne das Risiko in Kauf, dass die Verständlichkeit ihrer Texte für Nichtmathematiker darunter leidet. Sie bezeichnen die Gültigkeit oder die Wahrheit mit 1 und die Unwahrheit (Ungültigkeit) mit 0. Mit dieser Bezeichnung hat unsere Wahrheitstabelle die folgende kurze Darstellung (Fig. 1.2).

	A	B
S_1	1	1
S_2	1	0
S_3	0	1
S_4	0	0

Fig. 1.2: Wahrheitstabelle (Kurzschreibweise)

Es ist wichtig zu beobachten, dass die Gültigkeit von $A \Rightarrow B$ nur die Möglichkeit der Situation S_2 in der zweiten Zeile (A gilt, B gilt nicht) ausschließt.

Die erste Zeile entspricht der Situation S_1, wenn A und B beide gelten. Das heißt, es regnet und die Wiese ist deswegen nass. Offenbar entspricht dies $A \Rightarrow B$ und damit unserer Erwartung.

Die zweite Zeile mit „A gilt" und „B gilt nicht" entspricht der Situation S_2, wenn es regnet und die Wiese trocken ist. Diese Situation ist unmöglich und widerspricht der Gültigkeit unserer Behauptung $A \Rightarrow B$, weil unser Verständnis für „$A \Rightarrow B$" bedeutet, dass aus der Gültigkeit von A („es regnet") die Gültigkeit von B („die Wiese ist nass") gefordert wird.

Die dritte Zeile beschreibt die Situation S_3 wenn es nicht regnet (A gilt nicht) und die Wiese nass ist (B gilt). Diese Situation ist möglich und die Behauptung $A \Rightarrow B$ schließt sie nicht aus. Es regnet zwar nicht, aber die Wiese darf trotzdem nass sein. Vielleicht hat es vorher geregnet, jemand hat die Wiese gegossen oder morgens nach einer hellen kalten Nacht liegt Tau auf dem Gras.

Die letzte Zeile (A und B gelten beide nicht) entspricht der Situation, wenn es nicht regnet und die Wiese trocken ist. Diese Situation ist natürlich möglich und steht in keinem Konflikt zu der Aussage $A \Rightarrow B$.

Fassen wir das Gelernte kurz zusammen. Wenn $A \Rightarrow B$ gültig ist und A gilt („es regnet"), dann muss auch B gelten („die Wiese ist nass"). Wenn A nicht gilt („es regnet nicht") gibt die Gültigkeit von „$A \Rightarrow B$" keine Anforderungen an B und somit kann B gelten oder nicht gelten (Zeilen 3 und 4 in der Wahrheitstabelle). $\square$

Die einzige ausgeschlossene Möglichkeit bei der Gültigkeit von $A \Rightarrow B$ ist „A gilt und B gilt nicht". Wenn man also eine Wahrheitstabelle für zwei Behauptungen A und B hat, in der alle Situationen betreffend der Gültigkeit von A und B bis auf die Situation „A gilt und B gilt nicht" möglich sind, dann gilt $A \Rightarrow B$. Die Wahrheitstabelle (Fig. 1.3)

A	B	$A \Rightarrow B$
gilt	gilt	möglich (gilt)
gilt	gilt nicht	ausgeschlossen (gilt nicht)
gilt nicht	gilt	möglich (gilt)
gilt nicht	gilt nicht	möglich (gilt)

Fig. 1.3: Definition der Implikation

ist aus mathematischer Sicht die Definition der Implikation. Im Allgemeinen gibt es eine einfache Regel, um die Gültigkeit einer Implikation $A \Rightarrow B$ zu überprüfen.

Wenn in allen möglichen Situationen, in denen A gilt, auch B gilt, wissen wir, dass $A \Rightarrow B$ gilt.

Aufgabe 1.1 Betrachten wir die folgenden Aussagen A und B. A bedeutet „Es ist Winter" und B bedeutet „Die Braunbären schlafen". Die Implikation $A \Rightarrow B$ bedeutet

„Wenn es Winter ist, dann schlafen die Braunbären."

Nehmen wir an, diese Folgerung $A \Rightarrow B$ gilt. Stellen Sie die Wahrheitstabelle bezüglich der Gültigkeit von A und B auf und erklären Sie, welche Situationen möglich und welche ausgeschlossen sind.

Jetzt haben wir die Bedeutung der Folgerung (Implikation) verstanden. Nun fragen wir uns: *Was hat die Folgerung mit einer korrekten Argumentation zu tun? Warum ist dieser Begriff der Schlüssel zur fehlerlosen Begründung (zu einem Beweis)?* Wir benutzen den Begriff der Implikation zur Entwicklung von so genannten direkten Beweisen (direkter Argumentation) und indirekten Beweisen (indirekter Argumentation). Um unsere Begründungen für den Rest des Buches genau nachvollziehen zu können, stellen wir diese grundsätzlichen Beweismethoden im Folgenden vor.

Betrachten wir unsere Aussagen A („Es regnet") und B („Die Wiese ist nass") aus Beispiel 1.1. Nehmen wir noch eine dritte Aussage C („Die Salamander freuen sich") hinzu. Wir halten $A \Rightarrow B$ für gültig und nehmen an, dass auch

$B \Rightarrow C$ („Wenn die Wiese nass ist, freuen sich die Salamander")

gilt. Was können wir daraus schließen? Betrachten wir die Wahrheitstabelle für alle 8 Situationen bezüglich der Gültigkeit von A, B und C (Fig. 1.4).

Weil $A \Rightarrow B$ gilt, sind die Situationen S_3 und S_4 ausgeschlossen. Analog sind wegen $B \Rightarrow C$ die Situationen S_2 und S_6 ausgeschlossen. Betrachten wir jetzt diese Tabelle nur aus Sicht von A und C. Wir sehen, dass folgende Situationen möglich sind:

(i)   A und B gelten beide (S_1)

(ii) A und C gelten beide nicht (S_8)

(iii) A gilt nicht und C gilt (S_5, S_7)

	A	B	C	$A \Rightarrow B$	$B \Rightarrow C$
S_1	gilt	gilt	gilt		
S_2	gilt	gilt	gilt nicht		ausgeschlossen
S_3	gilt	gilt nicht	gilt	ausgeschlossen	
S_4	gilt	gilt nicht	gilt nicht	ausgeschlossen	
S_5	gilt nicht	gilt	gilt		
S_6	gilt nicht	gilt	gilt nicht		ausgeschlossen
S_7	gilt nicht	gilt nicht	gilt		
S_8	gilt nicht	gilt nicht	gilt nicht		

Fig. 1.4: Wahrheitstabelle für $A \Rightarrow B$, $B \Rightarrow C$

Die Situationen S_2 und S_4 in denen A gilt und C nicht gilt, sind dank $A \Rightarrow B$ und $B \Rightarrow C$ ausgeschlossen. Damit erhalten wir, dass

$A \Rightarrow C$ („Wenn es regnet, freuen sich die Salamander")

gilt. Dies entspricht genau unserer Erwartung. Wenn es regnet, muss die Wiese nass sein ($A \Rightarrow B$). Wenn die Wiese nass ist, müssen sich die Salamander freuen ($B \Rightarrow C$). Also verursacht der Regen indem er die Wiese durchnässt die Freude der Salamander.

Die Überlegung

Wenn $A \Rightarrow B$ und $B \Rightarrow C$ gelten,
dann gilt auch $A \Rightarrow C$.

nennen wir einen **direkten Beweis**. Direkte Beweise kann man aus beliebig vielen Folgerungen zusammenstellen.
Zum Beispiel erlaubt uns die Gültigkeit der Implikationen

$A_1 \Rightarrow A_2$, $A_2 \Rightarrow A_3$, $A_3 \Rightarrow A_4$, ..., $A_{k-1} \Rightarrow A_k$

zu schließen, dass

$A_1 \Rightarrow A_k$

auch gelten muss. Damit sind direkte Beweise einfach Folgen korrekter Folgerungen. In der Schulmathematik führen wir Tausende von direkten Beweisen, um gewisse Aussagen zu beweisen. Leider machen uns die Mathematiklehrer nicht immer hinreichend darauf aufmerksam und deswegen zeigen wir jetzt ein kleines Beispiel aus dem Mathematikunterricht.

Beispiel 1.2 Wir haben die lineare Gleichung $3x - 8 = 4$ gegeben und wollen beweisen, dass

$x = 4$ die einzige Lösung der Gleichung $3x - 8 = 4$ ist.

In anderen Worten wollen wir die Implikation

„Wenn $3x - 8 = 4$ gilt, dann gilt $x = 4$"

beweisen. Sei A die Behauptung „$3x - 8 = 4$ gilt" und sei Z die Behauptung „$x = 4$ gilt". Um $A \Rightarrow Z$ zu beweisen, brauchen wir eine Folge von Folgerungen, die mit A anfangen, mit Z enden und zweifellos korrekt sind.

Wir wissen, dass eine Gleichung erhalten bleibt[6], wenn man beide Seiten um die gleiche Zahl erhöht. Addieren wir zu beiden Seiten der Gleichung $3x - 8 = 4$ die Zahl 8, dann erhalten wir

$$3x - 8 + 8 = 4 + 8$$

und somit

$$3x = 12.$$

Sei B die Behauptung, dass $3x = 12$ gilt. Wir haben gerade die Gültigkeit der Folgerung „$A \Rightarrow B$" („Wenn $3x - 8 = 4$ gilt, dann gilt auch $3x = 12$") begründet.

Somit haben wir schon die erste Folgerung. Weiter wissen wir, dass eine Gleichung gültig bleibt, wenn beide Seiten durch die gleiche positive Zahl geteilt werden. Teilen wir also beide Seiten der Gleichung $3x = 12$ durch 3 und erhalten

$$\frac{3x}{3} = \frac{12}{3}$$

und damit

$$x = 4.$$

Somit haben wir die Gültigkeit der Folgerung $B \Rightarrow Z$ („Wenn $3x = 12$ gilt, dann gilt auch $x = 4$") bewiesen.

Die Gültigkeit der Folgerungen $A \Rightarrow B$ und $B \Rightarrow Z$ erlaubt uns die Gültigkeit der Folgerung $A \Rightarrow Z$ zu behaupten. Wenn $3x - 8 = 4$ gilt, muss somit $x = 4$ gelten. Also ist $x = 4$ die einzige Lösung der Gleichung $3x - 8 = 4$. $\square$

---

[6]Genauer gesagt, die Lösungen einer Gleichung ändern sich nicht, wenn man beide Seiten der Gleichung um die gleiche Zahl erhöht.

Aufgabe 1.2 Zeigen Sie durch eine Folge von Folgerungen, dass $x = 1$ die einzige Lösung der Gleichung $7x - 3 = 2x + 2$ ist.

Aufgabe 1.3 Betrachten wir die folgende Wahrheitstabelle für die drei Aussagen A, B und C (Fig. 1.5).

	A	B	C	
S_1	1	1	1	
S_2	1	1	0	
S_3	1	0	1	ausgeschlossen
S_4	1	0	0	ausgeschlossen
S_5	0	1	1	ausgeschlossen
S_6	0	1	0	ausgeschlossen
S_7	0	0	1	ausgeschlossen
S_8	0	0	0	

Fig. 1.5: Wahrheitstabelle für A, B und C in Aufgabe 1.3

Wir sehen, dass nur 3 der Situationen (S_1, S_2 und S_8) möglich und alle anderen ausgeschlossen sind. Welche Implikationen gelten? Zum Beispiel gilt $C \Rightarrow A$, denn wenn in einer der möglichen Situationen C gilt, dann gilt A auch. Welche anderen Implikationen gelten noch?

Die meisten Menschen haben selten Schwierigkeiten, die direkte Argumentation zu verstehen. Die indirekte Argumentation hält man für weniger verständlich. Ob sie wirklich viel komplizierter als die direkte Argumentation ist, oder ob dies eher die Folge unzureichender didaktischer Ansätze in der Schule ist, überlassen wir der Entscheidung des Lesers. Weil wir die indirekte Argumentation zur Erforschung grundlegender Kenntnisse im Kapitel 3 und 4 verwenden wollen, erklären wir sie auf der elementarsten Ebene, in der man das richtige Verständnis am besten aufbauen kann.

Gehen wir wieder von unserem Beispiel aus. Die Aussage A bedeutet „Es regnet", B bedeutet „Die Wiese ist nass" und C bedeutet „Die Salamander freuen sich". Für eine Behauptung D bezeichnen wir durch $\overline{D}$ das Gegenteil. Somit bedeutet $\overline{A}$ „Es regnet nicht", $\overline{B}$ bedeutet „Die Wiese ist trocken (nicht nass)" und $\overline{C}$ bedeutet „Die Salamander freuen sich nicht". Nehmen wir jetzt an, die Folgerungen $A \Rightarrow B$ und $B \Rightarrow C$ gelten.

Jetzt stellen wir fest, dass „sich die Salamander nicht freuen",

also dass $\overline{C}$ gilt. Kann man daraus etwas schließen?

Wenn sich die Salamander nicht freuen, kann die Wiese nicht nass sein, weil $B \Rightarrow C$ die Freude der Salamander bei nasser Wiese garantiert. Damit wissen wir mit Sicherheit, dass $\overline{B}$ gilt. Analog liefert die Gültigkeit von $A \Rightarrow B$ und $\overline{B}$, dass es nicht regnet, da sonst die Wiese nass sein müsste. Also gilt $\overline{A}$. Damit beobachten wir, dass aus der Gültigkeit von

$$A \Rightarrow B, \; B \Rightarrow C \text{ und } \overline{C}$$

die Gültigkeit von

$$\overline{B} \text{ und } \overline{A}$$

folgt.

Wir können dies auch in folgender Wahrheitstabelle beobachten (Fig. 1.6). Die Gültigkeit von $A \Rightarrow B$ schließt die Situationen S_3 und S_4 aus. Die Gül-

	A	B	C	$A \Rightarrow B$	$B \Rightarrow C$	C gilt nicht
S_1	gilt	gilt	gilt			ausg.
S_2	gilt	gilt	gilt nicht		ausg.	
S_3	gilt	gilt nicht	gilt	ausg.		ausg.
S_4	gilt	gilt nicht	gilt nicht	ausg.		
S_5	gilt nicht	gilt	gilt			ausg.
S_6	gilt nicht	gilt	gilt nicht		ausg.	
S_7	gilt nicht	gilt nicht	gilt			ausg.
S_8	gilt nicht	gilt nicht	gilt nicht			

Fig. 1.6: Wahrheitstabelle für A, B und C

tigkeit von $B \Rightarrow C$ schließt die Situationen S_2 und S_6 aus. Weil $\overline{C}$ gilt (weil C nicht gilt), sind die Situationen S_1, S_3, S_5 und S_7 ausgeschlossen. Damit ist S_8 die einzige Situation, die nicht ausgeschlossen wird. S_8 bedeutet, dass alle drei Aussagen A, B und C nicht gelten, also dass $\overline{A}$, $\overline{B}$ und $\overline{C}$ gelten.

Aufgabe 1.4 Betrachten wir die Aussagen A, B und C wie oben. Nehmen wir an, $A \Rightarrow B$, $B \Rightarrow C$ und $\overline{B}$ gelten. Was kann man daraus schließen? Zeichnen Sie die Wahrheitstabelle für alle 8 Möglichkeiten bezüglich der Gültigkeit von A, B und C und stellen Sie fest, welche Situationen bei geltenden $A \Rightarrow B$, $B \Rightarrow C$ und $\overline{B}$ möglich sind.

Wir beobachten, dass man aus der Gültigkeit von $A \Rightarrow B$, $B \Rightarrow C$ und C nichts über die Gültigkeit von A und B schließen kann. Wenn C gilt, freuen sich die Salamander. Aber das muss nicht bedeuten, dass die Wiese nass ist (dass B gilt). Die Salamander können auch andere Gründe zur Freude haben. Die nasse Wiese ist nur eine der Möglichkeiten.

Aufgabe 1.5 Zeichnen Sie die Wahrscheinlichkeitstabelle für A, B und C und stellen Sie fest, welche Situationen bei geltenden $A \Rightarrow B$, $B \Rightarrow C$ und C möglich sind.

Aufgabe 1.6 Betrachten Sie die folgenden Aussagen C und D. C bedeutet „Gelbe und blaue Farben werden gemischt" und D bedeutet „Eine grüne Farbe entsteht". Die Implikation „$C \Rightarrow D$" bedeutet

> „Wenn die gelben und blauen Farben gemischt werden, entsteht eine grüne Farbe."

Nehmen wir an, $C \Rightarrow D$ gilt. Zeichnen Sie die Wahrheitstabelle für C und D und erklären Sie, welche Situationen möglich und welche nicht möglich sind. Können Sie aus der Gültigkeit von $C \Rightarrow D$ schließen, dass die Behauptung

> „Wenn keine grüne Farbe bei der Mischung entstanden ist, dann wurde nicht eine blaue Farbe mit einer gelben Farbe gemischt."

auch gilt?

Wir fangen langsam an, die Vorgehensweise der indirekten Argumentation zu verstehen. Bei direkten Beweisen wissen wir, dass eine Behauptung A gilt und wollen die Gültigkeit einer Zielbehauptung Z beweisen. Um dies zu erreichen, bilden wir eine Folge von korrekten Folgerungen

$$A \Rightarrow A_1, A_1 \Rightarrow A_2, \ldots, A_{k-1} \Rightarrow A_k, A_k \Rightarrow Z,$$

die uns die Gültigkeit von $A \Rightarrow Z$ garantiert. Aus der Gültigkeit von A und $A \Rightarrow Z$ können wir dann die Gültigkeit von Z schließen.

Ein **indirekter Beweis** ist wie folgt aufgebaut.
Ausgangssituation: D gilt
Ziel: Z gilt

Wir starten vom Gegenteil von Z, also von $\overline{Z}$ und bauen eine Folge von Folgerungen

$$\overline{Z} \Rightarrow A_1, A_1 \Rightarrow A_2, \ldots, A_{k-1} \Rightarrow A_k, A_k \Rightarrow \overline{D}.$$

Aus dieser Folge können wir schließen, dass $\overline{Z}$ nicht gilt und somit Z gilt.

Die Richtigkeit unserer Schlussfolgerung können wir in der folgenden Wahrheitstabelle beobachten (Fig. 1.7). Die Situation S_2 ist durch die Gültigkeit

	D	Z	$\overline{D}$	$\overline{Z}$	$\overline{Z} \Rightarrow \overline{D}$	D gilt
S_1	gilt	gilt	gilt nicht	gilt nicht		
S_2	gilt	gilt nicht	gilt nicht	gilt	ausg.	
S_3	gilt nicht	gilt	gilt	gilt nicht		ausg.
S_4	gilt nicht	gilt nicht	gilt	gilt		ausg.

Fig. 1.7: Wahrheitstabelle für D und Z

der Folgerung $\overline{Z} \Rightarrow \overline{D}$ ausgeschlossen. Weil D gilt, sind die Situationen S_3 und S_4 ausgeschlossen. In der einzigen möglichen Situation gilt Z und somit haben wir unsere Zielsetzung erreicht.

Diese Beweismethode heißt indirekte Methode, weil wir in der Kette von Folgerungen von hinten nach vorne argumentieren. Wenn $\overline{D}$ nicht gilt (also wenn D gilt), dann kann auch $\overline{Z}$ nicht gelten und somit gilt Z. In unserem Beispiel war $D = \overline{C}$, also wussten wir, dass sich die Salamander nicht freuen. Wir wollten beweisen, dass es dann nicht regnet, also unsere Zielsetzung $Z = \overline{A}$. Der Folgerung

$$A \Rightarrow B,\ B \Rightarrow C$$

entsprach in unserer neuen Notation

$$\overline{Z} \Rightarrow B,\ B \Rightarrow \overline{D}.$$

Aus $\overline{Z} \Rightarrow \overline{D}$ und D konnten wir dann schließen, dass das Gegenteil von $\overline{Z} = A$ gelten muss. Das Gegenteil von $\overline{Z}$ ist $Z = \overline{A}$ und somit haben wir bewiesen, dass es nicht regnet (dass $\overline{A}$ gilt).

Im Allgemeinen geht man bei den indirekten Beweisen wie folgt vor. Man will beweisen, dass eine Behauptung Z gilt. Wir bauen eine Kette von Folgerungen

$$\overline{Z} \Rightarrow A_1,\ A_1 \Rightarrow A_2,\ \ldots,\ A_k \Rightarrow U,$$

die mit $\overline{Z}$ anfängt und in einem Unsinn U endet. Als „Unsinn" bezeichnen wir eine Behauptung, die offensichtlich nicht gelten kann. Dann sagen wir dank der Gültigkeit von

$$\overline{Z} \Rightarrow U,$$

dass das Gegenteil von $\overline{Z}$ als Folgerung einen Unsinn U hat. Weil der Unsinn U nicht gelten kann, kann auch $\overline{Z}$ nicht gelten. Also gilt das Gegenteil von $\overline{Z}$, was Z ist.

Aufgabe 1.7 Sei x^2 eine ungerade Zahl. Wir wollen mit einem indirekten Beweis zeigen, dass dann auch x eine ungerade Zahl ist. Sei A die Behauptung, dass „x^2

ungerade ist" und Z die Zielbehauptung, dass „x ungerade ist". Wir können $\overline{Z} \Rightarrow \overline{A}$ dadurch beweisen, dass für jede gerade Zahl $2i$

$$(2i)^2 = 2^2 i^2 = 4i^2 = 2(2i^2)$$

gilt, und somit $(2i)^2$ eine gerade Zahl ist.
Vervollständigen Sie jetzt die Argumentation des indirekten Beweises.

Aufgabe 1.8 Sei x^2 eine gerade Zahl. Beweisen Sie mittels indirekter Argumentation, dass x eine gerade Zahl ist.

Aufgabe 1.9 (Knobelaufgabe) Beweisen Sie, dass $\sqrt{2}$ keine rationale Zahl ist. Rationale Zahlen sind die Zahlen, die sich als Brüche von ganzen Zahlen darstellen lassen.

Im Prinzip kann man die Axiome der korrekten Folgerung auch als eine Begriffsbildung ansehen, in der der Begriff der Implikation (oder der Folgerung) in einem formalen Denksystem definiert wird. Axiome sind oft nichts anderes als eine Festlegung der Bedeutung gewisser Begriffe. Wir werden später die Definition des Unendlichen kennen lernen, die unsere Vorstellung über die Bedeutung der Unendlichkeit mathematisch festlegt. Natürlich ist es nicht möglich, zu beweisen, dass diese Definition unseren Vorstellungen entspricht. Aber es besteht die Möglichkeit, ein Axiom zu widerlegen. Zum Beispiel kann jemand etwas finden, was nach unseren Vorstellungen unendlich sein sollte, aber nach der Definition nicht unendlich ist. Wenn so etwas passieren würde, muss man das Axiom revidieren. Eine Revision eines Axioms oder einer Definition sollte man aber auch nicht als ein Unglück und schon gar nicht als eine Katastrophe betrachten. Die Ersetzung eines Bausteins des Wissenschaftsgebäudes könnte zwar zu einem aufwändigen Umbau führen, aber dies ist ein erfreuliches Ereignis, weil das neue Gebäude wesentlich stabiler und besser ist.

Wir haben bisher nur über Grundbausteine gesprochen. Was kann man über die Steine sagen, die darauf gelegt werden? Die Forscher versuchen die Wissenschaft so zu bauen, dass die Richtigkeit der Axiome (Grundbausteine) die Korrektheit des ganzen Baus garantiert. Das ist die bekannte Sachlichkeit und Zuverlässigkeit der Wissenschaft. Wenn die Axiome stimmen, dann stimmen auch alle Resultate und alle daraus abgeleiteten Kenntnisse.

1.3 Das Entstehen der Informatik als das Ende einer Euphorie

Ende des neunzehnten und Anfang des zwanzigsten Jahrhunderts war die Gesellschaft in einem Zustand der Euphorie angesichts der Erfolge der Wissenschaft und der technischen Revolution, die das Wissen in die Herstellung von Maschinen umgewandelt hat. Die Produkte der kreativen Arbeit von Wissenschaftlern und Entwicklern drangen durch das tägliche Leben und erhöhten die Lebensqualität wesentlich. Unvorstellbares wurde zur Realität. Die entstandene Begeisterung führte unter den Wissenschaftlern nicht nur zu großem Optimismus, sondern sogar zu utopischen Vorstellungen über unsere Fähigkeiten. Es überwog die kausal-deterministische Vorstellung über die Welt, in der alles, was passiert, eine Ursache hat. Mit der Kette

$$\text{Ursache} \Rightarrow \text{Wirkung} \Rightarrow \text{Ursache} \Rightarrow \text{Wirkung} \Rightarrow \dots$$

wollte man die Welt erklären. Man glaubte daran, dass wir fähig sind, alle Naturgesetze zu erforschen und dass dieses Wissen ausreicht, um die Welt zu verstehen. In der Physik zeigte sich diese Euphorie in dem Gedankenexperiment der so genannten Dämonen, die die Zukunft berechnen und somit vorhersagen könnten. Den Physikern war klar, dass das Universum aus einer riesigen Menge von Teilchen besteht und kein Mensch fähig ist, auf einmal alle ihre Positionen und Bewegungsrichtungen zu erfassen. Somit sahen die Physiker, dass auch mit der Kenntnis aller Naturgesetze ein Mensch nicht die Zukunft vorhersagen kann. Deswegen „führten" die Physiker den Begriff des Dämonen als einen Übermenschen ein, der den Ist-Zustand des Universums (den Zustand aller Teilchen und aller Interaktionen zwischen den Teilchen) vollständig sehen kann. Damit wurde der hypothetische Dämon fähig, mit der Kenntnis aller Naturgesetze die Zukunft zu kalkulieren und alles über sie vorherzusagen. Ich persönlich halte aber diese Vorstellung gar nicht für optimistisch, weil sie bedeutet, dass die Zukunft schon bestimmt ist. Wo bleibt dann Platz für unsere Aktivitäten? Können wir gar nichts beeinflussen, höchstens vorhersagen? Zum Glück hat die Physik selbst diese Vorstellungen in Scherben zerschlagen. Einerseits stellte man mit der Chaostheorie fest, dass es reale Systeme gibt, bei denen unmessbar kleine Unterschiede in der Ausgangslage zu vollständig unterschiedlichen zukünftigen Entwicklungen führen. Das definitive Aus für die Existenz von Dämonen war die Entwicklung der Quantenmechanik[7], die zur eigentlichen Grundlage der

---

[7] Ausführlicher werden wir uns mit diesem Thema in den Kapiteln über den Zufall und über den Quantenrechner beschäftigen.

heutigen Physik geworden ist. Die Basis der Quantenmechanik sind wirklich zufällige und damit unvorhersehbare Ereignisse auf der Ebene der Teilchen. Wenn man die Quantenmechanik akzeptiert (bisher waren die Resultate aller Experimente im Einklang mit dieser Theorie), dann gibt es keine eindeutig bestimmte Zukunft und damit wird uns der Spielraum für die Zukunftsgestaltung nicht entzogen.

Die Gründung der Informatik hängt aber mit anderen aus heutiger Sicht „utopischen" Vorstellungen zusammen. David Hilbert, einer der berühmtesten Mathematiker seiner Zeit, glaubte an die Existenz von **Lösungsmethoden** für alle Probleme. Die Vorstellung war,

(i) dass man die ganze Mathematik auf endlich vielen Axiomen aufbauen kann,

(ii) dass die so aufgebaute Mathematik vollständig in dem Sinne wird, dass alle in dieser Mathematik formulierbaren Aussagen auch in dieser Theorie als korrekt oder falsch bewiesen werden können, und

(iii) dass zum Beweisen der Aussagenkorrektheit eine Methode existiert.

Im Zentrum unseres Interesses liegt jetzt der Begriff **Methode**. Was verstand man damals in der Mathematik unter einer Methode?

*Eine **Methode** zur Lösung einer Aufgabe ist eine Beschreibung einer Vorgehensweise, die zur Lösung der Aufgabe führt. Die Beschreibung besteht aus einer Folge von Instruktionen, die für jeden (auch einen Nichtmathematiker) durchführbar sind.*

Wichtig ist dabei zu begreifen, dass man zur Anwendung einer Methode nicht zu verstehen braucht, wie diese Methode erfunden wurde und warum sie die gegebene Aufgabe löst. Zum Beispiel betrachten wir die Aufgabe (das Problem), quadratische Gleichungen der Form

$$x^2 + bx + c = 0$$

zu lösen. Wenn $b^2 - 4c > 0$, beschreiben die Formeln

$$x_1 = -\left(\frac{b}{2}\right) + \frac{\sqrt{b^2-4c}}{2}$$
$$x_2 = -\left(\frac{b}{2}\right) - \frac{\sqrt{b^2-4c}}{2}$$

die zwei Lösungen der quadratischen Gleichung. Wir sehen damit, dass man x_1 und x_2 berechnen kann, ohne zu wissen, warum die Formeln so sind wie sie sind. Es reicht aus, einfach fähig zu sein, die arithmetischen Operationen durchzuführen. Somit kann auch ein maschineller Rechner, also ein Gegenstand ohne Intellekt, quadratische Gleichungen dank der existierenden Methode lösen.

Deswegen verbindet man die Existenz einer mathematischen Methode zur Lösung gewisser Aufgabentypen mit der **Automatisierung** der Lösung dieser Aufgaben. Heute benutzen wir nicht den Begriff „Methode" zur Beschreibung der Lösungswege, weil dieses Fachwort breite Interpretationen in anderen Kontexten hat. Stattdessen verwenden wir heute den zentralen Begriff der Informatik, den Begriff des **Algorithmus**, obwohl die Verwendung dieses Begriffes relativ neu ist, verwenden wir Algorithmen im Sinne von Lösungsmethoden schon seit Tausenden von Jahren. Das Wort „Algorithmus" verdankt seinen Namen dem arabischen Mathematiker Al-Khwarizmi, der im 9. Jahrhundert in Bagdad ein Buch über algebraische Methoden geschrieben hat.

Im Sinne dieser algorithmischen Interpretation strebte also Hilbert die Automatisierung der Arbeit von Mathematikern an. Er strebte nach einer vollständigen Mathematik, in der man für die Erzeugung der Korrektheitsbeweise von formulierten Aussagen einen Algorithmus (eine Methode) hätte. Damit würde die Haupttätigkeit eines Mathematikers, mathematische Beweise zu führen, automatisierbar. Eigentlich eine traurige Vorstellung, eine so hoch angesehene intellektuelle Tätigkeit durch „dumme" Maschinen erledigen zu können.

Im Jahr 1931 setzte Kurt Gödel diesen Bemühungen, eine vollständige Mathematik zu bauen, ein definitives Ende. Er hat mathematisch bewiesen, dass eine vollständige Mathematik nach Hilbert'schen Vorstellungen nicht existiert und somit nie aufgebaut werden kann. Ohne auf mathematische Formulierungen zurückzugreifen, präsentieren wir die wichtigste Aussage von Gödel für die Wissenschaft:

(a) Es gibt keine vollständige „vernünftige" mathematische Theorie. In jeder korrekten und genügend umfangreichen mathematischen Theorie (wie der heutigen Mathematik) ist es möglich, Aussagen zu formulieren, deren Korrektheit innerhalb dieser Theorie nicht beweisbar ist. Um die Korrektheit dieser Aussagen zu beweisen, muss man neue Axiome aufnehmen und dadurch eine größere Theorie aufbauen.

(b) Es gibt keine Methode (keinen Algorithmus) zum automatischen Beweisen mathematischer Sätze.

Wenn man die Resultate richtig interpretiert, ist diese Nachricht eigentlich positiv. Der Aufbau der Mathematik als der formalen Sprache der Wissenschaft ist ein unendlicher Prozess. Mit jedem neuen Axiom und damit mit jeder neuen Begriffsbildung wächst unser Vokabular und unsere Argumentationsstärke. Dank neuer Axiome und damit verbundener Begriffe können wir über Dinge und Ereignisse Aussagen formulieren, über die wir vorher nicht sprechen konnten. Und wir können die Wahrheit von Aussagen überprüfen, die vorher nicht verifizierbar waren. Letztendlich können wir diese Wahrheitsüberprüfung nicht automatisieren.

Die Resultate von Gödel haben unsere Sicht der Wissenschaft geändert. Wir verstehen dadurch die Entwicklung der einzelnen Wissenschaften zunehmend als einen Prozess der Begriffsbildung und Methodenentwicklung. Warum war aber das Resultat von Gödel maßgebend für das Entstehen der Informatik? Einfach deswegen, weil vor den Gödel'schen Entdeckungen kein Bedarf an einer formalen mathematischen Definition des Begriffes Methode vorhanden war. Eine solche Definition brauchte man nicht, um eine neue Methode für gewisse Zwecke zu präsentieren. Die intuitive Vorstellung einer einfachen und verständlichen Beschreibung der Lösungswege reichte vollständig. Aber sobald man beweisen soll, dass für gewisse Aufgaben (Zwecke) kein Algorithmus existiert, dann musste man vorher ganz genau wissen, was ein Algorithmus ist. Die Nichtexistenz eines Objektes zu beweisen, das nicht eindeutig spezifiziert ist, ist ein unmögliches Vorhaben. Wir müssen ganz genau (im Sinne einer mathematischen Definition) wissen, was ein Algorithmus zur Lösung eines Problems ist. Nur so können wir einen Beweis führen, dass es zur Lösung dieser Aufgabe keinen Algorithmus gibt. Die erste mathematische Definition wurde von Alan Turing in der Form der so genannten Turingmaschine gegeben und später folgten viele weitere. Das Wichtigste ist, dass alle vernünftigen Versuche, eine formale Definition des Algorithmus zu finden, zu der gleichen Begriffsbeschreibung im Sinne des automatisch Lösbaren führten. Obwohl sie in mathematischen Formalismen auf unterschiedliche Weise ausgedrückt wurden, blieben die diesen Definitionen entsprechenden Mengen der algorithmisch lösbaren Aufgaben immer dieselben. Dies führte letztendlich dazu, dass man die Turing'sche Definition des Algorithmus zu den ersten[8] Axiomen der Informatik erklärt hat.

Jetzt können wir unser Verständnis für die Axiome nochmals überprüfen. Wir fassen die Definition des Algorithmus als Axiom auf, weil ihre Korrektheit nicht beweisbar ist. Wie könnten wir beweisen, dass die von uns definierte algorithmische Lösbarkeit wirklich unserer Vorstellung über automatisierte Lösbarkeit entspricht? Wir können eine Widerlegung dieser Axiome nicht ausschließen. Wenn jemand eine nutzbare Methode zu einem gewissen Zweck entwickelt und diese Methode nach unserer Definition kein Algorithmus ist,

---

[8] Alle Axiome der Mathematik werden auch als Axiome in der Informatik verwendet.

dann war unsere Definition nicht gut genug und muss revidiert werden. Seit 1936 hat aber, trotz vieler Versuche, keiner die verwendete Definition des Algorithmus destabilisiert und somit ist der Glaube an die Gültigkeit dieser Axiome ganz stark.

Der Begriff des Algorithmus ist so zentral für die Informatik, dass wir jetzt nicht versuchen werden, die Bedeutung dieses Begriffes in Kürze zu erklären. Lieber widmen wir das ganze nächste Kapitel dem Aufbau des Verständnisses für die Begriffe Algorithmus und Programm.

1.4 Die Geschichte der Informatik und das inhaltliche Konzept des Buches

Die erste fundamentale Frage der Informatik war

> *Gibt es Aufgaben, die man algorithmisch (automatisch) nicht lösen kann? Und wenn ja, welche Aufgaben sind algorithmisch lösbar und welche nicht?*

Wir werden diese grundlegende Frage nicht nur beantworten, sondern große Teile der Forschungswege zu den richtigen Antworten so darstellen, dass man sie danach selbstständig nachvollziehen kann. Weil dieses Thema zu den schwersten in den ersten zwei Jahren des universitären Informatikstudiums gehört, gehen wir hier in sehr kleinen Schritten vor. Aus diesem Grund widmen wir diesem ältesten Teil der Informatikgeschichte gleich drei Kapitel.

Das zweite Kapitel hat den Titel

> *Algorithmik, oder: Was hat Programmieren mit Kuchenbacken gemeinsam?*

und ist vollständig der Bildung und der Erklärung der Schlüsselbegriffe Algorithmus und Programm gewidmet. Um eine erste Vorstellung der Bedeutung dieser Begriffe aufzubauen, fangen wir mit dem alltäglichen Kuchenbacken an.

Haben Sie schon einmal nach einem Rezept einen Kuchen gebacken oder ein Essen gekocht, ohne zu ahnen, warum man genau so vorgeht, wie in der Anweisung beschrieben? Die ganze Zeit waren Sie sich bewusst, dass eine korrekte Durchführung aller Einzelschritte enorm wichtig für die Qualität des Endprodukts ist. Was haben Sie dabei gelernt? Bei einem präzise formulierten und detaillierten Rezept können Sie etwas Gutes erzeugen, ohne

ein Meisterkoch zu sein. Auch wenn man sich im Rausch des Erfolges kurz
für einen hervorragenden Koch halten darf, ist man dies nicht, bevor man
nicht alle Zusammenhänge zwischen dem Produkt und den Schritten seiner
Herstellung verstanden hat – und selbst solche Rezepte schreiben kann.

Der Rechner hat es noch schwerer: Er kann nur ein paar elementare Rechenschritte durchführen, so wie man zum Beispiel die elementaren Koch-
Operationen wie Mischen von Zutaten und Erwärmen zur Umsetzung eines
Rezeptes beherrschen muss. Im Unterschied zu uns besitzt der Rechner aber
keine Intelligenz und kann deshalb auch nicht improvisieren. Ein Rechner
verfolgt konsequent die Anweisungen seiner Rezepte – seiner Programme –
ohne zu ahnen, welche komplexe Informationsverarbeitung diese auslösen.

Auf diese Weise entdecken wir, dass die Kunst des Programmierens die Kunst
ist, Programme wie Rezepte zu schreiben, die die Methoden und Algorithmen für den Rechner verständlich darstellen, so dass er unterschiedlichste
Aufgaben lösen kann. Dabei stellen wir auch den Rechner vor und zeigen,
welche Befehle (Instruktionen) er ausführen kann und was dabei im Rechner
passiert. Nebenbei lernen wir auch, was algorithmische Aufgaben (Probleme)
sind und wo genau der Unterschied zwischen Programmen und Algorithmen
liegt.

Der Titel des dritten Kapitels ist

> *Unendlich ist nicht gleich unendlich, oder: Warum die Unend-*
> *lichkeit in der Informatik so unendlich wichtig ist.*

Dieses Kapitel ist ganz der Unendlichkeit gewidmet. Weshalb war die Einführung des Begriffs „unendlich" nicht nur nützlich, sondern sogar unverzichtbar,
um die endliche Welt zu erklären?

Das ganze bekannte Universum ist riesig groß, aber endlich. Alles, was wir
sehen, alles, womit wir experimentieren, und alles, was wir beeinflussen, ist
endlich. Niemand hat je etwas Unendliches angefasst. Und trotzdem können
Mathematik und Informatik – und dadurch auch viele andere Wissenschaften
– ohne das Unendliche nicht existieren. Schon in den ersten Schulklassen
treffen wir auf die natürlichen Zahlen 0, 1, 2, 3, . . . , von denen es unendlich
viele gibt.

Wozu soll das gut sein, wenn die Anzahl aller Teilchen dieser Welt zwar eine
große, aber immerhin eine feste konkrete Zahl ist? Wozu brauchen wir dann
die größeren Zahlen? Was bedeutet die Unendlichkeit für die Informatik und
was hat die Unendlichkeit mit den Grenzen des automatisiert Machbaren zu
tun?

Bei den Bemühungen, diese Fragen zu beantworten, lernen wir nicht nur die mathematische Definition des Unendlichen kennen, sondern gewinnen auch ein Verständnis für die Nützlichkeit des Konzeptes des Unendlichen. Wir begreifen, dass die auf den ersten Blick künstlich aussehende Unendlichkeit ein erfolgreiches und sogar unersetzbares Instrument zur Erforschung unserer endlichen Welt ist.

Im vierten Kapitel

> *Berechenbarkeit, oder: Warum gibt es Aufgaben, die ein durch Programme gesteuerter Rechner nie lösen kann?*

wenden wir zuerst unsere Kenntnisse über Unendlichkeit an, um die Existenz von algorithmisch unlösbaren Problemen zu zeigen.

Wie kann man die algorithmische Unlösbarkeit von konkreten, praktisch interessanten Aufgaben nachweisen? Wir verwenden die Methode der Reduktion, die eine der fundamentalsten und erfolgreichsten Methoden zur Lösung von konkreten Problemen in der Mathematik ist, und wandeln sie in eine Methode zum Beweisen der algorithmischen Unlösbarkeit konkreter Aufgaben um. Auf diese Weise finden wir gut motivierte praxisrelevante Aufgabenstellungen, die wir keinesfalls automatisch lösen können. Die erste Zielsetzung dieser Vorlesungsreihe – die Grenze der algorithmischen Lösbarkeit (automatischen Machbarkeit) kennen zu lernen – wird damit erfüllt.

Nachdem die Forscher eine Theorie zur Klassifizierung von Problemen in automatisch lösbare und automatisch unlösbare erfolgreich entwickelt hatten, kamen in den sechziger Jahren die Rechner immer mehr und mehr in der Industrie zum Einsatz. In der praktischen Umsetzung von Algorithmen ging es dann nicht mehr nur um die Existenz von Algorithmen, sondern auch um deren Komplexität und somit die Effizienz der Berechnung. Das fünfte Kapitel ist den Begriffen und Konzepten der Komplexitätstheorie gewidmet und hat den Titel

> *Komplexitätstheorie, oder: Was kann man tun, wenn die gesamte Energie des Universums zum Rechnen nicht ausreicht?*

Nach dem Begriff des Algorithmus ist der Begriff der Komplexität der nächste zentrale Begriff der Informatik. Die Komplexität verstehen wir in erster Linie als Berechnungskomplexität, also als die Menge der Arbeit, die ein Rechner bewältigen muss, um zu einer Lösung zu gelangen. Am häufigsten messen wir die Komplexität eines Algorithmus in der Anzahl der durchgeführten Operationen oder der Größe des verwendeten Speichers. Wir versuchen auch, die Komplexität von Problemen zu messen, indem wir die Komplexität des besten (schnellsten bzw. mit Speicher am sparsamsten umgehenden) Algorithmus, der das gegebene Problem löst, heranziehen.

Die Komplexitätstheorie versucht die Probleme (Aufgabenstellungen), in – bezüglich der Komplexität – leichte und schwere zu unterteilen. Wir wissen, dass es beliebig schwere algorithmisch lösbare Probleme gibt, und wir kennen Tausende von Aufgaben aus der Praxis, für deren Lösung die besten Algorithmen mehr Operationen durchführen müssten, als es Protonen im bekannten Universum gibt. Weder reicht die ganze Energie des Universums noch die Zeit seit dem Urknall aus, um sie zu lösen. Kann man da überhaupt etwas unternehmen?

Hier deuten wir das erste Wunder der Informatik an: Man kann einiges tun. Und wie dies möglich ist, das ist die wahre Kunst der Algorithmik. Viele schwer berechenbare Probleme sind in folgendem Sinne instabil. Mit einer kleinen Umformulierung des zu lösenden Problems oder mit einer leichten Abschwächung der Anforderungen kann auf einmal aus einer physikalisch unrealisierbaren Menge an Computerarbeit, eine in Bruchteilen einer Sekunde durchführbare Rechnung werden. Wie dies durch die Kunst der Algorithmik gelingt, sehen die Leser in den folgenden Kapiteln.

Die Wunder entstehen dann, wenn unsere Anforderungen so wenig abgeschwächt werden, dass es aus der Sicht der Praxis keine wirkliche Abschwächung ist und dabei trotzdem eine riesige Menge von Rechenarbeit eingespart wird.

Die wunderbarsten Beispiele in diesem Rahmen entstehen bei der Anwendung der Zufallssteuerung. Die Effekte sind hier so faszinierend wie wahre Wunder. Deswegen widmen wir unter dem Titel

> *Zufall und seine Rolle in der Natur, oder: Zufall als eine Quelle der Effizienz in Algorithmik*

dem Thema der zufallsgesteuerten Algorithmen ein ganzes Kapitel. Die Idee ist dabei, die deterministische Kontrolle von Algorithmen dadurch aufzugeben, dass man hier und da den Algorithmus eine Münze werfen lässt. Abhängig von dem Ergebnis des Münzwurfs darf dann der Algorithmus unterschiedliche Lösungsstrategien wählen. Auf diese Weise verlieren wir die theoretisch absolute Sicherheit, immer die korrekte Lösung auszurechnen, weil wir bei einigen Zufallsentscheidungen erfolglose Berechnungen nicht vermeiden können. Unter erfolglosen Berechnungen verstehen wir Bemühungen, die zu keinem oder zu einem falschen Resultat führen. Wenn man aber die Wahrscheinlichkeit des Auftretens von fehlerhaften Problemlösungen kleiner hält als die Wahrscheinlichkeit des Auftretens eines Hardwarefehlers während der

Berechnung, verliert man dabei aus praktischer Sicht gar nichts. Wenn man mit diesem nur scheinbaren Sicherheitsverlust den Sprung von einer physikalisch im Universum unrealisierbaren Menge von Arbeit zu ein paar Sekunden Rechenzeit auf einem gewöhnlichen PC schafft, kann man von einem wahren Wunder sprechen. Ohne diese Art von Wundern kann man sich heute die Kommunikation im Internet, E-Commerce und Online-Banking gar nicht mehr vorstellen.

Außer den Anwendungen des Zufalls in der Informatik diskutieren wir in diesem Kapitel die fundamentale Frage der Existenz des echten Zufalls und zeigen, wie sich die Einstellung zum Zufall in der Geschichte der Wissenschaft gewandelt hat.

Unter dem Titel

Kryptographie, oder: Wie man aus Schwächen Vorteile macht

erzählt das siebte Kapitel die Geschichte der Kryptographie, der „Wissenschaft der Verschlüsselung". Dabei erfahren die Leser, wie sich die Kryptographie erst mit Hilfe der Algorithmik und ihren komplexitätstheoretischen Konzepten zu einer fundierten Wissenschaft entwickelte. Es ist schwer, andere Wissenschaftsgebiete zu finden, in denen so viele Wunder im Sinne unerwarteter Wendungen und unglaublicher Möglichkeiten auftreten.

Kryptographie ist eine uralte Wissenschaft der Geheimsprachen. Dabei geht es darum, Texte so zu verschlüsseln, dass sie keiner außer dem rechtmäßigen Empfänger dechiffrieren kann. Die klassische Kryptographie basiert auf geheimen Schlüsseln, die dem Sender sowie dem Empfänger bekannt waren.

Die Informatik hat wesentlich zur Entwicklung der Kryptographie beigetragen. Zunächst hat sie auf der Ebene der Begriffsbildung das erste Mal ermöglicht, die Zuverlässigkeit eines Kryptosystems zu messen. Ein Kryptosystem ist schwer zu knacken, wenn jedes Computerprogramm, das den Schlüssel nicht kennt, eine physikalisch unrealisierbare Menge von Arbeit zur Dechiffrierung von verschlüsselten Texten braucht. Ausgehend von dieser Definition der Güte eines Kryptosystems haben die Informatiker Chiffrierungen gefunden, die effizient durchführbar sind, deren entsprechende Dechiffrierungen ohne Kenntnis des Schlüssels aber einer algorithmisch schweren Aufgabe entsprechen.

Daran sieht man, dass die Existenz von schweren Problemen uns nicht nur die Grenzen aufzeigt, sondern auch sehr nützlich sein kann. So entwickelte Kryptosysteme nennt man Public-Key-Kryptosysteme, weil die Chiffrierungsmechanismen wie in einem Telefonbuch veröffentlicht werden dürfen.

Denn das Geheimnis, das zu seiner effizienten Dechiffrierung notwendig ist, ist nur dem Empfänger bekannt, und kein unbefugter Dritter kann die chiffrierten Nachrichten lesen.

Die dann folgenden zwei Kapitel sprechen die Möglichkeiten einer enormen Miniaturisierung von Rechnern an, indem man die Durchführung der Berechnungen auf die Ebene von Molekülen oder Teilchen bringt.

Das achte Kapitel stellt unter dem Titel

> *Rechnen mit DNA-Molekülen, oder: Eine Biocomputertechnologie*
> *am Horizont*

die biochemischen Technologien vor, die man zur Lösung konkreter, schwerer Rechenprobleme einsetzen könnte. Anhand eines einfachen Beispiels einer Optimierungsaufgabe wird gezeigt, wie man die Computerdaten durch DNA-Sequenzen darstellen kann und wie man mit ein paar chemischen Operationen auf diesen Sequenzen die Lösung findet.

Wenn man die Arbeit von Rechnern genauer unter die Lupe nimmt, stellt man fest, dass sie nichts anderes tun, als gewisse Texte in andere Texte umzuwandeln. Die Aufgabendarstellung ist, dem Rechner als eine Folge von Symbolen (zum Beispiel Nullen und Einsen) gegeben, und die Ausgabe des Rechners ist wiederum ein Text in Form einer Folge von Buchstaben.

Kann die Natur so etwas nachahmen? Die DNA-Sequenzen kann man auch als Folge von Symbolen A, T, C und G sehen, und wir wissen, dass die DNA-Sequenzen genau wie Rechnerdaten Informationsträger sind. Genau wie die Rechner Operationen auf den symbolischen Darstellungen der Daten ausführen können, ermöglichen es unterschiedliche chemische Prozesse, biologische Daten zu verändern. Was ein Rechner kann, schaffen die Moleküle locker. Sogar noch ein bisschen schneller.

Im achten Kapitel diskutieren wir die Vor- und Nachteile und damit die Möglichkeiten dieser biologischen Technologie in der Algorithmik. Dieser Forschungsbereich ist immer für Überraschungen gut und heute wagt niemand, Prognosen über die möglichen Anwendungen dieses Ansatzes für die nächsten zehn Jahre zu machen.

Wahrscheinlich hat keine Wissenschaftsdisziplin unsere Weltanschauung so stark geprägt wie die Physik. Tiefe Erkenntnisse und pure Faszination verbinden wir mit der Physik. Das Juwel unter den Juwelen ist die Quantenmechanik. Die Bedeutung ihrer Entdeckung erträgt den Vergleich mit der Entdeckung des Feuers in der Urzeit. Die Faszination der Quantenmechanik liegt darin, dass die Gesetze des Verhaltens von Teilchen scheinbar unseren physikalischen Erfahrungen aus der „Makrowelt" widersprechen. Die am Anfang umstrittene und heute akzeptierte Theorie ermöglicht zunächst hypothetisch eine neue Art von Rechnern auf der Ebene der Elementarteilchen. Diesem Thema ist das neunte Kapitel unter dem Titel

> *Quantenrechner, oder: Das Rechnen in der Wunderwelt der Teilchen*

gewidmet. Als man diese Möglichkeit entdeckt hatte, war die erste Frage, ob die Axiome der Informatik noch gelten. In anderen Worten, können die Quantenalgorithmen etwas, was klassische Algorithmen nicht können? Die Antwort ist negativ und somit lösen die Quantenalgorithmen die gleiche Menge von Aufgaben wie die klassischen Algorithmen und unsere Axiome stehen noch besser da. Was soll dann aber der Vorteil der potenziellen Nutzung von Quantenrechnern sein? Wir können konkrete Aufgaben von großer praktischer Bedeutung mit Quantenalgorithmen effizient lösen, während die besten bekannten klassischen deterministischen sowie zufallsgesteuerten Algorithmen für diese Aufgaben eine unrealistische Menge von Computerarbeit erfordern. Damit ist die Quantenmechanik eine vielversprechende Rechnertechnologie. Das Problem ist nur, dass wir es noch nicht schaffen, anwendbare Quantenrechner zu bauen und das Erreichen dieses Ziels ist eine große Herausforderung derzeitiger physikalischer Forschung. Weil das Verständnis für quantenmechanische Berechnungen nichttriviale Vorkenntnisse aus der Mathematik fordert, streben wir hier nicht an, die Highlights der Quantenalgorithmik detailliert zu vermitteln. Anhand einfacher Beispiele erklären wir, was in der Welt der Teilchen möglich ist und wie man dies zum Rechnen verwenden kann. Wir erklären auch, warum es so schwer ist, einen Quantenrechner zu bauen und welche unglaublichen Möglichkeiten sicherer Kommunikation uns die Quantenmechanik in der Kryptographie bietet.

Das zehnte Kapitel kommt unter dem Titel

> *Wie man gute Entscheidungen für eine unbekannte Zukunft treffen kann, oder: Wie man einen gemeinen Gegner überlisten kann*

auf die Algorithmik, dem Kern der Informatik zurück.

Es gibt viele Situationen im Leben, in denen wir gerne wissen möchten, was auf uns zukommt. Leider können wir sehr selten vorausschauen und müssen, ohne die Zukunft zu kennen, gewisse Entscheidungen in der Gegenwart treffen. Stellen wir uns zum Beispiel einen ärztlichen Notdienst mit fahrenden Ärzten vor. Niemand weiß vorher, woher und wann in der Stadt ein Notruf kommt. Die Zentrale versucht dennoch, die Fahrten der Ärzte effizient zu koordinieren. Sie bemüht sich zum Beispiel, die durchschnittliche Wartezeit von Patienten zu minimieren und die Gesamtlänge aller gefahrenen Strecken so kurz wie möglich zu halten.

Dazu kann sie Strategien entwickeln, z.B. kann sie bestimmen, was ein Notarzt nach einem erfolgreichen Einsatz tun soll: Soll er dort, wo er ist, auf den nächsten Anruf warten, zurück zur Zentrale fahren oder sogar eine neue Warteposition einnehmen? Welcher Arzt wird bei einem gerade angekommenen Notruf losgeschickt? Die prinzipielle Frage bei solchen so genannten „Online-Problemen" ist, ob es überhaupt gute Strategien ohne Kenntnis der Zukunft gibt.

Das Ganze kann man sich als ein Spiel gegen einen arglistigen Gegner vorstellen, der immer, nachdem man eine Entscheidung getroffen hat, die Zukunft so gestaltet, dass die getroffene Entscheidung möglichst ungünstig wird. Hat man unter diesen Bedingungen überhaupt eine reelle Chance, vernünftige und erfolgreiche Entscheidungen zu treffen? Die Antwort fällt von Problemstellung zu Problemstellung anders aus. Es ist aber faszinierend, zu erkennen, dass wir diesen Gegner, der die Zukunft für uns ungünstig gestaltet, mit Hilfe der Informatik in vielen Situationen auf eine unerwartete Weise überlisten können.

Das Buch schließt mit dem Thema

> *Physikalische Optimierung in der Informatik, Heilung als Informationsverarbeitung in der Medizin, oder: Wie könnten die homöopathischen Arzneimittel wirken?*

Im Unterschied zu den vorherigen Kapiteln verlassen wir den relativ festen Boden der anerkannten wissenschaftlichen Ergebnisse und erlauben uns ein paar visionäre Annahmen, die uns eine neue Dimension der Sicht auf das Leben, die Gesundheit und die Heilung bieten.

Wir wissen, dass jedes physikalische System ununterbrochen seinen idealen Zustand – genannt Optimum – anstrebt. Dennoch kann es sich durch die äußere Belastung von seinem Optimum entfernen. Die Physiker können diesen Prozess mit Hilfe des so genannten Metropolis-Algorithmus gut simulieren.

Anfang der achtziger Jahre des zwanzigsten Jahrhunderts stellten Forschende mit Erstaunen fest, dass man die algorithmische Optimierung in der Informatik und der Mathematik erfolgreich als Optimierung eines physikalischen Systems modellieren kann. Auf diese Weise entwickelten sie die Heuristik des „Simulated Annealing", die in der Praxis bei der Lösung von schweren Optimierungsproblemen riesige Erfolge verbucht hat.

Wir erlauben uns die Annahme, dass lebendige Systeme (Organismen) auf ähnliche Weise wie „tote" Materie funktionieren – mindestens in dem Sinne, dass sie ununterbrochen ihren idealen Zustand anstreben. Dann betrachten wir die Gesundheit als den optimalen Zustand und die Krankheit als eine Abweichung von diesem Zustand. Mit dieser Sichtweise entwickeln wir eine visionäre Vorstellung von der Medizin der Zukunft, die sich statt auf lokale Korrekturen und Behandlungen eher auf die Anregung der Optimierungskräfte des Organismus konzentrieren wird. Aus diesem Blickwinkel scheinen dann einige alternative Heilungspraktiken, wie z. B. die Homöopathie, natürlich und realistisch. Wir dokumentieren sogar, dass sich einige experimentelle Beobachtungen zur Entwicklung nach der Verabreichung von homöopathischen Arzneimitteln mit dem Metropolis-Algorithmus modellieren lassen.

Mit dem elften Kapitel enden die „Sieben Wunder der Informatik", die wir genauso gut auch algorithmische Abenteuer nennen dürften. Wie viele Wunder wir wirklich vorgestellt haben, will ich nicht zu zählen versuchen. Ich empfehle dies auch keinem, weil die resultierende Anzahl davon abhinge, was wir unter einem Wunder verstehen, also wie wir diesen Begriff definieren. Und wir haben schon verstanden, wie schwer die Begriffsbildung sein kann. Statt der Zählung der Wunder geben wir lieber noch ein Nachwort, oder besser sogar zwei.

Im ersten vermitteln wir dem erfahrenen Leser, der in voller Gesundheit die elf vorangegangenen schweren Themen verdaut hat, die möglichen Beiträge der Informatik für die allgemeine Bildung. Die in der Informatik auf natürliche Weise enthaltene Verbindung des mathematisch-naturwissenschaftlichen Denkens mit dem pragmatischen Denken der Ingenieurwissenschaften bietet eine neue Qualität und öffnet eine neue Dimension, die in den Mittelschulen noch nicht vorhanden ist. Hohe Interdisziplinarität und die Verbindung von Theorie und Experiment sind andere Beiträge, die die Informatik attraktiv machen. Was zurzeit die Akzeptanz der Informatik als Schulfach einschränkt, sind die Lehrbücher und Unterrichtsunterlagen, die die oben genannten Werte vermitteln. Wir hoffen, mit diesem Buch auch zu zeigen, in welche Richtung man bei der Zusammenstellung der Informatiklehrbücher gehen sollte.

Das zweite Nachwort ist ein Plädoyer für die Unterstützung der Grundlagenforschung. Zu viele Stimmen aus der Politik und Wirtschaft rufen nach angewandter Forschung, die in kurzer Zeit vorhersehbare Profite bringt. Die Umwandlung des erzeugten Wissens in profitable Produkte sollte statt der Generierung des neuen Wissens in der Grundlagenforschung bevorzugt werden. Dass dieses Vorhaben genauso lebensgefährlich für uns ist, wie es für

Steinzeitmenschen war, sich mit Essen vollzustopfen, statt an die Wintervor-
räte zu denken, zeigt dieses Manifest.

1.5   Zusammenfassung

Die Begriffsbildung ist maßgebend für das Entstehen und die Entwicklung
der wissenschaftlichen Disziplinen. Mit der Einführung des Begriffes des Algorithmus wurde die Bedeutung des Begriffes Methode genau festgelegt (ein
formaler Rahmen für die Beschreibung mathematischer Berechnungsverfah-
ren geschaffen) und damit die Informatik gegründet. Durch diese Festlegung
konnte man mit klarer Bedeutung die Grenze zwischen automatisch (algorithmisch) Lösbarem und Unlösbarem untersuchen. Nachdem man viele
Aufgaben bezüglich der algorithmischen Lösbarkeit erfolgreich klassifiziert
hatte, kam der Begriff der Berechnungskomplexität, der die Grundlagenforschung in der Informatik bis heute bestimmt. Dieser Begriff ermöglicht es,
die Grenze zwischen „praktischer" Lösbarkeit und „praktischer" Unlösbarkeit
zu untersuchen. Er hat der Kryptographie eine Basis für den Sicherheitsbe-
griff und damit die Grundlage für die Entwicklung moderner Public-Key-
Kryptosysteme gegeben und ermöglicht es, die Berechnungsstärke von Determinismus, Nichtdeterminismus, Zufallssteuerung und Quantenberechnun-
gen im Vergleich zu studieren. Auf diese Weise trug und trägt die Informatik
nicht nur zum Verständnis der allgemeinen wissenschaftlichen Kategorien wie

> *Determiniertheit, Nichtdeterminiertheit, Zufall, Information,*
> *Wahrheit, Unwahrheit, Komplexität, Sprache, Beweis, Wissen,*
> *Kommunikation, Algorithmus, Simulation usw.*

bei, sondern gibt mehreren dieser Kategorien einen neuen Inhalt und damit
eine neue Bedeutung. Die spektakulärsten Ergebnisse der Informatik sind
meistens mit den Versuchen verbunden, schwere Probleme zu lösen. Dabei
entstehen die „Wunder", denen dieses Buch gewidmet ist.

Lösungsvorschläge zu ausgewählten Aufgaben

Aufgabe 1.3 In der Wahrheitstabelle in Fig. 1.5 sind nur die drei Situationen
S_1, S_2 und S_8 möglich. Wir fragen, welche Implikationen gelten. Um dies zu beantworten, verwenden wir die folgende Regel:

> *Wenn in allen möglichen Situationen in denen X gilt, auch Y gilt,*
> *dann gilt $X \Rightarrow Y$. Die Folgerung $X \Rightarrow Y$ gilt nicht, wenn es eine*
> *Situation gibt, in der Y gilt, aber X nicht gilt.*

Untersuchen wir zuerst $A \Rightarrow B$. A gilt in den Situationen S_1 und S_2. In diesen Situationen gilt auch B. Also schließen wir, dass $A \Rightarrow B$ gilt.
Schauen wir uns jetzt $B \Rightarrow A$ an. B gilt in S_1 und S_2 und da gilt auch A. Somit gilt $B \Rightarrow A$.
Untersuchen wir jetzt die Folgerung $A \Rightarrow C$. A gilt in S_1 und S_2. In der Situation S_2 gilt aber C nicht. Somit gilt die Implikation $A \Rightarrow C$ nicht.
Umgekehrt gilt aber $C \Rightarrow A$, weil C nur in S_1 gilt und A in S_1 auch gilt.
Auf diese Weise stellen wir fest, dass die Folgerungen $A \Rightarrow B$, $B \Rightarrow A$, $C \Rightarrow A$ und $C \Rightarrow B$ gelten und $A \Rightarrow C$ und $B \Rightarrow C$ nicht gelten. Die Folgerung $A \Rightarrow C$ gilt nicht, weil in der möglichen Situation S_2 die Behauptung A gilt, aber die Behauptung C gilt nicht. Analog kann man auch die Nichtgültigkeit von $B \Rightarrow C$ begründen.
Die Folgerungen $A \Rightarrow A$, $B \Rightarrow B$ und $C \Rightarrow C$ gelten immer, unabhängig davon, welche Situationen möglich sind.

Aufgabe 1.6 Zeichnen wir zuerst die Wahrheitstabelle für C und D und untersuchen, wann $C \Rightarrow D$ gilt.

	C	D	$C \Rightarrow D$
S_1	gilt	gilt	
S_2	gilt	gilt nicht	ausgeschlossen
S_3	gilt nicht	gilt	
S_4	gilt nicht	gilt nicht	

Wir sehen, dass die Situationen S_1, S_3 und S_4 möglich sind. Was bedeutet es jetzt, die zusätzliche Information in Betracht zu ziehen, dass bei der Mischung keine grüne Farbe entstanden ist? Dies bedeutet, D gilt nicht (also $\overline{D}$ gilt). Diese Tatsache schließt die Situationen S_1 und S_3 aus. Damit bleibt die einzige mögliche Situation S_4, in der $\overline{C}$ und $\overline{D}$ gelten. Somit gilt auch $\overline{D} \Rightarrow \overline{C}$ und wir wissen, wenn keine grüne Farbe entstanden ist ($\overline{D}$ gilt), dann wurden die blaue und die gelbe Farbe nicht gemischt ($\overline{C}$ gilt).

Aufgabe 1.8 Wir betrachten zwei Behauptungen. Die Behauptung A bedeutet „x^2 ist gerade" und die Behauptung B bedeutet „x ist gerade". Die Gültigkeit von A ist uns bekannt und die Gültigkeit von B zu beweisen ist unser Ziel. In einem indirekten Beweis müssen wir mit $\overline{B}$ anfangen. Die Behauptung $\overline{B}$ bedeutet, dass „x ungerade ist". Nach der Definition von ungeraden Zahlen kann man x als

$$x = 2i + 1$$

für eine natürliche Zahl i ausdrücken. Damit gilt die Aussage „$x = 2i + 1$", was wir als A_1 bezeichnen. Somit dürfen wir $\overline{B} \Rightarrow A_1$ schreiben. Aus A_1 erhalten wir die folgende Aussage A_2, indem wir x quadrieren.

$$x^2 = (2i + 1)^2 = 4i^2 + 2i + 1 = 2(2i^2 + i) + 1 = 2m + 1$$

Dabei ist $m = 2i^2 + 1$. Aus der Behauptung A_2 $(x^2 = 2(2i^2 + i) + 1)$ erhalten wir die Behauptung $\overline{A}$, dass x^2 ungerade ist, weil x^2 sich als zwei mal eine natürliche Zahl plus 1 schreiben lässt. Damit haben wir die folgende Folge von Folgerungen bewiesen:

$$\overline{B} \Rightarrow A_1 \Rightarrow A_2 \Rightarrow \overline{A}$$

$$x \text{ ist ungerade} \Rightarrow x = 2i + 1 \Rightarrow x^2 = 2m + 1 \Rightarrow \ x^2 \text{ ist ungerade}$$

Wir wissen, dass x^2 gerade ist und somit $\overline{A}$ nicht gilt. Somit können wir nach dem Schema der indirekten Argumentation schließen, dass $\overline{B}$ nicht gilt. Deswegen gilt B, und dies zu beweisen war unsere Zielsetzung.

Weitere Musterlösungen befinden sich auf
`www.openclass.inf.ethz.ch/programm/archiv/WS2005/aufgaben`

Die Vollkommenheit besteht aus Kleinigkeiten, doch die
Vollkommenheit selbst ist keine Kleinigkeit.

Michelangelo Buonarotti

Kapitel 2

Algorithmik, oder: Was hat Programmieren mit Kuchenbacken gemeinsam?

2.1   Was erfahren wir hier?

Das Ziel dieses Kapitels ist es noch nicht, eines der versprochenen Wunder
vorzustellen. Man kann Shakespeare oder Dostojevski nicht im Original lesen
und genießen, ohne vorher den mühsamen Weg des Erlernens der englischen
oder russischen Sprache zu gehen. Genauso können wir die Informatik auch
nicht verstehen und über ihre Ideen und Resultate staunen, ohne die elementaren Grundlagen ihrer Fachsprache zu erlernen.

Wie wir schon in der Geschichte der Informatik im ersten Kapitel gelernt
haben, ist der zentrale Begriff der Informatik der Algorithmus. Wir wollen
hier nicht den mühsamen Weg des Erlernens der informatischen Fachterminologie gehen. Auf spielerische Weise (also ohne formale mathematische Dar-

stellungen), möchte ich Ihnen eine intuitive und trotzdem ziemlich genaue Vorstellung davon vermitteln, was Algorithmen sind und was sie nicht sind. Wir fangen mit dem Kuchenbacken an und überlegen, inwieweit und unter welchen Umständen man ein Rezept für einen Algorithmus halten kann.

Danach springen wir direkt zum Rechner und wir werden Programmieren als eine Sprache zur Kommunikation mit den Maschinen oder Programme als eine für Rechner verständliche Darstellung von Algorithmen ansehen. Am Ende des Kapitels werden Sie nicht nur verstehen, was Programmieren bedeutet, Sie werden auch im Stande sein, einfache Programme selbstständig zu schreiben und haben eine klare Vorstellung davon, was bei der Ausführung einzelner Programmbefehle (Programmanweisungen) in einem Rechner passiert.

Nebenbei lernen wir auch, was ein algorithmisches Problem (eine Aufgabe) ist und dass wir die Algorithmen so konstruieren müssen, dass sie in jeder von potentiell unendlich vielen unterschiedlichen Situationen richtig handeln und das gewünschte Resultat in endlicher Zeit bestimmen und liefern. Damit schlagen wir eine Brücke zum nächsten Kapitel, in dem wir zeigen wollen, wie wichtig ein tieferes Verständnis des Begriffes der „Unendlichkeit" in der Informatik ist.

2.2   Algorithmisches Kuchenbacken

Im ersten Kapitel haben wir schon eine gewisse Vorstellung davon gewonnen, was man unter einem Algorithmus oder einer Methode verstehen kann. Wir könnten sagen:

> *Ein Algorithmus ist eine gut verständliche Tätigkeitsbeschreibung,*
> *die uns zu unserem Ziel führt.*

Also gibt uns ein Algorithmus (eine Methode) einfache und eindeutige Hinweise, wie wir Schritt für Schritt vorgehen sollen, um das zu erreichen, was wir anstreben.

Das ist ähnlich wie bei einem Kochrezept. Dieses sagt uns ganz genau, was in welcher Reihenfolge zu tun ist und dementsprechend führen wir Schritt für Schritt die Folge der beschriebenen Tätigkeiten aus.

> *Inwiefern dürfen wir also ein Rezept für einen Algorithmus halten?*

Diese Frage direkt zu beantworten, ist nicht so einfach. Aber bei der Suche nach einer Antwort lernen wir besser zu verstehen, was sich wirklich hinter diesem Wort versteckt.

Nehmen wir das Rezept für einen Aprikosenkuchen von 26 cm Durchmesser.

Zutaten:
```
    3 Eiweiß
    1 Prise Salz
    6 Esslöffel heißes Wasser
 100g Zuckerrohrgranulat (Rohrzucker)
    3 Eigelb
    1 Teelöffel abgeriebene Zitronenschale
 150g Buchweizen fein gemahlen (Mehl)
  1/2 Teelöffel Backpulver
 400g Aprikosen, halbreif und enthäutet
  10g Wildpfeilwurzelmehl
```

Rezept:

1. Das Pergamentpapier in die Springform einspannen.

2. Den Backofen auf 180 °C vorheizen.

3. 6 Esslöffel Wasser erwärmen.

4. Die drei Eiweiße mit einer Prise Salz und dem heißen Wasser zu steifem Schnee schlagen.

5. 100g Zuckerrohrgranulat und die Eigelbe nach und nach unterrühren. Danach solange rühren, bis eine feste, cremige Masse entstanden ist.

6. 1 Teelöffel abgeriebene Zitronenschale dazugeben und vermischen.

7. 150g Mehl mit 1/2 Teelöffel Backpulver vermischen, auf die Schaummasse geben und mit dem Schneebesen vorsichtig unterheben.

8. Die entstandene Masse in die Form füllen.

9. Die halbreifen und enthäuteten Aprikosen dekorativ auf den Teig setzen.

10. Das Biskuit im Backofen unter 160 °C Umluft 25-30 Minuten hellbraun backen.

11. Danach den Kuchen aus dem Backofen nehmen und abkühlen lassen.

12. Den fertigen ausgekühlten Kuchen nach Belieben mit Wildpfeilwurzelmehl bestäuben.

Das Rezept liegt vor und die Frage ist, ob wirklich jeder nach Rezept diesen Kuchen backen kann. Die Antwort ist wahrscheinlich, dass der Erfolg doch zu einem gewissem Grad von den Kenntnissen des Zubereitenden abhängt.

Jetzt ist es an der Zeit, die erste Anforderung an Algorithmen zu formulieren.

> *Die Algorithmen müssen eine so genaue Beschreibung der bevorstehenden Tätigkeit bieten, dass man diese Tätigkeit erfolgreich durchführen kann, auch wenn man keine Ahnung hat, warum die Umsetzung des Algorithmus zum gegebenen Ziel führt. Dabei muss die Beschreibung so eindeutig sein, dass unterschiedliche Interpretationen der Hinweise (Befehle) des Algorithmus ausgeschlossen sind. Egal wer den Algorithmus auf seiner Eingabe anwendet, die entstehende Tätigkeit und damit auch das Resultat müssen gleich sein, d.h. jeder Anwender des Algorithmus muss zu demselben Ergebnis gelangen.*

Jetzt könnten wir eine lange Diskussion darüber anfangen, welche von den 12 Schritten (Anweisungen) des Rezeptes eindeutige und für jeden verständliche Hinweise geben. Zum Beispiel:

- Was bedeutet **zu steifem Schnee schlagen** (Schritt 4)?

- Was bedeutet **vorsichtig unterheben** (Schritt 7)?

- Was bedeutet **dekorativ** auf den Teig setzen (Schritt 9)?

- Was bedeutet **hellbraun** backen (Schritt 10)?

- Was bedeutet **nach Belieben** bestäuben (Schritt 12)?

Eine erfahrene Köchin würde sagen: „Alles ist klar, genauer kann man es nicht angeben." Jemand, der das erste Mal in seinem Leben einen Kuchen backen will, könnte noch mehr Rat und Hilfe brauchen, bis er sich an die Arbeit traut. Und dabei ist unser Rezept einfacher formuliert als in den meisten Kochbüchern. Was denken Sie z.B. über Anweisungen wie

- Die **leicht abgekühlte** Gelatinemasse **zügig** unter die Quarkmasse geben und **gut** durchrühren.

Wir dürfen natürlich nicht zulassen, dass nur Erfahrene das Rezept für einen Algorithmus halten und der Rest der Welt nicht. Man muss eine Möglichkeit suchen, eine Einigung zu erzielen. Wir verstehen schon, dass ein Algorithmus eine Folge von Anweisungen ist, wobei jede angegebene Tätigkeit von jeder Person korrekt durchführbar sein muss.

Dies bedeutet:

> *Man muss sich zuerst auf eine Liste der Tätigkeiten (Operationen) einigen, die jede oder jeder der koch- und backwilligen Menschen mit Sicherheit beherrscht.*

So eine Liste kann zuerst z.B. folgende Tätigkeiten enthalten, die möglicherweise sogar ein für diese Zwecke gebauter Roboter ohne jedes Verständnis der Kochkunst und ohne jede Improvisationsfähigkeit realisieren kann.

- `Gib x Löffel Wasser in ein Gefäß.`

- `Trenne ein Ei in Eiweiß und Eigelb.`

- `Heize den Ofen auf x Grad vor für eine angegebene Temperatur von x Grad.`

- `Backe y Minuten unter x Grad.`

- `Wiege x g Mehl ab und gib es in eine Schüssel.`

- `Gieße x l Milch in eine Kanne.`

- `Koche y Minuten.`

- `Mische mit dem Schneebesen x Minuten.`

- `Rühre mit einer Gabel x Minuten.`

- `Fülle eine Form mit einem Teig.`

- `Schäle x kg Kartoffeln.`

- `Mische den Inhalt zweier Gefäße.`

Sicherlich fallen Ihnen viele weitere Tätigkeiten ein, die Sie für so einfach halten, dass Sie sie jedem, der backen will, ohne weitere Erklärung zutrauen werden. Im Folgenden geht es darum, ein Rezept so umzuschreiben, dass dabei die Befehle (Anweisungen) nur ausgewählte einfache Basistätigkeiten verwenden.

Versuchen wir jetzt den Schritt 4 des Rezeptes in eine Folge einfacher Anweisungen umzuschreiben:

4.1 Gib die drei Eiweiße in das Gefäß G.

4.2 Gib 1g Salz in das Gefäß G.

4.3 Gib 6 Löffel Wasser in den Topf T.

4.4 Erwärme das Wasser im Topf T auf 60 °C.

4.5 Gieße das Wasser aus T in G.

An dieser Stelle ist aber nicht klar, wann die Anweisung „zu steifem Schnee schlagen" umgesetzt ist. Wir sollen rühren, bis der Eischnee steif ist. Ein Ausweg können Erfahrungswerte sein. Es dauert ungefähr zwei Minuten, bis das Eiweiß steif ist. Dann könnte man schreiben:

4.6 Rühre den Inhalt von G 2 Minuten lang.

Eine solche Anweisung birgt aber auch gewisse Risiken in sich. Die Fertigungszeit hängt davon ab, wie schnell und mit welchen Hilfsmitteln man rührt. Also wäre es uns lieber, wirklich ungefähr dann aufzuhören, wenn das gerührte Material steif geworden ist. Was brauchen wir dazu? Die Fähigkeit, Tests durchzuführen (um den Zeitpunkt zu erkennen, in dem die Anweisung „zu steifem Schnee schlagen" umgesetzt worden ist) und abhängig von dem Resultat die Entscheidung zu treffen, wie man weiter vorgehen soll. Wenn der Schnee noch nicht steif ist, soll man noch gewisse Zeit rühren und dann wieder testen. Wenn der Schnee steif ist, ist Schritt 4 abgeschlossen und wir sollen mit dem Schritt 5 die Arbeit fortsetzen.

Wie kann man dies als eine Befehlsfolge schreiben?

4.6 Rühre den Inhalt von G 10s lang.

4.7 Teste, ob der Inhalt von G „steif" ist.
   Falls JA, setze mit 5 fort.
   Falls NEIN, setze mit 4.6 fort.

Damit kehrt man zum Rühren in 4.6 so oft zurück, bis der gewünschte Zustand erreicht ist. In der Fachterminologie der Informatik nennt man 4.6 und 4.7 eine **Schleife**, in der man 4.6 so lange wiederholt, bis die Bedingung 4.7 erfüllt ist. Um dies zu veranschaulichen, benutzen wir oft eine graphische Darstellung wie in Fig. 2.1, die man **Flussdiagramm** nennt.

Ist aber der Test in 4.6 so leicht durchführbar? Wir müssen uns, genau wie bei der Tätigkeitsanweisung, auf eine sorgfältig gewählte Liste von einfachen Tests einigen. Den Test 4.6 kann man zum Beispiel so realisieren, dass man in die Masse einen kleinen leichten Kunststofflöffel stecken kann, und wenn

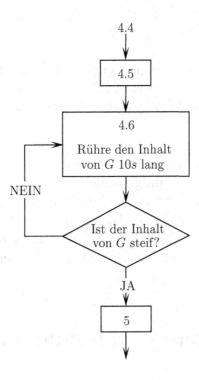

Fig. 2.1

er stecken bleibt, betrachten wir die Masse als steif. Beispiele von einfachen Tests könnten folgende sein:

- Teste, ob die Flüssigkeit im Topf mindestens x Grad hat.

- Teste, ob die Masse im Gefäß „löffelfest" ist.

- Wiegt der Inhalt eines Gefäßes genau x g?

Aufgabe 2.1 Schreiben Sie ein Rezept für die Herstellung ihres Lieblingsessens aus dem Kochbuch ab. Listen Sie Ihrer Meinung nach einfache Anweisungen und Tests auf und schreiben Sie Ihr Rezept nur mit Tätigkeiten aus Ihrer Liste um.

Aufgabe 2.2 Sie wollen 1 l Wasser auf 90 °C erwärmen. Folgende Operationen haben Sie zur Verfügung:

„Stelle den Topf T für x Sekunden auf eine heiße Herdplatte und nimm
ihn dann weg."
und „Gieße y l Wasser in einen Topf T."

Sie haben folgenden Test zur Verfügung:

Hat das Wasser im Topf T mindestens x Grad?

Nutzen Sie diese zwei Anweisungen und den Test zur Herstellung eines „Kochalgorithmus", der 1 l Wasser auf mindestens 90 °C erwärmt, so dass der Topf nachdem das Wasser 90 °C erreicht hat, nicht länger als 15 Sekunden auf der Herdplatte stehenbleibt.

Ob Sie es glauben oder nicht: Wenn Sie diese zwei Aufgaben gelöst haben, haben Sie schon ein bisschen programmiert. Das Wichtigste, was wir hier beim Kuchenbacken gelernt haben, ist, dass man über Algorithmen nicht sprechen kann, bevor man nicht die Grundbausteine für das Herstellen von Algorithmen festgelegt hat. Die Bausteine sind einerseits einfache Tätigkeiten, die jeder zweifelsfrei durchführen kann und andererseits einfache Tests, die man auch problemlos umsetzen kann.

2.3   Und wie geht es mit einem Rechner?

Hier wollen wir auf die Ähnlichkeiten und Unterschiede zwischen algorithmischem „Kochen" und dem Rechnen mit einem Computer eingehen und dadurch die Anforderungen an einen Algorithmus als Computerprogramm genauer formulieren.

Genauso wie beim Kochen muss man sich zuerst auf die Menge der einfachen Basistätigkeiten (Operationen) einigen, die ein Rechner mit Sicherheit ausführen kann. Diese Einigung fällt uns hier viel leichter als beim Kochen. Die Rechner haben keinen Intellekt und somit auch keine Improvisationsfähigkeiten. Damit ist die Rechnersprache sehr einfach. Niemand bezweifelt die Tatsache, dass Rechner Zahlen addieren, multiplizieren oder andere arithmetische Operationen durchführen – wir verwenden in diesem Zusammenhang den Fachausdruck „Operation über Zahlen" – sowie Zahlen bezüglich ihrer Größe vergleichen können. Das kann jeder einfache Taschenrechner. Diese einfachen Operationen zusammen mit der Fähigkeit, Eingabedaten zu lesen und Resultate auszugeben, reichen aus, um jeden Algorithmus als Folge solcher Operationen darzustellen.

Also egal, ob Kochalgorithmen oder Rechneralgorithmen – alle sind nichts anderes als Folgen von einfachen Operationen (Tätigkeitsanweisungen). Es gibt aber einen wesentlichen Unterschied zwischen Kochalgorithmen und Algorithmen in der Informatik. Die Kochalgorithmen haben als Eingabe die Zutaten und das Resultat ist ein Kuchen. Die einzige Aufgabe, die sie haben, ist aus festgelegten Zutaten den gegebenen Kuchen zu backen. Bei algorithmischen Problemen ist es ganz anders. Wir wissen, dass ein Problem *unendlich viele* **Problemfälle** (auch **Probleminstanzen** genannt) als mögliche Eingabe für einen Algorithmus haben kann. Als Beispiel untersuchen wir das Problem der Lösung einer quadratischen Gleichung

$$ax^2 + bx + c = 0.$$

Die Eingabe sind die Zahlen a, b und c und die Aufgabe besteht darin, alle x zu finden, die diese Gleichung erfüllen.

Ein konkreter Problemfall ist zum Beispiel, die folgende quadratische Gleichung zu lösen:
$$x^2 - 5x + 6 = 0.$$

Hier ist $a = 1, b = -5$ und $c = 6$. Die Lösungen sind $x_1 = 2$ und $x_2 = 3$. Man kann durch Einsetzen leicht überprüfen, dass

$$2^2 - 5 \cdot 2 + 6 = 4 - 10 + 6 = 0$$

$$3^2 - 5 \cdot 3 + 6 = 9 - 15 + 6 = 0$$

und somit x_1 und x_2 wirklich die Lösungen der quadratischen Gleichung $x^2 - 5x + 6 = 0$ sind.

Weil es unendlich viele Zahlen gibt, haben wir unendlich viele Möglichkeiten, a, b und c in der quadratischen Gleichung zu wählen. Also gibt es *unendlich viele* quadratische Gleichungen. Von einem Algorithmus zur Lösung des Problems von quadratischen Gleichungen fordern wir, dass er für jede Eingabe a, b und c (also für jede quadratische Gleichung) die Lösung bestimmt.

Damit haben wir die zweite grundlegende Anforderung an eine Festlegung des Begriffes **Algorithmus** ausformuliert.

Ein Algorithmus zur Lösung einer Aufgabe (eines Problems) muss garantieren, dass er für jeden möglichen Problemfall korrekt arbeitet. Korrekt arbeiten bedeutet hier, dass er für jede Eingabe in endlicher Zeit die Arbeit beendet und das korrekte Ergebnis liefert.

Überlegen wir uns jetzt einen Algorithmus zur Lösung quadratischer Gleichungen. Die Mathematik liefert uns die folgende Formel:

$$x_1 = \frac{-b + \sqrt{b^2 - 4ac}}{2a}$$

$$x_2 = \frac{-b - \sqrt{b^2 - 4ac}}{2a},$$

falls $b^2 - 4ac \geq 0$. Falls $b^2 - 4ac < 0$, existiert keine reelle Lösung[1] der Gleichung. Diese Formel liefert uns direkt die folgende allgemeine Methode zur Lösung quadratischer Gleichungen.

Eingabe: Zahlen a, b und c für die quadratische Gleichung $ax^2 + bx + c = 0$.

Schritt 1: Berechne den Wert $b^2 - 4ac$.

Schritt 2: Falls $b^2 - 4ac \geq 0$, dann berechne

$$x_1 = \frac{-b + \sqrt{b^2 - 4ac}}{2a}$$

$$x_2 = \frac{-b - \sqrt{b^2 - 4ac}}{2a}$$

Schritt 3: Falls $b^2 - 4ac < 0$, schreibe „Es gibt keine reelle Lösung".

Wir glauben zuerst einmal den Mathematikern, dass die Methode wirklich funktioniert und wir brauchen nicht zu wissen warum, um sie in einen Algorithmus umzuschreiben.

Jedoch wollen wir mehr, als diese Methode in ein Programm umzusetzen. Den Begriff **Programm** benutzen wir hier als *Folge von rechnerunterstützten Operationen*, die in einer für den Rechner verständlichen Form dargestellt werden. Zwischen den Begriffen „Programm" und „Algorithmus" gibt es zwei wesentliche Unterschiede.

1. Ein Programm muss nicht einen Algorithmus darstellen, es kann eine sinnlose Folge von Operationen sein.

2. Ein Algorithmus muss nicht in der formalen Sprache des Rechners, also in einer Programmiersprache dargestellt werden. Einen Algorithmus kann man in einer natürlichen Sprache oder in der Sprache der Mathematik beschreiben. Zum Beispiel „multipliziere a und c" oder „berechne $\sqrt{c}$" ist in einem Algorithmus als eine Anweisung zulässig, während in einem Programm diese Anweisung in einem ganz speziellen Formalismus der gegebenen Programmiersprache ausgedrückt werden muss.

Als **Programmieren** bezeichnen wir *die Tätigkeit, in der wir Algorithmen in Programme umschreiben*. Wir werden jetzt ein bisschen programmieren, um zu verstehen, wie Rechner arbeiten und um zu sehen, wie man aus einer Folge

---

[1]Dies gilt, weil wir nicht die Wurzel aus einer negativen Zahl ziehen können.

von sehr einfachen Befehlen (Operationen) komplexes Verhalten erzeugen kann.

Für das Lesen und Verstehen der weiteren Kapitel ist es nicht unbedingt notwendig, den ein bisschen technischen Rest dieses Kapitels vollständig zu bearbeiten. Wenn man nicht unbedingt wissen will, was Programmieren im Detail bedeuten kann und was bei den Anweisungen im Rechner passiert, kann dieser Teil übersprungen werden.

Wir fangen damit an, die erlaubten einfachen Operationen und ihre Darstellung in unserer Programmiersprache, die wir „ANSCHAULICH" nennen wollen, aufzulisten. Dabei zeigen wir, wie man sich einen Rechner vorstellen kann und was genau bei der Ausübung dieser Operationen im Rechner passiert.

Wir stellen uns einen zu einem gewissen Grad idealisierten Rechner wie in Fig. 2.2 vor.

Der Rechner besteht aus folgenden Teilen:

- Ein **Speicher**, der aus einer großen Anzahl von Speicherzellen besteht. Diese Speicherzellen werden **Register** genannt und sind mit positiven ganzen Zahlen durchnummeriert (siehe Fig. 2.2). Jedes Register kann eine beliebige Zahl speichern[2]. Am Anfang einer Berechnung enthalten alle Register die Zahl 0. Die Nummer eines Registers nennen wir die **Adresse** des Registers. Zum Beispiel ist 112 die Adresse des Registers `Register(112)`. Dies entspricht der Vorstellung, dass alle Register wie Häuser auf einer Seite einer langen Straße nebeneinander stehen.

- Ein besonderes Register ist `Register(0)`, das die Nummer der Programmzeile enthält, die gerade bearbeitet wird oder zu bearbeiten ist.

- Ein spezieller Speicher, in dem das Programm zeilenweise gespeichert ist. Jede Zeile des Programms enthält genau eine Instruktion (Anweisung, Operation) des Programms.

- Eine CPU (central processing unit), die mit allen anderen Teilen verbunden ist. Die CPU liest zuerst in der aktuellen Zeile des Programms (bestimmt durch den Inhalt des `Register(0)`), welche Instruktion auszuführen ist. Danach holt sich die CPU die Inhalte (gespeicherten Zah-

---

[2]In realen Rechnern bestehen die Register aus einer festen Anzahl von Bits, z.B. 16 oder 32. Zu große ganze Zahlen oder reelle Zahlen mit vielen Nachkommastellen, die nicht auf 32 Bits gespeichert werden können, muss man gesondert behandeln. Hier idealisieren wir, um anschaulich zu bleiben und setzen voraus, dass man beliebig große Zahlen ganz in einem Register abspeichern kann.

len) aus den in der Instruktion angesprochenen Registern und führt die entsprechende Operation auf den Daten durch. Am Ende speichert die CPU das Resultat in einem durch die Instruktion bestimmten Register und ändert den Inhalt des Registers `Register(0)` auf die Zahl der nächsten auszuführenden Zeile des Programms.

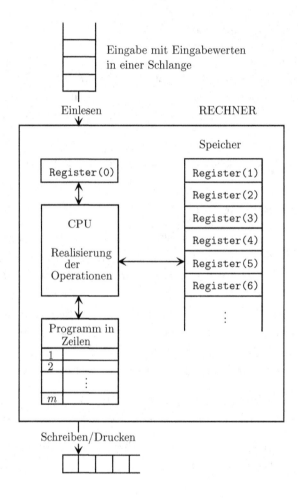

Fig. 2.2

Zusätzlich ist der Rechner mit der Außenwelt verbunden. Die Eingabedaten stehen in einer Warteschlange und der Rechner kann immer die erste Zahl in der Warteschlange einlesen und in einem seiner Register abspeichern. Der Rechner hat auch ein Band, auf das er seine Resultate schreiben darf.

Überlegen wir uns eine Analogie zum Kuchenbacken oder allgemein zum Kochen. Der Rechner ist die Küche. Die Register des Speichers sind Gefäße aller Art. Schalen, Töpfe, Becher, usw. Jedes Gefäß hat einen Namen (genau wie ein Register) und somit ist es immer klar, über welches Gefäß als Speicherzelle man gerade spricht. Der Speicher mit dem Programm ist ein Blatt Papier oder ein Kochbuch. Die CPU sind wir oder ein Kochroboter mit allen Maschinen wie Herd, Mixer, Mikrowelle, usw., die für die Tätigkeit zur Verfügung stehen. Der Inhalt des Registers `Register(0)` ist für uns die Notiz, wo wir uns bei der Ausführung des Rezeptes befinden. Die Eingaben liegen im Kühlschrank und in der Speisekammer. Üblicherweise zwar nicht in einer Warteschlange, aber wir können die Zutaten immer vor dem Kochen herausholen und in der Reihenfolge, in der sie gebraucht werden, vorbereiten. Die Ausgabe wird nicht geschrieben, sondern auf den Esstisch gelegt.

Wie wir schon am Beispiel des Kuchenbackens gelernt haben, ist das Erste und das Zentrale für die Bestimmung des Begriffes Algorithmus die Festlegung einer Liste von **durchführbaren** Instruktionen (Anweisungen, Befehlen, Operationen). Über die Durchführbarkeit muss es ein allgemeines Einverständnis geben. Von all diesen Synonymen ziehen wir beim Rechneralgorithmus den Fachbegriff „**Operation**" vor.

Wir formulieren hier die Operationen umgangssprachlich und somit nicht in der Sprache des Rechners (sogenannter Maschinencode). Wir beginnen mit den Leseoperationen.

(1) `Lese ein in Register(n).`

Diese Operation durchzuführen bedeutet, die erste Zahl in der Eingabewarteschlange in das `Register(n)` zu speichern. Somit verschwindet diese Zahl aus der Warteschlange und die zweite Zahl in der Warteschlange rückt auf die Position 1.

Beispiel 2.1 In der Warteschlange befinden sich drei Zahlen in der Folge 114, -67, 1, und warten darauf abgeholt zu werden (Fig. 2.3). Im Speicher beinhalten alle Register den Wert 0. `Register(0)` enthält 3. Jetzt wird die Instruktion

`Lese ein in Register(3)`

in der dritten Zeile des Programms bearbeitet. Nach der Durchführung enthält `Register(3)` die gelesene Zahl 114. In der Eingabewarteschlange warten noch -67 und 1. Der Inhalt von `Register(0)` wird um 1 auf 4 erhöht, weil man nach der Bearbeitung der dritten Zeile des Programms mit der nächsten fortsetzt.

Dieser Ablauf ist in Fig. 2.3 veranschaulicht. Wir verzichten hier auf die vollständige Beschreibung des Rechners und zeichnen nur die Register und ihre Inhalte.

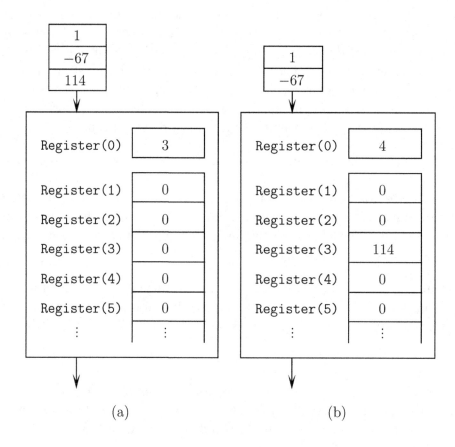

(a)   (b)

Fig. 2.3

□

Die nächste Operation erlaubt es uns, konkrete Zahlen in Register zu legen, ohne sie aus der Eingabewarteschlange holen zu müssen.

(2) `Register(n) ← k`

Diese Anweisung bedeutet, dass die Zahl k in das Register `Register(n)` gespeichert werden soll. Bei der Durchführung wird der alte Inhalt des Registers `Register(n)` gelöscht. In der Eingabewarteschlange ändert sich nichts.

Beispiel 2.2 Das Register `Register(50)` enthalte die Zahl 100. Nach der Durchführung der Operation

$$\texttt{Register(50)} \leftarrow 22$$

enthält `Register(50)` die Zahl 22. Der vorherige Inhalt 100 von `Register(50)` wird nirgendwo abgespeichert und ist damit verloren.

Wenn jetzt der nächste Befehl (die nächste Operation)

`Lese ein in Register(50)`

ist und die Zahl 7 in der Eingabewarteschlange als erste wartet, wird nach der Durchführung dieses Befehles die Zahl 22 in das Register `Register(50)` durch die Zahl 7 ersetzt. □

Aufgabe 2.3 In der Eingabewarteschlange warten die Zahlen 11, 12, 13. Der Inhalt des Registers `Register(0)` ist 1. `Register(2)` enthält 1117 und `Register(3)` enthält 21. Alle anderen Register enthalten 0.

a) Zeichnen Sie diese Situation wie in Fig. 2.3.

b) Führen Sie folgendes Programm durch:

```
1 Lese ein in Register(1)
2 Register(2) ← 100
3 Lese ein in Register(3)
4 Lese ein in Register(2)
```

Zeichnen Sie die Inhalte aller Register und der Eingabewarteschlange nach der Durchführung der einzelnen Operationen.

Jetzt stellen wir die in unserem Rechner möglichen arithmetischen Operationen vor.

(3) `Register(n)` ← `Register(j)` + `Register(i)`

Die Bedeutung ist wie folgt. Addiere die Inhalte der Register `Register(i)` und `Register(j)` und speichere dann das Ergebnis in `Register(n)`. Dabei wird der ursprüngliche Inhalt des Registers `Register(n)` mit dem Resultat der Addition überschrieben. Alle anderen Register ändern ihren Inhalt dabei nicht. Nur der Inhalt des `Register(0)` wird um 1 erhöht, um die Arbeit des Programms in der nächsten Zeile fortzusetzen. An der Warteschlange der Eingaben ändert sich auch nichts.

Beispiel 2.3 Betrachten wir die Situation, in der `Register(0)` die Zahl 5 und jedes `Register(i)` die Zahl i für $i = 1, 2, 3, 4, 5$ enthält (Fig. 2.4a). Alle anderen Register enthalten 0. Die 5-te Zeile des Programms enthält die Instruktion

$$\texttt{Register(7)} \leftarrow \texttt{Register(1)} + \texttt{Register(4)}$$

Abbildung Fig. 2.4b zeigt, welche Situation nach der Durchführung dieser Additions-Operation entsteht.

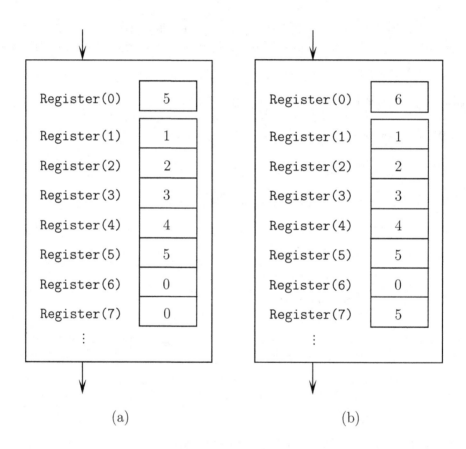

(a)   (b)

Fig. 2.4

Der Wert 1 aus `Register(1)` und der Wert 4 aus `Register(4)` werden zu $5 = 1 + 4$ addiert und das Resultat 5 wird in `Register(7)` gespeichert. Die Inhalte der Register `Register(1)` und `Register(4)` ändern sich dabei nicht.

Nehmen wir jetzt an, dass in der Zeile 6 des Programms die folgende Instruktion steht:

$$\texttt{Register(7)} \leftarrow \texttt{Register(1)} + \texttt{Register(7)}.$$

Der Inhalt von `Register(1)` ist 1 und der Inhalt von `Register(7)` ist 5. Also rechnet der Rechner $1 + 5 = 6$ und speichert 6 in `Register(7)`. Damit wird der alte Inhalt von `Register(7)` gelöscht. An diesem Beispiel sehen wir, dass das Resultat der Addition auch in eines der zwei Register, in dem die Summanden gespeichert worden sind, gelegt werden darf. □

Aufgabe 2.4 Betrachten wir die Situation nach der Durchführung der ersten Addition (die fünfte Zeile) in Beispiel 2.3. In Fig. 2.4b ist diese gezeichnet. Zeichnen Sie die Situation (analog zu Fig. 2.4b) nach der Durchführung der zweiten Operation. Führen Sie dann folgende drei Operationen durch

7 `Register(3)` ← 101

8 `Register(3)` ← `Register(3)` + `Register(3)`

9 `Register(3)` ← `Register(7)` + `Register(3)`

und zeichnen Sie den Endzustand des Speichers.

Ähnlich wie die Addition kann man auch andere arithmetische Operationen durchführen.

(4) `Register`(n) ← `Register`(j) - `Register`(i)

Subtrahiere den Inhalt von `Register`(i) vom Inhalt von `Register`(j) und speichere das Resultat in `Register`(n).

(5) `Register`(n) ← `Register`(j) * `Register`(i)

Multipliziere die Inhalte der Register `Register`(j) und `Register`(i) und speichere das Resultat in `Register`(n).

(6) `Register`(n) ← `Register`(j) / `Register`(i)

Teile den Inhalt von `Register`(j) durch den Inhalt von `Register`(i) und speichere das Resultat in `Register`(n).

(7) `Register`(n) ← $\sqrt{\texttt{Register}(n)}$

Berechne die Wurzel des Inhaltes von `Register`(n) und speichere das Resultat in `Register`(n)[3].

---

[3]Die Berechnung der Wurzel ist keine typische Basisoperation und wir führen sie nur ein, weil wir sie für die Lösung von quadratischen Gleichungen brauchen. Die Wurzel kann man natürlich berechnen, aber dazu muss man ein Programm schreiben, das aus mehreren arithmetischen Operationen zusammengesetzt ist.

Aufgabe 2.5 In allen Registern außer `Register(0)` steht eine 0. `Register(0)` enthält den Wert 1. In der Warteschlange stehen zwei Zahlen a und b. Erklären Sie mit eigenen Worten, was für ein Resultat nach der Beendigung des folgenden Programms in `Register(3)` liegt.

```
1 Lese ein in Register(1)

2 Register(1) ← Register(1) * Register(1)

3 Lese ein in Register(2)

4 Register(2) ← Register(2) * Register(2)

5 Register(3) ← Register(1) + Register(2)
```

Genau wie bei einem Rezept reicht es uns aber nicht, nur gewisse Tätigkeiten wie das Rechnen mit Zahlen auszuüben. Wir brauchen auch das Testen, das über das weitere Vorgehen entscheidet. Dazu reichen die folgenden zwei einfachen Basistests.

(8) `Falls Register(`n`) = 0, dann Zeile `j

Der Inhalt von `Register(`n`)` wird getestet. Falls er Null ist, wird die Zahl j in `Register(0)` geschrieben. Dann wird das Programm die weitere Arbeit in seiner j-ten Zeile (statt der nächsten) fortsetzen. Falls der Inhalt des Registers ungleich 0 ist, wird die Arbeit in der nachfolgenden Zeile fortgesetzt.

(9) `Falls Register(`n`) ≤ Register(`m`), dann Zeile `j

Falls der Inhalt von `Register(`n`)` nicht größer als der Inhalt von `Register(`m`)` ist, dann wird die Arbeit des Programms in der Zeile j fortgesetzt. Sonst fährt das Programm mit der Durchführung der nächsten Zeile fort.

Die Instruktion (Operation)

(10) `Gehe in Zeile `j

ist ein ultimativer Befehl, die Arbeit in der j-ten Zeile des Programms fortzusetzen.

Die Operationen, die wir noch brauchen, sollen die Resultate der Rechnerarbeit ausgeben.

(11) `Ausgabe ← Register(`j`)`

Der Inhalt von `Register(`j`)` wird als Ausgabe geschrieben.

(12) `Ausgabe ← „Text"`

Der angegebene Text wird gedruckt. Zum Beispiel bewirkt

`Ausgabe ← „Hallo"`,

dass „Hallo" auf das Ausgabeband geschrieben wird.

Die letzte Operation ist

(13) `End`

die die Beendigung der Arbeit des Rechners bewirkt.

Jetzt können wir die Methode, oder besser gesagt den Algorithmus, für die Lösung von quadratischen Gleichungen programmieren. In geschweiften Klammern beschreiben wir immer den entstandenen Zustand.

Eingabe: Zahlen a, b, c
Programm:

1 `Lese ein in Register(1)`
  {`Register(1)` enthält a}

2 `Lese ein in Register(2)`
  {`Register(2)` enthält b}

3 `Lese ein in Register(3)`
  {`Register(3)` enthält c}

4 `Register(4) ← 2`

5 `Register(5) ← 4`

6 `Register(6) ← -1`
  {Die Situation ist in Fig. 2.5 beschrieben}

7 `Register(7) ← Register(2) * Register(2)`
  {`Register(7)` enthält jetzt b^2}

8 `Register(8) ← Register(5) * Register(1)`
  {`Register(8)` enthält $4a$}

9 `Register(8) ← Register(8) * Register(3)`
  {`Register(8)` enthält $4ac$}

10 `Register(8) ← Register(7) - Register(8)`
   {`Register(8)` enthält jetzt $b^2 - 4ac$ und damit ist der Schritt 1 der Methode zur Lösung quadratischer Gleichungen abgeschlossen.}

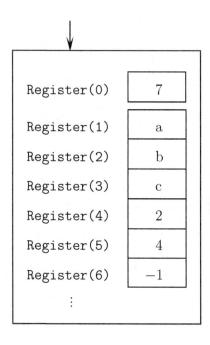

Fig. 2.5

11 Falls Register(9) ≤ Register(8), dann Zeile 14
{Weil unbenutzte Register 0 enthalten, geht das Programm zur Zeile 14, wenn $b^2 - 4ac \geq 0$ (also wenn die quadratische Gleichung eine Lösung hat). Wenn es keine Lösung gibt, setzt man die Berechnung mit der nächsten Zeile 12 fort.}

12 Ausgabe ← „Es gibt keine Lösung."

13 End
{Nach der Bekanntmachung der Nichtexistenz einer Lösung beendet das Programm seine Arbeit.}

14 Register(8) ← $\sqrt{\text{Register}(8)}$
{Register(8) enthält die Zahl $\sqrt{b^2 - 4ac}$.}

15 Register(7) ← Register(2) * Register(6)
{Jetzt enthält Register(7) die Zahl $-b$. Der vorherige Inhalt b^2 wurde damit gelöscht.}

16 Register(6) ← Register(1) * Register(4)
{Die Situation ist jetzt in Fig. 2.6 gezeichnet.}

Register(0)	17
Register(1)	a
Register(2)	b
Register(3)	c
Register(4)	2
Register(5)	4
Register(6)	$2a$
Register(7)	$-b$
Register(8)	$\sqrt{b^2 - 4ac}$
Register(9)	0

$\vdots$

Fig. 2.6

17 Register(11) ← Register(7) + Register(8)

18 Register(11) ← Register(11) / Register(6)
    {Jetzt enthält Register(11) die erste Lösung $x_1 = \frac{-b+\sqrt{b^2-4ac}}{2a}$.}

19 Ausgabe ← Register(11)

20 Register(12) ← Register(7) - Register(8)

21 Register(12) ← Register(12) / Register(6)
    {Jetzt enthält Register(12) die zweite Lösung $x_2 = \frac{-b-\sqrt{b^2-4ac}}{2a}$.}

22 Ausgabe ← Register(12)

23 End.

Eine anschaulichere Darstellung des Programms ist das Schema in Fig. 2.7.

Aufgabe 2.6 Beschreiben Sie den Inhalt aller Register nach der Beendigung des Programms.

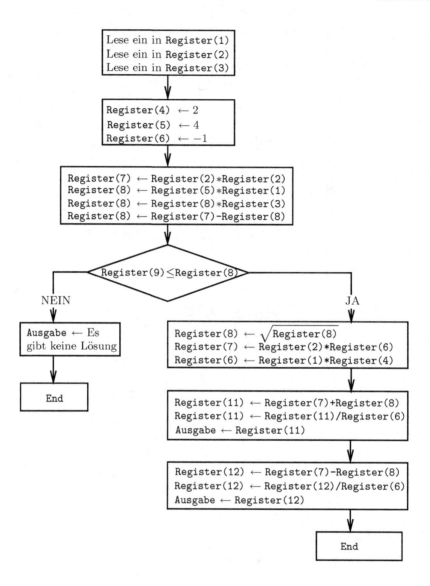

Fig. 2.7

Aufgabe 2.7 Falls $b^2 - 4ac = 0$, dann gibt es nur eine Lösung, $x_1 = x_2$. Modifizieren Sie das vorgestellte Programm so, dass es in diesem Fall schreibt „Es gibt nur eine Lösung und zwar" und danach die Lösung x_1 schreibt. In dem Fall $b^2 - 4ac > 0$ soll es zusätzlich zu den zwei Lösungen x_1 und x_2 auch den Text „Es gibt zwei Lösungen" schreiben.

Aufgabe 2.8 Erklären Sie mit eigenen Worten, was das folgende Programm mit den Eingabewerten macht.

```
1 Lese in Register(1)

2 Lese in Register(2)

3 Lese in Register(3)

4 Register(4) ← Register(1) + Register(2)

5 Register(4) ← Register(3) + Register(4)

6 Register(5) ← 3

7 Register(6) ← Register(4) / Register(5)

8 Ausgabe ← Register(6)

9 End
```

Bestimmen Sie anschaulich in einer Tabelle die Entwicklung der Inhalte der Register nach jedem Schritt des Programms.

Aufgabe 2.9 Schreiben Sie ein Programm, das für eine gegebene Zahl x den Wert

$$3x^2 - 7x + 11$$

ausrechnet.

Aufgabe 2.10 Schreiben Sie ein Programm, das für 4 gegebene Zahlen a, b, c, x den Wert

$$ax^2 + bx + c$$

ausrechnet.

Aufgabe 2.11 Schreiben Sie ein Programm, das für 4 gegebene Zahlen a, b, c, d das Maximum (den größten dieser 4 Werte) ausgibt.

Wir müssen einen Algorithmus nicht immer in ein Programm umsetzen, um zu sehen, dass es sich wirklich um einen Algorithmus handelt. Wenn es zum Beispiel offensichtlich ist, dass die beschriebene Methode zur Lösung quadratischer Gleichungen mit arithmetischen Operationen und Zahlenvergleichen auskommt und dass sie für jeden Problemfall das richtige Resultat berechnet, dann bezeichnen wir diese Methode als einen Algorithmus zur Lösung von quadratischen Gleichungen.
Die Herstellung des entsprechenden Programms betrachten wir dann als eine Umsetzung des Algorithmus in die Sprache des Rechners. Formalisten dürfen diese Umwandlung als einen Beweis der maschinellen (automatischen) Durchführbarkeit des umgangssprachlich beschriebenen Algorithmus ansehen.

2.4 Wie kann ein Programm unbeabsichtigt zum endlosen Arbeiten verdammt werden?

Eine unserer wichtigsten Anforderungen an die Definition eines Algorithmus für ein Problem (für eine Aufgabenstellung) ist, dass der Algorithmus in endlicher Zeit die Arbeit beendet und eine Antwort liefert. In der Fachsprache der Informatik sprechen wir vom **Halten**. Wenn ein Algorithmus A auf einer Eingabe x endlich lange arbeitet und danach die Arbeit beendet, dann sagen wir, dass der **Algorithmus A auf der Aufgabeninstanz x hält**. Mit den Worten eines Informatikers ausgedrückt, fordern wir, dass ein Algorithmus auf jeder möglichen Eingabe hält.

Jemand könnte natürlich einwenden: „Das ist doch logisch. Wer würde schon Programme zur Problemlösung entwickeln, die endlos arbeiten und niemals eine Ausgabe liefern?" Das Problem ist aber, dass die Entwickler unbeabsichtigt ein Programm bauen können, das für einige Eingaben (Problemfälle) in eine endlose Wiederholung einer Schleife gerät. Wie kann so etwas einem Profi passieren? Ganz einfach. Er vergisst zum Beispiel Sondersituationen zu betrachten, die unter gewissen Umständen vorkommen können. Kehren wir zurück zu den Kochalgorithmen um zu sehen, wie leicht so etwas passieren kann.

Wir wollen das Wasser in einem Topf zum Kochen bringen und danach das Wasser für Tee verwenden. Dabei wollen wir sparsam mit der Energie umgehen und das Wasser nicht länger als 20 Sekunden kochen lassen. Jemand kann dazu das Kochprogramm in Fig. 2.8 vorschlagen.

Auf den ersten Blick scheint alles in Ordnung zu sein, der Algorithmus sollte funktionieren – bis ein Bergsteiger den Kochalgorithmus auf dem Matterhorn für das Zubereiten seines Nachmittagstees verwenden will. In dieser Höhe kocht wegen des kleineren Druckes das Wasser schon bei niedrigeren Temperaturen und so kann es dem Bergsteiger passieren, dass der Test auf 100 °C nie mit positiver Antwort endet. Das Wasser wird zwar nicht wirklich ewig kochen, weil irgendwann der Brennstoff zur Neige geht oder das Wasser verdampft sein wird.

Wir sehen schon, wo der Fehler steckt. Beim Aufschreiben des Kochrezeptes hat man einfach nicht an diese Sondersituation gedacht. Und genau das Gleiche kann einem passieren, wenn man nicht an alle Sonderfälle des zu lösenden Problems und an alle Sonderentwicklungen, die während des Rechnens vorkommen dürfen, denkt. Führen wir dazu ein einfaches Beispiel durch.

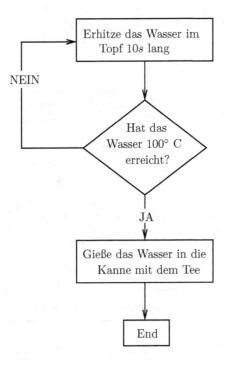

Fig. 2.8

Beispiel 2.4 In der Ausgangssituation enthält `Register(0)` die Zahl 1 und alle anderen Register enthalten 0. In der Eingabewarteschlange warten zwei ganze Zahlen a und b. Wir benutzen das folgende Programm.

1 Lese ein in Register(1)

2 Lese ein in Register(2)

3 Register(3) ← -1

4 Falls Register(1) = 0, dann Zeile 8

5 Register(1) ← Register(1) + Register(3)

6 Register(4) ← Register(4) + Register(2)

7 Gehe zur Zeile 4

8 Ausgabe ← Register(4)

9 End

Die entsprechende graphische Darstellung des Programms ist in Fig. 2.9 gezeigt.

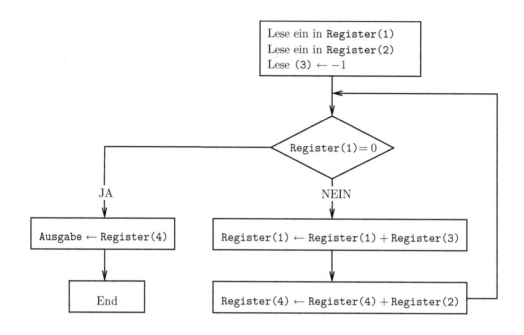

Fig. 2.9

Die Aufgabe des Algorithmus ist, $a * b$ nur mit Hilfe der Addition zu berechnen. Im Prinzip rechnet man

$$\underbrace{b + b + b + \ldots + b}_{a \text{ mal}},$$

also addiert man soviele b's auf, wie die Zahl a angibt.

Aufgabe 2.12 Betrachten wir die Eingabe $a = 3$ und $b = 7$. Führen Sie die Berechnung des Algorithmus auf diese Eingabe durch. Zeichnen Sie eine Tabelle, die die Inhalte der Register nach jedem Berechnungsschritt aufzeigt.

Wenn $a = 0$ gilt, dann soll das Resultat $a \cdot b = 0$ sein. Dies stimmt, weil a in Register(1) eingelesen wird und der Test in Zeile 4 dann direkt zur Zeile 8 führt, in der die 0 als der Inhalt von Register(4) ausgegeben wird.
Wenn $a \geq 1$ ist, addieren wir in Zeile 6 ein b zu dem Inhalt des Registers Register(4), in dem das Endresultat am Ende stehen soll. Dabei verkleinern wir den Inhalt des Registers Register(1) um 1 in Zeile 5. In Register(1)

stand ursprünglich a und nach dem i-fachen Durchlaufen der Schleife für ein $i < a$ steht in `Register(1)` die Zahl $a - i$ und in `Register(4)` steht die Zahl

$$\underbrace{b + b + \ldots + b}_{i \text{ mal}} = i \cdot b.$$

Da „`Register(1)` $= 0$", wissen wir beim Verlassen der Schleife, dass sie genau a-mal durchgeführt wurde und damit enthält `Register(4)` genau den Wert

$$\underbrace{b + b + b + \ldots + b}_{a \text{ mal}} = a \cdot b.$$

Also haben wir ein Programm entwickelt, das zwei Zahlen multiplizieren kann, ohne einen Befehl für die Multiplikation zu haben. Wenn wir also die Multiplikation aus der Liste unserer Basisoperationen entfernen, wird der Rechner und damit unser Begriff des Algorithmus nicht schwächer.

Das Programm in Fig. 2.9 hat aber doch einen Haken. Am Anfang haben wir gesagt, dass a und b ganze Zahlen sind. Was passiert, wenn a oder b negativ ist? Wenn b negativ und a positiv ist, wird alles noch ordentlich laufen. Wenn aber a negativ ist, wird die Schleife des Programms unendlich viele Male wiederholt. Das Register `Register(1)` wird von Anfang an einen negativen Wert haben. In der Schleife wird dieser Wert immer um 1 verringert, also kann der Inhalt des Registers nie 0 werden. □

Aufgabe 2.13 Wie könnte man vorgehen, um das Programm in Fig. 2.9 zur Multiplikation zweier Zahlen so zu modifizieren, dass es auch für negative Werte von a das korrekte Resultat in endlicher Zeit liefert?

Aufgabe 2.14 Versuchen Sie, ein Programm zu schreiben, das die Addition $a + b$ berechnet, und zwar nur mit Hilfe neuer Operationen

```
Register(i) ← Register(i)+1
Register(j) ← Register(j)-1,
```

die den Inhalt eines Registers um 1 vergrößern oder verkleinern, ohne jede andere arithmetische Operation benutzen zu dürfen.

Am Ende sehen wir, dass alle Algorithmen in Programme umgeschrieben werden können, die nur den Test auf 0, Addition und Subtraktion um 1 und Input/Output-Operationen benutzen. Deswegen kann es keinen Zweifel an der Durchführbarkeit von Algorithmen auf einem Rechner geben.

Nur für diejenigen, die es ganz genau wissen wollen, sagen wir jetzt genauer, wie das Repertoire der grundlegenden Rechenbefehle aussieht. Zu Beginn hat man keinen Befehl für die Wurzelberechnung. Um die Wurzel einer Zahl zu berechnen, muss man ein Programm schreiben, das die Berechnung nur mit der Hilfe der grundlegenden Operationen +, -, * und / realisiert. Wegen des dazu notwendigen Aufwands haben wir auf die Entwicklung eines solchen Programms verzichtet.

Auf der anderen Seite fehlen noch ein paar Befehle, die zur Lösung einiger Aufgabenstellungen nötig sind. Betrachten wir die folgende Aufgabe. Als Eingabe erhalten wir eine Folge von ganzen Zahlen. Wir wissen nicht, wieviele dieser Zahlen wir bekommen. Wir erkennen das Ende der Folge daran, dass alle Zahlen der Folge unterschiedlich von 0 sind und wenn eine 0 eingelesen wird, ist es das Zeichen dafür, dass wir am Ende der Folge sind. Die Aufgabe ist es, alle Zahlen in der Eingabe eine nach der anderen einzulesen und in den Registern `Register(101)`, `Register(102)`, `Register(103)` usw. abzuspeichern. Das Abspeichern endet, wenn eine 0 kommt. Man könnte wie folgt anfangen, ein Programm zu entwerfen.

```
1 Lese ein in Register(1)

2 Falls Register(1) = 0, dann Zeile □

3 Register(101) ← Register(1)

4 Lese ein in Register(1)

5 Falls Register(1) = 0, dann Zeile □

6 Register(102) ← Register(1)

7 Lese ein in Register(1)

8 Falls Register(1) = 0, dann Zeile □

9 Register(103) ← Register(1)
  ⋮
```

Wir lesen die nächste Zahl immer in `Register(1)` ein und wenn sie nicht 0 ist, legen wir sie in das nächste freie Register ab der Adresse 101. Die Frage ist nur, wie man das Programm weiterschreibt. Wenn die Eingabe die Zahlenfolge 17, −6, 0, usw. ist, müssten wir schon aufhören. Wenn da aber 10000 Zahlen stehen, würde man auf diese Weise 30000 Zeilen schreiben. Wir wissen also nicht, wann wir aufhören sollen und damit auch nicht, wo wir die Zeile mit dem END setzen sollen. Wir haben im Programm das Zeichen □ geschrieben, weil wir die Nummer der Zeile mit dem END nicht kennen. Wir können aber kein unendliches Programm schreiben. Eine mögliche Idee wäre, eine Schleife zu benutzen. Diese könnte wie in Fig. 2.10 aussehen.

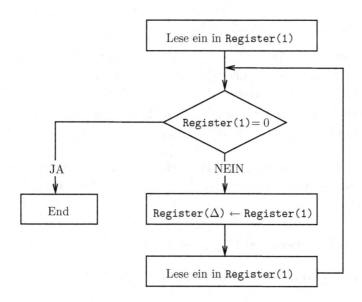

Fig. 2.10

Das Problem ist aber, dass wir nicht wissen, in welchem `Register($\triangle$)` wir abspeichern sollen. Es kann nicht immer das gleiche Register sein, weil wir alle Zahlen abspeichern wollen. Im Prinzip muss man beim i-ten Durchlauf der Schleife in das Register mit der Adresse $100 + i$ speichern. Nur können wir dies nicht tun, weil unsere Befehle nur erlauben, eine feste Zahl für $\triangle$ in `Register($\triangle$)` zu schreiben.

Deswegen führt man die Operationen (die Befehle) der sogenannten indirekten Adressierung ein. Der Befehl

(14) `Register(Register(i))` $\leftarrow$ `Register(j)`

für die Zahlen i und j verursacht, dass der Inhalt von `Register(j)` in jenes Register übertragen wird, dessen Adresse der Inhalt von `Register(i)` ist.

Kompliziert? Machen wir es an einem konkreten Beispiel anschaulich. Nehmen wir an, dass der Inhalt von `Register(3)` 112 ist und der Inhalt von `Register(7)` 24 ist. Der Rechner soll den Befehl

`Register(Register(3))` $\leftarrow$ `Register(7)`

umsetzen. Als erstes schaut der Rechner den Inhalt von `Register(3)` an und stellt fest, dass der Inhalt 112 ist. Danach führt er den uns schon bekannten Befehl

    Register(112) ← Register(7)

aus und somit wird die Zahl 24 (der Inhalt von Register(7)) ins Register
Register(112) geschrieben. Außer dem neuen Inhalt 24 von Register(112)
hat sich der Inhalt keines anderen Registers im Speicher geändert. Nur der
Inhalt des 0-ten Registers wird um 1 erhöht und damit wird die Arbeit des
Programms in der nächsten Zeile fortgesetzt.

Aufgabe 2.15 Die meisten vorgestellten Rechnerbefehle haben eine Variante mit
der indirekten Adressierung. Versuchen Sie detailliert die Bedeutung folgender Befehle zu erläutern:

   a) Register(k) ← Register(Register(m))

   b) Register(Register(i)) ← Register(l)*Register(j)

Mit der Hilfe der indirekten Adressierung kann man unser Problem der Abspeicherung von unbekannt vielen Daten, wie in Fig. 2.11 beschrieben, lösen.
In Register(2) wird immer die Adresse gespeichert, an der wir die nächste gelesene Zahl abspeichern wollen. Am Anfang legen wir ins Register(2)
die Adresse 101 und nach jeder Abspeicherung erhöhen wir den Inhalt von
Register(2) um 1. Die 1 liegt die ganze Zeit in Register(3).

Aufgabe 2.16 Als Eingabe kommt die Zahlenfolge 113, -7, 20, 8, 0. Simulieren Sie
Schritt für Schritt das Programm in Fig. 2.11 und zeichnen Sie dabei die aktuellen
Inhalte der Register mit den Adressen 1, 2, 3, 100, 101, 102, 103, 104 und 105. Am
Anfang nehmen wir an, dass alle Register außer Register(0) den Inhalt 0 haben.

2.5   Zusammenfassung, oder: Was haben wir hier gelernt?

Ob Sie es glauben oder nicht, wenn Sie einige der Aufgaben bearbeitet haben,
dann haben Sie schon ein bisschen programmiert und dadurch eine Vorstellung davon gewonnen, was es heißt, als Programmierer tätig zu sein. Dies
war aber nicht das Hauptziel dieses Kapitels.

Meine Absicht war es, die Bedeutung des Begriffes Algorithmus zu erläutern.
Wir haben verstanden, dass unsere Erwartungen an die Definition des Be-
griffes Algorithmus (als Formalisierung des Begriffes Methode) den folgenden
Anforderungen entsprechen.

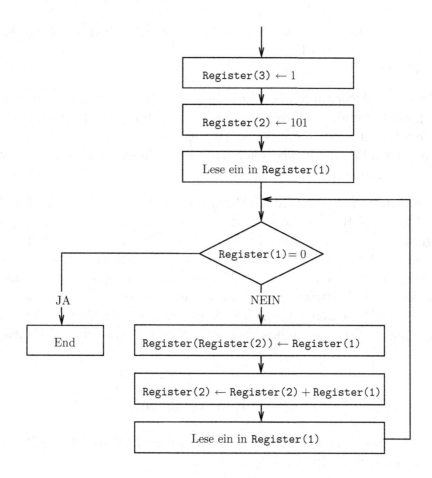

Fig. 2.11

1. Man muss den Algorithmus (die Methode) erfolgreich anwenden können, auch ohne ein Experte für das zu lösende Problem zu sein. Man
   braucht nicht zu verstehen, warum die Methode zum gewünschten Ziel
   führt; es reicht aus, die einfachen Tätigkeiten, aus denen der Algorithmus zusammengesetzt ist, ausführen zu können. Bei der Definition des
   Algorithmus müssen diese Tätigkeiten aufgelistet werden, und es muss
   ein allgemeines Einverständnis darüber herrschen, dass sie so einfach
   sind, dass sogar eine Maschine sie ausführen kann.

2. Ein Algorithmus wird nicht nur hergestellt, um einen Problemfall zu
   lösen, sondern er muss zur Lösung aller Problemfälle eines gegebenen
   Problems einsetzbar sein. (Zur Erinnerung: Ein Problem ist eine allgemeine Aufgabenstellung wie das Sortieren von Zahlen oder die Lösung

einer quadratischen Gleichung. Ein Problemfall ist eine konkrete Aufgabe wie: „Sortiere die Folge $1, 7, 3, 2, 8$" oder „Löse die quadratische Gleichung $2x^2 - 3x + 5 = 0$".)

3. Für einen Algorithmus zur Lösung eines Problems muss garantiert sein, dass er einen erfolgreichen Lösungsweg für jeden Problemfall beschreibt. Das bedeutet, dass der Algorithmus seine Arbeit für jede Eingabe in endlicher Zeit abschließt und seine Ausgabe immer dem korrekten Ergebnis entspricht.

Einen Algorithmus kann man in ein Programm umsetzen. Ein Programm ist dann eine, für einen Rechner verständliche Darstellung des Algorithmus in einer Programmiersprache. Dabei ist der Begriff des Programms kein Synonym für den Begriff des Algorithmus. Ein Programm ist nur eine Folge von für den Rechner verständlichen und umsetzbaren Anweisungen. Diese Reihenfolge von Befehlen (Instruktionen) muss keinen Sinn ergeben. Zum Beispiel können sinnlose Berechnungen, die kein Problem lösen, geführt werden oder ein Programm darf in eine endlose Wiederholung irgendwelcher Tätigkeiten geraten.

Lösungsvorschläge zu ausgewählten Aufgaben

Aufgabe 2.2 Ein Kochalgorithmus zur Erwärmung von 1 l Wasser auf 90 °C kann wie folgt geschrieben werden:

1. Gib 1 l Wasser in einen Topf T.

2. Stelle den Topf T für 15 Sekunden auf die Herdplatte und nimm ihn dann weg.

3. Wenn die Wassertemperatur mindestens 90 °C beträgt, beende die Arbeit.

   Setze sonst mit 2. fort.

Aufgabe 2.3 Den Zustand des Speichers kann man anschaulich durch die folgende Tabelle darstellen.

Die erste Spalte entspricht der Situation vor dem Start des Programms. Die $(i+1)$-te Spalte fixiert die Situation nach der Durchführung der i-ten Operation und vor der Durchführung der $(i+1)$-ten Operation.

Aufgabe 2.8 Das gegebene Programm liest drei Werte von der Eingabe (Zeilen $1, 2, 3$). Dann berechnet es ihre Summe und speichert sie in Register(4) (Programmzeilen 4 und 5). In Programmzeilen 6 und 7 wird der Durchschnittswert

	1	2	3	4	5
Eingabe	11, 12, 13	12, 13	12, 13	13	
Register(0)	1	2	3	4	5
Register(1)	0	11	11	11	11
Register(2)	1117	1117	100	100	13
Register(3)	21	21	21	12	12
Register(4)	0	0	0	0	0

berechnet und in `Register(6)` abgelegt. Der Befehl in Zeile 8 gibt den Durchschnittswert als Ausgabe aus. Die folgende Tabelle zeigt analog zur Lösung von Aufgabe 2.3 die Entwicklung der Situation nach der Durchführung der einzelnen Schritte. Um die Anschaulichkeit zu erhöhen, tragen wir die Werte in die Register nur dann ein, wenn sich der Inhalt des Registers in diesem Schritt geändert hat.

Eingabe	a, b, c	b, c	c							
Register(0)	1	2	3	4	5	6	7	8	9	10
Register(1)	0	a								
Register(2)	0		b							
Register(3)	0			c						
Register(4)	0				$a+b$	$a+b+c$				
Register(5)	0						3			
Register(6)	0							$\frac{a+b+c}{3}$		
Ausgabe									$\frac{a+b+c}{3}$	

Weitere Musterlösungen befinden sich auf
www.openclass.inf.ethz.ch/programm/archiv/WS2005/aufgaben

Man hätte sehr wenig in der Welt getan, wenn wir uns immer nur Sorgen gemacht hätten, was es für ein Ende nehmen wird.

Georg Christoph Lichtenberg

Kapitel 3

Unendlich ist nicht gleich unendlich, oder: Warum die Unendlichkeit in der Informatik so unendlich wichtig ist

3.1 Wozu brauchen wir die Unendlichkeit?

Das große bekannte Universum ist endlich und die meisten physikalischen Theorien bauen auf der Vorstellung einer endlichen Welt auf. Alles was wir sehen, alles was wir anfassen oder womit wir in Kontakt treten, ist endlich.

> *Wozu dann die Unendlichkeit?*
> *Ist sie nicht etwas Künstliches und Unnatürliches, einfach ein Spielzeug der Mathematik?*

Trotz möglicher Zweifel bei der ersten Begegnung mit dem Konzept des Unendlichen möchten wir behaupten, dass die Unendlichkeit ein Instrument zur erfolgreichen Untersuchung der realen endlichen Welt ist. Unsere erste Berührung mit dem Unendlichen erfolgte meistens schon in der Grundschule, wo wir die Menge

$$\mathbb{N} = \{0, 1, 2, 3, \ldots\}$$

der natürlichen Zahlen kennenlernen. Das Prinzip lautet:

Für jede natürliche Zahl i gibt es die um 1 größere natürliche
Zahl $i + 1$.

Mit anderen Worten gesagt, gibt es keine größte Zahl (eine Zahl größer als
alle anderen), weil man für jede Zahl größere Zahlen kennt. Was folgt daraus? Wir können die natürlichen Zahlen nie alle hintereinander aufschreiben,
weil weitere folgen, egal wie viele wir schon aufgeschrieben haben. Also hat
unser Schreiben nie ein Ende und deswegen sprechen wir von **potenziel-
lem Unendlichen** oder von der **unbeschränkten** Anzahl der natürlichen
Zahlen. Ähnlich ist es mit einer Geraden in der Geometrie. Sie ist potenziell
unendlich und hat eine unbeschränkte (unendliche) Länge, weil Sie entlang
der Geraden beliebig lange gehen können. Sie kommen nie an ein Ende und
können von jeder Stelle immer weiter laufen.

Das Hauptproblem mit dem Konzept des Unendlichen liegt in unserer Unfähigkeit, uns das Unendliche vorzustellen. Wir können das **aktuelle Unendliche** nie sehen. Wir verstehen, dass wir unendlich (uneingeschränkt)
viele natürliche Zahlen haben, aber wir können aktuell nie alle natürlichen
Zahlen auf einmal sehen. Genauso wie wir eine ganze unendliche Gerade nie
auf einmal sehen werden. Wir können höchstens einen endlichen Bruchteil
von unendlichen Objekten besichtigen. Trotzdem bezeichnen wir unendliche
Objekte durch Symbole und arbeiten mit diesen Symbolen als endlichen Darstellungen der unendlichen Objekte.

Hier könnte jemand vorschlagen, das Konzept des potenziell Unendlichen
durch eine riesig große, aber endliche Schranke zu ersetzen. Zum Beispiel
könnte man als die größte natürliche Zahl die Anzahl[1] der Protonen im Universum nehmen und alle größeren Zahlen verbieten. In den meisten Rechen-
aufgaben und Betrachtungen kommen Sie mit dieser Philosophie durch. Aber
nicht, wenn Sie die gesamte Energie des Universums berechnen wollen oder
wenn Sie die Auswahl aller möglichen Beziehungen zwischen den Teilchen betrachten wollen. Egal welche riesige Zahl Sie als potenzielle Schranke wählen,
es entstehen sinnvolle Situationen, bei deren Untersuchung Sie noch größere
Zahlen benötigen. Und zusätzlich können Sie sich zu jeder Zahl eine größere nicht nur vorstellen, sondern sogar auch aufschreiben. Warum sollten wir
etwas verbieten, das wir brauchen können?

Wenn wir aber den Nutzen des Konzepts des Unendlichen propagieren wol-
len, müssen wir mehr Argumente als die natürliche Existenz des potenziell
Unendlichen vorlegen. Wir behaupten, dass wir mittels des Konzepts des
Unendlichen besser die endliche Welt untersuchen und letzendlich verstehen

---

[1] Diese Zahl hat 79 Dezimalstellen.

können. Die Unendlichkeit ermöglicht uns nicht nur über das unendlich Große nachzudenken. Wir können auch über das unendlich Kleine nachdenken.

Was ist die kleinste positive rationale Zahl, d.h. was ist der kleinste Bruch größer 0?

Starten wir zum Beispiel mit dem Bruch 1/1000. Wir können ihn halbieren und erhalten die Zahl 1/2000, die kleiner als 1/1000 ist. Das Resultat können wir wieder halbieren und erhalten 1/4000. Egal welche kleine positive Zahl

$$\frac{1}{x}$$

Sie aufschreiben, durch das Halbieren erhalten Sie die Zahl

$$\frac{1}{2x} \, ,$$

die noch kleiner als $1/x$, aber immer noch größer als 0 ist. Also hat diese Geschichte auch kein Ende. Zu jeder positiven Zahl gibt es eine kleinere positive Zahl und so weiter.

David Hilbert (1862 – 1943), einer der berühmtesten Mathematiker seiner Zeit, behauptete: *„In gewissem Sinne ist die mathematische Analysis nichts weniger als eine Symphonie über das Thema des Unendlichen."* Und wir fügen zu, dass ohne den Begriff der Unendlichkeit die heutige Physik, so wie wir sie kennen, nicht existieren würde. Die Schlüsselbegriffe der Mathematik wie Ableitung, Grenzwert, Integral, Differentialgleichungen und Stetigkeit würden ohne Unendlichkeit nicht existieren. Und ohne diese Begriffe würde es die Physik sehr schwer haben, unsere Welt zu modellieren. Und nicht nur das, schon bei der Begriffsbildung in der Physik würde man Probleme haben. Wie würde man ohne diese Begriffe zum Beispiel die Beschleunigung definieren? Viele der oben genannten Begriffe der Mathematik entstanden gerade deswegen, weil die Physik einen Bedarf an deren Einführung und nachfolgender Nutzung hatte.

Das Fazit ist, dass ohne die Unendlichkeit große Teile der Mathematik verschwinden würden. Weil die Mathematik die formale Sprache der Wissenschaft ist und wir oft eine gewisse „Reife" der Wissenschaftsdisziplinen mit dem Grad der Verwendung dieser Sprache verknüpfen, würde die Streichung des Begriffes „unendlich" die ganze Wissenschaft mehrere Jahrhunderte zurückwerfen.

Genauso geht es uns in der Informatik. Es muss möglich sein, zwischen Programmen (die unendliche Berechnungen nicht ausschließen) und Algorithmen (die endliche Berechnungen für jede Eingabe garantieren) zu unterscheiden. Es gibt unendlich viele Programme und unendlich viele algorithmische Aufgaben. Typische Aufgabenstellungen beinhalten potenziell unendlich viele Probleminstanzen. Die Unendlichkeit ist in der Informatik unvermeidbar.

Das Ziel dieses Kapitels geht aber viel weiter, als nur zu zeigen, dass das Konzept des Unendlichen ein Forschungsinstrument der Informatik ist. Als ob es nicht reichen würde, dass wir mit dem potenziellen und aktuellen Unendlichen arbeiten, ohne es je gesehen zu haben, widmen wir uns hier der Frage:

> *„Gibt es nur ein Unendliches oder gibt es mehrere unterschiedlich große Unendliche?"*

Diese auf den ersten Blick übertriebene und abstrakte Frage war und ist für die Wissenschaften von einem enormen Nutzwert. Wir verfolgen hier die wichtigste Entdeckung über das Unendliche, um zu zeigen, dass es mindestens[2] zwei unterschiedlich große Unendliche gibt. Was ist der Gewinn? Wir können auf diese Weise zeigen, dass es mehr algorithmische Probleme (Aufgabenstellungen) gibt als die Anzahl aller Programme. Damit erhalten wir das erste Grundergebnis der Informatik.

> *Es ist nicht alles automatisierbar, weil es Aufgaben gibt, für die keine Algorithmen existieren.*

Dank dieses ersten Schritts zeigen wir im nächsten Kapitel konkrete Probleme aus der Praxis, die algorithmisch nicht lösbar sind. Es ist ein wunderschönes Beispiel dafür, wie ein Konzept eines in der realen Welt nichtexistierenden Objektes zu praxisrelevanten Entdeckungen und Aussagen führen kann. Es mag überraschen, aber vergessen wir Folgendes nicht: Der Weg über hypothetische abstrakte Objekte in der Forschung ist eher typisch als außergewöhnlich. Und das Wichtigste was zählt, ist, ob der Forschungszweck erreicht wird.

3.2 Das Konzept von Cantor zum Vergleich unterschiedlicher unendlicher Größen

Das Vergleichen von (endlichen) Zahlen ist sehr einfach. Alle Zahlen liegen auf der reellen Achse und von zwei Zahlen ist immer die die kleinere, die links neben der anderen liegt (Fig. 3.1).

---

[2]Es gibt unendlich viele unterschiedlich große Unendliche.

Fig. 3.1

Damit ist 2 kleiner als 7, weil 2 auf der Achse links von 7 liegt. Dies ist aber kein Konzept zum Vergleich von Zahlen, weil wir die Zahlen a priori so auf die hypothetische Achse gelegt haben, dass sie von links nach rechts zunehmen und von rechts nach links abnehmen. Aber auf der Achse liegen nur endliche Zahlen. Egal welche Stelle (welchen Punkt) der Achse wir auch nehmen, immer liegt da eine konkrete endliche Zahl. Und dies gilt trotz der Unendlichkeit der Achse in beiden Richtungen. Das ist das Konzept des potenziellen Unendlichen. Sie können auf der Achse immer weiter unbeschränkt nach rechts oder nach links gehen, aber immer wenn sie an einem Punkt anhalten, steht dort eine konkrete endliche Zahl. Unendliche Zahlen gibt es hier nicht. In der Mathematik benutzt man das für das Unendliche bekannte Symbol

$$\infty$$

der „liegenden Acht", das vom hebräischen Buchstaben Aleph abgeleitet ist. Aber wenn man alles Unendliche mit ∞ darstellt, besteht keine Möglichkeit, unterschiedliche Unendliche zu vergleichen.

Was hilft uns weiter?

Wir brauchen eine neue Darstellung von Zahlen. Dazu brauchen wir den Begriff einer Menge. Eine Menge ist eine Sammlung von Objekten (Elementen), die paarweise unterschiedlich sind. Zum Beispiel ist $\{2, 3, 7\}$ die Menge, die die drei Zahlen $2, 3$ und 7 enthält. Die Menge $\{$Hans, Anna, Peter, Paula$\}$ enthält 4 Objekte (Elemente) Hans, Anna, Peter und Paula. Für eine Menge A bezeichnen wir durch

$$|A|$$

die Anzahl der Elemente in A und nennen es die **Mächtigkeit (Kardinalität) von A**. Zum Beispiel

$$|\{2, 3, 7\}| = 3 \text{ und } |\{\text{Hans, Anna, Peter, Paula}\}| = 4 \, .$$

Jetzt stellen wir Zahlen durch die Mächtigkeiten von Mengen dar. Somit wird die Zahl 3 durch die Kardinalität der Menge $\{2, 3, 7\}$ repräsentiert und $|\{$Hans, Anna, Peter, Paula$\}|$ repräsentiert die Zahl 4. Offenbar erhält jede positive ganze Zahl auf diese Weise eine Unmenge an Darstellungen. Zum Beispiel sind

$$|\{1, 2\}| \ , \ |\{7, 11\}| \ , \ |\{\text{Petra}, \text{Paula}\}| \ , \ |\{\square, \bigcirc\}|$$

alles Darstellungen der Zahl 2. Ist dies nicht umständlich? Was haben wir damit gewonnen?

Für den Vergleich von endlichen Zahlen ist es vielleicht umständlich, aber der Gewinn ist die Möglichkeit, über den Vergleich von unendlichen Größen sprechen zu können. Die Zahl

$$|\mathbb{N}|$$

für $\mathbb{N} = \{0, 1, 2, \ldots\}$ ist die unendliche Zahl, die die Anzahl aller natürlichen Zahlen repräsentiert. Wenn $\mathbb{Q}^+$ die Menge aller positiven rationalen Zahlen bezeichnet, ist die Zahl

$$\left|\mathbb{Q}^+\right|$$

die unendliche Zahl, die der Anzahl aller positiven rationalen Zahlen (Brüche) entspricht. Und

$$|\mathbb{R}|$$

ist die unendliche Zahl, die der Anzahl der reellen Zahlen entspricht, vorausgesetzt $\mathbb{R}$ bezeichnet die Menge der reellen Zahlen. Der Gewinn ist jetzt offensichtlich. Wir dürfen jetzt fragen:

„Ist $|\mathbb{N}|$ kleiner als $|\mathbb{R}|$?"

oder

„Ist $|\mathbb{Q}^+|$ genauso groß wie $|\mathbb{R}|$?"

Wir können also dank dieser Darstellung das erste Mal die Frage stellen, ob ein Unendliches größer als ein anderes Unendliches ist.

Jetzt haben wir unser Problem auf den Vergleich von Mächtigkeiten (Größen) von Mengen zurückgeführt. Wie vergleichen wir die Größen von zwei Mengen? Wenn die Mengen endlich sind, ist es einfach. Wir zählen die Anzahl der Elemente in beiden Mengen und vergleichen die entsprechenden endlichen Kardinalitäten (Mächtigkeiten). Bei unendlichen Mengen funktioniert diese Vergleichsmethode nicht. Wir würden unseren Versuch zu zählen, nie beenden können und dadurch nie zum Vergleich kommen. Wir brauchen also eine allgemeinere Methode, die für alle Mengen (egal ob unendliche oder endliche) anwendbar ist und aus unserer Sicht vernünftig ist. Dies bedeutet, dass wir wieder an der tiefsten axiomatischen Ebene der Wissenschaften stehen.

Fig. 3.2

Fig. 3.3

Unsere Aufgabe ist es, den Begriff des Unendlichen zu bilden und die Definition von *kleiner als* (größer oder gleich groß) für die Mächtigkeiten zweier Mengen zu entwickeln.

An dieser Stelle lassen wir uns von einem Hirten belehren. Dies ist keine Schande, denn die Mathematiker haben es auch getan.

Ein Hirte hat eine große Schafherde mit vielen schwarzen und weißen Schafen. Er ist nie in die Schule gegangen und deswegen kann er trotz seiner Weisheit (die ihn oben in den Bergen hält) nur bis drei zählen. Er will feststellen, ob er mehr schwarze oder weiße Schafe hat (Fig. 3.2).

Wie kann er dies schaffen, ohne sie zu zählen? Ganz einfach. Er[3] nimmt ein schwarzes und ein weißes Schaf und bildet ein Paar

(weißes Schaf, schwarzes Schaf),

das er von der Herde weg schickt. Dann bildet er ein weiteres schwarzweißes Paar und schickt es weg (Fig. 3.3). Er macht so weiter, bis nur noch Schafe einer Farbe oder gar keine Schafe mehr übrig bleiben.

(i) Wenn keine Schafe übrig bleiben, hat er genauso viele schwarze wie weiße Schafe.

(ii) Wenn ein oder mehrere weiße Schafe übrig geblieben sind, dann gibt es mehr weiße Schafe (Fig. 3.3).

(iii) Wenn ein oder mehrere schwarze Schafe übrig geblieben sind, dann weiß der Hirte, dass er mehr schwarze Schafe hat.

Die Paarung von Schafen und die Schlussfolgerung (i) daraus haben die Mathematiker als Basis für den Vergleich von Mengengrößen genommen.

Definition 3.1 Seien A und B zwei Mengen. Eine **Paarung** von A und B ist eine Bildung von Paaren (a, b), wobei Folgendes gilt:

(i) a gehört zu A ($a \in A$), b gehört zu B ($b \in B$).

(ii) Jedes Element aus A ist genau in einem Paar als erstes Element des Paares enthalten (also ist kein Element in zwei oder mehr Paaren enthalten und kein Element ist ungepaart übrig geblieben).

(iii) Jedes Element aus B ist genau in einem Paar als zweites Element des Paares enthalten.

Für ein Paar (a, b) sagen wir, dass **a und b verheiratet sind**. Wir sagen, dass **A und B gleich groß sind** und schreiben

$$|A| = |B| \ ,$$

wenn eine Paarung von A und B existiert. Wir sagen, dass **A und B ungleich groß sind** und schreiben

$$|A| \neq |B| \ ,$$

---

[3]Weil er das Yin-Yang Prinzip kennt.

wenn keine Paarung von A und B existiert.

Betrachten wir die zwei Mengen $A = \{2, 3, 4, 5\}$ und $B = \{2, 5, 7, 11\}$ in Fig. 3.4.

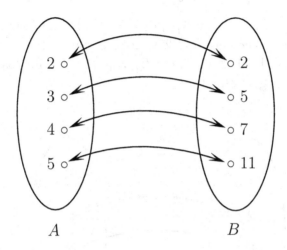

Fig. 3.4

Das Bild Fig. 3.4 stellt die Paarung

$$(2, 2), (3, 5), (4, 7), (5, 11)$$

dar. Jedes Element aus A ist genau in einem Paar als das erste Element enthalten (z.B. ist 4 aus A im dritten Paar enthalten) und jedes Element aus B ist in einem Paar als zweites Element enthalten (z.B. ist 5 aus B im zweiten Paar). In anderen Worten ist jedes Element aus A mit einem Element aus B verheiratet und kein Element aus A oder B ist ledig geblieben. Somit gilt

$$|\{2, 3, 4, 5\}| = |\{2, 5, 7, 11\}| \ .$$

Sie können sich auch eine andere Paarung zwischen A und B überlegen. Zum Beispiel ist die Paarung

$$(2, 11), (3, 7), (4, 5), (5, 2)$$

möglich.

Aufgabe 3.1 a) Schreiben Sie zwei andere Paarungen der beiden Mengen $A = \{2, 3, 4, 5\}$ und $B = \{2, 5, 7, 11\}$ auf.

b) Warum ist $(2,2), (4,5), (5,11), (2,7)$ keine Paarung von A und B?

Mit diesem Konzept ist eine Menge A von Frauen und eine Menge B von Männern genau dann gleich groß, wenn die Frauen und Männer so heiraten können, dass niemand Single bleibt[4].

Zwischen den Mengen $C = \{1, 2, 3\}$ und $D = \{2, 4, 6, 8\}$ kann es keine Paarung geben, weil jeder Versuch die Elemente zu paaren damit endet, dass ein Element aus D übrig bleibt. Also gilt $|D| \neq |C|$. Ein erfolgloser Versuch zu paaren ist in Fig. 3.5 gezeichnet.

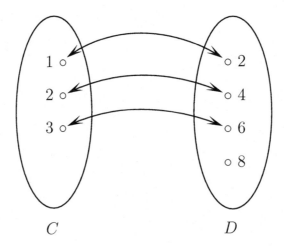

Fig. 3.5

Das Bild 3.6 zeigt einen Versuch zu paaren, der zu keiner korrekten Paarung führt, weil das Element 3 aus C mit zwei Elementen 4 und 8 aus D verheiratet ist.

Das Konzept der Paarung brauchten wir aber nicht, um endliche Mengen zu vergleichen. Das konnten wir auch schon vorher ohne dieses Konzept. Wir haben uns jetzt nur vergewissert, dass das Konzept in der endlichen Welt funktioniert[5]. Versuchen wir jetzt das Konzept auf unendliche Mengen anzuwenden. Nehmen wir zuerst die zwei Mengen

$$\mathbb{N}_{ger} = \{0, 2, 4, 6, 8, \ldots\}$$

---

[4]Die Bildung von gleichgeschlechtlichen Paaren ist hier nicht erlaubt.
[5]Wenn dies nicht der Fall wäre, müssten wir das Konzept verwerfen.

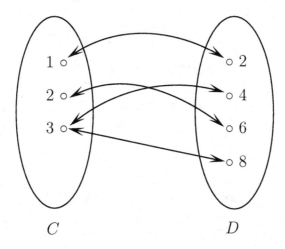

$$C \qquad\qquad D$$

Fig. 3.6

aller geraden natürlichen Zahlen und

$$\mathbb{N}_{unger} = \{1, 3, 5, 7, 9, \ldots\}$$

aller ungeraden natürlichen Zahlen. Diese Mengen scheinen gleich groß zu sein und so versuchen wir dies mit unserem Konzept zu begründen. Wir paaren jede gerade Zahl $2i$ mit der um 1 größeren ungeraden Zahl $2i + 1$.

Wie wir in Abbildung 3.7 sehen, erhalten wir die unendlich vielen Paare

$$(0, 1), (2, 3), (4, 5), (6, 7), \ldots, (2i, 2i + 1), \ldots .$$

Wir sehen, dass diese Folge von Paaren eine korrekte Paarung von $\mathbb{N}_{ger}$ und $\mathbb{N}_{unger}$ ist. Kein Element aus $\mathbb{N}_{ger}$ oder $\mathbb{N}_{unger}$ ist in zwei oder mehreren Paaren enthalten (mehrmals verheiratet). Andererseits bleibt kein Element unverheiratet (ungepaart). Für jede gerade Zahl $2k$ aus $\mathbb{N}_{ger}$ gibt es das Paar $(2k, 2k + 1)$. Für jede ungerade Zahl $2m + 1$ aus $\mathbb{N}_{unger}$ gibt es das Paar $(2m, 2m + 1)$. Also schließen wir $|\mathbb{N}_{ger}| = |\mathbb{N}_{unger}|$.

Aufgabe 3.2 Beweisen Sie $|\mathbb{Z}^+| = |\mathbb{Z}^-|$, wobei $\mathbb{Z}^+ = \{1, 2, 3, 4, \ldots\}$ und $\mathbb{Z}^- = \{-1, -2, -3, -4, \ldots\}$. Zeichnen Sie dazu ein Bild wie in Fig. 3.7.

Bisher sah alles ordentlich und nachvollziehbar aus. Jetzt kommt etwas, was man beim ersten Versuch oft schwer verdaut. Betrachten wir die Mengen

$$\mathbb{N} = \{0, 1, 2, 3, \ldots\} \text{ und } \mathbb{Z}^+ = \{1, 2, 3, 4, \ldots\} .$$

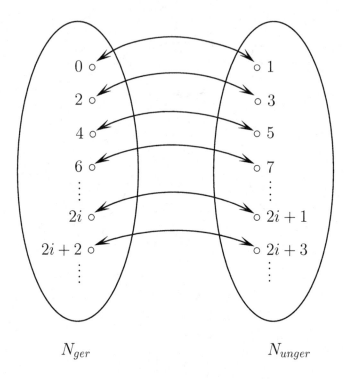

N_{ger} N_{unger}

Fig. 3.7

Alle Elemente aus $\mathbb{Z}^+$ sind in $\mathbb{N}$, also gilt

$$\mathbb{Z}^+ \subseteq \mathbb{N} \,,$$

d. h. $\mathbb{Z}^+$ ist eine **Teilmenge** von $\mathbb{N}$. Außerdem liegt 0 in $\mathbb{N}$ und nicht in $\mathbb{Z}^+$. Deswegen sagen wir, dass $\mathbb{Z}^+$ eine **echte Teilmenge** von $\mathbb{N}$ ist und schreiben $\mathbb{Z}^+ \subset \mathbb{N}$. Der Begriff „$A$ ist echte Teilmenge von B" bedeutet, dass A ein Teil von B ist, aber nicht das ganze B ist. Das Bild Fig. 3.8 zeigt diese Situation anschaulich für den Fall

$$\mathbb{Z}^+ \subset \mathbb{N} \,.$$

$\mathbb{Z}$ ist vollständig in $\mathbb{N}$ enthalten, aber ist nicht das ganze $\mathbb{N}$, weil $0 \in \mathbb{N}$ und $0 \notin \mathbb{Z}^+$.

Trotzdem behaupten wir jetzt, dass

$$|\mathbb{N}| = |\mathbb{Z}^+|$$

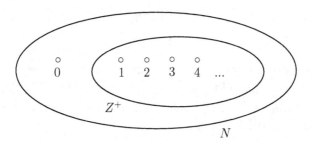

Fig. 3.8

gilt, also dass die zwei unendlichen Größen $|\mathbb{N}|$ und $|\mathbb{Z}^+|$ gleich groß sind. Wir begründen dies mit der Paarung

$$(0,1), (1,2), (2,3), \ldots, (i, i+1), \ldots,$$

die in Fig. 3.9 gezeichnet ist.

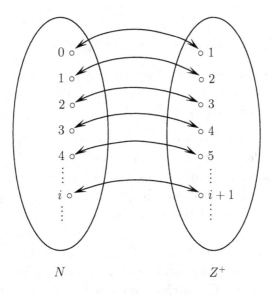

Fig. 3.9

Wir sehen ganz deutlich, dass alle Elemente aus $\mathbb{N}$ und $\mathbb{Z}^+$ korrekt verheiratet (gepaart) sind. Kein Element bleibt Single (übrig). Also ist $\mathbb{N}$ nicht größer als $\mathbb{Z}^+$, obwohl $\mathbb{N}$ offensichtlich ein Element mehr als $\mathbb{Z}^+$ hat. Dies darf uns aber nicht zu stark täuschen und beunruhigen. Es sagt nur, dass

$$\infty + 1 = \infty$$

gilt, also dass eine Vergrößerung von ∞ um 1 keine größere unendliche Zahl liefert. und das klingt gar nicht mehr überraschend. Was ist denn 1 im Vergleich mit der Unendlichkeit? Ein Nichts, das man vernachlässigen darf. Diese scheinbar überraschende Eigenschaft

$$\mathbb{Z}^+ \subset \mathbb{N} \text{ (Fig. 3.8) und } |\mathbb{Z}^+| = |\mathbb{N}| \text{ (Fig. 3.9)}$$

ist die Grundlage, auf deren Basis man die mathematische Definition des Unendlichen geben kann. Die Mathematiker haben viele Jahre gebraucht, um diese Definition zu entdecken, sie zu akzeptieren und zu begreifen, dass sie das tut, was wir von einer Definition erwarten. Anhand dieser Definition können wir zwischen endlichen und unendlichen Mengen eindeutig unterscheiden.

Definition 3.2 Eine Menge A ist genau dann **unendlich**, wenn eine echte Teilmenge B von A existiert, so dass

$$|A| = |B| \ .$$

In anderen Worten:

> *„Ein Objekt ist unendlich, wenn es einen echten Teil des Objektes gibt, der genau so groß wie das ganze Objekt ist."*

Jetzt könnten Sie einwenden:*„Halt, das geht mir zu weit. So etwas kann ich nicht akzeptieren. Wie kann ein echter Teil des Ganzen genauso groß wie das Ganze sein? Das gibt es doch nicht!"*

Wunderbar, dass Sie dieser Meinung sind. Gerade deswegen ist diese Definition gut. In der realen Welt, wo alles endlich ist, kann kein echter Teil so groß wie das Ganze sein. Darauf können wir uns einigen. Also hat kein endliches (reelles) Objekt (keine endliche Menge) diese merkwürdige Eigenschaft. Und somit sagt Definition 3.2 korrekt, dass diese Objekte nicht unendlich, also endlich sind. Aber in der hypothetischen Welt des Unendlichen ist es nicht nur möglich, sondern Pflicht diese Eigenschaft zu haben. Und diese Eigenschaft ist genau das, was wir brauchen. Denn wer diese Eigenschaft hat, ist unendlich und wer die Eigenschaft nicht hat, ist endlich. Damit liefert Definition 3.2 eine Methode zur Klassifizierung der Objekte in endliche und unendliche, und dies ist genau das, was wir von einer Definition des Unendlichen erwarten.

Um ein besseres Verständnis für diese scheinbar merkwürdige aber doch charakteristische Eigenschaft unendlicher Objekte zu gewinnen, geben wir zwei Beispiele an.

Beispiel 3.1 Hotel Hilbert

Betrachten wir ein Hotel mit unendlich vielen Einzelzimmern, genannt Hilbert-Hotel nach dem berühmten Mathematiker David Hilbert. Die Zimmer sind nummeriert

$$Z(0), Z(1), Z(2), Z(3), \ldots, Z(i), \ldots \; .$$

Alle Zimmer sind besetzt, also in jedem Zimmer logiert bereits ein Gast. Plötzlich kommt ein neuer Gast an und fragt den Portier: „Haben Sie für mich ein Zimmer frei?" „Kein Problem", sagt der Portier und bringt den Gast auf folgende Weise unter. Er fordert jeden Gast im Hotel auf, in das Zimmer mit der um 1 höheren Nummer umzuziehen. Also kommt der Gast aus $Z(0)$ nach $Z(1)$, der Gast aus $Z(1)$ kommt nach $Z(2)$ und so weiter. Allgemein zieht der Gast aus dem Zimmer $Z(i)$ in das Zimmer $Z(i+1)$. Auf diese Weise wird das Zimmer $Z(0)$ frei und dieses Zimmer wird dem neuen Gast zugewiesen (siehe Abbildung 3.10).

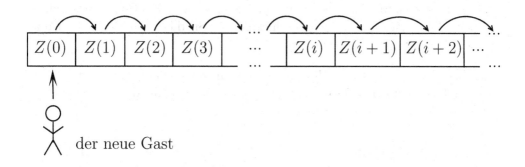

Fig. 3.10

Wie wir beobachten, hat jeder Gast nach dem Umzug ein Zimmer und $Z(0)$ wurde für den neuen Gast frei. Die Mathematiker würden diese Behauptung wie folgt begründen[6]. Es liegt auf der Hand, dass $Z(0)$ nach dem Umzug frei ist. Wir brauchen nur zu zeigen, dass jeder Gast nach dem Umzug ein eigenes Zimmer hat. Sei G ein beliebiger Gast. Diese konkrete Person wohnte vorher in einem konkreten Zimmer. Sei $Z(n)$ der Name des Zimmers. Nach der Anweisung des Portiers zieht G aus $Z(n)$ nach $Z(n+1)$ um. Das kann er tun, weil $Z(n+1)$ für ihn dadurch frei wird, weil der Gast aus $Z(n+1)$ nach $Z(n+2)$ umzieht. Dadurch bewohnt der Gast G alleine ein eigenes Hotelzimmer. Weil wir dies allgemein für jeden Gast G begründet haben, sind alle Gäste untergebracht.

---

[6]Einen rein formalen mathematischen Beweis würde man durch vollständige Induktion führen.

Diese Lösung zeigt, warum das aktuelle Unendliche lange Zeit in der Mathematik als ein Paradoxon (widersprüchliche oder unerklärbare Situation) galt. Das unendliche Hotel Hilbert ist ein aktuelles Unendliches. So etwas kann man nur durch einen endlichen Teil oder drei Punkte $\cdots$ andeuten, aber sich nicht als Ganzes vorstellen. Es ist auch unmöglich, den erfolgreichen Umzug der unendlich vielen Gästen auf einmal zu beobachten. Aber jeden Gast einzeln betrachtend kann man überprüfen, dass es geht.

Erst wenn man erkannt hat, dass das Unendliche sich von dem Endlichen genau dadurch unterscheidet, dass unendliche Objekte echte Teile haben, die gleich groß wie das Ganze sind, wurde dieses Paradoxon aufgelöst[7]. Wir beobachten, dass der Umzug der Paarung der Elemente der Menge $\mathbb{N}$ der Gäste und der Menge $\mathbb{Z}^+$ der Zimmer ab $Z(1)$ entspricht.   □

Aufgabe 3.3

a) In Hilberts Hotel kommen 3 neue Gäste an. Wie vorher ist das Hotel voll besetzt. Spielen Sie den Portier und bringen Sie diese drei Gäste unter, ohne einen schon logierten Gast wegzuschicken. Tun Sie dies nach Möglichkeit mit einem Umzug statt einer Folge von 3 Umzügen.

b) In das vollbesetzte Hotel Hilbert kommt ein neuer Gast und fordert, unbedingt im Zimmer $Z(7)$ wohnen zu können. Wie erfüllt der Portier seinen Wunsch?

Das nächste Beispiel kommt aus der Physik. Es ist als Gegenmittel für die Depressionen ausgedacht worden, die einen in der Folge der Erkenntnis der Winzigkeit der Erde (und damit der Menschheit) im riesigen Universum überfallen.

Beispiel 3.2 Wir betrachten die Erde als eine unendliche Menge von Punkten, die beliebig nah aufeinander liegen dürfen und genauso auch das Universum. Um dies zu vereinfachen, machen wir alles zweidimensional statt dreidimensional. Das ganze Universum ist ein Blatt Papier und die Erde ist ein kleiner Kreis auf dem Blatt (Fig. 3.11). Wenn jemand Probleme damit hat, die Erde als eine unendliche Menge von Punkten anzusehen, bemerken wir, dass schon die endliche Strecke von 0 bis 1 auf der reellen Achse unendlich viele Punkte hat. Jede rationale Zahl zwischen 0 und 1 kann man sich als einen Punkt auf der Strecke von 0 bis 1 vorstellen. Und es gibt unendlich viele unterschiedliche rationale Zahlen zwischen 0 und 1. Wir haben das eigentlich schon gezeigt, als wir unendlich viele immer kleiner werdende

---

[7]Damit ist es kein Paradox mehr.

Zahlen im Versuch, die kleinste positive Zahl zu erzeugen, generiert haben. Eine andere Begründung ist folgende.

> Zwischen jeden zwei unterschiedlichen rationalen Zahlen a und b liegen unendlich viele rationale Zahlen.

Die erste Zahl, die wir betrachten ist $c_1 = \frac{a+b}{2}$, der Durchschnittswert von a und b. Als nächstes nehmen wir $c_2 = \frac{c_1+b}{2}$ als den Durchschnittswert von c_1 und b. Allgemein ist

$$c_i = \frac{c_{i-1} + b}{2}$$

der Durchschnittswert von c_{i-1} und b. Wenn man von $a = 0$ und $b = 1$ ausgeht, generiert man dadurch die unendliche Folge

$$\frac{1}{2}, \quad \frac{3}{4}, \quad \frac{7}{8}, \quad \frac{15}{16}, \quad \ldots$$

von paarweise unterschiedlichen Zahlen zwischen 0 und 1.

Kommen wir jetzt endlich zu dem, was uns die Physiker sagen wollen. Alle Punkte des riesigen Universums außerhalb der Erde kann man mit der Menge der Punkte der Erde paaren. Diese Behauptung hat folgende zwei positive Interpretationen:

(i) Die Anzahl der Erdpunkte ist gleich der Anzahl der Universumspunkte außerhalb der Erde.

(ii) Alles, was im riesigen Universum passiert, kann auf der Erde gespiegelt und daduch nachgeahmt werden.

Suchen wir also jetzt eine Paarung der Punkte innerhalb und außerhalb der Erde. Jedem P_U außerhalb der Erde weisen wir einen Punkt P_E auf der Erde wie folgt zu.

Wir verbinden P_U mit dem Mittelpunkt der Erde M (Fig. 3.11). Auf diese Gerade wollen wir innerhalb der Erde den Punkt P_E legen und dadurch das Paar (P_U, P_E) bilden. Dazu ziehen wir aus P_U beide Tangenten t_1 und t_2 zur Erde (eine Tangente zu einem Kreis ist eine Gerade, die den Kreis in genau einem Punkt berührt). Wo t_1 und t_2 die Erde (den Kreis) berühren, legen wir die Punkte A_P und B_P[8]. Jetzt verbinden wir die Punkte B_P und A_P und erhalten damit die Strecke $B_P A_P$ (Fig. 3.12). Wo sich jetzt die Strecken $B_P A_P$ und $P_U M$ kreuzen, erhalten wir den gesuchten Punkt P_E (Fig. 3.12). Also paaren wir den Punkt P_U des Universums mit dem Punkt P_E auf der Erde.

---

[8]Die Schnittpunkte von t_1 und t_2 mit der Erde (dem Kreis) nennen wir A_P und B_P.

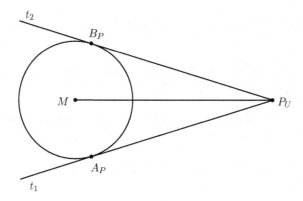

Fig. 3.11

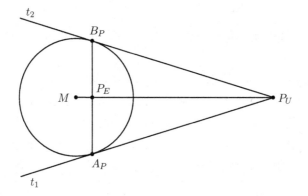

Fig. 3.12

Jetzt brauchen wir noch zu zeigen, dass zwei unterschiedlichen Punkten P_U und P'_U aus dem Universum außerhalb der Erde auch immer zwei unterschiedliche Punkte P_E und P'_E auf diese Weise zugeordnet werden[9].

Wir unterscheiden zwei Möglichkeiten.

(i) Die Punkte M, P_U und P'_U liegen nicht alle auf derselben Geraden. Diese Situation ist in Fig. 3.13 gezeichnet. Wir wissen, dass P_E auf der Strecke MP_U und P'_E auf der Strecke MP'_U liegen muss. Weil diese Strecken keinen gemeinsamen Punkt außer M haben und M unter-

_____

[9]Wenn dies nicht der Fall wäre, würden wir keine Paarung erhalten.

schiedlich von P_E und P'_E ist, egal wo P_E und P'_E auf ihren Strecken liegen, müssen sie unterschiedlich sein.

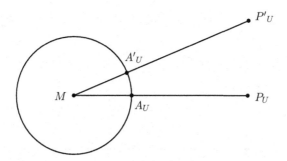

Fig. 3.13: E_U liegt auf MA_U und E'_U liegt auf MA'_U und deswegen sind E_U und E'_U unterschiedliche Punkte.

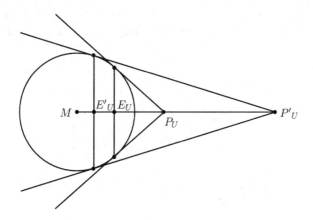

Fig. 3.14

(ii) Alle drei Punkte M, P_U und P'_U liegen auf einer Geraden (Fig. 3.14). Damit müssen auch E_U und E'_U auf dieser Gerade liegen. Dann führen wir die Konstruktionen für P_U und P'_U wie in Fig. 3.12 durch. Wir sehen in Fig. 3.14 sofort, dass E_U und E'_U unterschiedlich sind.

Wir haben gezeigt, dass unabhängig davon, wieviele Male das Universum größer als die Erde ist, die Anzahl der Punkte auf der Erde gleich der Anzahl der Punkte des Universums ist. □

Aufgabe 3.4 Vervollständigen Sie Fig. 3.13, indem Sie die Punkte P_E und P'_E genau bestimmen.

Aufgabe 3.5 Betrachten Sie den Halbkreis in Fig. 3.15 und die Strecke AB, die dem Durchmesser des Kreises entspricht. Begründen Sie geometrisch oder auch rechnerisch, warum die Strecke AB genauso viele Punkte wie die Kurve des Halbkreises enthält.

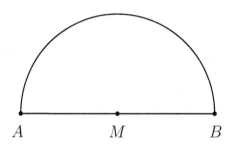

Fig. 3.15

Aufgabe 3.6 Betrachten wir die Kurve (die Funktion) F in Bild 3.16 und die Strecke AB. Warum hat die Kurve genauso viele Punkte wie die Strecke AB?

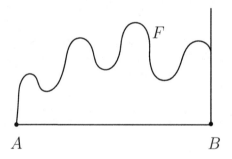

Fig. 3.16

Wenn Sie immer noch Bauchschmerzen haben beim Versuch, das Konzept der Unendlichkeit zu akzeptieren, seien Sie nicht beunruhigt. Die Spitzenforscher in der Mathematik haben etliche Jahre gebraucht, um das Konzept zu entwickeln und es hat noch viele weitere Jahre gedauert, bis die Mehrheit der Mathematiker sich damit identifizieren konnte[10]. Nehmen Sie sich gerne

---

[10]Sogar bei dem Vortrag zu diesem Thema habe ich Mathematiklehrer getroffen, die in der eigenen Ausbildung das Konzept nicht kennengelernt und es bei der ersten Begegnung in der Open Class abgelehnt haben.

die Zeit und setzen Sie sich wiederholt mit dieser Definition des Unendlichen auseinander. Nur nach mehrmaliger Auseinandersetzung kann man begreifen, warum man diese Definition als ein Axiom in die Mathematik aufgenommen hat und warum es den Mathematikern nicht nur glaubwürdig erscheint, sondern wieso sie sogar keine akzeptable Alternative zu dieser Definition des Unendlichen sehen.

Diskutieren wir kurz den häufigsten Vorschlag zu einer alternativen Definition des Unendlichen, die die Zuhörer nach der ersten Begegnung mit der Unendlichkeit unterbreiten. Wenn

$$A \subset B$$

gilt (A eine echte Teilmenge von B ist), dann gilt

$$|A| < |B| \ .$$

Es ist klar, dass dieser Versuch unendliche Mengen anders zu vergleichen, die Folge der Ablehnung der Kernidee ist, dass ein echter Teil des Ganzen genauso groß wie das Ganze sein darf. Dieser Definitionsversuch hat zwei Schwachstellen. Zum einen ermöglicht er es nur solche zwei Mengen zu vergleichen, in denen die eine Teilmenge der anderen ist. Die Definition liefert aber keine Möglichkeit, zwei unterschiedliche Mengen wie $\mathbb{Z}^- = \{-1, -2, -3, \ldots\}$ und $\mathbb{Z}^+ = \{1, 2, 3, \ldots\}$ zu vergleichen. Also ist irgendeine Verknüpfung zwischen den Elementen von $\mathbb{Z}^-$ und $\mathbb{Z}^+$ unvermeidbar. Auf diesen Einwand hin schlagen die Zuhörer meistens vor, eine der Mengen durch Paarung auf eine Teilmenge der anderen abzubilden und dann erst zu vergleichen. Ich zeige Ihnen, dass Sie auf diese Weise einen Widerspruch (einen Unsinn) erzeugen können. Und zwar die unsinnige Behauptung

$$|\mathbb{N}| < |\mathbb{N}| \ ,$$

also $\mathbb{N}$ ist kleiner als $\mathbb{N}$ selbst. Durch die Paarung haben wir bewiesen, dass

$$|\mathbb{N}| = |\mathbb{Z}^+| \tag{3.1}$$

gilt. Weil $\mathbb{Z}^+ \subset \mathbb{N}$, gilt nach dem alternativen Vergleichsvorschlag

$$|\mathbb{Z}^+| < |\mathbb{N}|. \tag{3.2}$$

Wenn wir (3.1) und (3.2) hintereinander schreiben, erhalten wir

$$|\mathbb{N}| = |\mathbb{Z}^+| < |\mathbb{N}|$$

und somit $|\mathbb{N}| < |\mathbb{N}|$.

Aufgabe 3.7 (Knobelaufgabe) Jemand schlägt Ihnen die folgende Definition zum Vergleich von Mächtigkeiten zweier Mengen A und B vor.

Die Mächtigkeit der Menge A ist kleiner als die Mächtigkeit der Menge B, $|A| < |B|$, wenn eine echte Teilmenge C von B ($C \subset B$) existiert, so dass die Elemente von C und A gepaart werden können (es gibt eine korrekte Paarung zwischen C und A).

Zeigen Sie, dass diese Definition in sich widersprüchlich ist, weil aus dieser Definition $|\mathbb{N}| < |\mathbb{N}|$ folgt.

Warum geben wir uns so große Mühe, dieses Axiom der Mathematik zu diskutieren und ein Verständnis dafür zu gewinnen? Weil (wie Sie vielleicht schon ahnen) es noch „besser" kommt. Das Konzept des Unendlichen war nicht die einzige große Überraschung dieses Kapitels. Wir haben in gewissem Sinne $\infty = \infty + 1$ gezeigt und klar angedeutet, dass $\infty = \infty + c$ für eine beliebige endliche Zahl c gilt. Beispiel 3.2 und nachfolgende Aufgaben deuten aber sogar auf

$$\infty = c \cdot \infty$$

hin für eine beliebige endliche Zahl (Konstante) c.

Betrachten wir die Menge $\mathbb{N}$ und die Menge

$$\mathbb{N}_{ger} = \{0, 2, 4, 6, \ldots\} = \{2i \mid i \in \mathbb{N}\}$$

aller geraden natürlichen Zahlen. Auf den ersten Blick enthält $\mathbb{N}$ zweimal so viele Zahlen wie $\mathbb{N}_{ger}$. Trotzdem können wir (Abbildung 3.17) die Elemente der Mengen $\mathbb{N}$ und $\mathbb{N}_{ger}$ wie folgt paaren:

$$(0,0), (1,2), (2,4), (3,6), \ldots, (i, 2i), \ldots .$$

Wir sehen, dass jedes Element beider Mengen genau einmal verheiratet ist. Dann folgt

$$|\mathbb{N}| = |\mathbb{N}_{ger}| .$$

Wir können das überraschende Resultat

$$2 \cdot \infty = \infty$$

wieder mit einer Geschichte im Hotel Hilbert untermauern.

Beispiel 3.3 Betrachten wir wieder das Hotel Hilbert mit unendlich vielen Einzelzimmern

$$Z(0), Z(1), Z(2), \ldots ,$$

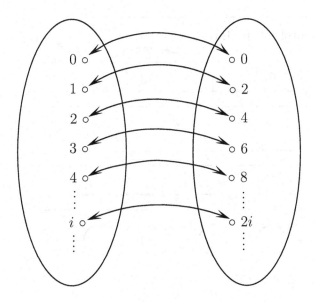

Fig. 3.17

die alle besetzt sind. Jetzt kommt ein unendlicher Bus mit Sitzplätzen

$$B(0), B(1), B(2), \dots ,$$

die auch alle besetzt sind[11]. Der Busfahrer fragt den Portier, ob er alle Reisenden unterbringen kann. Der Portier sagt wieder: „Kein Problem", und tut das Folgende:

Er weist jeden Gast aus $Z(i)$ an, in das Zimmer $Z(2i)$ umzuziehen (Fig. 3.18). Danach hat jeder alte Gast wieder ein eigenes Zimmer und alle Zimmer $Z(2i + 1)$ mit ungeraden Nummern $1, 3, 5, 7, \dots, 2i + 1, \dots$ sind leer. Jetzt muss der Portier eine Paarung zwischen freien Zimmern und den Bussitzen vornehmen. Er weist dem Reisenden auf dem Platz $B(0)$ das Zimmer $Z(1)$, dem Reisenden auf $B(1)$ das Zimmer $Z(3)$ zu und so weiter. Allgemein erhält der Reisende auf dem Platz $B(i)$ das Zimmer $Z(2i+1)$, wie auch in Fig. 3.18 gezeichnet. Damit entsteht die Paarung

$$(B(0), Z(1)), (B(1), Z(3)), (B(2), Z(5)), \dots, (B(i), Z(2i + 1)), \dots$$

zwischen den geleerten Zimmern mit ungeraden Nummern und den Sitzen des unendlichen Busses.

---

[11] Auf jedem Sitz sitzt genau ein Reisender.

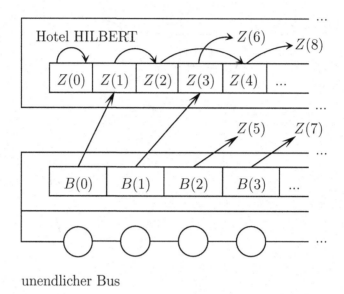

unendlicher Bus

Fig. 3.18

☐

Aufgabe 3.8 a) Das Hilbertsche Hotel ist halb voll: Alle Zimmer mit geraden Nummern ($Z(0), Z(2), Z(4), \ldots$) sind belegt und alle Zimmer mit ungeraden Nummern sind frei. Nun treffen zwei unendlich lange Busse B_1 und B_2 ein, deren Plätze wie folgt nummeriert sind:

$$B_1(0), B_1(1), B_1(2), B_1(3), \ldots$$

$$B_2(0), B_2(1), B_2(2), B_2(3), \ldots$$

Wie kann der Portier vorgehen, um allen Gästen Unterkunft zu gewähren?

 b) Das Hotel Hilbert ist voll besetzt. Es treffen drei unterschiedliche unendliche Busse ein, deren Sitzplätze aufsteigend mit den natürlichen Zahlen nummeriert sind. Wie kann man alle Reisenden unterbringen?

Aufgabe 3.9 Zeigen Sie durch Paarung, dass

$$|\mathbb{Z}| = |\mathbb{N}|$$

gilt, wobei $\mathbb{Z} = \{\ldots, -3, -2, -1, 0, 1, 2, 3, \ldots\}$ die Menge aller ganzen Zahlen ist.

Aufgabe 3.10 (Knobelaufgabe) Sei $[a, b]$ die Menge aller Punkte (aller reellen Zahlen) der reellen Achse zwischen a und b.

a) Zeigen Sie
$$|[0,1]| = |[1,10]| \ .$$

Versuchen Sie es geometrisch wie in Beispiel 3.2.

b) Zeigen Sie
$$|[0,1]| = |[1,100]|$$

arithmetisch, indem Sie Paare $(f(i), i)$ für $i \in [0, 100]$ und für eine geeignete Funktion f wählen.

Aufgabe 3.11 (Knobelaufgabe) Nehmen wir an, dass das Hotel Hilbert ganz leer ist, also dass kein Gast da ist. Weil alle bisherigen Gastverteilungen auf Umzügen basierten, droht die Gefahr, dass die Gäste ausbleiben. Kein Gast ist daran interessiert, bei jedem neuen Ankommenden wieder umzuziehen. Jetzt braucht der Portier eine Strategie, um Gäste so zu verteilen, dass er unabhängig von der Anzahl der endlichen und unendlichen Bussen, von denen beliebig viele zu unterschiedlichen Zeitpunkten ankommen können, den Gästen ohne jeden Umzugsbedarf die Zimmer zuteilen kann. Können Sie ihm helfen?

Wir beobachten, dass
$$|\mathbb{N}| = |A|$$

für eine Menge A zu beweisen nichts anderes ist, als die Elemente der Menge A durchzunummerieren. Eine Paarung zwischen $\mathbb{N}$ und A weist einfach jedem Element aus A eindeutig eine natürliche Zahl aus $\mathbb{N}$ zu. Und diese Zahl kann man als die Ordnung des Elementes aus A betrachten. Zum Beispiel, wenn (3, Jan) ein Paar der Paarung ist, kann man Jan als das dritte Element der Menge A betrachten. Umgekehrt liefert jede Nummerierung von Elementen einer Menge A automatisch eine Paarung zwischen $\mathbb{N}$ und A. Die Paare sind

$$(\text{Ordnung von } a, a)$$

für jedes Element a aus A. Der Begriff der **Nummerierung** ermöglicht uns im Folgenden eine anschauliche Argumentation für die Behauptung $|\mathbb{N}| = |A|$ für irgendeine Menge A, also für die Behauptung, dass A genau so viele Elemente wie $\mathbb{N}$ hat.

Mit der Paarung

$$(0,0), (1,1), (2,-1), (3,2), (4,-2), (5,3), (6,-3), \ldots$$

der Mengen $\mathbb{N}$ und $\mathbb{Z}$ weisen wir zum Beispiel den Elementen von $\mathbb{Z}$ die Ordnung

$$0, 1, -1, 2, -2, 3, -3, \ldots$$

zu. Damit ist 0 das 0-te Element, 1 das erste Element, -1 das zweite Element von $\mathbb{Z}$, usw.

Aufgabe 3.12 Weisen Sie $\mathbb{Z}$ durch eine andere Paarung zwischen $\mathbb{N}$ und $\mathbb{Z}$ eine andere Ordnung zu.

Aufgabe 3.13 Beweisen Sie

$$|\mathbb{N}| = |\mathbb{N}_{quad}| \,,$$

wobei $\mathbb{N}_{quad} = \{i^2 \mid i \in \mathbb{N}\} = \{0, 1, 4, 9, 16, 25, \ldots\}$ die Menge aller Quadrate natürlicher Zahlen ist. Welche Ordnung auf $\mathbb{N}_{quad}$ erhält man durch die von Ihnen vorgeschlagene Paarung von $\mathbb{N}$ und $\mathbb{N}_{quad}$?

Die nächste Frage zu beantworten erhöht die Schwierigkeitsstufe unserer Überlegungen. Wie stehen $|\mathbb{N}|$ und $|\mathbb{Q}^+|$ zueinander?

$$\mathbb{Q}^+ = \left\{ \frac{p}{q} \mid p, q \in \mathbb{Z}^+ \right\}$$

ist die Menge aller positiven rationalen Zahlen. Wir haben schon beobachtet, dass man durch die wiederholte Durchschnittsbildung leicht nachweisen kann, dass es zwischen zwei beliebigen rationalen Zahlen a und b mit $a < b$ unendlich viele unterschiedliche rationale Zahlen gibt. Wenn wir die reelle Halbachse in unendlich viele Stücke $[0, 1], [1, 2], [2, 3], \ldots$ wie in Fig. 3.19 verteilen, muss $|\mathbb{Q}^+|$ ungefähr

$$\infty \cdot \infty = \infty^2$$

entsprechen, weil jedes dieser unendlich vielen Stücke unendlich viele rationale Zahlen enthält.

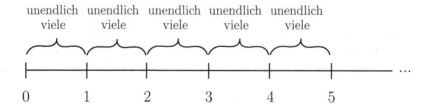

Fig. 3.19

Hier sieht die Möglichkeit, dass $|\mathbb{N}| = |\mathbb{Q}^+|$ gelten könnte, nicht sehr vielversprechend aus. Die natürlichen Zahlen $0, 1, 2, 3, \ldots$ liegen sehr dünn auf der Halbachse und zwischen jeden zwei Zahlen i und $i + 1$ liegen unendlich viele rationale Zahlen. Zusätzlich wissen wir, dass eine Paarung von $\mathbb{N}$ und

$\mathbb{Q}^+$ automatisch eine Nummerierung der Zahlen in $\mathbb{Q}^+$ liefert. Wie soll die Nummerierung aussehen? Nach der Größe kann es nicht sein, weil es (wie schon erwähnt) keine kleinste positive rationale Zahl gibt[12].

Trotz des ersten Eindruckes zeigen wir, dass

$$|\mathbb{N}| = |\mathbb{Q}^+|$$

und damit, dass in gewissem Sinne

$$\infty \cdot \infty = \infty$$

gilt.

Beobachten wir zuerst, dass es auch in $\mathbb{Z} = \{\ldots, -3, -2, -1, 0, 1, 2, 3, \ldots\}$ keine kleinste Zahl gibt, und trotzdem konnten wir die Elemente von $\mathbb{Z}$ durch

$$0, -1, 1, -2, 2, -3, 3, \ldots$$

nummerieren. Die Idee hier ist, die rationalen Zahlen auf ein unendliches Blatt Papier wie folgt aufzuschreiben (Die Mathematiker unter uns würden sagen, dass man alle Elemente aus $\mathbb{Q}^+$ an die Position einer zweidimensionalen unendlichen Matrix abbilden kann). Jede positive rationale Zahl kann man als

$$\frac{p}{q}$$

darstellen, wobei p und q positive ganze Zahlen sind. Wir verteilen das unendliche Blatt Papier in unendlich viele Zeilen und unendlich viele Spalten und nummerieren die Zeilen mit

$$1, 2, 3, 4, 5, \ldots$$

von oben nach unten und die Spalten von links nach rechts (Fig. 3.20). Auf die Position des Blattes, wo sich die i-te Zeile und die j-te Spalte kreuzen schreiben wir den Bruch

$$\frac{i}{j}.$$

Die entstandene Situation (unendliche Matrix) sehen wir in Fig. 3.20.

Wir haben keinen Zweifel daran, dass sich auf diesem unendlichen Blatt (in dieser unendlichen Matrix) alle positiven Brüche (rationale Zahlen) befinden. Wenn man einen beliebigen Bruch p/q sucht, weiß man sofort, dass er in der Kreuzung der p-ten Zeile mit der q-ten Spalte liegt. Wir haben eher

---

[12]Für jede beliebig kleine Zahl a kann man durch Halbieren die kleinere Zahl $a/2$ erzeugen.

	1	2	3	4	5	6	...
1	$\frac{1}{1}$	$\frac{1}{2}$	$\frac{1}{3}$	$\frac{1}{4}$	$\frac{1}{5}$	$\frac{1}{6}$	...
2	$\frac{2}{1}$	$\frac{2}{2}$	$\frac{2}{3}$	$\frac{2}{4}$	$\frac{2}{5}$	$\frac{2}{6}$	...
3	$\frac{3}{1}$	$\frac{3}{2}$	$\frac{3}{3}$	$\frac{3}{4}$	$\frac{3}{5}$	$\frac{3}{6}$	...
4	$\frac{4}{1}$	$\frac{4}{2}$	$\frac{4}{3}$	$\frac{4}{4}$	$\frac{4}{5}$	$\frac{4}{6}$	...
5	$\frac{5}{1}$	$\frac{5}{2}$	$\frac{5}{3}$	$\frac{5}{4}$	$\frac{5}{5}$	$\frac{5}{6}$	...
6	$\frac{6}{1}$	$\frac{6}{2}$	$\frac{6}{3}$	$\frac{6}{4}$	$\frac{6}{5}$	$\frac{6}{6}$	...
⋮	⋮	⋮	⋮	⋮	⋮	⋮	⋱

Fig. 3.20

ein anderes Problem. Einige[13] positive rationale Zahlen befinden sich hier mehrmals, sogar unendlich oft. Zum Beispiel ist die Zahl 1 hier als

$$\frac{1}{1}, \quad \frac{2}{2}, \quad \frac{3}{3}, \quad \frac{4}{4}, \quad \ldots$$

dargestellt. Die Zahl 1/2 findet man hier als

$$\frac{1}{2}, \quad \frac{2}{4}, \quad \frac{3}{6}, \quad \frac{4}{8}, \quad \ldots .$$

Aufgabe 3.14 Welche unendlich vielen Darstellungen als Bruch hat die Zahl $\frac{3}{7}$?

Wir möchten aber auf diesem unendlichen Blatt jede positive rationale Zahl genau einmal haben. Deswegen nehmen wir immer nur den Bruch p/q, der sich nicht kürzen lässt[14]. Damit wird 1 durch $\frac{1}{1}$ und 1/2 durch $\frac{1}{2}$ dargestellt, weil alle anderen Darstellungen von 1 und 1/2 zu diesen Darstellungen gekürzt werden können. Auf unserem Blatt radieren wir also alle Brüche aus, die man kürzen kann. Dadurch entstehen leere Positionen an Kreuzungen einiger Zeilen und Spalten (Fig. 3.21), aber das stört uns nicht.

---

[13]Eigentlich sogar alle
[14]Der größte gemeinsame Teiler von p und q ist 1.

	1	2	3	4	5	6	...
1	$\frac{1}{1}$	$\frac{1}{2}$	$\frac{1}{3}$	$\frac{1}{4}$	$\frac{1}{5}$	$\frac{1}{6}$	...
2	$\frac{2}{1}$		$\frac{2}{3}$		$\frac{2}{5}$		...
3	$\frac{3}{1}$	$\frac{3}{2}$		$\frac{3}{4}$	$\frac{3}{5}$		...
4	$\frac{4}{1}$		$\frac{4}{3}$		$\frac{4}{5}$		...
5	$\frac{5}{1}$	$\frac{5}{2}$	$\frac{5}{3}$	$\frac{5}{4}$		$\frac{5}{6}$	...
6	$\frac{6}{1}$				$\frac{6}{5}$		...
$\vdots$	$\vdots$	$\vdots$	$\vdots$	$\vdots$	$\vdots$	$\vdots$	$\ddots$

Fig. 3.21

Jetzt wollen wir die Brüche in Fig. 3.21 geschickt durchnummerieren, den ersten, den zweiten, den dritten, usw. Es ist klar, dass wir nicht so vorgehen können, indem wir zuerst die Elemente der ersten Zeile durchnummerieren, danach die Elemente der zweiten Zeile, usw. Der Grund dafür ist, dass die erste Zeile unendlich viele Elemente (Brüche) enthält. Deswegen würden wir bei einem solchen Versuch scheitern, weil wir nie mit der Nummerierung der Elemente der zweiten Zeile anfangen würden. Die erste Zeile würde einfach alle Nummern aus $\mathbb{N}$ alleine verbrauchen. Analog können wir die Brüche nicht Spalte für Spalte nummerieren. Wie gehen wir also vor? Wir nummerieren die Elemente des Blattes in Fig. 3.21 Diagonale für Diagonale. Die **k-te Diagonale des Blattes** enthält alle Positionen (Fig. 3.22), für die die Summe der Zeilennummer i und der Spaltennummer j die Zahl $k + 1$ ergibt ($i + j = k + 1$).

Somit enthält die erste Diagonale nur ein Element $\frac{1}{1}$. Die zweite Diagonale enthält die zwei Elemente $\frac{2}{1}$ und $\frac{1}{2}$ und zum Beispiel die vierte Diagonale enthält die vier Elemente $\frac{4}{1}, \frac{3}{2}, \frac{2}{3}$ und $\frac{1}{4}$. Allgemein enthält für jede positive ganze Zahl k die k-te Diagonale genau k Positionen und damit höchstens k Brüche.

Jetzt ordnen (nummerieren) wir die Positionen des unendlichen Blattes und damit die dort liegenden Brüche wie in Fig. 3.23 dargestellt.

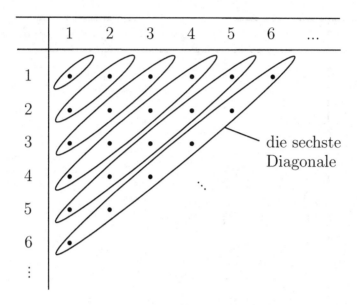

Fig. 3.22

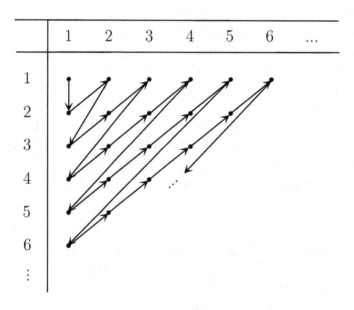

Fig. 3.23

Wir ordnen die Diagonalen von oben nach unten und innerhalb einer Diagonalen ordnen wir von links nach rechts. Dieser Strategie und der Positionierung der Brüche in Fig. 3.21 folgend, erhalten wir auf diese Weise die folgende Nummerierung der positiven rationalen Zahlen:

$$\frac{1}{1}, \frac{2}{1}, \frac{1}{2}, \frac{3}{1}, \frac{1}{3}, \frac{4}{1}, \frac{3}{2}, \frac{2}{3}, \frac{1}{4}, \frac{5}{1}, \frac{1}{5}, \frac{6}{1}, \frac{5}{2}, \frac{4}{3}, \frac{3}{4}, \frac{2}{5}, \frac{1}{6}, \ldots$$

Gemäß den bisher verwendeten Konventionen ist zum Beispiel 1/1 die 0-te rationale Zahl, 3 ist die dritte, 1/3 die vierte und 5/2 die zwölfte.

Aufgabe 3.15 Erweitern Sie die Matrix in Fig. 3.21 um zwei weitere Zeilen und Spalten und schreiben Sie die Brüche auf, die in unserer Nummerierung die Nummern $17, 18, 19, 20, \ldots, 27$ erhalten werden.

Die wichtigste Beobachtung für die Korrektheit unserer Nummerierungsstrategie ist, dass jede rationale Zahl (jeder Bruch) eine Nummer (ihre Ordnung) erhält. Die Argumentation ist einfach. Sei p/q ein beliebiger Bruch. Die Zahl p/q befindet sich an der Kreuzung der p-ten Zeile und q-ten Spalte und somit in der Diagonalen $(p + q - 1)$. Weil **jede Diagonale endlich viele Positionen (Zahlen) enthält**, werden die Diagonalen $1, 2, 3, \ldots, p + q - 1$ in endlicher Zeit durchnummeriert und somit kommt es auch zur Durchnummerierung der Zahlen in der Diagonalen $(p + q - 1)$. Also erhält p/q auch eine Nummer. Weil die i-te Diagonale höchstens i rationale Zahlen enthält, ist die Nummer von p/q höchstens

$$1 + 2 + 3 + 4 + \ldots + (p + q - 2) .$$

Damit können wir schließen, dass

$$|\mathbb{Q}^+| = |\mathbb{N}|$$

gilt.

Aufgabe 3.16 Fig. 3.24 enthält eine andere Nummerierung von Brüchen, die aber auch auf Diagonalen basiert. Schreiben Sie die ersten 20 rationalen Zahlen nach dieser Nummerierung auf. Welche Nummer erhält die Zahl 7/3? Welche Nummer hat die Zahl 7/3 in unserer Nummerierung (Fig. 3.23)?

Aufgabe 3.17 In Hilberts Hotel herrscht gähnende Leere. Auf einmal (wie das so ist) kommen unendlich viele unendliche Busse. Die Busse sind nummeriert

$$B_0, B_1, B_2, B_3, \ldots ,$$

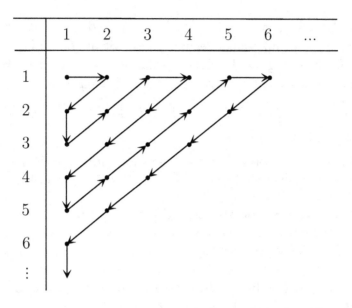

Fig. 3.24

also genau so viele wie $|\mathbb{N}|$. Für alle i gibt es im Bus B_i unendlich viele nummerierte Plätze

$$B_i(0), B_i(1), B_i(2), B_1(3), \ldots$$

und auf jedem Platz sitzt ein Reisender. Wie bringt der Portier alle ankommenden Personen unter?

Aufgabe 3.18 (Knobelaufgabe) Zeigen Sie $|\mathbb{Q}| = |\mathbb{N}|$.

Aufgabe 3.19 (Knobelaufgabe) Definieren wir

$$\mathbb{N}^3 = \{(i, j, k) \mid i, j, k \in \mathbb{N}\}$$

als die Menge aller Tripel (i, j, k) von natürlichen Zahlen. An jeder Position des Tripel kann man sich eine beliebige Zahl aus der unendlichen Menge $\mathbb{N}$ aussuchen. Damit würde man sagen, dass $|\mathbb{N}^3| = \infty \cdot \infty \cdot \infty = \infty^3$. Zeigen Sie, dass $|\mathbb{N}^3| = |\mathbb{N}|$ und somit $\infty = \infty^3$ gilt.

3.3 Es gibt unterschiedliche unendliche Größen, oder: Warum es mehr reelle als natürliche Zahlen gibt

Im Abschnitt 3.2 haben wir das Konzept von Cantor kennen gelernt, das uns ermöglicht, die Mächtigkeiten von Mengen zu vergleichen. Überraschenderweise haben wir festgestellt, dass das Unendliche sich dadurch auszeichnet, dass es echte Teile enthält, die genau so groß wie das Ganze sind. Auf der Suche nach einem größeren Unendlichen als $|\mathbb{N}| = \infty$ haben wir keinen Erfolg gehabt. Sogar $|\mathbb{Q}^+| = |\mathbb{N}|$ gilt, obwohl die rationalen Zahlen unendlich dichter auf der reellen Achse platziert sind, als die natürlichen Zahlen. Also ist $\infty \cdot \infty$ wieder nur ∞. Man kann sogar für jede positive ganze Zahl k beweisen, dass

$$\underbrace{|\mathbb{N}| \cdot |\mathbb{N}| \cdot \ldots \cdot |\mathbb{N}|}_{k\ mal} = \underbrace{\infty \cdot \infty \cdot \ldots \cdot \infty}_{k\ mal} = \infty^k$$

wieder nur $|\mathbb{N}| = \infty$ ist.

Wird dann doch am Ende nicht jede unendliche Menge gleich groß? Wir wollen jetzt das Gegenteil beweisen und zwar, dass

$$|\mathbb{R}^+| > |\mathbb{N}| \ .$$

Dieses Ergebnis hätten wir vielleicht vor diesen Ausführungen geglaubt, aber nach dem Abschnitt 3.2 sind wir uns nicht ganz sicher. Die reellen Zahlen haben doch ähnliche Eigenschaften wie rationale Zahlen. Es gibt keine kleinste positive reelle Zahl und zwischen beliebigen zwei unterschiedlichen reellen Zahlen liegen auf der Achse unendlich viele unterschiedliche reelle Zahlen. Weil $|\mathbb{N}| = |\mathbb{Q}^+|$, würde $|\mathbb{R}^+| > |\mathbb{N}|$ automatisch

$$|\mathbb{R}^+| > |\mathbb{Q}^+|$$

bedeuten. Ist das nicht überraschend? Wir werden später (im nächsten Kapitel) genauer den Unterschied zwischen $\mathbb{R}$ und $\mathbb{Q}$ verstehen lernen. Ich verrate Ihnen jetzt nur, dass alle Objekte (Zahlen) in $\mathbb{Q}$ eine endliche Darstellung als Bruch haben. Die meisten reellen Zahlen haben keine endliche Darstellung. Um $|\mathbb{R}^+| > |\mathbb{N}|$ zu beweisen, zeigen wir eigentlich noch ein stärkeres Resultat. Sei $[0, 1]$ die Menge aller reellen Zahlen zwischen 0 und 1, 0 und 1 inklusive. Wir zeigen

$$|[0, 1]| \neq |\mathbb{N}| \ .$$

Wie kann man die Ungleichheit der Mächtigkeiten zweier unendlicher Mengen zeigen? Für den Beweis der Gleichheit müssen wir immer eine Paarung finden. Dies muss nicht immer leicht sein, aber in gewissem Sinne ist es leicht, weil es konstruktiv ist. Sie finden eine Paarung und damit ist es getan. Für die Ungleichheit $|A| \neq |B|$ müssen Sie beweisen, dass **keine Paarung zwischen A und B existiert**. Es können aber unendlich viele Ideen und Strategien zur Konstruktion einer Paarung vorhanden sein. Wie schließen Sie den Erfolg jeder solchen Strategie aus? Sie können nicht alle unendlich vielen Strategien eine nach der anderen durchgehen. Wenn man zeigen will, dass etwas nicht existiert, dann sprechen wir von Nichtexistenzbeweisen.

> *Die Nichtexistenz von Objekten oder die Unmöglichkeit einer Erscheinung zu begründen ist die härteste Aufgabe, die in den Naturwissenschaften gestellt werden kann.*

Das Wort unmöglich darf man fast nicht aussprechen und wenn es ausgesprochen ist, muss man es mit großer Sorgfalt genießen. Ein bekannter Physiker hat mir einmal erzählt, dass es möglich ist, aus einem aufgeschlagenen und in der Pfanne gebratenen Ei wieder das ursprüngliche Ei herzustellen. Alles basiert auf der Umkehrbarkeit (Reversibilität) physikalischer Prozesse und er hat sogar die Wahrscheinlichkeit berechnet, bei dem Versuch das Ei erfolgreich wieder herzustellen. Die Wahrscheinlichkeit war zwar so gering, dass man den Erfolg als ein Wunder bezeichnen dürfte, aber jedenfalls größer als 0. Es gibt vieles, was man für unmöglich halten würde, was aber trotzdem vorkommen kann.

In der Mathematik arbeiten wir in einer künstlichen Welt und somit kann man hier viele Nichtexistenzbeweise von mathematischen Objekten führen. Was aber bleibt, ist die Tatsache, dass Nichtexistenzbeweise zu den schwersten Argumentationsführungen in der Mathematik gehören.

Versuchen wir jetzt zu beweisen, dass man die reellen Zahlen aus dem Intervall $[0, 1]$ nicht nummerieren kann und somit $|[0, 1]| \neq |\mathbb{N}|$ ist. Wie schon angesprochen, führen wir einen indirekten Beweis. Wir nehmen zuerst an, dass eine Nummerierung von reellen Zahlen aus $[0, 1]$ existiert, und dann führen wir diese Annahme zu einem Widerspruch[15].

Wenn eine Nummerierung von reellen Zahlen aus $[0, 1]$ existiert, können wir die Folge der reellen Zahlen in einer Tabelle (Fig. 3.25) auflisten.

---

[15]Zur Erinnerung kann man sich die Methode der indirekten Beweise in Kapitel 1 wieder anschauen. Wenn man aus einer Behauptung Z eine offensichtlich ungültige Behauptung ableiten kann, sagt uns das Schema der indirekten Argumentation, dass Z als Anfang der Hereitung nicht gelten kann.

	0	1	2	3	4	...	i	...
1	0.	$\boxed{a_{11}}$	a_{12}	a_{13}	a_{14}	...	a_{1i}	...
2	0.	a_{21}	$\boxed{a_{22}}$	a_{23}	a_{24}	...	a_{2i}	...
3	0.	a_{31}	a_{32}	$\boxed{a_{33}}$	a_{34}	...	a_{3i}	...
4	0.	a_{41}	a_{42}	a_{43}	$\boxed{a_{44}}$	...	a_{4i}	...
$\vdots$	$\vdots$	$\vdots$	$\vdots$	$\vdots$	$\vdots$	$\ddots$		
i	0.	a_{i1}	a_{i2}	a_{i3}	a_{i4}	...	a_{ii}	...
$\vdots$	$\vdots$	$\vdots$	$\vdots$	$\vdots$	$\vdots$	$\vdots$	$\vdots$	$\ddots$

Fig. 3.25

Das bedeutet

$$0.a_{11}a_{12}a_{13}a_{14}\ldots$$

ist die erste Zahl in der Nummerierung. Die Symbole $a_{11}, a_{12}, a_{13}, \ldots$ sind Dezimalziffern. Somit ist a_{11} die erste Dezimalziffer hinter dem Komma, a_{12} die zweite, a_{13} die dritte, usw. Allgemein ist

$$0.a_{i1}a_{i2}a_{i3}a_{i4}\ldots$$

die i-te reelle Zahl aus $[0, 1]$ in unserer Nummerierung. Unsere Tabelle ist unendlich in beiden Dimensionen. Die Anzahl der Zeilen ist $|\mathbb{N}|$ und die Anzahl der Spalten ist auch $|\mathbb{N}|$, wobei die j-te Spalte alle j-ten Ziffern hinter dem Komma der nummerierten reellen Zahlen enthält. Die Anzahl der Spalten muss unendlich sein, weil man die meisten reellen Zahlen nicht genau mit einer beschränkten Anzahl an Dezimalstellen hinter dem Komma darstellen kann. Zum Beispiel braucht schon der Bruch

$$\frac{1}{3} = 0.\overline{3} = 0.33333\ldots$$

unendlich viele Stellen hinter dem Komma für seine Darstellung – und er ist noch schön periodisch. Zahlen wie $\sqrt{2}/2$ oder $\pi/4$ sind jedoch nicht periodisch und erfordern unbedingt unendlich viele Stellen hinter dem Komma für ihre Dezimaldarstellung.

Um es noch anschaulicher zu machen, deuten wir in Fig. 3.26 eine hypothetische Auflistung (Nummerierung) der reellen Zahlen aus $[0, 1]$ an, indem wir die Symbole a_{ij} durch konkrete Dezimalziffern ersetzen.

	0	1	2	3	4	5	6	...
1	0.	7	3	2	1	1	0	...
2	0.	0	0	0	0	0	0	...
3	0.	9	9	8	1	0	3	...
4	0.	2	3	4	0	7	8	...
5	0.	3	5	0	1	1	2	...
6	0.	3	1	4	0	5	7	...
⋮	⋮	⋮	⋮	⋮	⋮	⋮	⋮	⋱
i	0.	7	6	5	0	0	1	...
⋮	⋮	⋮	⋮	⋮	⋮	⋮	⋮	⋱

Fig. 3.26

Damit ist $0.732110\ldots$ die erste reelle Zahl, $0.000000\ldots$ die zweite reelle Zahl in unserer Nummerierung, usw.

Wir werden jetzt die sogenannte **Diagonalisierungsmethode** anwenden, um zu zeigen, dass es eine reelle Zahl aus $[0, 1]$ gibt, die in der Tabelle (Fig. 3.25) nicht vorhanden ist. Das widerspricht aber unserer Annahme, dass wir eine Nummerierung von $[0, 1]$ haben, weil in der Nummerierung alle Zahlen auftreten müssen. Somit ist unsere hypothetische Nummerierung von $[0, 1]$ keine Nummerierung und wir dürfen schließen, dass keine Nummerierung von $[0, 1]$ existiert.

Wir bauen jetzt eine Zahl c aus $[0, 1]$, die in keiner Zeile der Tabelle in Fig. 3.25 vorhanden ist. Wir bauen c schrittweise, eine Dezimalziffer nach der anderen. Wir beschreiben c als

$$c = 0.c_1 c_2 c_3 c_4 \ldots c_i \ldots .$$

Wir wählen $c_1 = a_{11} - 1$, falls $a_{11} \neq 0$, und $c_1 = 1$, falls $a_{11} = 0$. In Fig. 3.26 würde dies konkret bedeuten, dass $c_1 = 6$, weil $a_{11} = 7$. Damit wissen wir schon mit Sicherheit, dass c sich von der Zahl in der ersten Zeile der Tabelle in Fig. 3.25 (Fig. 3.26) unterscheidet. Die zweite Ziffer c_2 von c wählen wir wieder unterschiedlich von a_{22} als $c_2 = a_{22} - 1$, falls $a_{22} \neq 0$, und $c_2 = 1$, falls $a_{22} = 0$. Für die Nummerierung in Fig. 3.26 würde dies bedeuten, dass $c_2 = 1$, weil $a_{22} = 0$ gilt. Damit unterscheidet sich c von der Zahl in der zweiten Zeile, ist also nicht in der zweiten Zeile vorhanden. Weiter wählt man c_3 unterschiedlich von a_{33}, um zu garantieren, dass c nicht in der dritten Zeile der Tabelle (der Nummerierung) liegt. Ganz allgemein wählt man $c_i = a_{ii} - 1$ für $a_{ii} \neq 0$ und $c_i = 1$ für $a_{ii} = 0$, damit sich c garantiert von der Zahl der i-ten Zeile unterscheidet. Damit erhält man

$$0.617106\ldots$$

nach 6 Konstruktionsschritten von c für die Tabelle in Fig. 3.26. Wir sehen sofort, dass c sich von den Zahlen in den ersten 6 Zeilen der Tabelle unterscheidet.

Wir sehen auch, dass c sich mindestens in einer Ziffer von jeder Zahl in der Tabelle (in der Nummerierung) unterscheidet, und damit ist c nicht in der Nummerierung. Dann ist die Tabelle in Fig. 3.26 keine Nummerierung von $[0, 1]$, weil eine Nummerierung von $[0, 1]$ alle reellen Zahlen aus $[0, 1]$ auflisten muss und c ist offensichtlich in $[0, 1]$. Also war unsere Annahme, dass wir eine hypothetische Nummerierung haben (dass eine Nummerierung von $[0, 1]$ existiert) falsch. Somit schließen wir

„*Es gibt keine Nummerierung von* $[0, 1]$.“

Aufgabe 3.20 Zeichnen Sie die Tabelle (wie in Fig. 3.26) einer hypothetischen Nummerierung der reellen Zahlen aus $[0, 1]$, die mit den Zahlen $1/4, 1/8, \sqrt{2}/2, 0, 1$, $\pi/4, 3/7$ anfängt. Bestimmen Sie entsprechend die Ziffern $c_1, c_2, c_3, c_4, c_5, c_6$ und c_7 von c, deren Wahl garantiert, dass sich c von all diesen ersten 7 Zahlen der Auflistung unterscheidet.

Aufgabe 3.21 In einer hypothetischen Nummerierung liegt in der 100-sten Zeile die Zahl $2/3$. Welche Ziffer von c wird dabei bestimmt?

Aufgabe 3.22 Bestimmen Sie die ersten 7 Ziffern von c hinter dem Komma für die hypothetische Nummerierung von $[0, 1]$ in der Tabelle in Fig. 3.27.

	0	1	2	3	4	5	6	7	...
1	0.	$\boxed{2}$	0	0	1	7	8	0	...
2	0.	1	$\boxed{7}$	3	1	7	8	4	...
3	0.	1	6	$\boxed{4}$	3	3	3	3	...
4	0.	1	6	3	$\boxed{0}$	7	8	4	...
5	0.	1	6	3	1	$\boxed{8}$	8	4	...
6	0.	1	6	3	1	7	$\boxed{9}$	4	...
7	0.	1	6	3	1	7	8	$\boxed{4}$	...
⋮	⋮	⋮	⋮	⋮	⋮	⋮	⋮	⋮	⋱

Fig. 3.27

Was genau haben wir jetzt gezeigt und wie haben wir argumentiert? Nehmen wir an, jemand sagt uns, er habe eine Nummerierung von $[0, 1]$. Wir haben eine Methode (genannt Diagonalisierungsmethode) entwickelt, mit der wir jeden Nummerierungsvorschlag von $[0, 1]$ als unvollständig zurückweisen können, weil dort mindestens eine Zahl aus $[0, 1]$ fehlt. Weil wir dies für jede hypothetische Nummerierung machen können, gibt es keine (vollständige) Nummerierung der Zahlen aus $[0, 1]$.

Eine andere Sichtweise folgt der indirekten Argumentation, die wir in Kapitel 1 kennen gelernt haben. Unser Ziel war, die Aussage Z zu beweisen, dass nämlich keine Nummerierung der reellen Zahlen in $[0, 1]$ existiert. Wir fangen mit $\overline{Z}$ an und leiten daraus Unsinn ab. Danach dürfen wir behaupten, dass $\overline{Z}$ nicht gilt und somit Z gilt. Unser Ziel ist damit erreicht. Die Behauptung $\overline{Z}$ (als das Gegenteil von Z) ist, dass eine Nummerierung von $[0, 1]$ existiert. Aus $\overline{Z}$ folgern wir durch eine Überlegung, dass in einer solchen Nummerierung eine Zahl fehlt, was unsinnig ist, weil in einer Nummerierung keine Zahl fehlen darf. Also kann $\overline{Z}$ nicht gelten und somit kann keine Nummerierung von $[0, 1]$ existieren.

Weil wir die Zahlen in $[0, 1]$ nicht nummerieren (mit natürlichen Zahlen aus

$\mathbb{N}$ paaren) können und $[0,1] \subset \mathbb{R}^+$, können wir offensichtlich $\mathbb{R}^+$ auch nicht nummerieren.

Aufgabe 3.23 Begründen Sie mit eigenen Worten, warum man aus der Nicht-existenz der Nummerierung für $[0,1]$ auf die Nichtexistenz der Nummerierung für $\mathbb{R}^+$ schließen kann.

[Hinweis: Sie können versuchen zu erklären, dass man aus jeder Nummerierung von $\mathbb{R}^+$ einfach eine Nummerierung für $[0,1]$ bauen kann. Warum ist dies ein guter Begründungsweg?]

Weil $\mathbb{N} \subset \mathbb{R}^+$ ist und es keine Paarung zwischen $\mathbb{N}$ und $\mathbb{R}^+$ gibt, dürfen wir jetzt schließen, dass

$$|\mathbb{N}| < |\mathbb{R}^+|$$

gilt. Also gibt es mindestens zwei unterschiedlich große Unendliche und zwar $|\mathbb{N}|$ und $|\mathbb{R}^+|$. Man kann zeigen, dass es sogar unbeschränkt (unendlich) viele unterschiedliche unendliche Größen gibt, aber wir verzichten auf dieses technische Resultat hier, weil wir es für unser Hauptziel nicht brauchen. Wir sind schon hinreichend ausgerüstet, um im nächsten Kapitel zu zeigen, dass es mehr Aufgaben als Algorithmen gibt und es somit Aufgaben gibt, die algorithmisch (automatisch mit Rechnermaschinen) nicht lösbar sind.

Aufgabe 3.24 Wir ändern die Diagonalmethode bezüglich der Tabelle in Fig. 3.25 ein bisschen. Wir wählen $c_i = a_{i,2i} - 1$ falls $a_{i,2i} \neq 0$ und $c_i = 1$ sonst.

a) Können wir dann wieder sagen, dass $c = 0.c_1c_2c_3c_4\ldots$ nicht in der Tabelle liegt? Begründen Sie Ihre Behauptung.

b) Rahmen Sie die Elemente $a_{i,2i}$ in der Tabelle in Fig. 3.25 ein.

c) Wie würden dann bei dieser Strategie c_1, c_2 und c_3 für die Tabelle in Fig. 3.27 aussehen? Begründen Sie, dass die so entstandene Zahl $c = 0.c_1c_2c_3\ldots$ sich nicht in den ersten 3 Zeilen der Tabelle befindet.

3.4 Die wichtigsten Konzepte noch einmal

Zwei unendliche Größen kann man vergleichen, indem man sie durch die Mächtigkeit konkreter Mengen darstellt. Auf dieser Basis konnte Cantor sein Konzept zum Vergleich der Größen (Mächtigkeiten, Kardinalitäten) zweier Mengen nach dem Hirten-Prinzip einführen. Zwei Mengen sind gleich groß, wenn man die Elemente beider Mengen paaren kann. Eine unendliche Menge

A ist gleich groß wie $\mathbb{N}$, wenn man die Elemente von A nummerieren kann, was einer Paarung entspricht. Überraschenderweise kann man $\mathbb{N}$ mit $\mathbb{Z}$ paaren, obwohl $\mathbb{N}$ ein echter Teil von $\mathbb{Z}$ ist. Wir haben dadurch erkannt, dass die Eigenschaft

einen echten Teil zu haben, der genau so groß wie das Ganze ist,

genau die Eigenschaft ist, die das Unendliche von dem Endlichen unterscheidet. Für endliche Mengen kann dies nicht vorkommen, für unendliche Mengen ist es das charakteristische Merkmal, einfach ein Muss. Obwohl es zwischen zwei natürlichen Zahlen i und $i + 1$ immer unendlich viele rationale Zahlen gibt, haben wir eine clevere Nummerierung (nicht nach der Größe) der positiven rationalen Zahlen gefunden und somit $|\mathbb{N}| = |\mathbb{Q}^+|$ gezeigt.

Danach haben wir durch einen sogenannten indirekten Beweis (Widerspruchsbeweis) gezeigt, dass keine Nummerierung der reellen Zahlen möglich ist und somit

$$|\mathbb{N}| < |\mathbb{R}^+|$$

gilt. Im nächsten Kapitel bleibt zu zeigen, dass die Anzahl der Programme gleich der unendlichen Zahl $|\mathbb{N}|$ ist und dass die Anzahl aller algorithmischen Aufgaben mindestens die Größe $|\mathbb{R}^+|$ hat.

Hier haben wir noch immer kein Wunder der Informatik hervorgebracht. Dafür haben wir aber die Natur des Unendlichen und das Konzept des Vergleiches von unendlichen Größen untersucht und damit ein Wunder der Mathematik, ein echtes Juwel der Grundbausteine der Wissenschaft kennengelernt. Juwelen liegen aber selten auf der Straße, gewöhnlicherweise muss man einiges tun, um an die Juwelen zu kommen. Deswegen mussten wir auch ein bisschen schwitzen bei unserem Versuch, die Unendlichkeit in den Griff zu kriegen. Und somit darf es nicht überraschen, dass der Weg zu den Wundern der Informatik eben auch mühsam ist. Aber Ausdauer lohnt sich. Halten wir noch zwei Kapitel durch und dann erleben Sie die Informatikwunder, eines nach dem anderen. Unerwartete und elegante Lösungen aussichtsloser Situationen, die das Herz eines jeden Wissenschaftsfreundes höher schlagen lassen. Nur mit Geduld und Fleiß erlangt man Wissen, das wirklich wertvoll ist.

Lösungsvorschläge zu ausgewählten Aufgaben

Aufgabe 3.1 Für die Mengen $A = \{2, 3, 4, 5\}$ und $B = \{2, 5, 7, 11\}$ gibt es $4! = 24$ unterschiedliche Paarungen. Zum Beispiel

$$(2, 11), (3, 2), (4, 5), (5, 7)$$

oder

$$(2,11),(3,7),(4,5),(5,2) \ .$$

Die Paarfolge $(2,2)$, $(4,5)$, $(5,11)$, $(2,7)$ ist keine Paarung von A und B, weil das Element 2 aus A in 2 Paaren $(2,2)$ und $(2,7)$ vorkommt und das Element 3 aus A gar nicht vorkommt.

Aufgabe 3.9 Die Paarung zwischen $\mathbb{N}$ und $\mathbb{Z}$ kann man so aufbauen, dass man sich die Zahlen aus $\mathbb{Z}$ in der Folge

$$0, 1, -1, 2, -2, 3, -3, 4, -4, \ldots, i, -i, \ldots$$

vorstellt und dann mit $\mathbb{N}$ paart, indem jeder Zahl aus $\mathbb{Z}$ ihre Ordnung in dieser Folge zugeordnet wird. Dadurch entsteht die Paarung

$$(0,0),(1,1),(2,-1),(3,2),(4,-2),(5,3),(6,-3), \ldots \ .$$

Im Allgemeinen bilden wir die Paare

$$(0,0),(2i,-i) \text{ und } (2i-1,i)$$

für alle positiven ganzen Zahlen i.

Aufgabe 3.11 (Knobelaufgabe) Der Portier teilt zuerst als Vorbereitung die Zimmer in unendlich viele Gruppen von unendlicher Größe. Immer wenn eine Gruppe von Gästen eintrifft (egal ob endlich oder unendlich groß), benutzt er für die Verteilung der Unterkünfte die nächste noch nicht benutzte Zimmergruppe.

Der Portier verfügt über eine gute mathematische Ausbildung (was in Hilberts Hotel eine Einstellungsvoraussetzung ist) und weiß, dass es unendlich viele Primzahlen

$$2, 3, 5, 7, 11, 13, 17, 19, \ldots$$

gibt. Sei p_i die i-te Primzahl in dieser Folge. Durch p_i bestimmt man die i-te unendliche große Gruppe von natürlichen Zahlen als

$$\text{Gruppe}(i) = \{p_i, p_i^2, p_i^3, p_i^4, \ldots, (p_i)^j, \ldots\} \ .$$

Zum Beispiel Gruppe(2)= $\{3, 9, 27, 81, \ldots\}$. Der Portier weiß auch (dank der Kenntnis des fundamentalen Satzes der Arithmetik), dass keine Zahl aus $\mathbb{N}$ zu mehr als einer Gruppe gehört. Damit können unendlich viele Gästegruppen nacheinander kommen und er kann die Zimmer ohne Umzugsanweisungen verteilen. Egal, ob die i-te Gästegruppe endlich oder unendlich ist, die Zimmergruppe Gruppe(i) ist für sie vorreserviert. Wenn die Gäste der i-ten Gästegruppe als

$$G_{i,1}, G_{i,2}, G_{i,3}, \ldots, G_{i,j}, \ldots$$

bezeichnet werden, dann erhält der Gast $G_{i,1}$ das Zimmer $Z(p_i)$, der Gast $G_{i,2}$ erhält das Zimmer $Z(p_i^2)$ usw.. Allgemein erhält der Gast $G_{i,j}$ das Zimmer $(p_i)^j$.

Aufgabe 3.13 Die Paarfolge

$$(0,0),(1,1),(2,4),(3,9),(4,16),\ldots,(i,i^2),\ldots$$

ist die Paarung zwischen $\mathbb{N}$ und $\mathbb{N}_{quad}$. Offensichtlich kommt jede Zahl aus $\mathbb{N}$ genau einmal als das erste Element vor und analog kommt jede Zahl aus $\mathbb{N}_{quad}$ genau einmal als zweites Element vor.

Aufgabe 3.21 Die Dezimaldarstellung der Zahl 2/3 ist

$$0.\overline{6} = 0.666666\ldots\,.$$

Damit ist an der 100-sten Stelle nach dem Komma auch eine 6. Somit wird $c_{100} = 6 - 1 = 5$.

Aufgabe 3.22 Für die hypothetische Nummerierung (Tabelle) in Fig. 3.27 erhalten wir

$$c = 0.1631783\ldots\,.$$

Aufgabe 3.23 Wir führen einen indirekten Beweis nach dem Schema aus Kapitel 1. Wir wissen, dass es keine Nummerierung für $[0, 1]$ gibt. Das Ziel ist es zu zeigen, dass es keine Nummerierung für $\mathbb{R}^+$ gibt. Nehmen wir das Gegenteil unseres Zieles an, dass wir eine Nummerierung für $\mathbb{R}^+$ haben. Dann nehmen wir diese Nummerierung als Liste und streichen alle Zahlen außerhalb $[0, 1]$. Was bleibt, ist eine Liste der Zahlen aus $[0, 1]$, die offensichtlich eine Nummerierung für $[0, 1]$ ist. Wir wissen aber, dass es keine Nummerierung für $[0, 1]$ gibt und somit gilt das Gegenteil unserer Annahme. Das Gegenteil der Annahme ist unser Ziel, d.h. es gibt keine Nummerierung von $\mathbb{R}^+$.

Weitere Musterlösungen befinden sich auf
www.openclass.inf.ethz.ch/programm/archiv/WS2005/aufgaben

Diskutieren Sie, irren Sie,
machen Sie Fehler, aber
um Gottes Willen, denken Sie,
wenngleich falsch, doch selbstständig.

Gotthold Ephraim Lessing

Kapitel 4

Berechenbarkeit, oder: Warum gibt es Aufgaben, die ein durch Programme gesteuerter Rechner nie lösen kann?

4.1 Zielsetzung

Im dritten Kapitel haben wir entdeckt, dass es unterschiedlich große Unendlichkeiten gibt. Beispielsweise ist die Anzahl der reellen Zahlen größer als die Anzahl der natürlichen Zahlen. Eine unendliche Menge ist genau so groß wie $\mathbb{N}$, wenn man die Elemente dieser Menge als Erstes, als Zweites, als Drittes usw. nummerieren kann. Hier wollen wir zeigen, dass es Probleme (Aufgabenstellungen) gibt, für die kein Algorithmus existiert. Die Grundidee ist sehr einfach. Wir zeigen, dass es mehr Probleme gibt als Programme. Also müssen Probleme existieren, die algorithmisch und somit automatisch mit einem Rechner nicht lösbar sind. Wir werden uns aber nicht damit zufrieden geben, nur zu beweisen, dass es algorithmisch unlösbare Probleme gibt. Man könnte denken, dass alle unlösbaren Probleme so unnatürlich sind, dass ihre Lösungen sowieso niemanden interessieren. Deswegen streben wir an, zu zeigen, dass es auch interessante und praktisch relevante Problemstellungen gibt, die man algorithmisch nicht lösen kann.

Dieses Kapitel ist das schwerste des Buches und Sie sollten nicht beunruhigt oder frustriert sein, wenn Sie nicht alles verstanden haben. Viele Absolventen des universitären Informatikstudiums beherrschen diesen mathematisch anspruchsvollen Teil auch nicht vollständig. Es ist schon wertvoll, wenn Sie nur die vorgestellten Entdeckungen der Informatik verstehen und deren Bedeutung einordnen können. Den Entdeckungsweg genau nachvollziehen zu können, erfordert üblicherweise mehrfaches Lesen und Nachdenken über die Beweisideen. Wie viele Auseinandersetzungen mit dem schweren Thema Sie auf sich nehmen, liegt bei Ihnen.

Wichtig ist nur zu wissen, dass man die folgenden Kapitel ohne Hindernisse studieren (verfolgen) kann, auch wenn man die Argumente in diesem Kapitel nicht verstanden hat.

4.2   Wie viele Programme gibt es?

Wie viele Programme gibt es? Die erste einfache Antwort ist: „Unendlich viele". Offenbar gibt es für jedes Programm ein Programm, das um eine Zeile (Anweisung) länger ist und somit gibt es schon unendlich viele Programmlängen. Die Frage, die uns aber primär interessiert, ist, ob die Anzahl aller Programme gleich $|\mathbb{N}|$ ist. Hier wollen wir zunächst zeigen, dass die Anzahl aller Programme gleich der Anzahl der natürlichen Zahlen ist. Wir zeigen dieses, indem wir eine Nummerierung von Programmen finden.

Beginnen wir damit, über die Anzahl aller Texte nachzudenken, die auf einem Rechner oder auf einer Schreibmaschine geschrieben werden können. Einen **Text** kann man als eine Folge von **Symbolen** der benutzten Tastatur ansehen. Wir haben alle kleinen und großen Buchstaben des lateinischen Alphabets als Symbole zu betrachten. Daneben gibt es weitere Symbole, wie

   ?, !, ·, \$, /, +, *, usw.,

die man eintippen kann. Zusätzlich gibt es eine Taste für das Leerzeichen, um zum Beispiel einen Abstand zwischen zwei Wörtern oder zwei Sätzen einzufügen. Um das Vorkommen des Leerzeichens anzudeuten, verwenden wir das Symbol ␣. Weil dieser Abstand auch seine Bedeutung hat, betrachten wir das Leerzeichen auch als ein Symbol. Damit sind nicht nur die zwei Wörter

   „Alfons" und „Mutter"

als Texte zu betrachten, sondern auch sinnlose Folgen von Buchstaben wie:

xyz*-+?!abe/

Von einem Text im Sinne des vorangegangenen Absatzes erwarten wir keine semantische (sinnvolle) Bedeutung; er ist für uns nur eine Folge von Symbolen, die nicht semantisch interpretierbar sein muss. In der Informatik nennt man die Menge der verwendeten Symbole ein **Alphabet** und spricht über **Texte über diesem Alphabet**, wenn die Texte aus den Symbolen des Alphabets zusammengesetzt sind.

Weil wir das Leerzeichen als ein Symbol betrachten, ist der Inhalt eines Buches (z.B. auch dieses Buches) als ein Text anzusehen. Damit können wir Folgendes festhalten:

> *Jeder Text ist endlich, aber die Texte können beliebig lang sein.*
> *Somit gibt es unendlich viele Texte.*

Wir wollen jetzt die Ähnlichkeit zu den natürlichen Zahlen beobachten. Jede natürliche Zahl ist endlich durch die Symbole 0, 1, 2, 3, 4, 5, 6, 7, 8 und 9 im Dezimalsystem darstellbar, aber die Darstellungsgröße (d.h. Länge) wächst mit dem Wert der Zahl und somit können die Darstellungen beliebig lang sein[1].

Es liegt nahe, zu sagen:

> *„Die Anzahl aller Texte über die Symbole der Rechnertastatur ist gleich $|\mathbb{N}|$."*

Das stimmt auch und wir begründen es mit der Nummerierung der Texte. Es reicht also aus zu zeigen, wie man alle Texte in einem unendlichen Telefonbuch sortieren kann. Dies funktioniert nicht auf die gleiche Weise wie die Herstellung eines Wörterbuches. Nach der Sortierregel der Wörterbücher müssten wir zuerst die Wörter $a, aa, aaa, aaaa$, usw. nehmen und würden nie zur Nummerierung von Texten mit anderen Buchstaben als a kommen, weil es unendlich viele Texte gibt, die nur aus a's bestehen. Deswegen müssen wir bei der Nummerierung von Texten anders vorgehen. Zuerst nehmen wir die folgende Regel:

> *Kürzere Texte stehen vor den längeren.*

---

[1] Dies bedeutet, dass die Darstellungslänge nicht von oben durch eine Zahl beschränkt werden kann. Wenn die Länge höchstens n wäre, dann hätte man höchstens 10^n viele Zahlendarstellungen zur Verfügung und somit wären nur endlich viele Zahlen darstellbar.

Das bedeutet, dass in unserem unendlichen Buch zuerst alle Texte der Länge 1 stehen, danach alle Texte der Länge 2, danach alle Texte der Länge 3, usw. Jetzt müssen wir die Ordnung innerhalb der gleichen Länge festlegen. Wenn wir nur die Buchstaben des lateinischen Alphabets hätten, könnten wir die Texte gleicher Länge genauso wie in Wörterbüchern sortieren. Also zuerst alle Texte, die mit a anfangen, etc. Weil wir auch Sonderzeichen wie ?, !, *, +, usw. haben, müssen wir zuerst eine Ordnung der Symbole des „Tastaturalphabets" festlegen. Für welche Folge wir uns entscheiden, liegt bei uns und es spielt keine Rolle, welche Ordnung der Symbole wir uns aussuchen. Danach

> *werden die Texte gleicher Länge wie in einem Wörterbuch sortiert,*

d. h. zuerst die Texte, die mit dem ersten Symbol unserer Ordnung anfangen.

1	2	3	...	25	26	27	28	...	51	52	53	54	...	61	62
a	b	c	...	y	z	A	B	...	Y	Z	1	2	...	9	0

63	64	65	66	67	68	69	70	71	72	73	74	75	...	167
+	"	*	ç	&	!	.	:	,	;	?	$	£	...	␣

Fig. 4.1

Zum Beispiel, wenn die Symbole wie in Bild 4.1. geordnet sind, fängt die Nummerierung der Texte mit

1	a
2	b
3	c
⋮	

an. Die Texte der Länge 5 sind dann wie folgt sortiert:

aaaaa
aaaab
aaaac
⋮
aaaa␣
aaaba
aaabb
aaabc
⋮

Warum haben wir uns mit Texten beschäftigt?

> *„Jedes Programm ist ein Text über dem Tastaturalphabet.“*

Damit sind Programme spezielle Texte, die für den Rechner verständlich sind. Also ist die Anzahl der Programme nicht größer als die Anzahl der Texte und deshalb können wir behaupten:

> *„Die Anzahl der Programme ist gleich* $|\mathbb{N}|$*.“*

Was wir gezeigt haben, ist, dass die Anzahl der Programme unendlich und nicht größer als $|\mathbb{N}|$ ist. Die Gleichheit von $|\mathbb{N}|$ und der Anzahl der Programme folgt aus der Tatsache, dass $|\mathbb{N}|$ das kleinste Unendliche ist. Diese Behauptung haben wir aber hier nicht bewiesen. Wenn wir also ganz sauber ohne diese unbewiesene Behauptung argumentieren wollen, dann brauchen wir eine Paarung zwischen Zahlen und Programmen. Wie wir schon wissen, ist eine Nummerierung eine Paarung. Und

> *eine Nummerierung der Programme erhalten wir, indem wir aus dem unendlichen Buch aller Texte über[2] dem Tastaturalphabet alle Texte löschen, die kein Programm darstellen.*

Wichtig ist zu bemerken, dass diese Löschung sogar automatisch passieren kann. Man kann Programme schreiben, die als Eingabe einen Text bekommen und entscheiden, ob der Text einem Programm in einer betrachteten Programmiersprache entspricht. Solche Überprüfungsprogramme nennt man **Compiler**. Es ist zu betonen, dass

> *ein Compiler nur die syntaktische, aber nicht die semantische Korrektheit des Eingabetextes überprüft.*

Dies bedeutet, dass der Compiler genau überprüft, ob der Text eine korrekt geschriebene Folge von Computerbefehlen ist, also ob es ein Programm ist. Der Compiler überprüft nicht, ob das Programm ein Algorithmus ist, also ob das Programm etwas Sinnvolles rechnet oder endlos in einer Schleife laufen kann.

Im Folgenden dürfen wir uns also erlauben, alle Programme in einer unendlichen Folge

$$P_0, P_1, P_2, P_3, \ldots, P_i, \ldots$$

aufzulisten, wobei $\boldsymbol{P_i}$ das i-**te Programm** bezeichnet.

---

[2]zusammengesetzt aus

Warum war es für uns wichtig, zu zeigen, dass die Anzahl der Programme und damit auch die Anzahl der Algorithmen, nicht größer als $|\mathbb{N}|$ ist? Die Antwort ist, dass die Anzahl aller möglichen Problemstellungen größer als $|\mathbb{N}|$ ist, und damit gibt es mehr unterschiedliche Probleme als Algorithmen, d.h. es gibt Probleme, für die keine Algorithmen (Lösungsmethoden) existieren.

Andeutungsweise haben wir schon im letzten Kapitel gezeigt, dass es sehr viele Probleme gibt. Für jede reelle Zahl c kann man folgendes Problem Problem(c) betrachten.

Problem(c)

Eingabe: eine natürliche Zahl n

Ausgabe: die Zahl c mit der Genauigkeit auf n Stellen hinter dem Komma

Wir sagen, dass ein **Algorithmus A_c das Problem Problem(c) löst** oder dass **A_c die Zahl c generiert**, wenn er für jede angegebene Zahl n den ganzen Teil von c und n Nachkommastellen in Dezimaldarstellung ausgibt.

Zum Beispiel,

- für $c = \frac{4}{3}$, muss $A_{\frac{4}{3}}$ bei der Eingabe $n = 5$ als Ausgabe 1.33333 liefern.

- für $c = \sqrt{2}$ muss $A_{\sqrt{2}}$ für die Eingabe $n = 4$ die Zahl 1.4142 ausgeben.

- für $c = \pi$ muss A_{π} für die Eingabe $n = 6$ die Ausgabe 3.141592 liefern.

Aufgabe 4.1 a) Was ist die Ausgabe eines Algorithmus $A_{\frac{17}{6}}$, der $\frac{17}{6}$ generiert für die Eingabe $n = 12$?
b) Was sind die Ausgaben eines Algorithmus A_{π}, der π generiert, jeweils für die Eingaben $n = 2$, $n = 0$, $n = 7$, $n = 9$?

Aufgabe 4.2 (Knobelaufgabe) Können Sie eine Methode für die Bestimmung (Generierung) von π auf eine beliebige Anzahl von Nachkommastellen angeben? Erklären Sie die Methode.

Im Kapitel 3 haben wir bewiesen, dass die Anzahl der reellen Zahlen größer als $|\mathbb{N}|$ ist, d.h. $|\mathbb{R}| > |\mathbb{N}|$. Weil die Anzahl der Algorithmen nicht größer als $|\mathbb{N}|$ ist, gibt es mehr reelle Zahlen als Algorithmen. Deswegen

> *gibt es reelle Zahlen c so, dass* Problem(c) *nicht algorithmisch lösbar ist.*

Wir haben also bewiesen, dass es reelle Zahlen gibt, die man algorithmisch nicht generieren kann. Verstehen wir aber intuitiv, warum dies so ist? Versuchen wir die Intuition aufzubauen und dadurch die graue Eminenz im Hintergrund zu entlarven. Die natürlichen Zahlen, rationalen Zahlen, Texte, Programme, Rezepte und Algorithmen haben etwas Wichtiges gemeinsam.

> *„Alle diese Objekte kann man endlich darstellen."*

Bei reellen Zahlen ist dies aber nicht der Fall. Wenn eine reelle Zahl endlich beschreibbar ist, dann kann man diese Beschreibung als einen Text auffassen. Weil die Anzahl der Texte kleiner als die Anzahl der reellen Zahlen ist, gibt es reelle Zahlen ohne endliche Darstellung.

Was bedeutet dies genau? Eine konstruktive Beschreibung einer reellen Zahl e zu haben bedeutet, dass wir aus dieser Beschreibung die komplette Zahl Ziffer für Ziffer erzeugen können. Auch wenn die Zahl unendlich viele Nachkommastellen hat, kann man durch die Beschreibung beliebige Nachkommastellen eindeutig bestimmen (sonst wäre die Beschreibung unvollständig). Also liefert uns eine endliche Beschreibung einen Algorithmus zur Generierung dieser Zahl. Zum Beispiel ist $\sqrt{2}$ eine endliche Darstellung der nicht rationalen Zahl $e = \sqrt{2}$ und wir können algorithmisch diese Zahl mit beliebig ausgewählter Genauigkeit ausrechnen. Damit gilt:

> *Die reellen Zahlen mit einer endlichen Darstellung sind genau die algorithmisch generierbaren reellen Zahlen, und es gibt reelle Zahlen, die nicht endlich darstellbar und damit auch nicht algorithmisch generierbar sind.*

Aufgabe 4.3 Was meinen Sie? Von welcher Sorte gibt es mehr? Reelle Zahlen mit endlicher Darstellung oder reelle Zahlen ohne endliche Darstellung? Begründen Sie Ihre Behauptung!

Wir sehen jetzt, dass es Aufgabenstellungen gibt, für deren Lösung kein Algorithmus existiert. Wir sind aber mit diesem Wissensstand nicht zufrieden. Wer ist schon daran interessiert, eine Aufgabe zur Generierung einer Zahl e zu stellen, die nicht endlich darstellbar ist? Wie soll eine solche Aufgabe überhaupt endlich formulierbar sein? Und außerdem, wenn dies die einzigen Aufgaben sein sollten, die algorithmisch nicht lösbar sind, dann sind wir glücklich, vergessen die ganze „künstliche" Theorie und widmen uns den in der Praxis relevanten Aufgaben. Somit sieht der Leser, dass wir an dieser Stelle nicht zufrieden aufhören können. Wir müssen unsere Forschung fortsetzen, um festzustellen, ob es auch interessante endlich formulierbare Aufgaben gibt, die man algorithmisch nicht lösen kann.

4.3 JA oder NEIN, das ist die Frage, oder: Die Diagonalisierungsmethode ein bisschen anders

Die einfachsten Probleme, die man in der Informatik betrachtet, sind so genannte Entscheidungsprobleme. Ein Entscheidungsproblem ist zu entscheiden, ob ein gegebenes Objekt (oder gegebene Objekte) eine gewisse gesuchte Eigenschaft hat (haben). Zum Beispiel bekommen wir ein digitales Bild und sollen entscheiden, ob sich auf dem Bild ein Stuhl befindet. Oder ob eine Person auf dem Bild ist oder noch konkreter, ob das ein Photo von Günther Jauch ist. Die Antwort soll eindeutig „JA" oder „NEIN" sein. Keine anderen Antworten sind erlaubt und natürlich erwarten wir, dass die Antwort korrekt ist.

Hier werden wir eine sehr einfache Art von Entscheidungsproblemen betrachten. Sei M eine beliebige Teilmenge von $\mathbb{N}$. Also eine Menge, die einige natürliche Zahlen enthält. Dann spezifizieren wir das **Entscheidungsproblem $(\mathbb{N}, M)$** wie folgt:

Eingabe: eine natürliche Zahl n aus $\mathbb{N}$

Ausgabe:

> „JA" falls n aus M ist,
> „NEIN" falls n nicht aus M ist.

Wir können zum Beispiel M als PRIM nehmen, wobei

$$\text{PRIM} = \{2, 3, 5, 7, 11, 13, 17, 19, \ldots\}$$

die unendliche Menge aller Primzahlen ist. Dann ist $(\mathbb{N}, \text{PRIM})$ das Problem, zu entscheiden, ob eine gegebene natürliche Zahl n eine Primzahl ist oder nicht. Das Problem $(\mathbb{N}, \mathbb{N}_{ger})$ ist zu entscheiden, ob eine gegebene natürliche Zahl gerade oder ungerade ist.

Für jede Teilmenge M von $\mathbb{N}$ sagen wir, dass ein **Algorithmus A die Menge M erkennt** oder dass **A das Entscheidungsproblem $(\mathbb{N}, M)$ löst**, wenn A für *jede* Eingabe n

(i) die Ausgabe „JA" liefert, wenn n in M ist, und

(ii) die Ausgabe „NEIN" liefert, wenn n nicht in M ist.

Manchmal benützen wir die Ziffer „1" statt „JA" und die Ziffer „0" statt „NEIN". Wenn A auf der Eingabe n die Antwort „JA" ausgibt, dann sagen wir, dass der **Algorithmus die Zahl n akzeptiert**. Wenn A die Antwort „NEIN" auf n ausgibt, dann sagen wir, dass der **Algorithmus A die Zahl n verwirft** Somit akzeptiert ein Algorithmus, der PRIM erkennt jede Primzahl und verwirft alle natürlichen Zahlen, die keine Primzahlen sind.

Wenn es einen Algorithmus für ein Entscheidungsproblem $(\mathbb{N}, M)$ gibt, dann sagen wir, dass $(\mathbb{N}, M)$ **algorithmisch lösbar ist** oder dass

$(\mathbb{N}, M)$ **entscheidbar ist**.

Das Problem $(\mathbb{N}, \mathbb{N}_{ger})$ ist offensichtlich entscheidbar; es reicht zu überprüfen, ob die gegebene natürliche Zahl gerade ist oder nicht. Das Problem $(\mathbb{N},$ PRIM$)$ ist auch entscheidbar, weil wir wissen, wie man überprüft, ob eine natürliche Zahl eine Primzahl ist, und es ist nicht schwierig, diese Methode in einen Algorithmus umzusetzen.

Aufgabe 4.4 Die einfachste Methode zur Überprüfung, ob eine Zahl n eine Primzahl ist, ist zu versuchen, die Zahl n durch alle Zahlen zwischen 2 und $n - 1$ zu teilen. Wenn keine dieser Zahlen n teilt, dann ist n eine Primzahl. Die Überprüfung bedeutet aber einen großen Aufwand. Bei einer Zahl wie 1000002 müsste man eine Million Mal die Teilbarkeit testen. Wissen Sie eine andere Methode, bei der die Anzahl der Teilbarkeitstests wesentlich geringer wird?

Aufgabe 4.5 (Knobelaufgabe) Schreiben Sie ein Programm in dem Formalismus aus Kapitel 2, das das Problem $(\mathbb{N}, \text{QUAD})$ löst, wobei

$$\text{QUAD} = \{1, 4, 9, 16, 25, \ldots\}$$

die Menge aller quadratischen Zahlen i^2 ist.

Wir wollen jetzt zeigen, dass Entscheidungsprobleme existieren, für die es keine Algorithmen gibt. Solche Entscheidungsprobleme nennt man

unentscheidbar oder **algorithmisch unlösbar**.

Wir haben gelernt, dass wir alle Programme P_0, P_1, P_2, ... auflisten können und später lernen wir, dass dies sogar algorithmisch machbar ist. Die algorithmische Auflistung von Algorithmen ist aber nicht so einfach. Aus diesem Grund beginnen wir unsere Bemühungen damit, dass wir sogar etwas Stärkeres beweisen. Wir zeigen, dass es Entscheidungsprobleme gibt, die kein Programm lösen kann. Was bedeutet das genau? Wo ist der Unterschied zwischen der algorithmischen Lösbarkeit und der Lösbarkeit durch ein Programm?

Zur Erinnerung: Jeden Algorithmus kann man als Programm aufschreiben, aber nicht jedes Programm ist ein Algorithmus. Ein Programm kann eine sinnlose Tätigkeit ausführen und auf einigen Eingaben unendlich lange arbeiten, wohingegen ein Algorithmus immer nach *endlicher Zeit* die Arbeit abschließt und das *korrekte Resultat* liefert.

Sei M eine Teilmenge von $\mathbb{N}$. Wir sagen, dass ein **Programm P die Menge M akzeptiert**, wenn für jede gegebene natürliche Zahl n

(i) P die Antwort „JA" ausgibt, wenn n in M ist, und

(ii) P die Antwort „NEIN" ausgibt oder *unendlich lange arbeitet*, wenn n nicht in M ist.

Mit $M(P)$ bezeichnen wir im Folgenden die von P akzeptierte Menge M. Damit kann man P als eine endliche Darstellung der potenziell unendlichen Menge $M(P)$ betrachen.

Wir sehen sofort den Unterschied zwischen dem Erkennen von M bei Algorithmen und dem Akzeptieren bei Programmen. Für Eingaben aus M müssen beide korrekt arbeiten und in endlicher Zeit die richtige Antwort „JA" liefern (der Punkt (i)). Für Zahlen, die nicht aus M sind, darf aber ein Programm im Unterschied zu einem Algorithmus unendlich lange arbeiten ohne eine Antwort zu liefern. In diesem Sinne sind die Programme eine Obermenge der Algorithmen. Deswegen gibt es, wenn wir zeigen, dass für eine Menge M kein Programm existiert, für M auch keinen Algorithmus und somit ist das Problem $(\mathbb{N}, M)$ nicht entscheidbar.

Um eine solche „schwierige" Teilmenge von natürlichen Zahlen zu konstruieren, nutzen wir wieder die Diagonalisierungsmethode aus Kapitel 3. Dazu brauchen wir folgende Darstellung von Teilmengen von natürlichen Zahlen (Fig. 4.2):

	0	1	2	3	4	...	i	$i+1$	...
M	0	1	0	0	1	...	1	0	...

Fig. 4.2

M wird als eine unendliche Folge von binären Zahlen dargestellt. Die Folge fängt mit der 0-ten Stelle an und an der i-ten Stelle steht eine 1, wenn i in M ist. Ist i hingegen nicht in M, schreiben wir an die i-te Stelle der Folge eine 0. Die Menge M in Fig. 4.2 enthält damit die Zahlen 1, 4 und i. Die Elemente 0, 2, 3 und $i+1$ sind nicht in M. Für $\mathbb{N}_{ger}$ sieht die Darstellung wie folgt aus:

101010101010101010...

Für PRIM ist diese Darstellung

0011010100010100...

Aufgabe 4.6 Geben Sie die ersten 17 Stellen der binären Darstellung von QUAD an.

Jetzt bauen wir wieder eine zweidimensionale Tabelle, die in beiden Dimensionen unendlich ist. Die Spalten der Tabelle sind durch die Folge

$$0, 1, 2, 3, 4, 5, \ldots, i, \ldots$$

aller natürlichen Zahlen gegeben. Die Zeilen sind durch die Folge

$$P_0, P_1, P_2, P_3, \ldots, P_i, \ldots$$

aller Programme gegeben, die nur einmal eine Zahl einlesen und als Ausgabe nur „JA" oder „NEIN" schreiben dürfen. Solche Programme kann man daran erkennen, dass sie nur einmal einen „Lese ein"- Befehl enthalten und nur Ausgabebefehle erlauben, die den Text „JA" oder „NEIN" ausgeben. Jedes dieser Programme P_i definiert eindeutig die Menge $M(P_i)$ aller natürlichen Zahlen, für die das Programm mit der Ausgabe „JA" endet. Alle Zahlen, für die das Programm „NEIN" oder keine Antwort ausgibt, gehören nicht zu $M(P_i)$.

Jetzt sind die Zeilen der Tabelle die binären Beschreibungen von Mengen $M(P_i)$. Die j-te Zeile (siehe Fig. 4.3) enthält die binäre Darstellung der Menge $M(P_j)$, die durch P_j akzeptiert wird. Die Kreuzung der i-ten Zeile und der j-ten Spalte enthält eine Eins, wenn das i-te Programm die Zahl j akzeptiert (mit „JA" auf der Eingabe j endet). Eine Null steht in dem Kreuzungsfeld der i-ten Zeile und der j-ten Spalte, wenn P_i auf j die Ausgabe „NEIN" oder keine Ausgabe liefert.

*Damit enthält die unendliche Tabelle in ihren Zeilen **alle** Teilmengen von $\mathbb{N}$, die durch ein Programm akzeptiert werden können.*

Wir wollen jetzt zeigen, dass es mindestens eine Teilmenge von $\mathbb{N}$ gibt, der keine Zeile der unendlichen Tabelle (Fig. 4.3) entspricht. Wir zeigen dies, indem wir eine unendliche Folge DIAG von Nullen und Einsen konstruieren, die in der Tabelle mit Sicherheit nicht als Zeile vorhanden ist. Die Konstruktion von DIAG und damit der entsprechenden Menge $M(\text{DIAG})$ realisieren wir mit der Diagonalisierungsmethode.

	0	1	2	3	4	5	6	$\cdots$	i	$\cdots$	j	$\cdots$
$M(P_0)$	0	1	1	0	0	1	0		1		0	
$M(P_1)$	0	1	0	0	0	1	1		0		0	
$M(P_2)$	1	1	1	0	0	1	0		1		1	
$M(P_3)$	1	0	1	0	1	0	1		1		0	
$M(P_4)$	0	0	0	1	1	0	1		0		1	
$M(P_5)$	1	1	1	1	1	1	1		1		1	
$M(P_6)$	1	0	1	0	0	0	1		0		1	
$\vdots$												$\cdots$
$M(P_i)$	0	1	1	0	0	1	0		1			
$\vdots$												$\cdots$
$M(P_j)$	1	0	1	0	1	1	1				0	
$\vdots$												$\vdots$

Fig. 4.3

Wir schauen uns das Feld a_{00} an, wo sich die 0-te Zeile und die 0-te Spalte kreuzen. Wenn dort 0 steht, (Fig. 4.3) (d.h. wenn 0 nicht in $M(P_0)$ ist), setzen wir die 0-te Stelle d_0 von DIAG auf 1 (d.h. wir nehmen 0 in $M(\text{DIAG})$ auf). Wenn a_{00} die Zahl 1 ist (d.h. wenn 0 in $M(P_0)$ ist), setzen wir die 0-te Stelle d_0 von DIAG auf 0 (d.h. wir nehmen 0 nicht in $M(\text{DIAG})$ auf). Nach diesem ersten Schritt der Konstruktion von DIAG haben wir nur das erste Element der Folge DIAG festgelegt und haben die Sicherheit, dass DIAG sich von der 0-ten Zeile von $M(P_0)$ mindestens im 0-ten Element (im Hinblick auf das Enthaltensein der 0) unterscheidet.

	0	1	2	3	4	5	6	$\cdots$	i	$\cdots$	j	$\cdots$
DIAG	1	0	0	1	0	0	0		0		1	$\cdots$

Fig. 4.4

Analog verfahren wir im zweiten Konstruktionsschritt. Wir betrachten das zweite Diagonalfeld a_{11}, in dem sich die erste Zeile mit der ersten Spalte kreuzt. Unser Ziel ist, die erste Position von DIAG so zu wählen, dass sich DIAG mindestens in dieser Position von der Folge von $M(P_1)$ unterscheidet. Deswegen, wenn $a_{11} = 1$ (1 ist in $M(P_1)$), setzen wir d_1 auf 0 (wir nehmen 1 nicht in $M(\text{DIAG})$ auf). Wenn $a_{11} = 0$ (1 ist nicht in $M(P_1)$), dann setzen wir d_1 auf 1 (nehmen wir 1 in $M(\text{DIAG})$ auf).

Wenn für die binäre Zahl a_{ij} in der Kreuzung der i-ten Zeile und der j-ten

Spalte $\bar{a}_{ij}$, die umgekehrte Zahl, dargestellt wird (die Umkehrung von 1 ist $\bar{1} = 0$ und die Umkehrung von 0 ist $\bar{0} = 1$), dann haben wir die Situation in der Konstruktion von DIAG wie in Fig. 4.5 erreicht.

	0	1	2	3	4	$\cdots$	i	$i+1$	$\cdots$
DIAG	$\bar{a}_{00}$	$\bar{a}_{11}$	?	?	?	$\cdots$	?	?	$\cdots$

Fig. 4.5

Die ersten zwei Elemente von DIAG sind $\bar{a}_{00}$ und $\bar{a}_{11}$ und damit unterscheidet sich DIAG von $M(P_0)$ und $M(P_1)$. Die restlichen Stellen von DIAG sind noch unbestimmt und wir wollen sie so bestimmen, dass sich DIAG von allen Zeilen der Tabelle in Fig. 4.3 unterscheidet.

Allgemein garantieren wir einen Unterschied zwischen DIAG und der i-ten Zeile der Tabelle in Fig. 4.3 wie folgt. Wenn das Feld a_{ii} in der Kreuzung der i-ten Zeile und der i-ten Spalte 1 enthält (i liegt in $M(P_i)$), dann setzen wir das i-te Element d_i von DIAG auf 0 (nehmen wir i nicht in $M(\text{DIAG})$ auf). Wenn $a_{ii} = 0$ (i liegt nicht in $M(P_i)$), dann setzen wir $d_i = 1$ (nehmen wir i in $M(\text{DIAG})$ auf). Damit ist $M(\text{DIAG})$ unterschiedlich von $M(P_i)$.

Auf diese Weise wurde die Folge DIAG so definiert, dass sie in keiner Zeile der Tabelle vorkommt. Für die konkrete Tabelle in Fig. 4.3 enthält Fig. 4.4 die entsprechende Darstellung von DIAG. Allgemein kann man DIAG wie in Fig. 4.6 darstellen.

	0	1	2	3	4	$\cdots$	i	$\cdots$
DIAG	$\bar{a}_{00}$	$\bar{a}_{11}$	$\bar{a}_{22}$	$\bar{a}_{33}$	$\bar{a}_{44}$	$\cdots$	$\bar{a}_{ii}$	$\cdots$

Fig. 4.6

Damit gilt, dass

> $M(\text{DIAG})$ *durch kein Programm akzeptiert wird und damit* $(\mathbb{N}, M(\text{DIAG}))$ *durch keinen Algorithmus entschieden werden kann.*

Wir können nochmals die Definition von $M(\text{DIAG})$ wie folgt auf kurze Weise ausdrücken:

$$\begin{aligned} M(\text{DIAG}) &= \{n \in \mathbb{N} \mid n \text{ ist nicht in } M(P_n)\} \\ &= \text{die Menge aller natürlichen Zahlen } n, \text{ so dass } n \text{ nicht} \\ &\quad \text{in } M(P_n) \text{ ist.} \end{aligned}$$

Aufgabe 4.7 Nehmen wir an, dass die Kreuzung der ersten 10 Zeilen und Spalten in der Tabelle aller Programme zur Mengenakzeptierung wie in Fig. 4.7 aussieht. Bestimmen Sie entsprechend die ersten zehn Positionen von DIAG.

	0	1	2	3	4	5	6	7	8	9	$\cdots$
$M(P_0)$	1	1	1	0	0	1	0	1	0	1	
$M(P_1)$	0	0	0	0	0	0	0	0	0	0	
$M(P_2)$	0	1	1	0	1	0	1	1	0	0	
$M(P_3)$	1	1	1	0	1	1	0	0	0	0	
$M(P_4)$	1	1	1	1	1	1	1	0	1	0	
$M(P_5)$	0	0	1	0	0	1	0	1	1	0	
$M(P_6)$	1	0	0	0	1	0	1	0	0	0	
$M(P_7)$	1	1	1	1	1	1	1	1	1	1	
$M(P_8)$	0	0	1	1	0	0	1	1	0	0	
$M(P_9)$	1	0	1	0	1	0	1	0	1	0	
$M(P_{10})$	0	0	1	0	0	0	1	1	0	1	
$\vdots$											$\ddots$

Fig. 4.7

Aufgabe 4.8 (Knobelaufgabe) Untersuchen wir

$M(2\text{-DIAG})$ = Menge aller geraden Zahlen $2i$, so dass $2i$ nicht in $M(P_i)$ ist.

Ist das Problem $(\mathbb{N}, M(2\text{-DIAG}))$ algorithmisch entscheidbar oder nicht? Begründen Sie Ihre Antwort. Zeichnen Sie dazu auch Bilder analog zu Fig. 4.3 und Fig. 4.4.

Aufgabe 4.9 (Knobelaufgabe) Kann Ihnen die Lösung der letzten Aufgabe (4.8) dabei helfen, zwei andere Teilmengen von $\mathbb{N}$ zu definieren, die nicht algorithmisch erkennbar sind? Wie viele algorithmisch unlösbare Probleme lassen sich mit der Diagonalisierungsmethode konstruieren?

Aufgabe 4.10 (Knobelaufgabe) Definieren wir

$M(\text{DIAG}_2)$ als die Menge aller geraden natürlichen Zahlen $2i$, so dass $2i$ nicht in $L(P_{2i})$ ist.

Kann man etwas über die Entscheidbarkeit von $(\mathbb{N}, M(\text{DIAG}_2))$ aussagen?

Wir haben jetzt das Entscheidungsproblem $(\mathbb{N}, M(\text{DIAG}))$, von dem wir wissen, dass es algorithmisch nicht lösbar ist. Damit sind wir aber noch nicht zufrieden. Das Problem ist zwar endlich beschrieben (obwohl es zuerst als unendliche Folge dargestellt wurde), aber dies ist keine algorithmische Beschreibung zur Konstruktion von $M(\text{DIAG})$, weil, wie wir später sehen werden, die Tabelle in Fig. 4.3 zwar existiert, aber nicht algorithmisch erzeugt werden kann.

Außerdem entspricht $(\mathbb{N}, M(\text{DIAG}))$ keiner natürlichen praktisch interessanten Aufgabe.

4.4 Die Methode der Reduktion, oder: Wie sich eine erfolgreiche Problemlösungsmethode zur Erzeugung negativer Resultate ausnutzen lässt

Wir wissen jetzt, dass wir mittels der Diagonalisierungsmethode algorithmisch unlösbare Probleme beschreiben können. Das bringt uns in eine gute Anfangsposition. In diesem Abschnitt geht es darum, wie man die Beweise der algorithmischen Unlösbarkeit geschickt auf andere Probleme ausbreiten kann. Die Idee ist, eine Relation „**leichter oder gleich schwer**" bezüglich algorithmischer Lösbarkeit einzuführen.

Seien U_1 und U_2 zwei Probleme. Wir sagen

$\qquad$ **U_1 ist leichter oder gleich schwer wie U_2**

oder

$\qquad$ **U_2 ist nicht leichter als U_1**

bezüglich algorithmischer Lösbarkeit und schreiben

$$U_1 \leq_{Alg} U_2,$$

wenn die algorithmische Lösbarkeit von U_2 die algorithmische Lösbarkeit von U_1 impliziert (garantiert).

Was dies genau bedeutet? Wenn man

$$U_1 \leq_{Alg} U_2$$

hat, dann sind folgende Situationen möglich:

- U_1 *und* U_2 *sind beide algorithmisch lösbar.*

- U_1 *ist algorithmisch lösbar und* U_2 *ist algorithmisch unlösbar.*

- U_1 *und* U_2 *sind beide algorithmisch unlösbar.*

Die einzige Situation, die für $U_1 \leq_{Alg} U_2$ ausgeschlossen ist, ist die Folgende:

- U_2 *ist algorithmisch lösbar und* U_1 *ist algorithmisch unlösbar.*

Stellen Sie sich vor, Sie haben eine Kette

$$U_1 \leq_{Alg} U_2 \leq_{Alg} U_3 \leq_{Alg} \cdots \leq_{Alg} U_k$$

von Beziehungen zwischen k Problemen $U_1, U_2, \ldots, U_k$ bewiesen. Nehmen wir weiter an, wir schaffen es, mit der Diagonalisierungsmethode zu zeigen, dass

$$U_1 \text{ algorithmisch unlösbar ist.}$$

Was können wir daraus schließen? Weil U_1 das leichteste Problem von allen in der Kette ist, sind alle anderen Probleme $U_2, U_3, \ldots, U_k$ aus der Kette mindestens so schwer wie U_1 und damit

sind die Probleme $U_2, U_3, \ldots, U_k$ *algorithmisch nicht lösbar.*

Genau diesen Weg der Beweisführung der algorithmischen Unlösbarkeit wollen wir jetzt gehen. Das unlösbare Startproblem U_1 haben wir schon dank der Diagonalisierung. Es ist das Diagonalproblem $(\mathbb{N}, M(\text{DIAG}))$. Die Frage ist nun, wie man die Beziehung $U_1 \leq_{Alg} U_2$ zwischen zwei Problemen zeigen kann.

Zu diesem Zweck verwenden wir die Methode der Reduktion, die in der Mathematik entwickelt wurde, um neue Probleme geschickt mittels bekannter Methoden für andere Probleme zu lösen. Wir illustrieren die Methode der Reduktion an zwei Beispielen.

Beispiel 4.1 Nehmen wir an, wir haben eine Lösungsmethode für „normierte" quadratische Gleichungen der Form

$$x^2 + px + q = 0,$$

d.h. für quadratische Gleichungen mit dem Koeffizienten 1 bei x^2. Die Methode zur Lösung solcher Gleichungen, ist durch die p-q-Formel

$$x_1 = -\frac{p}{2} + \sqrt{\left(\frac{p}{2}\right)^2 - q}$$

$$x_2 = -\frac{p}{2} - \sqrt{\left(\frac{p}{2}\right)^2 - q}.$$

gegeben. Wenn $\left(\frac{p}{2}\right)^2 - q < 0$ gilt, hat die Gleichung keine reelle Lösung.

Jetzt wollen wir eine Methode zur Lösung einer beliebigen quadratischen Gleichung

$$ax^2 + bx + c = 0$$

entwickeln. Statt eine neue Formel[3] abzuleiten, *reduzieren* wir das Problem der Lösung allgemeiner quadratischer Gleichungen auf das Problem, einfache normierte quadratische Gleichungen zu lösen.

Wir wissen, dass sich Lösungen einer beliebigen Gleichung nicht ändern, wenn man beide Seiten der Gleichung mit der gleichen Zahl (ungleich 0) multipliziert. Also multiplizieren wir beide Seiten der quadratischen Gleichung mit $\frac{1}{a}$.

$$
\begin{aligned}
ax^2 + bx + c &= 0 & \Big| \cdot \frac{1}{a} \\
a \cdot \frac{1}{a} \cdot x^2 + b \cdot \frac{1}{a}x + c \cdot \frac{1}{a} &= 0 \cdot \frac{1}{a} \\
x^2 + \frac{b}{a}x + \frac{c}{a} &= 0.
\end{aligned}
$$

Damit haben wir eine normierte quadratische Gleichung erhalten und diese lösen wir mit der angegebenen Methode.

Algorithmisch ist diese Reduktion in Fig. 4.8 gezeichnet. Teil A ist ein Algorithmus, der der algorithmischen Reduktion entspricht. Wir berechnen hier die Koeffizienten p und q der äquivalenten normierten quadratischen Gleichung. Damit ist die Reduktion abgeschlossen. Die Koeffizienten p und q sind die Eingabe für den Algorithmus B zur Lösung von normierten quadratischen Gleichungen der Form $x^2 + px + q = 0$. B löst die Aufgabe. Die Ausgabe von B (die zwei Lösungen x_1 und x_2 oder die Antwort „Es gibt keine Lösung") können wir direkt als Ausgabe des Algorithmus C zur Lösung allgemeiner quadratischer Gleichungen übernehmen. $\square$

Aufgabe 4.11 Nehmen wir an, wir haben einen Algorithmus B zur Lösung linearer Gleichungen der Form

$$ax + b = 0.$$

---

[3]Eine solche Formel haben wir bereits in Kapitel 2 kennen gelernt und programmiert.

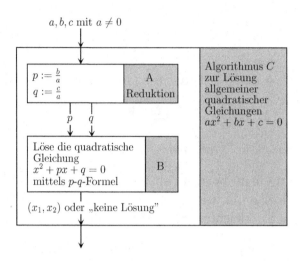

a, b, c mit $a \neq 0$

$p := \frac{b}{a}$
$q := \frac{c}{a}$

A
Reduktion

Algorithmus C
zur Lösung
allgemeiner
quadratischer
Gleichungen
$ax^2 + bx + c = 0$

$p \quad q$

Löse die quadratische
Gleichung
$x^2 + px + q = 0$
mittels p-q-Formel

B

(x_1, x_2) oder „keine Lösung"

Fig. 4.8

Entwickeln Sie mittels Reduktion einen Algorithmus zur Lösung linearer Gleichungen der Form

$$cx + d = nx + m,$$

wobei c, d, n und m gegebene Zahlen sind und x die Unbekannte ist. Zeichnen Sie die Reduktion analog zu der Abbildung in Fig. 4.8.

Die Reduktion aus Beispiel 4.1 nennen wir **1-1-Reduktion** (eins-zu-eins-Reduktion). Es ist die einfachste mögliche Reduktion, in der man die Eingabe für ein Problem U_1 (allgemeine quadratische Gleichungen) direkt auf eine Eingabe für ein Problem U_2 (normierte quadratische Gleichungen) umwandelt und das Resultat des Algorithmus für U_2 direkt als das Resultat für U_1 „eins-zu-eins" übernimmt. Dies bedeutet, dass

$$U_1 \leq_{Alg} U_2 \tag{4.1}$$

gilt. Das heißt U_1 ist algorithmisch nicht schwerer zu lösen als U_2, weil ein Algorithmus B für U_2 mittels Reduktion zu einem Algorithmus C für U_1 (Fig. 4.8) umgebaut werden kann.

In unserem Fall beobachten wir zusätzlich noch, dass U_2 (normierte quadratische Gleichungen zu lösen) ein Spezialfall von U_1 (allgemeine quadratische Gleichungen zu lösen) ist. Damit ist jeder Algorithmus für U_1 automatisch auch ein Algorithmus für U_2, d.h.

$$U_2 \leq_{Alg} U_1. \tag{4.2}$$

Damit dürfen wir behaupten (aus (4.1) und (4.2)), dass U_1 und U_2 algorithmisch gleich schwer sind, was bedeutet, dass entweder beide algorithmisch lösbar oder beide algorithmisch unlösbar sind. Natürlich wissen wir in diesem Spezialfall von quadratischen Gleichungen, dass das Erste zutrifft.

Reduktionen müssen aber nicht immer so einfach aussehen. Um zu zeigen, dass

$$U_1 \leq_{Alg} U_2$$

gilt, kann es erforderlich sein, dass man den Algorithmus B für U_2 mehrfach einsetzen muss oder dass man die Resultate von B noch weiter bearbeiten muss. Als Beispiele präsentieren wir Beispiel 4.2 und die nachfolgende Aufgabe.

Beispiel 4.2 Wir alle kennen den Satz des Pythagoras, der besagt, dass in einem rechtwinkligen Dreieck (Fig. 4.9)

$$c^2 = a^2 + b^2$$

gilt, oder genauer in Worten:

> *„Das Quadrat der Länge der längsten Seite (Hypothenuse) eines rechtwinkligen Dreiecks ist gleich der Summe der Quadrate der Längen der kürzeren Seiten (Katheten)"*

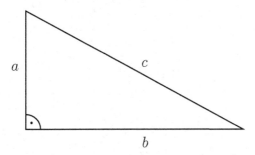

Fig. 4.9

Damit haben wir einen Algorithmus $B_\triangle$, der für gegebene Längen zweier Seiten eines rechtwinkligen Dreiecks die Länge der dritten Seite berechnet. Wenn zum Beispiel a und b bekannt sind, berechnet man c als

$$c = \sqrt{a^2 + b^2}.$$

Wenn a und c bekannt sind, dann berechnet man b durch

$$b = \sqrt{c^2 - a^2}.$$

Bezeichnen wir durch $U_\triangle$ das Problem der Berechnung der fehlenden Seitengröße in einem rechtwinkligen Dreieck.

Betrachten wir jetzt eine neue Aufgabe U_{Fl}. Gegeben ist ein gleichseitiges Dreieck (Fig. 4.10) mit den Seitenlängen m. Die Aufgabe ist es, die Fläche dieses Dreiecks auszurechnen. Es ist offensichtlich (Fig. 4.10), dass die Fläche des Dreiecks

$$\frac{m}{2} \cdot h$$

ist, wobei h die Höhe des Dreiecks ist (Fig. 4.10).

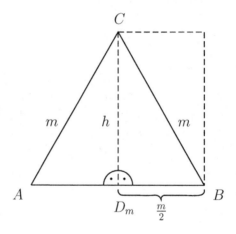

Fig. 4.10

Wir können

$$U_{Fl} \leq_{Alg} U_\triangle$$

zeigen, also die Lösung von U_{Fl} auf $U_\triangle$ reduzieren. Wie man dies machen kann, ist in Fig. 4.11 gezeigt.

Wir bauen einen Algorithmus A_{Fl} zur Lösung von U_{Fl} unter der Annahme, dass wir einen Algorithmus $B_\triangle$ zur Lösung von $U_\triangle$ (der Berechnung der unbekannten Länge einer Seite im rechtwinkligen Dreieck) haben. In Fig. 4.11 sehen wir, dass wir zu der Flächenberechnung die Höhe h des Dreiecks brauchen. Die Größe h ist die Länge der Seite CD des rechtwinkligen Dreiecks DBC. Wir sehen, dass die Länge a der Seite DB gleich $m/2$ ist und dass

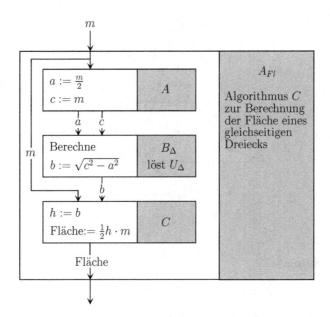

Fig. 4.11

offensichtlich die Länge c der Hypothenuse in $\triangle ABC$ gleich m ist. Also stellt der Algorithmus A die Werte von a und c entsprechend ein (Fig. 4.11). Danach nutzen wir den Algorithmus $B_\triangle$ für $U_\triangle$, um die fehlende Größe $h = b$ auszurechnen. Am Ende berechnet der Algorithmus C die Fläche von $\triangle ABC$ aus den Werten von m und b. $\square$

Aufgabe 4.12 Betrachten wir die Aufgabe U_{Pyr}, die Höhe einer Pyramide mit quadratischer Grundfläche der Größe $m \times m$ und mit Kantenlängen m auszurechnen (Fig. 4.12). Lösen Sie die Aufgabe, indem Sie $U_{Pyr} \leq_{Alg} U_\triangle$ zeigen. Zeichnen Sie die Reduktion analog zu Fig. 4.11. [Hinweis: Beachten Sie, dass Sie in der Reduktion den Algorithmus $B_\triangle$ zur Lösung von $U_\triangle$ zweimal einsetzen müssen.]

Aufgabe 4.13 (Knobelaufgabe) Sei U_{2lin} das Problem, ein System von zwei linearen Gleichungen

$$a_{11}x + a_{12}y = b_1$$
$$a_{21}x + a_{22}y = b_2$$

mit zwei Unbekannten x und y zu lösen. Sei U_{3lin} das Problem, ein System von

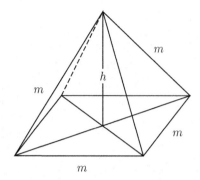

Fig. 4.12

drei linearen Gleichungen

$$
\begin{aligned}
a_{11}x + a_{12}y + a_{13}z &= b_1 \\
a_{21}x + a_{22}y + a_{23}z &= b_2 \\
a_{31}x + a_{32}y + a_{33}z &= b_3
\end{aligned}
$$

mit drei Unbekannten x, y und z zu lösen. Zeigen Sie $U_{3lin} \leq_{Alg} U_{2lin}$.

Wir haben gesehen, wie man durch Reduktionen Lösungsmethoden für gewisse Aufgaben erfolgreich zu Lösungsmethoden für weitere Probleme entwickeln kann. Somit dient die Reduktion zur Verbreitung der algorithmischen Lösbarkeit.

Wir wollen aber hier nicht die Reduktion als Hilfsmittel zur Algorithmenentwicklung verwenden. Wir wollen mittels Reduktion die algorithmische Unlösbarkeit (d.h. negative Nachrichten) verbreiten. Wie kann man den Sinn der Methode von der Erzeugung positiver Resultate zur Erzeugung negativer Resultate umdrehen? Wir haben dies schon am Anfang dieses Kapitels gezeigt. Wenn man mittels Reduktion

$$U_1 \leq_{Alg} U_2$$

beweisen kann und weiß, dass U_1 algorithmisch unlösbar ist, dann muss auch U_2 algorithmisch unlösbar sein.

Es gibt einen kleinen Unterschied im Beweis von

$$U_1 \leq_{Alg} U_2$$

für den Zweck der Verbreitung der algorithmischen Lösbarkeit und für den Zweck der Verbreitung der algorithmischen Unlösbarkeit. Für die positiven

Resultate haben wir immer schon einen Algorithmus für U_2 gehabt und wir haben etwas programmiert, um einen Algorithmus für U_1 zu erhalten. Für die Verbreitung negativer Resultate über Unlösbarkeit, haben wir natürlich keinen Algorithmus für U_2. *Wir nehmen nur an, dass es einen gibt.* Und wenn es ihn gibt, dann bauen wir mit seiner Hilfe einen Algorithmus für U_1. Das heißt, wir müssen hier mit der hypothetischen Existenz eines Algorithmus A_2 für U_2 arbeiten, um als Folge auf die Existenz eines Algorithmus A_1 für U_1 schließen zu können.

Die Anwendung der Reduktion für einen Beweis der algorithmischen Lösbarkeit entspricht einem direkten Beweis (einer direkten Argumentation), den wir in Kapitel 1 vorgestellt haben. Die Anwendung der Reduktion für einen Beweis der Nichtexistenz eines Algorithmus für die betrachtete Aufgabe entspricht genau einem indirekten Beweis, wie er in Kapitel 2.2 eingeführt wurde. Um uns auf Bekanntes zu stützen, geben wir wieder zuerst ein Beispiel aus der Mathematik und erst dann gehen wir zur Algorithmik über.

Beispiel 4.3 Wir wissen, dass man mit einem Lineal und einem Zirkel einen Winkel nicht dritteln kann. Also gibt es keine Methode als eine Folge von einfachen Schritten (einfachen Anwendungen des Zirkels und des Lineals), mit der man einen beliebigen Winkel in drei gleichgroße Winkel geometrisch teilen kann. Der Beweis ist nicht offensichtlich und wir bleiben hier lieber dabei, dass wir diese Behauptung den Mathematikern glauben.

Andererseits wissen wir aus der Schule, dass man mit einem Zirkel und einem Lineal einen Winkel halbieren oder verdoppeln kann.

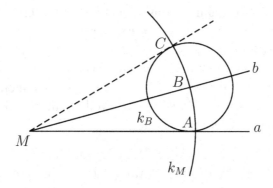

Fig. 4.13: Verdopplung eines Winkels

Zum Beispiel zeigen wir in Fig. 4.13, wie man einen Winkel $\angle ab$ zwischen zwei Geraden a und b verdoppeln kann. Ein ZL-Algorithmus (Zirkel-Lineal-Algorithmus) für die Verdopplung eines Winkels arbeitet wie folgt:

1. Nimm eine beliebige positive Distanz r in den Zirkel und zeichne einen Kreis k_M mit dem Mittelpunkt M (Schnittpunkt von a und b) und dem Radius r.

2. Bezeichne durch A den Schnittpunkt des Kreises k_M und der Gerade a und durch B den Schnittpunkt von k_M und b.

3. Nimm die Entfernung $\overline{AB}$ zwischen A und B in den Zirkel und zeichne einen Kreis k_B mit dem Mittelpunkt B und dem Radius $\overline{AB}$.

4. Bezeichne durch C den Schnitt von k_M und k_B, der sich von A unterscheidet.

5. Verbinde mit dem Lineal die Punkte M und C.

Wir wissen jetzt, dass der Winkel $\angle AMC$ zwischen der Gerade a und der Gerade durch M und C doppelt so groß wie der ursprüngliche Winkel $\angle ab = \angle AMB$ ist.

Dies war nur zur Erinnerung. Unsere Aufgabe ist zu zeigen, dass es keinen ZL-Algorithmus gibt, der einen beliebigen Winkel sechsteln (in sechs gleich große Winkel teilen) kann. So etwas zu begründen wird wahrscheinlich nicht leichter, als die Nichtexistenz von einem ZL-Algorithmus für das Dritteln von Winkeln zu beweisen. Wir müssen hier aber nicht diesen schwierigen Weg gehen, da wir schon wissen, dass man mit einem Zirkel und einem Lineal nicht dritteln kann. Diese Tatsache dürfen wir für unseren Beweis verwenden.

Wie gehen wir vor? Wir nehmen das Gegenteil von dem, was wir beweisen wollen, an und dann zeigen wir, dass wir unter dieser Voraussetzung auch Winkel dritteln können, was aber schon einer bekannten Tatsache widerspricht. Genauer gesagt nehmen wir an, dass wir einen LZ-Algorithmus A_6 für das Sechsteln haben und mit der Hilfe von A_6 bauen wir einen LZ-Algorithmus A_3 zum Dritteln von Winkeln. Weil A_3 nicht existiert, schließen wir, dass auch A_6 nicht existieren kann.

Beschreiben wir die Reduktion vom Dritteln auf das Sechsteln von Winkeln wie folgt (Fig. 4.14). Wir haben vorausgesetzt, dass ein ZL-Algorithmus A_6 für das Sechsteln von Winkeln existiert. Zuerst setzt man A_6 ein, um den gegebenen Winkel W zu sechsteln. Dadurch erhalten wir 6 gleich große Winkel $w_1, w_2, w_3, w_4, w_5, w_6$ (siehe Fig. 4.15). Dann packen wir immer zwei benachbarte Winkel, anfangend mit w_1 und w_2, zusammen und erhalten drei gleichgroße Winkel w_{12}, w_{34}, w_{56} (Fig. 4.15). Die Einteilung von W in diese drei Winkel entspricht dem Dritteln von W.

In der Sprache der indirekten Begründung (des indirekten Beweises) zeigt die Reduktion in Fig. 4.14 die folgende Folgerung:

> *„Wenn man jeden Winkel mit einem ZL-Algorithmus sechsteln kann, dann kann man mit einem ZL-Algorithmus auch jeden Winkel dritteln.“*

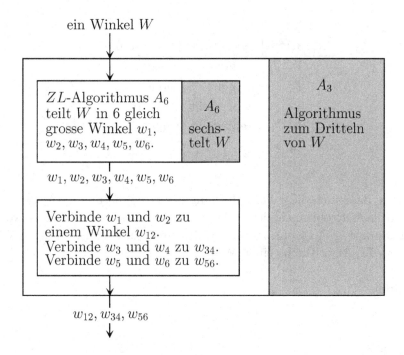

Fig. 4.14

Die Gültigkeit dieser bewiesenen Folgerung schließt (nach der Definition der Implikation) aus den vier möglichen Situationen in Fig. 4.16 die zweite Möglichkeit aus. Jetzt betrachten wir noch die Tatsache, dass Dritteln nicht geht und somit ist 4 die einzige der drei verbleibenden Möglichkeiten 1, 3 und 4, für die „Dritteln geht nicht“ gilt. Die einzige verbleibende Situation 4 beinhaltet „Sechsteln geht nicht“ und somit können wir schließen, dass ZL-Algorithmen nicht beliebige Winkel sechsteln können. $\qquad\square$

Aufgabe 4.14 Das Problem des Dritteln hat auch eine vereinfachte Darstellung. Die Aufgabe ist, für einen beliebigen Winkel W einen Winkel V mit einem Zirkel und einem Lineal zu konstruieren, so dass W die dreifache Größe von V hat. Man

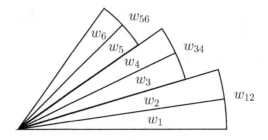

Fig. 4.15

Situation	Sechsteln	Dritteln
1	geht	geht
2	geht	geht nicht
3	geht nicht	geht
4	geht nicht	geht nicht

Fig. 4.16

kann beweisen, dass auch diese Vereinfachung der Formulierung nichts an der ZL-Unlösbarkeit dieses Problems ändert. Führen Sie jetzt einen ähnlichen Beweis mit einem Bild wie in Fig. 4.14, um zu zeigen, dass man zu einem beliebigen Winkel W mit keinem ZL-Algorithmus einen Winkel

(i) der Größe $\frac{1}{6}$,

(ii) der Größe $\frac{1}{9}$

konstruieren kann.

Jetzt kehren wir aus der Welt der ZL-Algorithmen in die Welt der allgemeinen Algorithmen zurück. Unser Diagonalproblem spielt hier eine ähnliche Rolle wie das Dritteln von Winkeln bei ZL-Algorithmen. Aus seiner algorithmischen Unlösbarkeit wollen wir auf die algorithmische Unlösbarkeit weiterer Probleme schließen.

Das Schema der Reduktion für $U_1 \leq_{Alg} U_2$ ist in Fig. 4.17 gezeigt.

Der Algorithmus A_1 zur Lösung von U_1 ist wie folgt gebaut. Die Eingabe y für U_1 wird zuerst vom Algorithmus B bearbeitet. Der Algorithmus B kann Eingaben als Problemfälle x von U_2 für A_2 generieren. Gemäß unserer Voraussetzung produziert A_2 die korrekte Lösung für x und gibt sie aus. Wie

Eingabe y

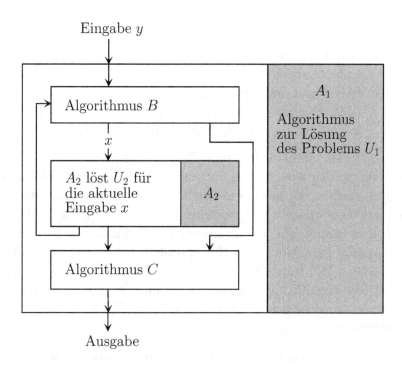

Fig. 4.17

wir in Fig. 4.17 sehen, kann A_2 mehrfach angesprochen werden. Letztendlich bearbeitet der Algorithmus C alle erzeugten Zwischenresultate und errechnet die definitive Ausgabe (das Resultat) für den Problemfall y von U_1. Dabei ist noch wichtig zu beobachten, dass A_2, B und C Algorithmen sind und deswegen immer nach endlicher Zeit Resultate liefern. Die Anzahl der Anfragen von B an A_2 darf nur endlich sein und somit kann die Schleife, die B und A_2 beinhaltet, auch nur endlich oft verwendet werden. Daraus kann man schließen, dass A_1 auch ein Algorithmus ist, weil A_1 für jede Eingabe in endlicher Zeit eine korrekte Antwort liefert.

Jetzt stellen wir zwei neue Entscheidungsprobleme vor, die von Interesse für die Programmentwicklung sind.

UNIV (das universelle Problem)
Eingabe: ein Programm P und eine Eingabe $i \in \mathbb{N}$ für P
Ausgabe: JA, falls P die Eingabe i akzeptiert, d.h. i ist in $M(P)$
        NEIN, falls P die Eingabe i nicht akzeptiert
            (d.h. entweder hält P und verwirft die Eingabe i
            oder P arbeitet auf i unendlich lange).

HALT (das Halteproblem)
Eingabe: ein Programm P und eine natürliche Zahl i
Ausgabe: JA, falls P auf der Eingabe i hält
(d.h. P arbeitet auf i endlich lange).
NEIN, falls P auf der Eingabe i nicht hält
(d.h. P gerät bei der Arbeit auf seiner Eingabe i
in eine endlose Wiederholung einer Schleife).

Das Halteproblem ist offensichtlich eine der Grundfragen beim Testen von Softwareprodukten. Wir wissen, dass wir nur solche Programme als Algorithmen betrachten dürfen, die nie in eine endlose Tätigkeit geraten. Deswegen will man jedes neu entwickelte Programm in Rahmen seiner Korrektheitsprüfung testen, ob es immer (für jede Eingabe) nach endlicher Zeit die Berechnung einer Ausgabe garantiert. Das Halteproblem HALT ist eine einfachere Version des Testens. Wir fragen nur, ob das Programm P auf einer konkreten Eingabe i hält (die eigentliche Frage ist, ob es auf allen Eingaben hält). Wir werden später sehen, dass schon diese vereinfachte Testfrage algorithmisch nicht zu beantworten ist.

Das universelle Problem bezieht sich direkt auf die Korrektheitsüberprüfung eines Programms P für ein Entscheidungsproblem. Wir testen, ob P auf der Eingabe i das richtige Resultat JA oder NEIN liefert. Jetzt kann jemand sagen, das können wir sehr einfach tun: Simulieren wir die Arbeit von P auf i und schauen wir, ob P JA oder NEIN ausgibt. Das könnten wir tatsächlich tun, wenn wir die Garantie hätten, dass P ein Algorithmus ist (d.h. dass P auf seiner Eingabe i hält). Diese Garantie haben wir aber nicht. Wenn P auf i unendlich lange arbeiten würde, würden wir die Arbeit von P auf i unendlich lange simulieren und keine Antwort auf unsere Frage erfahren, ob P die Zahl i akzeptiert oder nicht. Wenn wir aber einen Algorithmus für das universelle Problem bauen wollen, darf dieser Algorithmus nicht unendlich lange rechnen, also darf er nicht in eine endlose Simulation geraten.

Wir sehen aus diesen Überlegungen, dass das Halteproblem und das universelle Problem stark verbunden sind. Tatsächlich zeigen wir, dass diese Probleme gleich schwer sind.

Wir zeigen zuerst, dass

$$\text{UNIV} \leq_{Alg} \text{HALT}$$

ist, d.h.

UNIV ist bezüglich algorithmischer Lösbarkeit nicht schwerer als HALT.

Was müssen wir jetzt zeigen? Wir müssen zeigen, dass die Existenz eines Algorithmus für HALT auch die Existenz eines Algorithmus zur Lösung von UNIV garantiert. Wir nehmen also an, dass wir einen Algorithmus A_{HALT} für HALT haben. Wir bauen jetzt einen Algorithmus B für UNIV (Fig. 4.18).

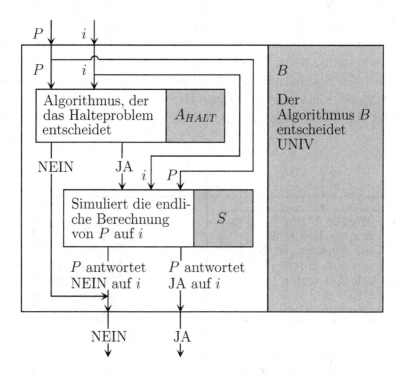

Fig. 4.18

Der Algorithmus B arbeitet auf einer Eingabe (P, i) wie folgt.

1. B übergibt seine Eingabe (P, i) ohne Änderungen an den Algorithmus A_{HALT}.

2. Der Algorithmus A_{HALT} entscheidet (in endlicher Zeit), ob P auf i hält oder nicht. A_{HALT} antwortet JA, falls P auf i hält. Sonst antwortet A_{HALT} NEIN.

3. Falls A_{HALT} die Antwort NEIN ausgibt, weiß B mit Sicherheit, dass P die Zahl i nicht akzeptiert (weil P unendlich lange auf i arbeitet) und liefert die Antwort NEIN („i ist nicht in $M(P)$").

4. Falls A_{HALT} die Antwort JA ausgibt, simuliert B im Teilprogramm S (Fig. 4.18) die endliche Arbeit von P auf i. In der endlichen Simulation

stellt B fest, ob P die Zahl i akzeptiert oder nicht und gibt dieses Resultat als eigene Ausgabe aus (Fig. 4.18).

Aus der Konstruktion sehen wir direkt, dass B korrekt entscheidet, ob i in $M(P)$ ist oder nicht. Wir müssen noch überprüfen, ob B immer nur endlich lange arbeitet. Nach der Voraussetzung ist A_{HALT} ein Algorithmus und deswegen liefert A_{HALT} seine Ausgaben in endlicher Zeit, d.h. im Teil A_{HALT} kann B nicht in eine endlose Tätigkeit geraten. Das Simulationsprogramm S startet B nur dann, wenn feststeht, dass P auf i endlich lange arbeitet. Deswegen läuft die Simulation immer in endlicher Zeit und somit kann B im Teilprogramm S nicht in eine endlose Berechnung geraten. Damit hält B immer und ist ein Algorithmus für die Lösung des universellen Problems.

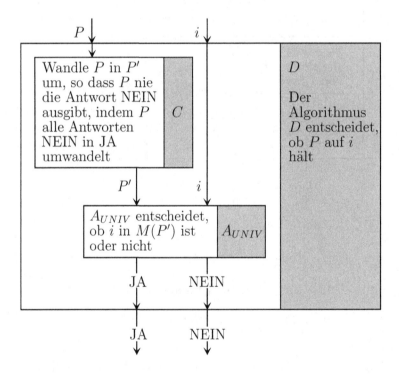

Fig. 4.19

Wir haben gerade gezeigt, dass UNIV leichter oder gleich schwer wie HALT ist. Wir wollen zeigen, dass diese Probleme gleich schwer sind. Dazu müssen wir noch die umgekehrte Beziehung

$$\text{HALT} \leq_{Alg} \text{UNIV}$$

zeigen. Dies bedeutet, dass wir aus der algorithmischen Lösbarkeit von UNIV auf die algorithmische Lösbarkeit von HALT schließen wollen. Sei A_{UNIV} ein Algorithmus, der UNIV entscheidet. Wir bauen einen Algorithmus D für HALT, der für jede Eingabe (P, i) wie folgt arbeitet (Fig. 4.19):

1. D gibt P an das Teilprogramm C, das P in ein Programm P' wie folgt umwandelt. C sucht alle Programmbefehle von P mit Ausgabe „NEIN" und ersetzt alle Ausgaben „NEIN" durch „JA". Damit gibt P' nie die Antwort NEIN aus und es gilt:

   „Jede endliche Berechnung von P' endet mit der Antwort JA und P' akzeptiert genau die Zahlen i, auf denen P endlich lange gearbeitet hat."

2. D gibt P' und den zweiten Teil i seiner Eingabe an A_{UNIV} (Fig. 4.19). A_{UNIV} entscheidet, ob i in $M(P')$ ist oder nicht.

3. D übernimmt die Antwort JA oder NEIN von A_{UNIV} als eigene Ausgabe.

Aufgabe 4.15 Erklären Sie möglichst genau, warum D ein Algorithmus zur Lösung des Halteproblems ist.

Aufgabe 4.16 (Knobelaufgabe) Die Reduktion für $A_{\text{UNIV}} \leq_{Alg} A_{\text{HALT}}$ in Fig. 4.18 und die Reduktion $A_{\text{HALT}} \leq_{Alg} A_{\text{UNIV}}$ (Fig. 4.19) sehen unterschiedlich aus. Wir ziehen oft die Art der Reduktion in Fig. 4.19, die der typischen Reduktion in der Mathematik entspricht, vor. Wir wandeln die Eingabe (den Problemfall) (P, i) von HALT in einen Problemfall (P', i) von UNIV, so dass wir die Lösung für (P', i) von A_{UNIV} direkt als die Lösung für den Problemfall für (P, i) von HALT übernehmen können. Das Schema dieser Reduktion ist das einfache Schema aus Fig. 4.8 und Fig. 4.19. Finden Sie eine solche einfache Reduktion für den Beweis von $A_{\text{UNIV}} \leq_{Alg} A_{\text{HALT}}$. Dies bedeutet, sie müssen die Eingabe (P, i) als Problemfall von UNIV in eine Eingabe (P', i) von HALT so algorithmisch umwandeln, dass Sie die Antwort von A_{HALT} für (P', i) (die Lösung von (P', i) für das Halteproblem) direkt als die Lösung des Problemfalles (P, i) von UNIV übernehmen können.

Wir haben jetzt gezeigt, dass das universelle Problem und das Halteproblem gleich schwer bezüglich ihrer algorithmischen Lösbarkeit sind. Dies bedeutet, dass entweder beide Probleme algorithmisch lösbar oder beide algorithmisch unlösbar sind. Wie schon angekündigt, beabsichtigen wir ihre Unlösbarkeit nachzuweisen. Dazu reicht es aus zu zeigen, dass eines von Ihnen nicht leichter zu lösen ist als $(\mathbb{N}, M(\text{DIAG}))$. Wir zeigen

$$(\mathbb{N}, M(\text{DIAG})) \leq_{Alg} \text{UNIV}.$$

Wir setzen voraus, dass wir einen Algorithmus A_{UNIV} zur Lösung von UNIV haben und bauen mit seiner Hilfe den Algorithmus A_{DIAG} zur Entscheidung von $(\mathbb{N}, M(\text{DIAG}))$. Der Algorithmus A_{DIAG} soll für jede natürliche Zahl i die Antwort JA liefern, falls das i-te Programm P_i die Zahl i nicht akzeptiert, und NEIN ausgeben, falls P_i die Zahl i akzeptiert. A_{DIAG} arbeitet auf jeder Eingabe i wie folgt:

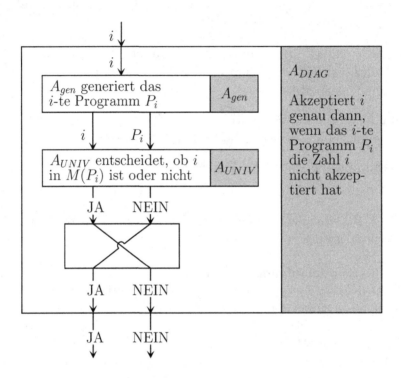

Fig. 4.20

1. A_{DIAG} schickt die Eingabe i an das Teilprogramm A_{gen}, das das i-te Programm P_i als Ausgabe liefert.

2. A_{DIAG} nimmt i und P_i und gibt beide als Eingaben an A_{UNIV}. A_{UNIV} entscheidet, ob P_i die Zahl i akzeptiert (Antwort „JA") oder nicht akzeptiert (Antwort „NEIN").

3. A_{DIAG} dreht die Antworten um. Falls A_{UNIV} „JA" ausgegeben hat (i ist in $M(P_i)$), dann gehört i nicht zu $M(\text{DIAG})$ und A_{UNIV} gibt die richtige Antwort „NEIN". Falls A_{UNIV} „NEIN" ausgegeben hat (i ist nicht in $M(P_i)$), dann ist i in $M(\text{DIAG})$ und A_{UNIV} muss die Antwort „JA" ausgeben.

Aus der Beschreibung der Arbeit von A_{DIAG} auf i sehen wir sofort, dass A_{DIAG} korrekt arbeitet, wenn A_{UNIV} und A_{gen} korrekt arbeiten. Dass A_{UNIV} ein Algorithmus für UNIV ist, haben wir vorausgesetzt. Die verbliebene Frage ist nur, ob man wirklich einen Algorithmus A_{gen} bauen kann, der für eine beliebige natürliche Zahl i eine Textdarstellung des i-ten Programmes P_i in endlicher Zeit generiert. A_{gen} kann wie folgt arbeiten. Er generiert nacheinander die Texte bezüglich der Nummerierung vom Anfang des Kapitels. Für jeden Text wendet er einen Compiler an, um zu überprüfen, ob der Text der Darstellung eines Programms entspricht oder nicht. Dabei zählt A_{gen} die Anzahl positiver Antworten. Nachdem A_{gen} i positive Antworten erhalten hat, weiß er, dass der letzte generierte Text die Darstellung des i-ten Programms P_i ist. Ein Schema (Flussdiagramm) der Arbeit von A_{gen} ist in Fig. 4.21 gezeigt.

Aufgabe 4.17 Zeigen Sie $(\mathbb{N}, M(\mathrm{DIAG})) \leq_{Alg}$ HALT durch eine Reduktion von $(\mathbb{N}, M(\mathrm{DIAG}))$ auf HALT.

Aufgabe 4.18 Sei $M(\overline{\mathrm{DIAG}})$ die Menge aller natürlichen Zahlen i, so dass P_i die Zahl i akzeptiert. Damit sind in $M(\overline{\mathrm{DIAG}})$ genau die natürlichen Zahlen enthalten, die nicht in $M(\mathrm{DIAG})$ sind. Zeigen Sie mittels Reduktion $(\mathbb{N}, M(\mathrm{DIAG})) \leq_{Alg}$ $(\mathbb{N}, M(\overline{\mathrm{DIAG}}))$ und $(\mathbb{N}, M(\overline{\mathrm{DIAG}})) \leq_{Alg} (\mathbb{N}, M(\mathrm{DIAG}))$.

Wir haben gezeigt, dass das Entscheidungsproblem $(\mathbb{N}, M(\mathrm{DIAG}))$, das universelle Problem UNIV und das Halteproblem HALT algorithmisch nicht lösbar sind. Dabei sind die Aufgabenformulierungen von UNIV und HALT wichtig für das Testen von Programmen und somit von praktischer Bedeutung. Leider können Informatiker die enttäuschende Aussage beweisen, dass alle wichtigen Testaufgaben für Programme algorithmisch nicht lösbar sind. Es ist sogar so schlimm, dass die folgende leicht erscheinende Aufgabe algorithmisch nicht lösbar ist.

Sei f_0 eine Funktion auf den natürlichen Zahlen, die für jede Eingabe i als Resultat 0 ausgibt. Solche Funktionen nennen wir konstante Funktionen, weil das Resultat ganz unabhängig von der Eingabe (von den Argumenten) ist. Folgendes Programm

```
0 Ausgabe ← „0"
1 End,
```

das die Eingabe i gar nicht anschaut (einliest), berechnet die Funktion f_0. Trotzdem ist es algorithmisch unterscheidbar, für ein gegebenes Programm P zu entscheiden, ob P die Funktion f_0 berechnet[4]. Dies muss so verstanden

---

[4] Also das Gleiche wie das Programm oben ausrechnet.

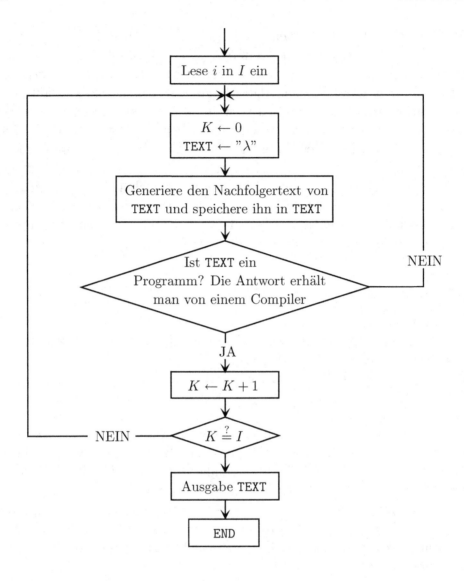

Fig. 4.21

werden, dass man bei diesem Entscheidungsproblem als Eingabe auch sehr lange Programme bekommen kann, die viel Unwichtiges oder sogar Sinnloses tun. Die Frage ist nur, ob sie am Ende doch das richtige Resultat „0" ausgeben.

Aufgabe 4.19 (Knobelaufgabe) Sei $\mathcal{M}_0$ die Menge aller Programme P mit $M(P) = \emptyset$. In anderen Worten enthält $\mathcal{M}_0$ alle Programme, die für jede Eingabe die Ausgabe „NEIN" („0") liefern oder unendlich lange arbeiten. Beweisen Sie, dass es nicht algorithmisch entscheidbar ist, ob ein gegebenes Programm zu $\mathcal{M}_0$ gehört oder nicht (ob ein gegebenes Programm keine Eingabe akzeptiert).

In diesem Kapitel haben wir etwas Wichtiges gelernt. *Syntaktische Fragen und Probleme wie „Entspricht ein gegebener Text einem Programm?" sind algorithmisch lösbar.* Wir können sogar für ein gegebenes i das i-te Programm P_i konstruieren. *Die semantischen Fragen, die die Bedeutung der Berechnungen und die Korrektheit von Programmen hinterfragen, sind algorithmisch nicht lösbar.*

4.5 Zusammenfassung, oder: Was war das Wichtigste von dem, was wir entdeckt haben?

Wir haben die Hoffnung vom Anfang des zwanzigsten Jahrhunderts, dass man alles automatisieren kann, zunichte gemacht. Wir haben herausgefunden, *dass es Problemstellungen gibt, die man automatisch mit Hilfe von durch Algorithmen gesteuerten Maschinen nicht lösen kann.* Diese Aussage gilt unabhängig von derzeitigen oder zukünftigen Rechnertechnologien.

Unter den algorithmisch unlösbaren Problemen befinden sich viele Aufgabenstellungen aus der Praxis wie:

- Ist ein Programm korrekt (berechnet es das, wozu es entwickelt wurde)?

- Vermeidet ein Programm unendliche Berechnungen (endlose Wiederholung einer Schleife)?

In der Informatik entstanden ganze Forschungsgebiete, die nichts anderes tun, als die Möglichkeit des Testens von Programmen zu untersuchen[5]. Es zeigt sich leider, dass sogar *sehr einfache Testaufgaben über Programme wie „Berechnet ein Programm eine konstante Funktion?" nicht algorithmisch lösbar sind.* Die Forscher auf diesem Gebiet sind froh, wenn sie wenigstens Testalgorithmen für das Testen der partiellen Korrektheit von Programmen entwickeln können. Dabei geht es um das Testen von eingeschränkten Programmen in spezieller Darstellung oder um das „Rausfischen" von typischen Fehlern ohne jegliche Garantie, dass man alle Fehler entdeckt hat.

---

[5]Das bezeugt die Wichtigkeit des Testens von Programmen für die Praxis.

Bei algorithmischen Aufgaben oder Programmen unterscheiden wir syntaktische und semantische Probleme. *Syntaktische* Aufgaben beziehen sich auf die
formal korrekte Darstellung eines Programms in gegebener Programmiersprache und sind meistens algorithmisch lösbar. Die *semantischen* Fragen
beziehen sich auf die Bedeutung des Programms. Beispiele sind:

- „Was berechnet das gegebene Programm?"

- „Löst das entwickelte Programm das gegebene Problem?"

- „Hält das Programm auf einer gegebenen Eingabe?"

Alle nicht-trivialen semantischen Problemstellungen über Programme sind
algorithmisch nicht lösbar.

Um diese Kenntnisse zu gewinnen, haben wir zwei Forschungs- und Beweismethoden kennen gelernt. Die erste Methode war die Diagonalisierungsmethode, die wir schon bei der Untersuchung von Unendlichkeit benutzt haben.
Mit dieser Methode konnten wir zeigen, dass es mehr Problemstellungen als
Algorithmen gibt und dadurch Probleme existieren müssen, die algorithmisch
nicht lösbar sind. Das erste algorithmisch unlösbare Problem war für uns das
Entscheidungsproblem $(\mathbb{N}, M(\text{DIAG}))$, also die Entscheidung der Zugehörigkeit zu der Diagonalmenge. Um die algorithmische Unlösbarkeit auf weitere
und praktisch relevante Probleme zu erweitern, haben wir die Methode der
Reduktion benutzt. Diese Methode hat man schon lange mit dem positiven
Ziel verwendet, die Lösbarkeit von Aufgaben auf weitere Aufgaben zu übertragen. Die Idee dabei ist zu sagen, dass

P_1 nicht schwerer als P_2 ist, $P_1 \leq_{Alg} P_2$,

*wenn man mit Hilfe eines Algorithmus zur Lösung von P_2 auch einen Al-
gorithmus zur Lösung von P_1 bauen kann. Dazu sagen wir, dass P_1 auf P_2
reduzierbar ist.*

In positiver Richtung impliziert dann $P_1 \leq_{Alg} P_2$ das Resultat, dass aus algorithmischer Lösbarkeit von P_2 die algorithmische Lösbarkeit von P_1 folgt.
In negativer, von uns verwendeter Richtung, bedeutet $P_1 \leq_{Alg} P_2$, dass aus
der algorithmischen Unlösbarkeit von P_1 die algorithmische Unlösbarkeit von
P_2 folgt. Die Methode der Reduktion im negativen Sinne haben wir verwendet, um aus der algorithmischen Unlösbarkeit von $(\mathbb{N}, M(\text{DIAG}))$ die algorithmische Unlösbarkeit des Halteproblems und des universellen Problems
nachzuweisen.

Lösungsvorschläge zu ausgewählten Aufgaben

Aufgabe 4.3 Reelle Zahlen mit endlicher Darstellung gibt es genau $|\mathbb{N}|$ viele. Wir wissen, dass $|\mathbb{N}| \cdot 2 = |\mathbb{N}|$ und sogar dass $|\mathbb{N}| \cdot |\mathbb{N}| = |\mathbb{N}|$. Weil $|\mathbb{R}| > |\mathbb{N}|$, bedeutet das dann auch, dass

$$|\mathbb{R}| > |\mathbb{N}| \cdot |\mathbb{N}|\,.$$

Deswegen ist klar, dass die Anzahl der reellen Zahlen mit endlicher Darstellung nur ein unendlich kleiner Bruchteil der Menge der reellen Zahlen ist.

Aufgabe 4.6 Die ersten 17 Stellen der binären Darstellung von QUAD sieht man am besten in der folgenden Tabelle.

	0	1	2	3	4	5	6	7	8	9	10	11	12	13	14	15	16	17
QUAD	1	1	0	0	1	0	0	0	0	1	0	0	0	0	0	0	1	0

Sie können diese leicht beliebig verlängern.

Aufgabe 4.7 Die ersten 10 Positionen von DIAG für die hypothetische Tabelle in Fig. 4.7 sind

$$\text{DIAG} = 0101000011.$$

Aufgabe 4.9 Wir wollen zeigen, dass

$$\text{M(2-DIAG)} = \text{Menge aller geraden Zahlen } 2i, \text{ so dass } 2i \text{ nicht in } M(P_i) \text{ ist}$$

nicht entscheidbar ist. Die Idee ist sehr ähnlich zu der Diagonalisierung in Fig. 4.3. Wir bauen 2-DIAG so, dass sie sich von jeder Zeile der Tabelle unterscheidet. Der einzige Unterschied zu DIAG ist, dass sich 2-DIAG von der i-ten Zeile der Tabelle an der Stelle $2i$ unterscheidet (statt an der Stelle i wie für DIAG). Wir können das am besten durch die folgende Tabelle in Fig. 4.22 anschaulich machen.

	0	1	2	3	4	5	6	7	8	9	10	11	12	$\cdots$
$M(P_0)$	[0]	0	1	1	0	1	1	0	1	1	1	1	0	
$M(P_1)$	1	0	[1]	1	0	0	0	0	1	0	1	1	0	
$M(P_2)$	1	1	1	1	[1]	1	1	1	0	0	0	1	0	
$M(P_3)$	0	1	0	1	0	0	[0]	0	1	1	1	0	0	
$M(P_4)$	1	0	1	0	1	0	1	0	[1]	0	1	0	1	
$M(P_5)$	0	1	0	1	1	0	0	1	0	1	[0]	1	1	
$M(P_6)$	0	0	0	0	0	0	0	0	0	0	0	0	[0]	$\cdots$
$\vdots$												$\vdots$		$\ddots$

Fig. 4.22

Die eingerahmten Stellen der Tabelle bezeichnen die Kreuzungen der i-ten Zeile mit der $2i$-ten Spalte, d.h. die Stellen, in denen sich 2-DIAG von den jeweiligen Zeilen der Tabelle unterscheidet. Somit sind die ersten 13 Stellen von 2-DIAG durch die Tabelle in Fig. 4.22 wie folgt festgelegt:

$$\text{2-DIAG} = \underline{1}0\underline{0}0\underline{0}0\underline{1}0\underline{0}0\underline{1}0\underline{1}\ldots$$

Wir sehen, dass an allen ungeraden Stellen von 2-DIAG Nullen liegen und diese für die Unterscheidbarkeit von 2-DIAG keine Rolle spielen. Die unterstrichenen geraden binären Ziffern (beginnend mit der nullten Ziffer) entsprechen den eingerahmten Positionen in Fig. 4.22. Somit garantiert die 1 am Anfang, dass 2-DIAG nicht in der nullten Zeile liegt und die 0 an der zweiten Stelle garantiert, dass 2-DIAG nicht in der ersten Zeile liegt, usw. Die 1 an der 12-ten Stelle von 2-DIAG garantiert, dass 2-DIAG nicht in der 6-ten Zeile der Tabelle liegt.

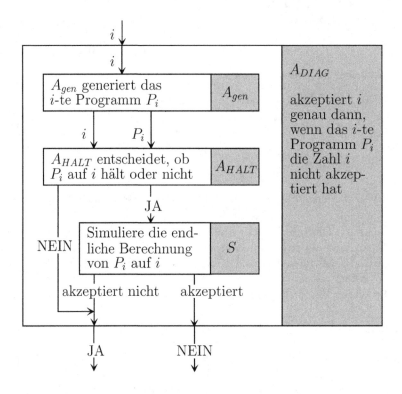

Fig. 4.23

Aufgabe 4.17 Wir sollen zeigen, dass man mit einem hypothetischen Algorithmus A_{HALT} für HALT die Diagonalmenge $M(\text{DIAG})$ erkennen kann. Wir fangen ähnlich an wie in Fig. 4.20 für die Reduktion $(|\mathbb{N}|, M(\text{DIAG})) \leq_{Alg} \text{UNIV}$. Wir müssen für eine gegebene Zahl i entscheiden, ob $i \in M(\text{DIAG})$, d.h. ob P_i die Zahl i nicht akzeptiert. Also generieren wir mittels A_{gen} zuerst das Programm P_i und fragen A_{HALT}, ob P_i auf i hält oder nicht (Fig. 4.23).

Wenn P_i auf i nicht hält, dann gilt $i \notin M(P_i)$ und somit ist die Antwort JA ($i \in M(\text{DIAG})$). Wenn P_i auf i hält, dann gehen wir vor wie in Fig. 4.18. Wir simulieren in endlicher Zeit die Arbeit von P_i auf i und drehen das Resultat um. Wenn P_i die Zahl i nicht akzeptiert, dann akzeptieren wir die Zahl i. Wenn P_i die Zahl i akzeptiert, dann akzeptieren wir die Zahl i nicht (Fig. 4.23).

Weitere Musterlösungen befinden sich auf
`www.openclass.inf.ethz.ch/programm/archiv/WS2005/aufgaben`

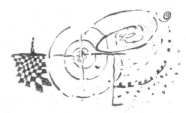

Es gibt keinen größeren Schaden als die verlorene Zeit.
Michelangelo Buonarotti

Kapitel 5

Komplexitätstheorie, oder: Was kann man tun, wenn die gesamte Energie des Universums zum Rechnen nicht ausreicht?

5.1 Lösbar ist nicht gleich lösbar, oder: Eine Einleitung in die Komplexitätstheorie

Im Kapitel 4 haben wir festgestellt, dass es interessante Aufgaben gibt, die man algorithmisch nicht lösen kann. Und wir haben sogar gelernt, wie man zeigen kann, dass einige Probleme im algorithmischen Sinne unlösbar sind. Bis Anfang der sechziger Jahre hat die Klassifikation (die Einteilung) der algorithmischen Aufgaben in algorithmisch lösbare und algorithmisch unlösbare die Grundlagenforschung dominiert. Die Situation änderte sich mit dem immer breiteren Einsatz der Rechner auch im zivilen Bereich. Rechner wurden immer häufiger zur Planung und zur Optimierung von Arbeitsprozessen und zur Simulation kostenintensiver Forschungsexperimente verwendet. Und da mussten sich die ersten Programmierer und Algorithmendesigner der harten Realität stellen. Programme wurden geschrieben, den Rechnern übergeben und alle im Raum schwitzten, weil die Computer im wahrsten Sinne des Wortes heiß liefen, da die Kühlung damals ein großes Problem war. Nur Resultate waren keine in Sicht. Damals mussten auch die Rechner häufiger gewartet werden[1] und so hatte man für die Rechenarbeit nur die Zeit zwischen zwei Wartungen. Und dieses Zeitintervall reichte nicht aus, um die Berechnungen erfolgreich abzuschließen. Die Informatiker konnten die vorhandenen Aufgaben nicht lösen, obwohl die Aufgaben offensichtlich algorithmisch lösbar waren. Sie hatten ja für diese Aufgabenstellungen Algorithmen entwickelt, die dann in Programme umgesetzt worden waren. Vorhersagen über die benötigte Arbeitszeit von Algorithmen wurden benötigt. Und so kam es wieder zu dem allerwichtigsten Prozess der Begriffsbildung. Die Begriffe der Berechnungskomplexität von Algorithmen und in gewissem Sinne auch von algorithmischen Aufgaben wurden eingeführt. Bald erkannte man, was es bedeutet, effizient zu rechnen. Viele Algorithmen konnten nicht angewendet werden und zwar nicht deswegen, weil ein paar Tage für die Durchführung ihrer Berechnungen nicht reichten. Sondern, weil Milliarden von Jahren nicht gereicht hätten, um die Berechnungen umzusetzen. Also waren solche Algorithmen nicht praktisch nutzbar. Man könnte sagen: „Gut, lasst uns eben effiziente Algorithmen für die gegebenen Probleme suchen." Nur gab es hunderte von Problemen (Aufgabenstellungen) für die man trotz großer Mühe keine effizienten Algorithmen finden konnte. Wieder standen also neue prinzipielle Fragen im Raum:

Liegt es an uns[2], dass wir keinen effizienten Weg zur Lösung einiger Probleme finden können?

Oder gibt es Probleme, die effizient und damit praktisch nicht lösbar sind, obwohl es algorithmisch möglich ist?

Diese Fragen führten zur Entwicklung der Komplexitätstheorie, die in erster Linie versucht, den Schwierigkeitsgrad der algorithmischen Aufgaben bezüglich der Berechnungskomplexität zu messen. Das Hauptanliegen ist es, die algorithmisch lösbaren Probleme in praktisch (effizient) lösbare und praktisch unlösbare zu unterteilen. Und die Komplexitätstheorie hat gezeigt, dass es Probleme gibt, bei denen die Gesamtenergie des Universums zur Berechnung der Lösung (der Umsetzung der notwendigen Rechenarbeit) nicht ausreichen würde.

„Algorithmisch (automatisch) lösbar bedeutet also noch nicht praktisch lösbar."

Das zu erkennen, was praktisch lösbar ist und effiziente Algorithmen zu entwickeln, ist bis heute der härteste und wichtigste Forschungskern der theoretischen Informatik.

---

[1]oft sogar täglich
[2]Sind wir so unfähig?

Die Beweise und Argumentationsführungen in diesem Bereich sind oft so schwer, dass alles, was wir bisher durchgemacht haben, dagegen wie ein Kinderspiel aussieht. Deshalb verzichten wir in diesem Kapitel auf eine ausführliche Darstellung der Wege zu den Hauptresultaten. Glücklicherweise brauchen wir diese nicht, um später die vorgestellten Wunder zu begreifen. Das Einzige, was wir dazu benötigen, ist, einige Konzepte und Errungenschaften der Komplexitätstheorie zu verstehen und richtig deuten zu können. Und diesem Zweck ist dieses Kapitel gewidmet.

5.2 Wie misst man die Berechnungskomplexität?

Der Begriff der Komplexität im Sinne der Menge der Rechenarbeit ist zentral für die Rechnerwissenschaften und sicherlich nach den schon eingeführten Begriffen von Programmen und Algorithmen der wichtigste Begriff der Informatik. Wenn man mathematisch (formal) vorgeht, müsste man sich zuerst auf ein mathematisches Modell von Algorithmen einigen und dann den Berechnungsaufwand als ausgeübte Anzahl an Operationen dieses Modells messen. Glücklicherweise ist diese genaue Art der Komplexitätsmessung meistens nur für die Herleitung der quantitativen Gesetze der Informationsverarbeitung notwendig, die wir hier wegen des hohen Schwierigkeitsgrades nicht präsentieren wollen. Für den üblichen Umgang (Entwurf und Implementierung) mit Algorithmen reicht oft die folgende einfache Art der Komplexitätsmessung, die uns in den meisten Fällen zuverlässige Aussagen liefert.

Wie kann die Komplexität eines Algorithmus einfach gemessen werden? Sei A ein Algorithmus zur Lösung eines Problems (einer Aufgabe) U. Wir müssen zuerst sagen, was die Komplexität von A auf einer Probleminstanz I von U ist. Die einfachste Art und Weise besteht darin, zu sagen, dass **die Komplexität von A auf I**

die Anzahl der auszuführenden Rechenoperationen

in der Berechnung von A auf I ist. Weil man annimmt, dass die Operationen eine nach der anderen ausgeführt werden, sprechen wir genauer über **die Zeitkomplexität von A auf I**. Weil die Zeitkomplexität für uns das wichtigste Maß für die Messung und die Beurteilung der Effizienz von Algorithmen ist, verwendet man oft die kürzere Bezeichnung Komplexität für dieses Maß. Die zweitwichtigste Komplexität für uns ist die **Speicherplatz-komplexität von A auf I**, die

der Anzahl der verwendeten Variablen und damit der Anzahl der Speicherplätze (Register)

entspricht.

Zum Beispiel betrachten wir die Aufgabe, den Wert des quadratischen Polynoms

$$a \cdot x^2 + b \cdot x + c$$

für gegebene Zahlen

$$a = 3, b = 4, c = 5 \text{ und } x = 7$$

zu berechnen. Ein naiver Algorithmus kann wie folgt rechnen.

$L \leftarrow b \cdot x$

{Multipliziere b mit x und speichere das Resultat in der Variablen (auf dem Speicherplatz namens) L}

$X \leftarrow x \cdot x$

$Y \leftarrow a \cdot X$

{danach ist der Wert von ax^2 in Y gespeichert}

$D \leftarrow L + c$

{danach ist der Wert von $b \cdot x + c$ in D gespeichert}

$R \leftarrow Y + D$

{danach ist das Resultat $ax^2 + bx + c$ in R gespeichert}

Wir sehen sofort, dass für die gegebenen Zahlen a, b, c und x die folgenden fünf Befehle als arithmetische Operationen realisiert werden.

$$\begin{array}{ccccc} b \cdot x \to L & x \cdot x \to X & a \cdot X \to Y & L + c \to D & Y + D \to R \\ 4 \cdot 7 = 28 & 7 \cdot 7 = 49 & 3 \cdot 49 = 147 & 28 + 5 = 33 & 147 + 33 = 180 \end{array}$$

Somit ist die Zeitkomplexität von A auf $I = (a = 3, b = 4, c = 5, x = 7)$ genau 5. Wenn man an die Abspeicherung der Werte für a, b, c, x, I, X, Y, D und R denkt, ist die Speicherplatzkomplexität von A auf I genau 9. Wir beobachten, dass die konkreten Werte für a, b, c und x keinen Einfluss auf die Komplexität des Algorithmus A haben. Deswegen sagen wir, dass die Zeitkomplexität von A genau 5 für jede Probleminstanz (für jedes quadratische Polynom) ist.

Aufgabe 5.1 Formulieren Sie den Algorithmus A in ein Programm in der Programmiersprache des Kapitels 2 um, die nur die einfachen Maschinenbefehle erlaubt und bei denen Sie auch an das Einlesen der Werte für a, b, c und x denken müssen.

a) Wie groß ist die Zeitkomplexität von A in dieser konkreten Implementierung?

b) Können Sie das Programm so umschreiben, dass Sie dabei mit weniger als 9 Registern auskommen?

Die Vorgehensweise des Algorithmus A kann man auch durch die folgende Darstellung des Polynoms veranschaulichen:

$$a \cdot x \cdot x + b \cdot x + c \ .$$

Hier sehen wir direkt die drei Multiplikationen und zwei Additionen, die auszuführen sind. Wir versuchen jetzt den Algorithmus zu verbessern. Nach dem bekannten Distributivgesetz gilt

$$a \cdot x \cdot x + b \cdot x = (a \cdot x + b) \cdot x$$

und somit erhalten wir mit Hilfe des Distributivgesetzes die folgende Darstellung des quadratischen Polynoms:

$$ax^2 + bx + c = (ax + b) \cdot x + c \ .$$

In dieser neuen Darstellung sind nur zwei Multiplikationen und zwei Additionen durchzuführen, also ist die Komplexität des resultierenden verbesserten Algorithmus genau 4.

Aufgabe 5.2 Betrachten wir ein Polynom vierten Grades:

$$f(x) = a_4 \cdot x^4 + a_3 \cdot x^3 + a_2 \cdot x^2 + a_1 \cdot x + a_0 \ .$$

Erklären Sie, wie man den Wert des Polynoms für gegebene a_4, a_3, a_2, a_1, a_0 und x mit nur vier Multiplikationen und vier Additionen berechnen kann.

Aufgabe 5.3 (Knobelaufgabe) Entwerfen Sie einen Algorithmus, der den Wert jedes Polynoms n-ten Grades

$$a_n \cdot x^n + a_{n-1} \cdot x^{n-1} + \ldots + a_2 \cdot x^2 + a_1 \cdot x + a_0$$

für gegebene Werte von $a_0, \ldots, a_n$ und x mit höchstens n Multiplikationen und n Additionen ausrechnet.

Wir haben hier gesehen, dass der Arbeitsaufwand von unserer Geschicklichkeit für den Entwurf eines Algorithmus abhängt. Ein noch plausibleres Beispiel ist die Berechnung von x^{16}. Wenn wir x^{16} als

$$x \cdot x \cdot x \cdot x \cdot x \cdot x \cdot x \cdot x \cdot x \cdot x \cdot x \cdot x \cdot x \cdot x \cdot x$$

aufschreiben, sehen wir, dass wir 15 Operationen brauchen, um auf diese Weise x^{16} zu berechnen. Die folgende Darstellung

$$x^{16} = (((x^2)^2)^2)^2$$

gibt uns folgende Methode

$$x^2 = x \cdot x \quad x^4 = x^2 \cdot x^2 \quad x^8 = x^4 \cdot x^4 \quad x^{16} = x^8 \cdot x^8$$
$$L \leftarrow x \cdot x \quad L \leftarrow L \cdot L \quad \ L \leftarrow L \cdot L \quad \ \ L \leftarrow L \cdot L$$

der Berechnung von x^{16}, die nur mit 4 Multiplikationen auskommt.

Aufgabe 5.4 Berechnen Sie

a) x^6 mit 3 Multiplikationen,

b) x^{64} mit 6 Multiplikationen,

c) x^{18} mit 5 Multiplikationen,

d) x^{45} mit 8 Multiplikationen.

Ist es möglich, x^{45} mit weniger als 8 Multiplikationen zu berechnen?

Aber die Situation, die wir für die Berechnung des Wertes eines quadratischen Polynoms haben und in der für jede Polynominstanz die Komplexität gleich ist, ist eher untypisch. Hier kam sie deswegen zu Stande, weil das Problem einfach ist und weil wir in gewissem Sinne grob gemessen haben. Unsere Komplexitätsmessung ist korrekt, wenn alle konkreten Eingabewerte für a, b, c und x immer Zahlen sind, die problemlos in einem Rechenregister von 16 oder 32 Bits gespeichert werden können. Was passiert aber, wenn die Zahlen mehrere hundert Bits lang sind? Dann darf man nicht für eine arithmetische Operation über riesigen Zahlen den gleichen Aufwand zählen, wie für eine in der Hardware des Rechners zur Verfügung stehende Operation über 16-Bit Zahlen. Wenn bei den Anwendungen wirklich beliebig große Zahlen vorkommen können, müsste man jede arithmetische Operation über großen Zahlen in eine Folge von Operationen über „kleinen" Zahlen umwandeln und die Komplexität in der Anzahl der vorhandenen Operationen über kleinen Zahlen messen. Wir wollen uns aber hier nicht mit diesen Problemen belasten und nehmen für unsere Messung an, dass die vorhandenen Zahlen eine vernünftige Größe nicht überschreiten. Und damit ist für uns die Zeitkomplexität die Anzahl der arithmetischen Operationen, Zahlenvergleiche und ähnlichen Basisoperationen eines Rechners oder einer Programmiersprache.

Auch bei dieser Annahme ist es aber untypisch, dass ein Algorithmus bei allen Eingaben (Probleminstanzen) immer den gleichen Aufwand hat. Wenn man ein Telefonbuch für ein Dorf mit 3000 Einwohnern und eine Stadt mit 500000 Einwohnern durch alphabetisches Sortieren der Namen erzeugen will, sind die Aufwände offensichtlich sehr unterschiedlich. Das ist nicht überraschend, aber dadurch kommen wir zum Kern der Geschichte. Wir erwarten, dass die Komplexität von der **Eingabegröße** abhängt. Was die Eingabegröße ist, oder besser gesagt, wie man sie misst, liegt bei uns. Beim Sortieren kann es zum Beispiel die Anzahl der zum Sortieren gegebenen Objekte (3000 oder 500000 Einwohnernamen) sein. Bei der Berechnung von Polynomwerten eines beliebigen Polynoms kann man den Grad des Polynoms (also die maximal mögliche Anzahl der Koeffizienten minus 1) als Eingabegröße heranziehen. In diesem Fall ist das Polynom

$$a_n x^n + a_{n-1} x^{n-1} + \ldots + a_2 x^2 + a_1 x + a_0$$

durch $n + 2$ Zahlen

$$(a_n, a_{n-1}, a_{n-2}, \ldots, a_2, a_1, a_0, x)$$

als Eingabe gegeben und wir ordnen dieser Eingabe die Eingabegröße n zu. Ein naiver Algorithmus A rechnet den Wert für ein Polynom der Eingabegröße (des Grades) n wie folgt.

$$\underbrace{x \cdot x = x^2}_{1.Multiplikation} \qquad \underbrace{x \cdot x^2 = x^3}_{2.Multiplikation} \qquad \cdots \qquad \underbrace{x \cdot x^{n-1} = x^n}_{(n-1)-te\ Multiplikation}$$

$$\underbrace{a_1 \cdot x}_{n-te\ Multiplikation} \qquad \underbrace{a_2 \cdot x^2}_{(n+1)-te\ Multiplikation} \qquad \cdots \qquad \underbrace{a_n \cdot x^{n-1}}_{(2n-2)-te\ Multiplikation}$$

und dann summiert man $a_0 + a_1 x + \ldots + a_n x^n$ mit n Additionen.

$$a_0 \qquad + \qquad a_1 x \qquad + \qquad \cdots \qquad + \qquad a_n x^n$$
$$\uparrow \qquad\qquad\qquad \uparrow \qquad\qquad\qquad\qquad\quad \uparrow$$
$$1.\,\text{Addition} \qquad\quad 2.\,\text{Addition} \qquad\quad n\text{-te Addition}$$

Somit ist die Zeitkomplexität von A die Funktion

$$\text{Zeit}_A(n) = \underbrace{2n-2}_{Multiplikationen} + \underbrace{n}_{Additionen} = 3n - 2 \ .$$

Also ist die **Zeitkomplexität Zeit$_A$ eines Algorithmus A**

> *eine Funktion der Eingabegröße, die die Anzahl Zeit$_A$(n) der notwendigen und hinreichenden Operationen misst, mit der der Algorithmus A jeden Problemfall der Größe n lösen kann.*

Es darf auch hier vorkommen, dass unterschiedliche Eingaben gleicher Größe unterschiedlichen Aufwand erfordern. In so einem Fall nehmen wir Zeit$_A(n)$ als die Zeitkomplexität von A auf der schwierigsten Eingabe der Größe n, also als Maximum der Komplexitäten von A über alle Eingaben der Größe n. Damit sind wir auf der sicheren Seite und deswegen haben sich die Forscher für diese Definition entschieden. Auf diese Weise garantiert uns der Wert von Zeit$_A(n)$, dass der Algorithmus A mit Zeit$_A(n)$ Operationen jede einzelne Eingabe der Größe n erfolgreich bewältigen kann und dass A mindestens für eine[3] Eingabe der Größe n wirklich auch Zeit$_A(n)$ Operationen zur Berechnung des Resultates braucht.

5.3   Wozu dient die Komplexitätsmessung von Algorithmen?

Wie auch in anderen Wissenschaftsdisziplinen dient das erworbene Wissen auch zu Vorhersagen über die Entwicklung unterschiedlicher Situationen und Prozessen, die in unserem Interesse liegen. Wenn man die Zeitkomplexität eines Algorithmus durch die sogenannte Komplexitätsanalyse bestimmt hat, kann man die Zeit der Arbeit des Algorithmus für gegebene Probleminstanzen vorher abschätzen, ohne den Algorithmus auf den Eingaben laufen zu lassen. Außerdem kann man auf diese Weise die Güte (die Effizienz) zweier oder mehrerer Algorithmen für die gleiche Aufgabe vergleichen. Meistens tun wir dies, indem wir die Komplexitätsfunktionen zeichnen.

In Fig. 5.1 sind im Koordinatensystem zwei Funktionen $3n-2$ und n^2 gezeichnet. Auf der x-Achse tragen wir die Eingabegröße ein und auf der y-Achse die analysierte Zeitkomplexität. Wir sehen sofort, dass der Algorithmus mit der

---

[3]die schwierigste

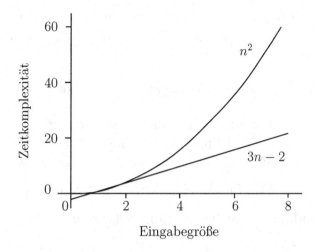

Fig. 5.1

Zeitkomplexität $3n - 2$ effizienter ist als der Algorithmus mit der Komplexität n^2 für Eingabelängen größer als 2. Rechnerisch kann man auch schnell beweisen, dass

$$3n - 2 < n^2$$

für alle natürlichen Zahlen größer als 2.

Betrachten wir ein anderes Beispiel. Seien A und B zwei Algorithmen für ein Problem U mit

$$\text{Zeit}_A(n) = 2n^2 \text{ und } \text{Zeit}_B(n) = 40n + 7000 \ .$$

Weil lineare Funktionen wie $\text{Zeit}_B(n)$ langsamer als quadratische Funktionen wie $\text{Zeit}_A(n)$ wachsen, stellt sich die Frage, ab welcher Eingabegröße der Algorithmus B günstiger für uns ist, als Algorithmus A. Dies beantworten wir jetzt rechnerisch. Die Frage ist also, für welche positiven ganzen Zahlen

$$2n^2 > 40n + 7000$$

gilt. Diese Frage ist äquivalent zu der Frage (wir ziehen von beiden Seiten die gleiche Zahl $40n + 7000$ ab), wann

$$2n^2 - 40n - 7000 > 0$$

gilt. Wenn wir die Ungleichung durch 2 teilen (beide Seiten halbieren), erhalten wir

$$n^2 - 20n - 3500 > 0 \ . \tag{5.1}$$

Jetzt können wir nach der bekannten Methode für die Lösung von quadratischen Gleichungen die Lösungen der Gleichung $n^2 - 20n - 3500 = 0$ suchen,
oder einfach bemerken, dass

$$(n + 50) \cdot (n - 70) = n^2 - 20n - 3500 \ .$$

In beiden Fällen erhalten wir die Lösungen (so genannte Nullstellen) -50
und 70 und sehen, dass (5.1) für $n < -50$ und $n > 70$ gilt. Weil uns nur
positive ganze Zahlen interessieren, schließen wir mit dem Resultat ab:

(i) B ist günstiger als A für Probleminstanzen der Größe größer als 70.

(ii) A und B sind gleich gut für die Eingabelänge $n = 70$.

(iii) A ist vorteilhafter als B für Eingabelängen von 1 bis 69.

Aufgabe 5.5 Betrachten wir drei Algorithmen A, B und C, die die gleiche Auf-
gabe lösen. Seien $\text{Zeit}_A(n) = n^3/2 + 1$, $\text{Zeit}_B(n) = n^2 + 7$ und $\text{Zeit}_C(n) = 5n + 140$.
Versuchen Sie zeichnerisch oder rechnerisch festzustellen, für welche Eingabegrößen
welcher Algorithmus der vorteilhafteste[4] ist.

Eine andere Art von Fragestellungen ist die folgende. Ein Anwender weiß
ganz genau, dass er für das Resultat höchstens eine gewisse Zeit warten
kann. Für eine interaktive Applikation kann das Limit schon bei kurzen $10s$
liegen. Wenn man einen guten Rechner mit 10^9 Operationen pro Sekunde
hat, kann man nur Berechnungen durchführen, die höchstens $10 \cdot 10^9 = 10^{10}$
Operationen realisieren. Jetzt bieten wir dem Anwender einen Algorithmus
mit der Komplexität $5n^3$ an. Dann rechnet er:

$$\begin{aligned}
5n^3 &< 10^{10} & &| : 5 \\
n^3 &< 2 \cdot 10^9 & &| \sqrt[3]{} \text{ auf beiden Seiten} \\
n &\leq 1250 & &.
\end{aligned}$$

Damit weiß der Anwender, dass er den Algorithmus für Eingabegrößen unter
1250 erfolgreich anwenden kann. Üblicherweise sind die typisch vorkommenden Eingabegrößen dem Anwender bekannt und so kann er sofort entscheiden, ob er den Algorithmus implementieren lässt oder ob er einen schnelleren
Algorithmus anfordert.

Nehmen wir jetzt an, wir haben eine Optimierungsaufgabe, bei der man aus
sehr vielen Lösungen die beste aussuchen soll. Dabei geht es um große Investitionen wie zum Beispiel um den Ausbau eines Straßen- oder Bahnnetzes

---

[4]im Sinne der Zeitkomplexität

oder um die Platzierung von Sendern in einem Land. Weil man eine gute Entscheidung treffen will, gibt es hier auch eine hohe Bereitschaft, sich für die Berechnung guter Lösungen viel Zeit zu nehmen und teurere Rechnersysteme anzuwenden. Also geht man fast an die Grenze des Machbaren und setzt die Grenze auf 10^{16} Operationen. Visuell kann man die Grenze wie in Fig. 5.2 betrachten. Die Linie $y = 10^{16}$ ist unsere Grenze. Dort, wo die Zeitkomplexität $\text{Zeit}_A(n)$ eines Algorithmus A an diese Grenze trifft, kann man an der x-Achse die Eingabegröße n_A ablesen. Dadurch wissen wir, für welche Eingabegrößen der Algorithmus A anwendbar ist und weil die Größe der vorhandenen Probleminstanz bekannt ist, können wir sofort entscheiden, ob der Algorithmus für uns geeignet ist.

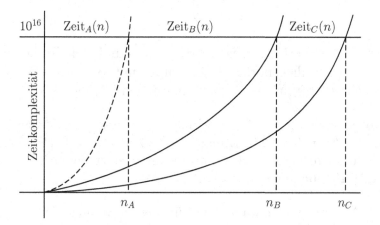

Fig. 5.2

Um die Wichtigkeit der Effizienz anzusehen, analysieren wir die Situation für ein paar Zeitfunktionen. Sei $\text{Zeit}_A(n) = 3n - 2$. Dann rechnen wir

$$
\begin{aligned}
3n - 2 &\leq 10^{16} && |+2 \text{ auf beiden Seiten} \\
3n &\leq 10^{16} + 2 && | \text{ geteilt durch } 3 \\
n &\leq \tfrac{1}{3}(10^{16} + 2) = n_A &&.
\end{aligned}
$$

Wir sehen, dass so eine riesige Eingabegröße sowieso nie vorkommen wird und somit ist der Algorithmus A in der Anwendung immer verwendbar. Für einen Algorithmus B mit $\text{Zeit}_B(n) = n^4$ erhalten wir

$$
\begin{aligned}
n^4 &\leq 10^{16} && |\sqrt[4]{} \text{ auf beiden Seiten} \\
n &\leq (10^{16})^{1/4} = 10^4 &&= 10000 \;.
\end{aligned}
$$

Also ist B für Eingabegrößen bis zu $n_B = 10000$ praktikabel. Weil die typischen Eingabegrößen für die meisten (aber nicht alle) Anwendungen n_B nicht erreichen, ist B noch als ein guter Algorithmus anzusehen.

Nehmen wir jetzt an, dass $\text{Zeit}_C(n) = 10^n$ gilt. Dann sieht es wie folgt aus

$$\begin{aligned} 10^n &\leq 10^{16} \quad | \log_{10} \text{ auf beiden Seiten} \\ n &\leq 16 \end{aligned}$$

und somit nicht gut. Wir können trotz dieses großzügigen Aufwandes von 10^{16} Operationen nur sehr kleine Probleminstanzen lösen. Wenn man die exponentielle Funktion $f(n) = 2^n$ betrachtet, dann sieht man

$$2^{n+1} = 2 \cdot 2^n \,,$$

also verdoppelt jede Verlängerung der Eingabe um 1 den Rechenaufwand. Daraus können wir schließen, dass Algorithmen mit exponentieller Zeitkomplexität nur sehr eingeschränkt Anwendung finden können.

Aufgabe 5.6 Nehmen wir an, ein Algorithmiker verbessert einen Algorithmus C mit $\text{Zeit}_C(n) = 10^n$ zu einem Algorithmus D mit $\text{Zeit}_D(n) = 4 \cdot (1.2)^n$. Wie weit erweitert sich die Möglichkeit, größere Eingabeinstanzen zu bearbeiten, wenn man die Zeitschranke 10^{16} betrachtet?

Aufgabe 5.7 Nehmen wir an, wir verfügen über einen Rechner, der 10^9 Operationen pro Sekunde durchführen kann. Die Anzahl der seit dem Urknall vergangenen Sekunden ist kleiner als 10^{18}. Wir sind bereit, während einer Zeit von 10^{18} Sekunden zu warten. Welche Eingabegrößen können bei einem Algorithmus A bearbeitet werden, wenn

(i) $\text{Zeit}_A(n) = 10 \cdot n^2$?

(ii) $\text{Zeit}_A(n) = 50 \cdot n^3$?

(iii) $\text{Zeit}_A(n) = 2^n$?

(iv)* $\text{Zeit}_A(n) = n! = n \cdot n(n-1) \cdot (n-2) \cdot \ldots \cdot 2 \cdot 1$? (Knobelaufgabe)

5.4   Die Grenzen der praktischen Lösbarkeit

Im vorherigen Abschnitt haben wir gesehen, wie die Zeitkomplexität von Algorithmen über ihre Anwendbarkeit entscheidet. Unser Ziel ist aber ein bisschen anspruchsvoller. Wir wollen die Schwierigkeit von algorithmischen Problemen messen, um entscheiden zu können, ob sie praktisch lösbar sind oder nicht. Auf den ersten Blick scheint der Weg von der Komplexitätsmessung von Algorithmen zur Komplexitätsmessung von Problemen kurz und einfach. Die folgende Definition

> „Die Komplexität eines Problems U ist die Komplexität des besten (optimalen bezüglich der Zeitkomplexität) Algorithmus für U."

liegt auf der Hand. Obwohl sie sehr vernünftig aussieht, kann man sie nicht allgemein verwenden. Die Forscher haben gezeigt, dass es Aufgaben gibt, für die man keinen besten Algorithmus festlegen kann. Für eine solche Aufgabe U ist jeder Algorithmus für U noch wesentlich[5] zu verbessern.

Weil man im Allgemeinen die Komplexität jedes Problems U mit der Komplexität eines (des besten) Algorithmus für U identifizieren kann, spricht man in der Informatik von oberen und unteren Schranken für die Komplexität eines Problems.

Definition 5.1 Sei U ein Problem und sei A ein Algorithmus, der U löst. Dann sagen wir, dass die Zeitkomplexität Zeit$_A(n)$ des Algorithmus A eine **obere Schranke für die Zeitkomplexität von U** ist.

Für eine Funktion f sagen wir, dass $f(n)$ eine **untere Schranke für die Zeitkomplexität von U** ist, wenn es keinen Algorithmus B für U gibt mit

$$\text{Zeit}_B(n) \leq f(n)$$

für fast alle[6] n.

Diese Definition genügte den Algorithmikern, um einige wichtige Tatsachen zu entdecken. Zum Beispiel gibt es beliebig schwierige algorithmische Probleme. Genauer gesagt, für jede beliebig schnell wachsende Funktion wie z.B. $2^n, n!$ oder sogar 2^{2^n} findet man Probleme, die mit dieser Komplexität lösbar sind, aber mit kleinerer Komplexität nicht. Solche extrem schwierigen (praktisch unlösbaren) Probleme hat man durch eine anspruchsvollere Anwendung der Diagonalisierungsmethode gefunden und somit sind solche Probleme meistens künstlich.

Für praxisbezogene Probleme ist die Komplexitätsbestimmung viel schwieriger. Wir kennen Tausende von Aufgaben mit exponentiellen oberen Schranken wie 2^n (weil die besten bekannten Algorithmen zu ihrer Lösung solch

---

[5]für unendlich viele Eingabelängen
[6]für alle bis auf endlich viele

einen riesigen Aufwand erfordern) und keinen unteren Schranken, die schneller als linear wachsen (also keine untere Schranke der Form z. B. $n \cdot \log n$ oder n^2). Mit anderen Worten haben wir eine Unmenge an Problemen mit einer riesigen Lücke zwischen unteren Schranken $c \cdot n$ und oberen Schranken wie 2^n und sind nicht in der Lage, die Komplexität dieser Probleme genauer zu bestimmen. Über 40 Jahre erfolgloser Versuche haben die Informatiker hinter sich und das Problem liegt scheinbar in der Schwierigkeit, untere Schranken für die Komplexität konkreter Aufgaben zu beweisen.

Heute begreift man das Beweisen von unteren Schranken und somit der Nichtexistenz von effizienten Algorithmen für konkrete algorithmische Probleme als den härtesten Kern der ganzen Informatik. Es gibt sogar Beweise, dass man einige der gewünschten unteren Schranken mit den derzeitigen Methoden der Mathematik nicht beweisen kann. Somit ist ein wesentlicher Fortschritt in der Entwicklung der Beweismethoden (der Argumentationsansätze) in der Mathematik notwendig, um über höhere untere Schranken die Komplexität von konkreten algorithmischen Aufgaben genauer bestimmen zu können.

Die Untersuchung der Komplexität von Algorithmen und Problemen hat eine neue und die heute zentrale Frage der Algorithmik aufgeworfen:

Welche algorithmischen Probleme sind praktisch lösbar?
Wo ist die Grenze der praktischen algorithmischen Lösbarkeit?

Wenn wir uns unsere Untersuchungen aus Abschnitt 5.3 und die Tabelle Tab. 5.1 anschauen, sehen wir, dass wir auf keinen Fall die exponentiellen Algorithmen als praktisch bezeichnen dürfen. In Tabelle 5.1 schreiben wir

n $f(n)$	10	50	100	300
$10n$	100	500	1000	3000
$2n^2$	200	5000	20000	180000
n^3	1000	125000	1000000	27000000
2^n	1024	16 Ziffern	31 Ziffern	91 Ziffern
$n!$	$\approx 3.6 \cdot 10^6$	65 Ziffern	158 Ziffern	615 Ziffern

Tabelle 5.1

die Anzahl der Operationen für 5 Komplexitätsfunktionen auf 4 Eingabegrößen $10, 50, 100$ und 200. Wenn die Anzahl der Operationen zu groß wird, schreiben wir statt der Zahl nur die Anzahl der Dezimalziffern dieser Zahl. Wir sehen sofort, dass die exponentiell schnell wachsenden Komplexitätsfunktionen wie 2^n und $n!$ schon für kleine Eingabegrößen über 50 praktisch nutzlos sind.

Nach mehreren Jahren der Überlegungen haben sich die Informatiker auf folgende Charakterisierung geeinigt:

> *Einen Algorithmus A mit $Zeit_A(n) \leq c \cdot n^d$ für irgendwelche Konstanten (konkrete Zahlen) c und d nennt man einen **polynomiellen Algorithmus**.*
>
> *Jedes Problem, das man mit einem polynomiellen Algorithmus lösen kann, betrachtet man als **praktisch lösbar**. Mit **P** bezeichnen wir die Klasse aller Entscheidungsprobleme[7], die in polynomieller Zeit lösbar sind.*

Es war nicht so einfach, diese Definition zu akzeptieren und heute betrachten wir diese Definition und damit die polynomielle Zeitkomplexität nicht als eine scharfe Grenze zwischen praktisch lösbar und praktisch unlösbar, sondern als eine Annäherung an den ersten Versuch diese Grenze festzulegen. Zur Akzeptanz dieser groben Grenze führten eigentlich zwei ganz unterschiedliche Gründe – ein praktischer und ein theoretischer.

1. Der praktische Grund

Der Grund basiert auf den Erfahrungen in der Algorithmenentwicklung. Dass exponentielle Algorithmen nicht praktikabel sind, war jedem klar. Dass Algorithmen mit der Zeitkomplexität bis zu n^3 und unter gewissen Umständen bis n^6 anwendbar sind, haben uns die Analysen und die Praxis gelehrt. Aber ein polynomieller Algorithmus mit der Zeitkomplexität n^{100} ist für realisitische Eingabegrößen noch weniger praktisch anwendbar, als einer mit der Zeitkomplexität 2^n. Darf man also ein Problem, für das der beste Algorithmus in der Zeit n^{100} läuft, als praktisch lösbar einordnen? Die Erfahrung mit realen Problemen zeigt, dass solche Probleme in der Praxis nicht auftreten. Wenn man einen polynomiellen Algorithmus mit einem höheren Grad des Polynoms gefunden hat, dann gelingt es fast immer, einen anderen Algorithmus für das Problem zu entwickeln, der in der Zeit unter $c \cdot n^6$ oder meistens unter $c \cdot n^3$ für eine Konstante c arbeitet. Es gibt nur sehr wenige Ausnahmen von in Polynomialzeit lösbaren Problemen, die nicht praktisch lösbar geworden sind. Deswegen ist die Klasse P aus praktischer Sicht nicht zu groß und die Probleme aus P werden als praktisch lösbar angesehen.

---

[7]Zur Erinnerung: Entscheidungsprobleme haben die Ausgabe JA oder NEIN. Es wird also entschieden, ob die Eingabe eine gewünschte Eigenschaft erfüllt oder nicht. (siehe Kapitel 4.3)

2. Der theoretische Grund

Die Definition einer wichtigen Klasse wie die der praktisch lösbaren Probleme muss robust in dem Sinne sein, dass sie unabhängig von dem in der Definition benutzten Rechenmodell ist. Es darf nicht passieren, dass ein Problem aus Sicht der Programmiersprache JAVA praktisch lösbar ist, aber aus Sicht eines anderen Modells oder einer anderen Programmiersprache nicht. Dies wäre aber der Fall, wenn man versuchen würde, die Klasse praktisch lösbarer Probleme als solche mit einer oberen Schranke $c \cdot n^6$ an die Zeitkomplexität zu definieren. Die in der Theorie verwendeten Rechnermodelle brauchen oft einen um einen Faktor n^2 höheren Zeitaufwand zur Simulation eines Programmes in einer gewöhnlichen Programmiersprache. Dann kann ein Problem in JAVA in der Zeit n^3 lösbar sein, aber ein anderes Rechnermodell würde die Zeit n^5 brauchen. Aber der Begriff der polynomiellen Algorithmen und somit auch der Klasse P ist robust genug. Die Klasse der in polynomieller Zeit lösbaren Probleme ist die gleiche für alle vernünftigen Berechnungsmodelle. Damit hat der Beweis der Zugehörigkeit oder der Nichtzugehörigkeit zur Klasse P eine allgemeine Gültigkeit und kann aus der theoretischen Sicht zur Klassifikation der Probleme in praktisch lösbare und praktisch unlösbare dienen.

5.5 Wie erkennt man ein schweres Problem?

Die Hauptaufgabe der Komplexitätstheorie ist die Klassifikation konkreter algorithmischer Probleme bezüglich ihrer Berechnungsschwierigkeit. Durch Algorithmenentwurf erhalten wir obere Schranken für die Komplexität von Problemen, aber wir schaffen es nicht, untere Schranken für die Komplexität von konkreten Problemen abzuleiten. Wie können wir dann klassifizieren? Eigentlich können wir es im absoluten Sinne nicht. Deswegen machen wir das, was die Wissenschaftler und auch andere Menschen mit gesundem Menschenverstand in solchen Situationen üblicherweise tun. Anstatt unzählige Male bei den Versuchen, mit Sicherheit die genaue Komplexität zu bestimmen, vor die Wand zu laufen, begnügen wir uns mit glaubwürdigen, wenn auch nicht hundertprozentig sicheren Komplexitätsabschätzungen.

Was bedeutet hier „glaubwürdig" zu argumentieren, dass ein Problem durch keinen polynomiellen Algorithmus lösbar ist? Wir kennen heute über 4000 interessante Aufgabenstellungen, für die trotz großer Mühe kein effizienter Algorithmus gefunden wurde. Man hielt es aber nicht für glaubwürdig, nur wegen diesen erfolglosen Bemühungen einzelne Probleme für praktisch unlösbar zu erklären. Dies wäre auch falsch. Für die Probleme der linearen Programmierung und des Primzahltests versuchte man auch viele Jahre[8] erfolglos, polynomielle Algorithmen zu finden. Und dann kamen die großen Festereignisse, als man polynomielle Algorithmen für diese Probleme präsentieren konnte. Obwohl man bei diesen Problemen aus Erfahrung eher an die Existenz von polynomiellen Algorithmen geglaubt hat, zeigt es eindeutig, wie gefährlich es sein könnte, anhand einiger Jahre erfolgloser Versuche ein Problem als schwer (praktisch unlösbar) zu deklarieren.

Zu diesem Zeitpunkt kamen aber unabhängig S.A. Cook und L.A. Levin mit der Idee, die vielen negativen Erfahrungen mit vielen Problemen in eine glaubwürdige Annahme zusammenzuführen. Sie sagten:

> *Ein Problem U ist schwer (nicht in P oder praktisch unlösbar),*
> *wenn die Existenz eines polynomiellen Algorithmus für U auch*
> *die Existenz von polynomiellen Algorithmen für tausende weitere*
> *bisher als schwer eingestufte Probleme bedeuten würde.*

Das Ganze kann man sich mit Hilfe von Fig. 5.3 gut vorstellen.

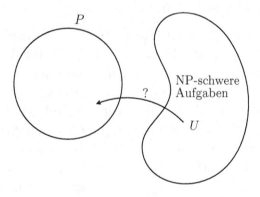

Fig. 5.3

Links steht die Klasse P der in polynomieller Zeit lösbaren Probleme. Rechts ist eine Klasse von Tausenden von Problemen, für die wir keinen polynomiellen Algorithmus gefunden haben. Jetzt stellen Sie sich einmal vor, dass Sie für ein Problem U aus dieser Klasse einen effizienten Algorithmus finden. Das würde die effiziente Lösbarkeit von all diesen Tausenden von Probleme bedeuten.

---

[8]Im Falle des Primzahltests sogar Jahrtausende.

Die Schwierigkeit von U sähe dann viel glaubwürdiger aus. Fast niemand glaubt heute anhand der bisherigen Erfahrungen, dass alle diese Tausenden von für schwierig gehaltenen Probleme effizient lösbar sind. Wir schaffen es einfach nicht, uns selbst für so dumm zu halten, dass wir bei unzähligen Versuchen an Tausenden von Problemen keinen effizienten Weg zur Lösung gefunden haben, obwohl für alle diese Probleme solche Wege existieren.

Diese Probleme, deren effiziente Lösbarkeit automatisch die effiziente Lösbarkeit von Tausenden weiteren als schwer betrachteten Problemen bedeutet, nennen die Fachleute **NP-schwere** Probleme. Die Frage ist jetzt:

> *„Wie zeigt man, dass ein Problem NP-schwer ist?"*

Was uns hier wieder hilft, ist die Methode der Reduktion. Wir haben die Methode der Reduktion angewendet, um zu zeigen, dass die algorithmische Lösbarkeit eines Problems die algorithmische Lösbarkeit eines anderen Problems bedeutet. Jetzt brauchen wir nur dieses Prädikat *„algorithmisch"* durch das Prädikat *„effizient algorithmisch"* zu ersetzen. Dies können wir durch das Modell einer effizienten Reduktion erreichen. Wie in Fig. 5.4 gezeigt, reduzieren wir effizient ein Problem U_1 auf ein Problem U_2, indem wir einen effizienten Algorithmus R finden, der jede Probleminstanz I von U_1 in eine äquivalente Probleminstanz $R(I)$ von U_2 umwandelt.

Äquivalent bedeutet hier, dass die Lösung für die Instanz $R(I)$ von U_2 die gleiche ist wie die Lösung für die Instanz I von U_1. Damit kann man das Resultat $B(R(I))$ der Berechnung von B auf $R(I)$ automatisch als die Ausgabe für I übernehmen. Ein Beispiel einer solchen Reduktion haben wir schon in Fig. 4.8 in Kapitel 4 gegeben. Dort haben wir das Problem der quadratischen Gleichung auf das Problem der normierten quadratischen Gleichung effizient reduziert. Die Folge war, dass die effiziente Lösbarkeit normierter quadratischer Gleichungen auch die effiziente Lösbarkeit von allgemeinen quadratischen Gleichungen bedeutet. Wir sagen, dass der Algorithmus R in Fig. 5.4 eine **Polynomialzeitreduktion**[9] **von U_1 auf U_2** ist, wenn R ein polynomieller Algorithmus mit der Eigenschaft

> *die Lösung für I von U_1 ist gleich der Lösung für $R(I)$ von U_2*
> *für alle Probleminstanzen I von U_1*

ist. Wenn U_1 und U_2 beides Entscheidungsprobleme sind, bedeutet es, dass entweder für beide Instanzen I und $R(I)$ die richtige Antwort JA oder für beide die richtige Antwort NEIN ist. Wir sagen in diesem Fall auch, dass die Probleminstanz $R(I)$ von U_2 **äquivalent** zu der Probleminstanz I von U_1 ist.

---
[9]oder kurz eine polynomielle Reduktion

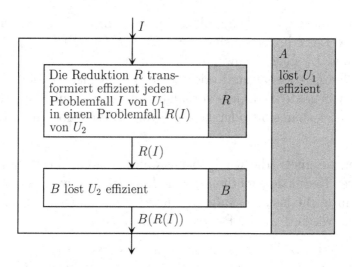

Fig. 5.4

Wenn man eine polynomielle Reduktion R von U_1 auf U_2 hat, sagen wir auch,

U_1 ist auf U_2 **polynomialzeitreduzierbar**

und schreiben

$$U_1 \leq_{pol} U_2.$$

Ähnlich wie bei der allgemeinen Reduktion, bedeutet $U_1 \leq_{pol} U_2$, dass U_2 nicht leichter als U_1 bezüglich der Polynomialzeit-Lösbarkeit ist. Damit sind entweder U_1 und U_2 beide gleich schwer (beide effizient lösbar oder keines effizient lösbar) oder U_1 ist effizient lösbar und U_2 nicht. Die einzige ausgeschlossene Situation ist, dass U_2 effizient lösbar wäre und U_1 nicht.

Aufgabe 5.8 Zeigen Sie, dass das Problem der Berechnung der Höhe eines gleichschenkligen Dreiecks mit bekannten Seitenlängen auf das Problem der Berechnung einer unbekannten Seitenlänge eines rechtwinkligen Dreiecks (der Satz von Pythagoras) polynomialzeitreduzierbar ist.

Aufgabe 5.9 Sei U_2 das Problem der Lösung linearer Gleichungen der Form $a + bx = 0$. Sei U_1 das Problem der Lösung linearer Gleichungen der Form $a + bx = c + dx$. Zeigen Sie $U_1 \leq_{pol} U_2$.

Der Begriff der polynomiellen Reduzierbarkeit entwickelte sich zu einem sehr erfolgreichen Instrument für die Klassifikation der Probleme. Wir kennen heute mehrere tausend Probleme, die gegenseitig in beiden Richtungen aufeinander paarweise reduzierbar sind. Und $U_1 \leq_{pol} U_2$ und $U_2 \leq_{pol} U_1$ bedeutet, dass U_1 und U_2 gleich schwer in dem Sinne sind, dass entweder beide in polynomieller Zeit lösbar sind oder keines der beiden effizient lösbar ist. Somit kennen wir heute Tausende von algorithmischen Aufgaben, die entweder alle effizient lösbar sind oder keine davon. Diese Probleme nennen wir NP-schwer.

Die Reduktionsbeispiele, die wir bisher erwähnt haben, illustrieren die Anwendung dieser Reduktionsmethode nicht hinreichend, weil es sich dort offensichtlich um leicht lösbare Aufgaben handelt. Deswegen zeigen wir jetzt die Reduktion zwischen zwei NP-schweren Problemen.

Als Problem U_1 betrachten wir das **Aufsichtsproblem**, das man in der Fachsprache das Knotenbedeckungsproblem nennt und durch **VC** bezeichnet. Gegeben ist ein Straßennetz mit n Kreuzungen (in der Fachsprache „Knoten" genannt) und s Straßen zwischen Kreuzungen[10] (Fig. 5.5).

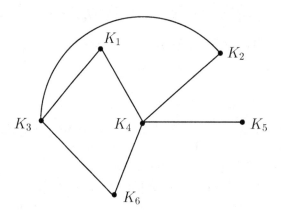

Fig. 5.5

Die Kreuzungen zeichnen wir als schwarze Punkte in Fig. 5.5 und benennen sie K_1, K_2, K_3, K_4, K_5 und K_6. Die Linien zwischen den Punkten sind die Straßen. In Fig. 5.5 gibt es 7 Straßen. Die Straßen kann man auch benennen. Wir nennen die Straße zwischen K_1 und K_2 einfach $Str(K_1, K_2)$. Weil die Straßen keine Richtung vorgegeben haben, bezeichnet $Str(K_2, K_1)$ die gleiche Straße wie $Str(K_1, K_2)$. An eine Kreuzung kann man einen Beobachter setzen. Wir nehmen dann an, dass der Beobachter alle Straßen, die von dieser Kreuzung ausgehen, beobachten kann. Wir setzen dabei voraus, dass

---

[10]Das Ende einer Sackgasse betrachten wir auch als eine Kreuzung (K_5 in Fig. 5.5).

der Beobachter an einer Kreuzung K jede ausgehende Straße komplett bis zur nächsten Kreuzung überblickt. Somit überwacht ein Beobachter in K_3 die drei Straßen $Str(K_3, K_1)$, $Str(K_3, K_2)$ und $Str(K_3, K_6)$. Die von K_3 aus beobachteten Straßen sind gestrichelt in Fig. 5.6 gezeichnet.

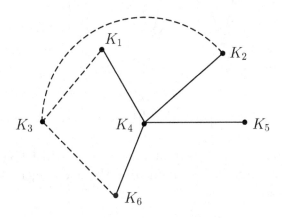

Fig. 5.6

Als Teil der Aufgabenstellung ist noch eine Zahl m gegeben. Die Frage ist, ob m Beobachter ausreichen, um alle Straßen zu beobachten. Genauer, kann man m Beobachter auf die Kreuzungen so verteilen, dass jede Straße beaufsichtigt wird? Für das Straßennetz in Fig. 5.5 reichen zwei Beobachter. Wenn ein Beobachter in K_4 ist, überblickt er die vier Straßen $Str(K_4, K_1)$, $Str(K_4, K_2)$, $Str(K_4, K_5)$ und $Str(K_4, K_6)$. Ein Beobachter in K_3 kann die restlichen drei Straßen beobachten.

Aufgabe 5.10 Nehmen wir an, dass man im Straßennetz in Fig. 5.5 keinen Beobachter in K_4 setzen darf. Wie viele Beobachter werden dann gebraucht?

Aufgabe 5.11 Betrachen Sie das Straßennetz in Fig. 5.7. Reichen 3 Beobachter aus, um alle Straßen zu überwachen?

Aufgabe 5.12 Zeichnen Sie eine neue zusätzliche Straße $Str(K_1, K_2)$ zwischen K_1 und K_2 in Fig. 5.7. Wie viele Beobachter sind nun notwendig, um das Netz zu überwachen?

Aufgabe 5.13 Fügen Sie zwei neue Straßen $Str(K_5, K_6)$ und $Str(K_2, K_5)$ zum Netz in Fig. 5.5 hinzu. Reichen 3 Beobachter, um das Netz zu überwachen?

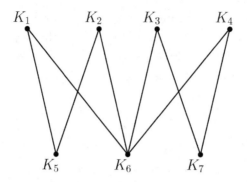

Fig. 5.7

Als das zweite Problem U_2 betrachten wir das Problem **LIN(0,1)** der Existenz einer Lösung für ein System von linearen Ungleichungen über Booleschen Variablen. Zum Beispiel ist

$$x_1 + 2x_2 - 3x_3 + 7x_4 \geq 3$$

eine lineare Ungleichung mit 4 Unbekannten x_1, x_2, x_3 und x_4. Wir sagen, dass dies eine Ungleichung über Booleschen Variablen ist, wenn für die Unbekannten x_1, x_2, x_3 und x_4 nur Boolesche Werte 0 und 1 erlaubt sind. Eine Probleminstanz von LIN(0,1) ist zum Beispiel

$$\begin{aligned} x_1 + 2x_2 + x_3 + x_4 &\geq 3 \\ x_1 + x_4 &\geq 0 \\ 2x_1 + x_2 - x_3 &\geq 1. \end{aligned}$$

Dies ist ein System von 3 linearen Ungleichungen und 4 Unbekannten. Die Aufgabe ist, für ein System von linearen Ungleichungen zu entscheiden, ob eine Wahl von Werten 0 und 1 für die Unbekannten des Systems existiert, so dass alle Ungleichungen gleichzeitig erfüllt werden. Zum Beispiel reicht es in unserem Beispiel aus, x_1 und x_2 gleich 1 ($x_1 = x_2 = 1$) und x_3 und x_4 gleich 0 zu setzen ($x_3 = x_4 = 0$). Wir sehen, dass

$$\begin{aligned} x_1 + 2x_2 + x_3 + x_4 &= 1 + 2 \cdot 1 + 0 + 0 = 3 &\geq 3 \\ x_1 + x_4 &= 1 + 0 = 1 &\geq 0 \\ 2x_1 + x_2 - x_3 &= 2 \cdot 1 + 1 - 0 = 3 &\geq 1 \end{aligned}$$

und somit sind alle Ungleichungen erfüllt.

Aufgabe 5.14 Finden Sie andere Boolesche Werte für die Unbekannten x_1, x_2, x_3 und x_4 in unserem System von Ungleichungen, so dass alle diese drei Ungleichungen erfüllt werden.

Aufgabe 5.15 Hat das folgende System von linearen Ungleichungen eine Lösung?

$$x_1 + x_2 - 3x_3 \geq 2$$
$$x_1 - 2x_2 - x_4 \geq 0$$
$$x_1 + x_3 + x_4 \geq 2$$

Wir zeigen jetzt, dass

$$\text{VC} \leq_{pol} \text{LIN}(0,1)$$

gilt, also dass das Aufsichtsproblem VC auf das Problem der linearen Ungleichungen mit Booleschen Variablen polynomialzeitreduzierbar ist.

Dazu müssen wir für jede Probleminstanz von VC eine „äquivalente" Instanz von LIN(0,1) effizient konstruieren. Wir erklären die Vorgehensweise der Reduktion an dem Beispiel des Straßennetzes N in Fig. 5.5. Sei $(N, 3)$ die Probleminstanz von VC, die der Frage entspricht, ob 3 Beobachter das Netz N in Fig. 5.5 überwachen können. Um diese Frage in eine Frage über lineare Ungleichungen umzuwandeln, wählen wir 6 Boolesche Variablen x_1, x_2, x_3, x_4, x_5 und x_6. Die Variable x_i ordnen wir der Kreuzung K_i zu und geben x_i die folgende Bedeutung

$x_i = 1$ bedeutet, ein Beobachter sitzt in K_i,
$x_i = 0$ bedeutet, kein Beobachter befindet sich in K_i.

Zum Beispiel bedeutet damit $x_1 = 1, x_2 = 0, x_3 = 1, x_4 = 0, x_5 = 1, x_6 = 0$, dass wir drei Beobachter haben, die sich in den Kreuzungen K_1, K_3 und K_5 befinden, und dass es keinen Beobachter in K_2, K_4 und K_6 gibt.

Als erstes drücken wir durch die lineare Ungleichung

$$x_1 + x_2 + x_3 + x_4 + x_5 + x_6 \leq 3$$

die Tatsache aus, dass höchstens 3 Beobachter erlaubt sind. Wenn das Netz N unter Kontrolle der Beobachter steht, wird jede Straße überwacht. Um dies zu gewährleisten, muss für jede Straße $Str(K_i, K_j)$ zwischen den Kreuzungen K_i und K_j mindestens auf einer der Kreuzungen K_i und K_j ein Beobachter stehen. Für die Straße $Str(K_1, K_4)$ muss also mindestens ein Beobachter in K_1 oder in K_4 stehen. Dies drücken wir durch die lineare Ungleichung

$$x_1 + x_4 \geq 1$$

aus. Diese Ungleichung ist erfüllt, wenn $x_1 = 1$ oder $x_4 = 1$ und das ist genau die Lösung, die wir brauchen. Wenn wir alle 7 Straßen (K_1, K_3), (K_1, K_4), (K_2, K_3), (K_2, K_4), (K_3, K_6), (K_4, K_5), (K_4, K_6) des Netzes N betrachten, erhalten wir das folgende System $L1$ von 8 linearen Ungleichungen:

$$x_1 + x_2 + x_3 + x_4 + x_5 + x_6 \leq 3 \ \{\text{höchstens 3 Beobachter}\}$$
$$x_1 + x_3 \geq 1 \ \{Str(K_1, K_3) \text{ wird beobachtet}\}$$
$$x_1 + x_4 \geq 1 \ \{Str(K_1, K_4) \text{ wird beobachtet}\}$$
$$x_2 + x_3 \geq 1 \ \{Str(K_2, K_3) \text{ wird beobachtet}\}$$
$$x_2 + x_4 \geq 1 \ \{Str(K_2, K_4) \text{ wird beobachtet}\}$$
$$x_3 + x_6 \geq 1 \ \{Str(K_3, K_6) \text{ wird beobachtet}\}$$
$$x_4 + x_5 \geq 1 \ \{Str(K_4, K_5) \text{ wird beobachtet}\}$$
$$x_4 + x_6 \geq 1 \ \{Str(K_4, K_6) \text{ wird beobachtet}\}$$

Jetzt gilt Folgendes: Das System $L1$ hat genau dann eine Lösung, wenn $(N, 3)$ eine Lösung hat (also wenn drei Beobachter das Netz N überwachen können). Es gilt sogar noch mehr: Jede Lösung von $L1$ gibt eine Lösung für $(N, 3)$. Zum Beispiel ist

$$x_1 = 0, x_2 = 1, x_3 = 1, x_4 = 1, x_5 = 0, x_6 = 0$$

eine Lösung für $L1$, weil wir nur 3 Beobachter haben (die erste Ungleichung), $x_2 = 1$ garantiert die Erfüllung der vierten und fünften Ungleichung, $x_3 = 1$ garantiert die Erfüllung der zweiten, vierten und sechsten Ungleichung und $x_4 = 1$ garantiert die Erfüllung der dritten, fünften, siebten und achten Ungleichung. Damit sind alle 8 Ungleichungen erfüllt. Wir sehen auch sofort, dass die drei Beobachter in K_2, K_3 und K_4 das Netz N überwachen.

Aufgabe 5.16

a) Finden Sie alle Lösungen des Systems $L1$ (Zuordnungen von Werten 0 und 1 zu den Variablen $x_1, x_2, \ldots, x_6$) und die entsprechenden Lösungen für $(N, 3)$.

b) Gibt es eine Lösung, die $x_4 = 0$ hat (in K_4 keinen Beobachter hat)? Erklären Sie, warum dies so ist.

c) Erweitern Sie das Netz N um die Straße $Str(K_3, K_4)$ zu einem Netz N'. Hat $(N', 2)$ eine Lösung?

Eine allgemeine Beschreibung der Reduktion von VC auf LIN(0,1) ist in Fig. 5.8 gegeben.

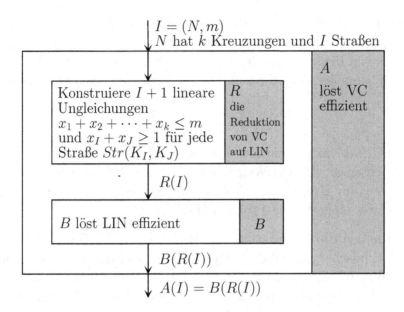

Fig. 5.8

Wir sehen, dass die Reduktion R sehr einfach durch ein Programm realisiert werden kann. Die Effizienz von R garantiert, dass aus der Existenz eines effizienten Algorithmus B für LIN(0,1) die Existenz eines effizienten Algorithmus für VC folgt.

Aufgabe 5.17 Betrachten Sie die Instanz $(N, 3)$ von VC für das Netz in Fig. 5.7. Nutzen Sie die oben beschriebene Reduktion R, um das äquivalente System von linearen Gleichungen zu konstruieren. Finden Sie alle Lösungen des linearen Gleichungssystems und damit die entsprechenden Lösungen von $(N, 3)$.

Aufgabe 5.18 Bauen Sie ein Netz N', in dem Sie das Netz N in Fig. 5.7 um zwei Straßen $Str(K_2, K_3)$ und $Str(K_5, K_6)$ erweitern. Wie sieht das System von linearen Ungleichungen für $(N', 4)$ aus? Hat es eine Lösung?

Wir haben VC $\leq_{pol}$ LIN(0, 1) gezeigt. Man kann auch LIN(0, 1) $\leq_{pol}$ VC zeigen. Diese Reduktion ist aber zu technisch und wir verzichten auf ihre Vorführung.

Damit sind VC und LIN(0,1) gleich schwer in dem Sinne, dass die Existenz eines polynomiellen Algorithmus für ein Problem auch die Existenz eines polynomiellen Algorithmus für das andere bedeuten würde. Wir kennen heute über 4000 solche paarweise gleich schweren Probleme und für keines von ihnen kennen wir einen effizienten Algorithmus. Deswegen glauben wir, dass diese Probleme wirklich schwer sind und nutzen die Polynomialzeit-Reduktion zur Klassifikation von Problemen in leichte (Polynomialzeit-lösbare) und schwere (nicht in polynomieller Zeit lösbare). Für ein neues Problem U reicht es aus,

$$U' \leq_{pol} U$$

für irgendein Problem U' aus dieser schweren Klasse zu zeigen, um U als schwer betrachten zu dürfen. Weil wenn $U' \leq_{pol} U$ gilt, würde ein effizienter Algorithmus für U automatisch effiziente Algorithmen für die Tausende bisher als schwer eingestuften Probleme bedeuten.

Diesen Weg haben die Informatiker zur Begründung der Schwierigkeit konkreter algorithmischer Aufgaben eingeschlagen, weil das Beweisen von unteren Schranken für die Komplexität nicht gemeistert wurde. Man kann die Möglichkeit nicht ausschließen, dass jemand einmal mit einer genialen Idee kommt und alle NP-schweren Probleme effizient löst. Dürfen wir also, gestützt auf der großen Erfahrung und Überzeugung der meisten Forscher, glauben, dass diese Probleme wirklich schwer sind? Darauf gibt es eine pragmatische Antwort. Auch wenn effiziente Algorithmen für NP-schwere Probleme existieren würden, die Probleme bleiben für uns bis zu dem Zeitpunkt schwer, bis jemand diese Algorithmen entdecken würde. Also egal wie die Tatsachen sind, heute gibt es keine effizienten Methoden für diese Probleme und deswegen sind sie als schwer zu betrachten. Die Komplexitätstheoretiker haben aber weitere schwerwiegende Gründe, an die Schwierigkeit von NP-schweren Aufgaben zu glauben. Sie haben bewiesen, dass effiziente Lösungsmethoden für NP-schwere Probleme bedeuten würden, dass mathematische Beweise von einer großen Klasse von Aussagen zu entdecken genauso schwer ist, wie gegebene Beweise auf die Korrektheit zu überprüfen. Und niemand will heute glauben, dass die schwerste Arbeit eines Mathematikers, Beweise zu finden oder herzustellen, nicht schwerer ist als die Überprüfung von schon fertigen Beweisen.

Jetzt kann der Leser nochmal ernsthaft fragen: Wenn die Informatiker so sehr davon überzeugt sind, dass es keine polynomiellen Algorithmen für NP-schwere Probleme gibt, warum postulieren sie es nicht einfach als ein neues Axiom der Informatik? Die Antwort ist knallhart. Sie dürfen es nicht. Als Axiome darf man nur Behauptungen und Definitionen postulieren, die sowieso nicht beweisbar sind. Wie wir im Kapitel 1 erklärt haben, besteht keine Möglichkeit, die Axiome zu beweisen, sie können nur widerlegt werden. Wenn Techniken zum Beweisen von unteren Schranken an die Komplexität entwickelt werden, kann die Möglichkeit entstehen, die tatsächliche Schwierigkeit von NP-schweren Problemen zu beweisen. Und deswegen glauben wir nicht blind an die Schwierigkeit der NP-schweren Probleme und bemühen uns, sie auch vollständig zu begründen. Diese Aufgabe gehört nicht nur zu den wenigen zentralen Problemen in der Informatikforschung, viele Mathematiker sehen dies auch als eine der zentralen Forschungsaufgaben der Mathematik an.

5.6 Zu Hilfe, ich habe ein schweres Problem

Der Hilferuf aus dem Titel dieses Abschnittes ist nicht zu unterschätzen. Die besten bekannten Algorithmen für NP-schwere Probleme erfordern für praktische Eingabegrößen mehr Rechnerarbeit, als man in diesem Universum leisten kann. Ist dies nicht genug für einen Hilferuf? Insbesondere wenn die Lösungen dieser Probleme mit Sicherheitsaufgaben oder mit großen finanziellen Investitionen verknüpft sind.

Hat aber der Hilferuf einen echten Sinn? Gibt es jemanden, der bei in Polynomialzeit unlösbaren Aufgaben helfen kann? Ja, es gibt eine Rettung. Die Algorithmiker sind die angeforderte Hilfe. Sie sind die wahren Künstler und Wundermacher in der Suche nach Problemlösungen. Wenn sie ein schweres Problem anpacken, benutzen sie die folgende Strategie. Viele Probleme sind in folgendem Sinne sehr unstabil (sensibel). Eine kleine Änderung der Problembeschreibung oder der Anforderungen an die gesuchten Lösungen kann zu gewaltigen Änderungen der Menge der notwendigen Rechenarbeit zu deren Lösung führen. Eine Milderung (Abschwächung) einer Bedingung an die Problemlösung, die für die Praxis sogar nur am Rande des Interesses liegt, kann einen Sprung von Milliarden Jahren von Rechnerarbeit zu ein paar Sekunden Rechenzeit bedeuten. Ähnliches kann vorkommen, wenn man statt einer optimalen Lösung eines Optimierungsproblems nur eine optimal-nahe Lösung anfordert. Optimal-nahe kann bedeuten, dass sich die berechnete Lösung höchstens um 1% von der gemessenen Lösungsqualität der optimalen Lösung unterscheidet. Solche Algorithmen, die optimal-nahe Lösungen berechnen, nennt man Approximationsalgorithmen. Eine andere Möglichkeit sind randomisierte Algorithmen, die sich immer zufällig eine Strategie für die Lösungssuche wählen. Wenn sie eine falsche Strategie für die gegebene Probleminstanz zufällig gewählt haben, kann es zur Berechnung von falschen Resultaten oder zu langen Berechnungen kommen. Wenn sie eine für die Eingabe günstige Strategie gewählt haben, berechnen sie schnell das richtige Resultat. Wenn das richtige Resultat mit hoher Wahrscheinlichkeit effizient berechnet wird, können wir in vielen Anwendungen zufrieden sein. Um dies richtig zu verstehen, man spart durch zufallsgesteuerte Algorithmen Rechenaufwand ein, dank der Milderung (der Abschwächung) der Anforderung, in jeder Berechnung das korrekte Resultat zu berechnen. Es gibt mehrere andere Möglichkeiten, die man alle noch zusätzlich kombinieren kann. Es ist die Kunst der Algorithmiker, zu entdecken, wo die Schwachstellen der schweren Probleme liegen. Ihre Aufgabe ist es, für einen möglichen Sprung von einer unrealisierbaren Menge der Computerarbeit zu einem realistischen Aufwand so wenig wie möglich zu bezahlen (so wenig wie möglich von unseren Anforderungen aufzugeben). In einigen Fällen geben wir für diesen unvorstellbaren quantitativen Sprung so wenig von unseren Anforderungen auf, dass es unglaublich erscheint und man über wahre Wunder sprechen kann. Ein solches Wunder der Zufallssteuerungen werden wir im nächsten Kapitel vorstellen.

Hier geben wir nur ein kleines Beispiel, wie man effizient statt einer optimalen Lösung eine nur relativ „gute" Lösung berechnet. Im Abschnitt 5.5 haben wir das Aufsichtsproblem VC als ein Entscheidungsproblem vorgestellt. Seine Optimierungsversion MIN-VC fordert, für ein Straßennetz die minimale Anzahl der Beobachter zu bestimmen, die zur Überwachung des Straßennetzes reichen werden. Für das Netz in Fig. 5.5 sind es zwei Beobachter.

Aufgabe 5.19 Wie hoch ist die minimale Anzahl der Beobachter für die Überwachung des Straßennetzes in Fig. 5.7? Begründen Sie Ihre Antwort!

Um anschaulich zu bleiben und die Nichtspezialisten nicht zu überfordern, erklären wir hier nur, wie man effizient eine Lösung findet, die höchstens doppelt so viele Beobachter benutzt, wie dazu notwendig wären. Obwohl das Resultat zu einfach erreichbar aussehen könnte, bei Netzen mit zehntausenden Kreuzungen kann ein Mensch schwer durch eine ad-hoc-Lösung eine bessere Lösungsqualität garantieren.

Die Idee einer Suche nach einer Lösung mit im schlechtesten Falle doppelter[11] Anzahl an Beobachtern beruht auf der Tatsache, dass jede Straße $Str(K_1, K_2)$ zwischen zwei Kreuzungen K_1 und K_2 nur von K_1 oder K_2 aus beobachtet werden kann. Also muss an mindestens einer der Kreuzungen K_1 oder K_2 ein Beobachter platziert werden. Daraus kann man die folgende Strategie entwickeln, die sicherlich eine zulässige[12] Lösung findet.

Algorithmus: App-VC

Eingabe: Ein Netz N

---

[11]im Vergleich zu einer optimalen Lösung
[12]eine Lösung, die die Überwachung des Straßennetzes garantiert

Vorgehensweise:

1 Wähle[13] eine beliebige Straße $Str(K_1, K_2)$. Setze Beobachter an beide Kreuzungen K_1 und K_2. Baue ein kleineres Straßennetz N', indem du alle Straßen entfernst, die durch die zwei Beobachter in K_1 und K_2 überwacht sind (Damit entfernt man alle Straßen, die von K_1 oder K_2 ausgehen und somit auch $Str(K_1, K_2)$).

2 Setze diese Strategie auf N' fort.

3 Arbeite, bis alle Straßen aus dem Netz entfernt worden sind und somit überwacht werden.

Führen wir die Arbeit des Algorithmus App-VC für das Netz in Fig.5.9(a) mit 8 Kreuzungen a, b, c, d, e, f, g und h vor.

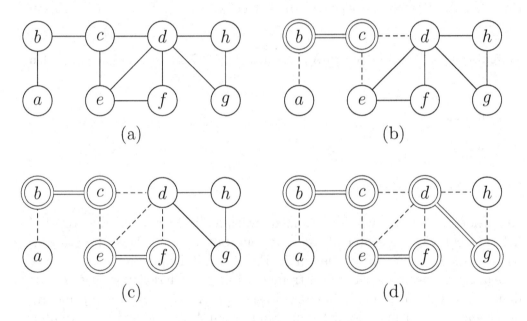

Fig. 5.9

Nehmen wir an, dass App-VC sich $Str(b, c)$ als erste Straße aussucht. Diese Wahl bezeichnen wir durch die doppelte Linie in Fig.5.9(b). Jetzt werden alle Straßen entfernt, die einen Endpunkt in den Kreuzungen b oder c haben. In Fig.5.9(b) sind diese Straßen außer $Str(b, c)$ durch gestrichelte Linien gezeichnet. Die vollen Linien bezeichnen die 6 Straßen, die noch im Netz geblieben sind. Nehmen wir an, dass $Str(e, f)$ die nächste Wahl von App-VC ist (Fig.5.9(c)). Wie wir in Fig.5.9(c) beobachten, führt das Setzen von zwei

---

[13]zufällig ist auch erlaubt

Beobachtern in e und f zur Entfernung der Straßen $Str(e, f)$, $Str(e, d)$ und $Str(f, d)$. Jetzt sind im Netz nur die drei Straßen $Str(d, g)$, $Str(d, h)$ und $Str(h, g)$ geblieben. Wenn jetzt App-VC die Straße $Str(d, g)$ wählt, kommen zwei neue Beobachter in d und g hinzu und somit sind die restlichen drei Straßen auch unter Kontrolle. Diese Ausführung von App-VC führt zum Einsatz von 6 Beobachtern an den Kreuzungen b, c, e, f, d und g.

Wir beobachten, dass die Resultate von App-VC unterschiedlich sein dürfen, abhängig von der Folge der zufälligen Wahlen von noch nicht beobachteten Straßen.

Aufgabe 5.20 Wie viele Beobachter reichen aus, um das Netz in Fig.5.9(a) zu überwachen? Finden Sie eine so „unglückliche" Wahl von Kanten, dass die resultierende Lösung von App-VC die Beobachter an alle 8 Kreuzungen setzt. Gibt es eine Wahl der Kanten von App-VC, die in weniger als 6 Beobachtern resultieren würde?

Aufgabe 5.21 Wenden Sie den Algorithmus App-VC an, um Beobachter in den Netzen

  a) in Fig. 5.5

  b) in Fig. 5.7

zu platzieren.

Am Ende wollen wir noch begründen, warum die Lösungen, die App-VC liefert, nicht viel schlechter als die optimale Lösung sind. Dazu beobachten wir die gewählten Straßen, die wir in Fig. 5.9 mit Doppellinien bezeichnet haben. Keine zwei dieser Straßen treffen sich in einer Kreuzung. Das kommt daher, dass wir nach der Wahl einer Straße $Str(K_1, K_2)$ alle aus K_1 und K_2 ausgehenden Straßen entfernt haben. Somit kann keine der später gewählten Straßen nach K_1 oder K_2 führen. Wenn wir jetzt diese ausgewählten Straßen eines Netzes beobachten (Fig. 5.10), handelt es sich um isolierte Straßen, die sich in keiner Kreuzung treffen (siehe auch Fig. 5.9(d)).

Eine Lösung unseres Aufsichtsproblems fordert, dass alle Straßen beaufsichtigt werden. Somit müssen als Teil des Netzes auch diese gewählten Straßen beobachtet werden. Weil diese Straßen isoliert sind, kann ein Beobachter höchstens eine dieser Straßen beaufsichtigen. Deswegen muss jede zulässige Lösung mindestens so viele Beobachter zur Verfügung stellen, wie die Anzahl dieser isolierten Straßen ist. Die Lösung von App-VC setzt die Beobachter genau an alle Endpunkte dieser ausgewählten isolierten Straßen und somit

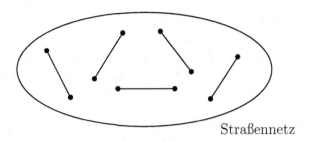

Straßennetz

Fig. 5.10

ist die Anzahl der Beobachter in der Lösung von App-VC genau doppelt so groß wie die Anzahl der gewählten Kanten. Auf diese Weise erhalten wir, dass App-VC nie eine Lösung ausrechnet, die mehr als die doppelte Anzahl an notwendigen Beobachtern einsetzt.

Sicherlich sind die Qualitätsgarantien von App-VC nicht sehr beeindruckend. Aber es gibt mehrere anspruchsvollere Beispiele von effizienten Algorithmen, die für NP-schwere Optimierungsprobleme Lösungen ausrechnen, deren Qualität weniger als 1‰ von der Güte der optimalen Lösungen abweicht. Und hier kann man schon über die Wunder der Algorithmik reden.

5.7 Zusammenfassung

Neben den Begriffen des Algorithmus und des Programms ist der Begriff der Komplexität der wichtigste in der Informatik und seine Bedeutung dringt immer mehr in weitere wissenschaftliche Disziplinen vor. Die Zeitkomplexität ist die wichtigste Berechnungskomplexität, die die Menge der Arbeit (die Anzahl der realisierten Rechenoperationen) eines Algorithmus misst. Die Zeitkomplexität eines Algorithmus betrachten wir als eine üblicherweise wachsende Funktion von der Eingabelänge.

Die Hauptaufgabe der Komplexitätstheorie ist die Klassifikation der algorithmischen Probleme bezüglich der zu ihrer Lösung notwendigen und hinreichenden Berechnungskomplexität und somit die Aufteilung der algorithmisch lösbaren Probleme in praktisch lösbare und praktisch unlösbare. Es ist schwierig, die Grenze zwischen praktisch lösbaren und praktisch unlösbaren Problemen genau zu definieren. Die erste Annäherung für die Definition dieser Grenze schlägt vor, dass jene Probleme als praktisch lösbar anzusehen sind, die in polynomieller Zeit lösbar sind. Die Probleme, zu deren Lösung keine polynomiellen Algorithmen existieren, betrachtet man als schwer (praktisch unlösbar). Die Komplexitätstheorie lehrt uns, dass es beliebig schwierige algorithmische Probleme gibt, zum Beispiel solche, die man nur in der Zeitkomplexität 2^{2^n} lösen kann.

Die zentrale und schwierigste Aufgabe der Grundlagenforschung in der Informatik ist, die Nichtexistenz von effizienten Algorithmen für die Lösung konkreter Probleme zu beweisen. Zu diesem Zweck fehlen noch mathematische Mittel und deswegen begnügen wir uns mit unvollständigen Argumenten für die Begründung der Schwierigkeit konkreter Probleme. Die Methode der Reduktion wurde wieder angewendet, um durch effiziente Polynomialzeit-Reduktionen für Tausende von Problemen zu zeigen, dass sie bezüglich der praktischen Lösbarkeit gleich schwer sind. Diese Probleme nennen wir NP-schwere Probleme. Wir kennen für keines der NP-schweren Probleme einen effizienten Algorithmus; die besten bekannten Algorithmen haben exponentielle Zeitkomplexität. Die Existenz eines polynomiellen Algorithmus für irgendein NP-schweres Problem würde bedeuten, dass Tausende von für schwer gehaltenen Problemen effizient lösbar würden. Dies ist einer der Hauptgründe zu glauben, dass NP-schwere Probleme wirklich schwer sind.

Die wahre Kunst der Algorithmiker liegt in der Suche nach Lösungen für schwere Probleme. Die wichtigste Entdeckung ist, dass viele schwere Probleme sehr instabil bezüglich ihrer Schwierigkeit sind. Eine kleine Änderung der Aufgabenstellung oder eine kleine Abschwächung der Anforderungen kann zu einem Sprung von einer physikalisch unrealisierbaren Menge an Rechenarbeit zu ein paar Sekunden Rechenzeit auf einem gewöhnlichen PC führen. Diese Sensibilität der schweren Aufgaben zu entdecken und zu nutzen ist der Kern der heutigen Algorithmik mit „unschätzbaren" Beiträgen für die Industrie und letztendlich für die Entwicklung der Informationsgesellschaft.

Lösungsvorschläge zu ausgewählten Aufgaben

Aufgabe 5.2 Unter dreifacher Anwendung des Distributivgesetzes können wir ein Polynom des 4-ten Grades wie folgt umformen:

$$
\begin{aligned}
& a_4 \cdot x^4 + a_3 \cdot x^3 + a_2 \cdot x^2 + a_1 \cdot x + a_0 \\
= \;& [a_4 \cdot x^3 + a_3 \cdot x^2 + a_2 \cdot x^1 + a_1] \cdot x + a_0 \\
= \;& [(a_4 \cdot x^2 + a_3 \cdot x + a_2) \cdot x + a_1] \cdot x + a_0 \\
= \;& [((a_4 \cdot x + a_3) \cdot x + a_2) \cdot x + a_1] \cdot x + a_0 \quad .
\end{aligned}
$$

Wenn man diese Formel zur Berechnung des Polynomwertes für gegebene Zahlen a_4, a_3, a_2, a_1, a_0 und x verwendet, dann reichen nur vier Multiplikationen und 4 Additionen aus.

Aufgabe 5.4

a) Den Wert x^6 kann man mit 3 Multiplikationen mit folgender Strategie berechnen:

$$I \leftarrow x \cdot x , \quad J \leftarrow I \cdot I , \quad Z \leftarrow J \cdot I.$$

Wir sehen, dass es die Idee ist, zuerst $x^2 = x \cdot x$ mit einer Multiplikation und danach $x^6 = x^2 \cdot x^2 \cdot x^2$ zu berechnen.

b) Den Wert x^{64} kann man mit 6 Multiplikationen wie folgt berechnen:

$$x^{64} = (((((x^2)^2)^2)^2)^2)^2$$

Diese Strategie kann man durch Rechenbefehle wie folgt darstellen:

$$I \leftarrow x \cdot x , \quad I \leftarrow I \cdot I , \quad I \leftarrow I \cdot I ,$$
$$I \leftarrow I \cdot I , \quad I \leftarrow I \cdot I , \quad I \leftarrow I \cdot I .$$

c) Die Strategie für die Berechnung von x^{18} kann wie folgt aussehen:

$$x^{18} = (((x^2)^2)^2)^2 \cdot x^2$$

und wie folgt umgesetzt werden:

$$I \leftarrow x \cdot x , \quad J \leftarrow I \cdot I , \quad J \leftarrow J \cdot J ,$$
$$J \leftarrow J \cdot J , \quad Z \leftarrow I \cdot J \quad .$$

d) Den Wert x^{32} kann man mit der Strategie

$$\begin{aligned} x^{45} &= x^{32} \cdot x^8 \cdot x^4 \cdot x \\ &= ((((x^2)^2)^2)^2)^2 \cdot ((x^2)^2)^2 \cdot (x^2)^2 \cdot x \end{aligned}$$

unter folgender Umsetzung

$$I_2 \leftarrow x \cdot x , \quad I_4 \leftarrow I_2 \cdot I_2 , \quad I_8 \leftarrow I_4 \cdot I_4 ,$$
$$I_{16} \leftarrow I_8 \cdot I_8 , \quad I_{32} \leftarrow I_{16} \cdot I_{16} , \quad Z \leftarrow I_{32} \cdot I_8 ,$$
$$Z \leftarrow Z \cdot I_4 , \quad Z \leftarrow Z \cdot x$$

mit 8 Multiplikationen berechnen.

Wenn man die folgende für x^{45} zugeschnittene spezielle Strategie

$$x^2 = x \cdot x, \quad x^3 = x^2 \cdot x, \quad x^6 = x^3 \cdot x^3, \quad x^9 = x^6 \cdot x^3,$$
$$x^{18} = x^9 \cdot x^9, \quad x^{36} = x^{18} \cdot x^{18}, \quad x^{45} = x^{36} \cdot x^9$$

wählt, geht es auch mit 7 Multiplikationen.

$$\begin{aligned}
a + bx &= c + dx \quad | -c \\
a - c + bx &= dx \quad\; | -dx \\
(a - c) + bx - dx &= 0 \\
(a - c) + (b - d) \cdot x &= 0 \qquad \{\text{nach dem Distributivgesetz}\}
\end{aligned}$$

Aufgabe 5.9 Wenn ein Mathematiker die lineare Gleichung $a + bx = c + dx$ lösen soll, vereinfacht er sie auf die folgende Weise:

Damit hat die neue Gleichung die erwünschte vereinfachte Form, für die wir schon einen Algorithmus haben. In Fig. 5.11 zeigen wir die graphische Darstellung dieser effizienten Reduktion.

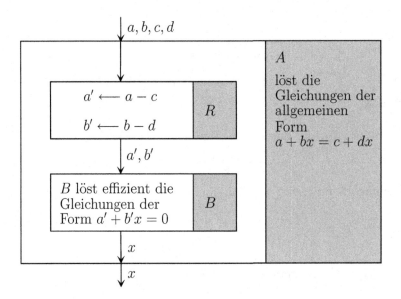

Fig. 5.11

Die Reduktion R ist effizient, weil bereits zwei Subtraktionen ausreichen, um die allgemeine lineare Gleichung in die Form $a' + b'x = 0$ zu bringen. Der Algorithmus B übernimmt a' und b' von R und löst die Gleichung $a' + b'x = 0$. Weil $a' + b'x = 0$ nur eine Umformung der Gleichung $a + bx = c + dx$ ist, haben beide Gleichungen dieselbe Lösung und somit ist die Ausgabe von B (der von B ausgerechnete Wert für x) auch die Ausgabe des Algorithmus A für die Lösung der linearen Gleichungen in allgemeiner Form.

Aufgabe 5.10 Es müssen mindestens 4 sein, weil aus K_4 vier Straßen ausgehen, und wenn in K_4 kein Beobachter sitzen darf, dann müssen an den anderen Enden dieser vier Straßen Beobachter positioniert werden. Diese vier Beobachter haben dann auch das ganze Straßennetz (Fig. 5.5) unter Kontrolle.

Aufgabe 5.17 Für die 7 Kreuzungen und höchstens 3 Beobachter erhalten wir zuerst die folgende lineare Ungleichung:

$$x_1 + x_2 + x_3 + x_4 + x_5 + x_6 + x_7 \leq 3 .$$

Für die 8 Straßen erhalten wir die folgenden 8 Ungleichungen:

$$x_1 + x_5 \geq 1 , \ x_1 + x_6 \geq 1 , \ x_2 + x_5 \geq 1 , \ x_2 + x_6 \geq 1 ,$$

$$x_3 + x_6 \geq 1 , \ x_3 + x_7 \geq 1 , \ x_4 + x_6 \geq 1 , \ x_4 + x_7 \geq 1 .$$

Wegen der ersten Ungleichung dürfen wir höchstens drei Unbekannten den Wert 1 zuordnen. Die Wahl $x_5 = x_6 = x_7 = 1$ und $x_1 = x_2 = x_3 = x_4 = 0$ garantiert die Erfüllung der restlichen 8 Ungleichungen.

Weitere Musterlösungen befinden sich auf
`www.openclass.inf.ethz.ch/programm/archiv/WS2005/aufgaben`

Der Zufall ist nur dem vorbereiteten Geist gewogen, denn ein unvorbereiteter Geist sieht nicht die Hand, die ihm das Glück reicht.

Louis Pasteur

Kapitel 6

Der Zufall und seine Rolle in der Natur, oder: Zufall als Quelle der Effizienz in der Algorithmik

6.1 Zielsetzung

In diesem Kapitel wollen wir eines der großartigsten Wunder der Informatik vorstellen. Dieses Wunder basiert auf geschickter Nutzung des Zufalls im Entwurf von effizienten Algorithmen für scheinbar praktisch unlösbare Aufgaben.

Um dieses Wunder hervorzubringen, müssen wir zuerst ein bisschen Verständnis für die Bedeutung des Begriffes Zufall gewinnen. Deswegen folgen wir zuerst der Geschichte der Wissenschaften, in der man endlos über die Existenz des echten Zufalls gestritten hat, und gewinnen dabei ein Gefühl dafür, was echter Zufall ist und was nicht als echter Zufall betrachtet werden kann.

Mit den gewonnenen Vorstellungen über den Zufall begeben wir uns direkt in die Informatik, um den Zufall zur effizienten Lösung schwer berechenbarer Probleme anzuwenden. Dabei erleben wir ein Wunder. Würden Sie auf

Anhieb glauben, dass Systeme mit geschickter Zufallssteuerung ihr Ziel Billionen Mal schneller erreichen können, als es jedes vollständig deterministische System schaffen kann? Und dass man diese riesige Beschleunigung erreichen kann, ohne dafür mit mehr zu bezahlen[1] als dem Risiko 1 zu 10^{18} (dies entspricht ungefähr dem Alter des Universums in Sekunden), ein falsches Resultat geliefert zu bekommen? Das Risiko ein falsches Resultat zu liefern, nennen wir **Fehlerwahrscheinlichkeit**.

Jedes hundertprozentig zuverlässige klassische Programm, das mehrere Tage zu seiner Berechnung braucht, ist in der Praxis unzuverlässiger als ein zufallsgesteuertes Programm, das in ein paar Sekunden mit der Fehlerwahrscheinlichkeit $1/10^{18}$ seine Rechnungen durchführt. Die Wahrscheinlichkeit, ein falsches Resultat infolge eines Hardwarefehlers in mehrtägiger Berechnung zu liefern, ist unvergleichbar höher als $1/10^{18}$. Also ist die Sicherheit, die wir durch den Wechsel zu zufallsgesteuerten Algorithmen verlieren, sowieso nur scheinbar (existiert in der Realität nicht). Eine solche scheinbare Sicherheit zu verlieren, tut dann nicht so weh. Insbesondere wenn das Risiko, durch Zufallsverwendung in der Systemsteuerung einen Fehler zu machen, so klein ist, dass man während des ununterbrochen wiederholten Praktizierens des zufallsgesteuerten Algorithmus in Milliarden von Jahren erwartungsgemäß mit höchstens einem einmaligen Auftreten eines Fehlers rechnen kann.

Am Ende dieses Kapitels sollen Sie nicht nur mit einem konkreten zufallsgesteuerten System und seinen Vorteilen eine tiefere Bekanntschaft gemacht haben. Sie werden auch die Möglichkeit haben, noch tiefer die Grundideen der Randomisierung (der Verwendung des Zufalls zur Steuerung von Algorithmen) kennenzulernen und dabei auch ein bisschen ein Gespür dafür zu gewinnen, warum es überhaupt solche unglaublichen und wunderbaren Wege zu Problemlösungen gibt. Und vielleicht rege ich Sie am Ende an, diese Kenntnisse in ihrem eigenen täglichen Leben umzusetzen und dadurch weitere „Wunder" selbst zu erbringen.

6.2   Was ist Zufall und gibt es überhaupt echten Zufall?

Wir haben im ersten Kapitel verstanden, dass die Begriffsbildung zentral für die Gründung und Entwicklung der Wissenschaftsdisziplinen ist. Der Begriff

[1]Bei dem Entwurf eines zufallsgesteuerten Systems bezahlen wir meistens die Ersparnis von Rechenaufwand mit dem Verlust der Sicherheit, immer das richtige Ergebnis zu liefern.

Zufall ist einer der wenigen fundamentalen und einer der meistdiskutierten Begriffe der Wissenschaft. Die Philosophen, Physiker, Biologen und Chemiker diskutieren seit Jahrtausenden über die Existenz des Zufalls und versuchen seine Rolle in der Welt zu untersuchen. Die Mathematiker haben die Wahrscheinlichkeitstheorie als ein Instrument für die Untersuchung von zufälligen Ereignissen entwickelt. Die Informatik überlegt, ob, warum und wann es vorteilhaft ist, den Zufall zu nutzen. Und die Ingenieurdisziplinen wenden die gewonnenen Kenntnisse an, um effiziente und preiswerte zufallsgesteuerte Systeme zu entwickeln.

Der Begriff Zufall ist stark mit den zwei anderen fundamentalen Begriffen verknüpft: **Determinismus** (Determiniertheit) und **Nichtdeterminismus** (Nichtdeterminiertheit). Die deterministische Vorstellung über die Welt basiert auf dem Prinzip der Kausalität. Jedes Ereignis hat eine Ursache. Jede Ursache hat eine Wirkung, und die Wirkung ist wieder eine Ursache für weitere Wirkung, usw. Nach dieser Auffassung kann man mit der Kenntnis aller Gesetze und des Ist-Zustandes des Universums die Zukunft vollständig vorhersagen. Die ganze Geschichte sieht man hier als eine Kette von Ursachen und deren Folgen an. Nichtdeterminiertheit bedeutet, dass eine Ursache mehrere unterschiedliche Folgen haben kann und es kein Naturgesetz gibt, um zu bestimmen, welche der Folgen auftreten muss.

Der Begriff Zufall ist mit dem Nichtdeterminismus stark verknüpft. Der Definition aus Wörterbüchern zufolge bezeichnet man

> *eine Erscheinung als **zufällig**,*

wenn

> *die Erscheinung ohne Plan und unvorhersehbar eintritt.*

Ähnlich wird

> *ein Objekt als **zufällig***

eingestuft, wenn

> *das Objekt ohne Plan und ohne jedes Muster entstanden ist oder hergestellt wird.*

Natürlich steht die Existenz von zufälligen Erscheinungen (also von Auftreten des Zufalls) im Widerspruch mit der deterministisch-kausalen Vorstellung über die Funktionsweise unserer Welt. Damit ist die grundlegende Frage der Wissenschaft,

*ob der Zufall objektiv existiert oder ob wir diesen Begriff nur be-
nutzen, um Ereignisse mit uns unbekannter Gesetzmäßigkeit zu
erklären und zu modellieren.*

Über die Antwort auf diese Frage streiten die Wissenschaftler seit der Antike.
Demokrit glaubte und behauptete, dass

*das Zufällige das Nichterkannte ist, und dass die Natur in ihrer
Grundlage determiniert ist.*

Damit meinte er, dass in der Welt eine feste Ordnung herrscht und dass diese
Ordnung durch eindeutige Gesetze bestimmt wird. Nach Demokrit benutzt
man den Begriff Zufall nur im subjektiven Sinne, um den Unverstand über die
Dinge und Ereignisse zu verschleiern. Somit wäre die Existenz des Begriffs der
Zufälligkeit nur eine Folge der Unvollständigkeit unserer Kenntnisse. Seinen
Standpunkt illustrierte Demokrit gerne mit folgendem Beispiel.

Zwei Herren schicken ihre Sklaven absichtlich um die gleiche Zeit zum Brunnen, um Wasser zu holen. Die Sklaven treffen sich beim Brunnen und sagen
„Oh, was für ein Zufall, dass wir uns getroffen haben." Doch dieses Treffen
wurde durch die Entscheidung des Herren determiniert, aber ohne davon zu
wissen, scheint dies den Sklaven ein zufälliges Ereignis zu sein.

Epikur widersprach Demokrit mit folgender Aussage:

*„Der Zufall ist objektiv, es ist die eigentliche Natur der Erschei-
nungen."*

Damit meinte Epikur, dass ein objektiver Zufall existiert, der nicht von unserem Wissen und Unwissen abhängig ist. Nach Epikur gibt es Prozesse, deren
Entwicklung nicht eindeutig, sondern mehrdeutig ist, und die Wahl aus bestehenden Möglichkeiten kann man als Zufall bezeichnen.

Man könnte sagen: „Klar, Epikur hatte Recht, weil Glücksspiele wie Würfeln oder Roulette unterschiedliche Resultate haben können, und zufällig bestimmt ist, welches Resultat erscheint." Leider ist die Sache nicht so einfach
und diese Betrachtung von Würfeln und Roulette stützt eher die Meinung von
Demokrit, als dass sie der Epikur'schen Weltanschauung entspricht. Würfeln
ist ein hoch komplexer Vorgang, aber wenn man wissen würde, mit welcher
Geschwindigkeit der Würfel in welcher Richtung auf welche Oberfläche geworfen wird, könnte man die Resultate bestimmen und vorhersagen. Natürlich
ist die Bewegung der menschlichen Hand in der Verbindung zum Gehirn zu
komplex, um alle wichtigen Parameter zur Vorausberechnung der Resultate
bestimmen zu können. Wir dürfen aber diesen Prozess nicht nur auf Grund
der Kompliziertheit als objektiv zufällig betrachten. Ähnlich ist es mit dem

Werfen der Kugel beim Roulette. Es ist sogar bekannt, dass erfahrene professionelle Spieler aus der Handbewegung eines unerfahrenen Croupiers den Bereich bestimmen können, in dem die Kugel mit hoher Wahrscheinlichkeit landen wird. Auch die Physik benutzt an mehreren Stellen Zufallsmodelle zur Beschreibung und zur Untersuchung physikalischer Prozesse, die man nicht als eindeutig zufällig einstufen darf, die aber einfach zu komplex sind, um auf vollständig deterministische Weise modelliert zu werden. Interessant ist zu bemerken, dass aus diesem Grunde sogar Albert Einstein die Benutzung des Begriffes Zufall nur zur Kennzeichnung des noch nicht vollständigen Wissens zuließ und an die Existenz einfacher und klarer deterministischer Naturgesetze glaubte.[2]

Vor dem 20. Jahrhundert wurde überwiegend die kausal-deterministische Auffassung von Demokrit akzeptiert. Die Gründe dafür waren auf der einen Seite die Religion, die die Existenz des Zufalls in der von Gott erschaffenen Welt nicht zulassen wollte und auf der anderen Seite die großen Erfolge der Naturwissenschaften und Technik im 19. Jahrhundert, die den Optimismus verbreiteten, dass man alles erforschen kann und dass sich alles Erforschte in geradlinigen Kausalitäten von Ursachen und Wirkungen formulieren lässt.

Nicht zu unterschätzen ist aber auch die emotionale[3] Beziehung zum Zufall. Eine mögliche Existenz des Zufalls wurde damals als sehr negativ empfunden, weil Zufall als ein Synonym für die unerwünschte Unsicherheit, Chaos und Unvorhersehbarkeit galt. Am besten ist diese negative Einstellung zu der Existenz von Zufall in der Meditation von Marcus Aurelius ausformuliert:

> *„Es seien nur zwei Fälle möglich: entweder herrsche in der Welt ein großes Chaos oder aber Ordnung und Gesetz."*

Wenn der Zufall emotional unerwünscht ist, ist es klar, dass auch die Wissenschaftler, die diese Einstellung übernommen haben, sich bemühten, ohne den Gedanken an eine potentielle Existenz von Zufall in ihrer Forschung auszukommen, oder sogar durch ihre Arbeiten und Resultate die deterministische Kausalität in den Vordergrund zu bringen und die Existenz des Zufalls zu widerlegen. Im Prinzip ist dies die gleiche Situation wie die, in der Galileo

---

[2]„Gott würfelt nicht." ist eines der bekanntesten Zitate von Albert Einstein. Die ebenso bekannte Erwiderung von Niels Bohr lautet: „Der wahre Gott lässt sich nicht sagen, was er tun soll."

[3]Über die Rolle der Emotionen in der Forschung sprechen die sogenannten exakten Wissenschaften ungern, aber dies ist eine Verleugnung der Tatsache, dass auch in der Wissenschaft die Emotionen einerseits der Motor der Entwicklung und des Fortschritts sein können und andererseits die Forschung bremsen oder für mehrere Jahre sogar das Wissen „konservieren" können.

Galilei sich befand. Er konnte zwar durch direkte Beobachtungen nachweisen, dass die Erde nicht der unbewegte feste Mittelpunkt des Universums ist. Aber im Mittelalter war das Leben so schwer, dass sich die Menschen an die sehr wenigen bestehenden Sicherheiten klammerten. Und die Erde als der Mittelpunkt des Universums entsprach der Sicherheit, dass der arme Mensch im Mittelpunkt von Gottes Aufmerksamkeit stand. Die Angst, diese Sicherheit zu verlieren, war der Hauptgrund dafür, dass niemand auch nur die Bereitschaft zeigte, die Beobachtungen von Galileo Galilei überprüfen zu wollen. Und dem armen Zufall erging es nicht anders.

Erst im 20. Jahrhundert ließ die Entwicklung der Wissenschaft erkennen, dass die Auffassung von Epikur näher an der Realität ist. Die mathematischen Modelle der Evolution zeigen, dass diese ohne zufällige Mutationen (zufällige Änderungen der DNA-Sequenzen) nicht stattgefunden hätte. Der wesentliche Grund für die Akzeptanz der Existenz des Zufalls waren die Errungenschaften der Physik, insbesondere der Quantenmechanik. Dieses mathematische Modell des Verhaltens von Teilchen in der Mikrowelt basiert auf Mehrdeutigkeit, die durch Zufallsereignisse beschrieben wird. Alle wichtigen Vorhersagen dieser Theorie (dieses Modells) wurden experimentell bestätigt und deshalb betrachtet man gewisse Ereignisse in der Mikrowelt als wahre Zufälle.[4] Für die Akzeptanz der Existenz von zufälligen Erscheinungen ist aber auch wichtig, dass man durch diese Modellierung die Verknüpfung des Zufalls mit Unsicherheit und Chaos überwunden hat. Am besten formulierte dies der ungarische Mathematiker Alfréd Rényi:

> *„Es gibt keinen Widerspruch zwischen Kausalität und Zufall. In der Welt herrscht der Zufall, und eben deshalb gibt es in der Welt Ordnung und Gesetz, die sich in den Massen von zufälligen Ereignissen den Gesetzen der Wahrscheinlichkeit entsprechend verhalten.“*

Wir Informatiker haben aber auch einen anderen Grund, uns mit dem Zufall zu beschäftigen, als „nur" die Naturprozesse zu modellieren. Am besten hat dies überraschenderweise schon vor 200 Jahren der große Dichter Johann Wolfgang von Goethe formuliert:

> *„Das Gewebe dieser Welt ist aus Notwendigkeit und Zufall gebildet; die Vernunft des Menschen stellt sich zwischen beide und weiß sie zu beherrschen. Sie behandelt das Notwendige als den Grund ihres Daseins; das Zufällige weiß sie zu lenken, zu leiten und zu nutzen.“*

---

[4]Das Thema werden wir im Kapitel über Quantenrechner ausführlicher diskutieren.

In diesem Sinne ist Johann Wolfgang von Goethe „der erste Informatiker", der den Zufall (die Randomisierung) als eine nützliche Quelle zur Ausführung irgendwelcher Tätigkeiten ansieht. Und der Nutzung des Zufalls als eine Ressource von unglaublicher Recheneffizienz ist dieses Kapitel gewidmet. Unsere Zielsetzung ist es zu zeigen, dass es sich oft lohnt, statt vollständig deterministischer Systeme und Algorithmen zufallsgesteuerte (randomisierte) Verfahren zu entwerfen und zu implementieren. Um auch für einen in der Informatik unerfahrenen Leser die beispielhafte Stärke von Randomisierung überzeugend auf eine einfache und anschauliche Weise darzulegen, zeigen wir im nächsten Abschnitt ein randomisiertes Kommunikationsprotokoll, das eine gestellte Aufgabe mit wesentlich weniger Kommunikation als das bestmögliche deterministische Kommunikationsprotokoll lösen kann.

Diesen Abschnitt schließen wir mit der wichtigen Bemerkung ab, dass wir eigentlich keine definitive Antwort auf die Frage gegeben haben, ob ein echter Zufall existiert, und es ist sehr unwahrscheinlich, dass die Wissenschaft diese Frage in naher Zeit beantworten kann. Dies liegt einfach daran, dass die Frage in dem Sinne zu fundamental ist, dass es sich hierbei eher um die Ebene der Axiome der Wissenschaften als um die Ebene der Forschungsresultate handelt. Und wie wir schon am ersten Abend erfahren haben, haben auf dieser Basisebene der Axiome (Grundannahmen) auch die harten exakten Wissenschaften wie Mathematik oder Physik keine allgemein gültigen Behauptungen, sondern nur als Axiome ausgesprochene Vermutungen, die allen bisherigen Erfahrungen entsprechen.

Wir erlauben uns hier, an die Existenz des Zufalls zu glauben, nicht nur, weil die bisherigen Erfahrungen der Physik und Evolutionstheorie dafür sprechen, sondern insbesondere deswegen, weil der Zufall eine Quelle der Effizienz ist. Der Zufall ermöglicht es uns, gewisse Ziele Milliarden Mal schneller zu erreichen und einen Informatiker würde es schon überraschen, wenn die Natur eine solche Möglichkeit zur Beschleunigung von Prozessen unbeachtet lassen würde.

6.3 Häufige Zeugen sind die Rettung in der Not, oder: Warum kann Zufall nützlich sein?

Jetzt wollen wir ein einfaches Beispiel einer Aufgabe bringen, die durch die Verwendung des Zufalls sehr effizient gelöst werden kann, obwohl man weiß, dass die Aufgabe deterministisch (ohne den Zufall) nicht effizient lösbar ist. Es wird ein Beispiel sein, das wirklich jede und jeder in die Hand nehmen kann, um selbstständig eigene Erfahrungen über die Stärke der Zufallssteuerung zu machen.

Was genau bedeutet es, wenn man über ein **zufallsgesteuertes (randomisiertes)** System oder Programm spricht? Im Prinzip erlaubt man zwei grundlegende anschauliche Darstellungen. Jedes deterministische Programm hat auf jeder Eingabe eine eindeutige Folge von Rechenschritten, wir sagen eine eindeutige Berechnung, durchzuführen. Ein zufallsgesteuertes Programm (System) kann sehr viele unterschiedliche Berechnungen auf einer Eingabe ermöglichen, und der Zufall entscheidet, welche davon wirklich realisiert wird. Nachfolgend stehen die zwei Möglichkeiten für die Wahl einer Berechnung aus mehreren möglichen Berechnungen.

1. Das Programm arbeitet deterministisch[5] bis auf einige Stellen, wo es eine Münze werfen darf. Abhängig von dem Resultat des Wurfes (Kopf oder Zahl), wählt es an dieser Stelle eine der zwei unterschiedlichen Möglichkeiten, seine Arbeit fortzusetzen.
Um diese Art der Zufallssteuerung in unserer Programmiersprache AN-SCHAULICH einzuführen, reicht es, die folgende zusätzliche Instruktion einzuführen.

   ```
   Werfe eine Münze. Falls „Kopf" go to i else go to j
   ```

   Somit setzt das Programm die Arbeit in der Zeile i, falls „Kopf" gefallen ist und in der Zeile j, falls „Zahl" gefallen ist, fort.

2. Das zufallsgesteuerte Programm hat am Anfang eine Auswahl von mehreren deterministischen Strategien. Das Programm zieht zufällig eine dieser Strategien und wendet sie auf die aktuelle Eingabe an. Der Rest der Berechnung ist vollständig deterministisch. Bei jeder neuen Eingabe wird zufällig eine neue Strategie gewählt.

Die zweite Art, zufallsgesteuerte Systeme zu modellieren, ist einfacher und deswegen werden wir sie in unserem Musterbeispiel verwenden.

Betrachten wir die folgende Aufgabenstellung.

Wir haben zwei vernetzte Rechner R_I und R_{II}, die sich an zwei unterschiedlichen, weit voneinander entfernten Orten befinden. Die Aufgabe der Rechner ist es, die gleiche große Menge von Daten (z.B. eine Genomdatenbank) zu verwalten. Ursprünglich haben beide Rechner ihre Arbeit mit gleichen In-

---

[5]eindeutig bestimmt

halten der Datenbank begonnen, die sich aber im Laufe der Zeit dynamisch geändert haben, weil ständig neue Informationen (z.B. neue dekodierte DNA-Sequenzen) gespeichert werden müssen. Beide Rechner versuchen dabei die vollständigen Informationen über die betrachteten Objekte zu speichern, und somit sollen beide Rechner immer den gleichen Speicherinhalt haben. Natürlich will man von Zeit zu Zeit auch überprüfen, ob die Inhalte der beiden Datenbanken von R_I und R_{II} wirklich identisch sind.

Diese Überprüfung idealisieren wir jetzt im Sinne der mathematischen Abstraktion. Die Inhalte der Datenbanken betrachten wir als Folgen von Bits. Somit hat der Rechner R_I die Folge x von n Bits

$$x = x_1 x_2 x_3 \ldots x_{n-1} x_n$$

in seinem Speicher und der Rechner R_{II} hat auch eine Folge von n Bits in seinem Speicher, bezeichnet als

$$y = y_1 y_2 y_3 \ldots y_{n-1} y_n.$$

Die Aufgabe ist, mittels Kommunikation über das Netz zu überprüfen, ob $x = y$ (Fig. 6.1).

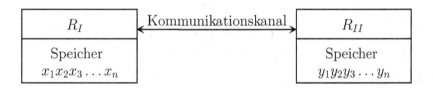

Fig. 6.1

Um diese Kommunikationsaufgabe zu lösen, soll man eine Kommunikationsstrategie (ein **Kommunikationsprotokoll**) entwerfen.
Die **Komplexität der Kommunikation** und damit die Komplexität der Lösung der Aufgabenstellung misst man in der Anzahl der Bits, die R_I und R_{II} über den Kommunikationskanal austauschen.

Leider ist es beweisbar, dass jedes Kommunikationsprotokoll zur Lösung dieser Aufgabe nicht vermeiden kann, für mehrere Speicherinhalte n Bits auszutauschen. Somit ist der naive Lösungsweg, in der R_I den ganzen Inhalt $x_1 x_2 \ldots x_n$ seines Speichers an R_{II} schickt und R_{II} dann die Inhalte bitweise vergleicht, die bestmögliche Lösungsstrategie. Wenn n sehr groß ist, z.B. $n = 10^{16}$ (das entspricht einem Datenbestand von 250000 DVDs), sind die

Kommunikationskosten sehr hoch. Ganz davon abzusehen, dass die zuverlässige Übertragung einer Menge von Daten ohne den Verlust oder Änderung
eines Bits ein unrealistisches Vorhaben ist.

Unser Ziel ist jetzt, ein zufallsgesteuertes Kommunikationsprotokoll zu entwerfen, das diese Aufgabe mit

$$4 \cdot \lceil \log_2(n) \rceil$$

Kommunikationsbits realisieren kann[6]. Wir sehen, dass die Ersparnis an
Komplexität von exponentieller Größe ist. Für $n = 10^{16}$ schicken wir zum
Beispiel nur 256 anstatt 10^{16} Bits!

Für die Darstellungen der zufallsgesteuerten Kommunikationsstrategie ist es
anschaulicher, über den Vergleich von zwei natürlichen Zahlen statt über
den Vergleich von zwei Bitfolgen zu sprechen. Deswegen interpretieren wir
die Folgen $x = x_1 \ldots x_n$ und $y = y_1 \ldots y_n$ als die binären Kodierungen der
Zahlen

$$\textbf{Zahl}(x) \;\; = \;\; \sum_{i=1}^{n} 2^{n-i} \cdot x_i$$

und

$$\textbf{Zahl}(y) \;\; = \;\; \sum_{i=1}^{n} 2^{n-i} \cdot y_i$$

Falls Ihnen diese Formeln nichts mehr sagen, brauchen Sie sich auch nicht
damit zu beschäftigen. Wichtig ist nur zu wissen, dass

Zahl(x) die natürliche Zahl dargestellt durch x ist, und dass

$$0 \leq \text{Zahl}(x) \leq 2^n - 1.$$

Analog gilt

$$0 \leq \text{Zahl}(y) \leq 2^n - 1.$$

Für $n = 10^{16}$ können diese Zahlen natürlich riesig groß sein. Offensichtlich
ist x genau dann identisch zu y, wenn Zahl$(x) = $ Zahl(y).

Aufgabe 6.1 Für alle, die es genau wissen wollen: Die Folge 10110 kodiert die
Zahl

$$
\begin{aligned}
\text{Zahl}(10110) \;\; &= \;\; 1 \cdot 2^4 + 0 \cdot 2^3 + 1 \cdot 2^2 + 1 \cdot 2^1 + 0 \cdot 2^0 \\
&= \;\; 1 \cdot 16 + 0 \cdot 8 + 1 \cdot 4 + 1 \cdot 2 + 0 \cdot 1 \\
&= \;\; 16 + 4 + 2 = 22.
\end{aligned}
$$

---

[6]Die Zeichen $\lceil$ und $\rceil$ stehen für die obere Gaussklammer und bedeuten die Aufrundung
einer reellen Zahl a auf die nächste größere ganze Zahl $\lceil a \rceil$.

Welche Zahl kodiert die Bitfolge 101001? Wie ist die binäre Darstellung von 133?

Das zufallsgesteuerte Kommunikationsprotokoll für Eingaben $x_1 \ldots x_n$ und $y_1 \ldots y_n$ der Länge n entspricht einer zufälligen Wahl aus so vielen deterministischen Strategien (Protokollen), wie die Anzahl $\text{Prim}(n^2)$ der Primzahlen kleiner als n^2 ist.

Im Folgenden bezeichnen wir für jede positive ganze Zahl m durch

$$\text{PRIM}(m) = \{p \text{ ist eine Primzahl} \mid p \leq m\}$$

die Menge aller Primzahlen in dem Intervall von 1 bis m und durch

$$\text{Prim}(m) = |\text{PRIM}(m)|$$

die Anzahl der Primzahlen in $\text{PRIM}(m)$.

Im Folgenden bezeichnen wir durch

$$r = a \bmod b$$

den Rest bei der ganzzahligen Division $a : b$. Zum Beispiel gilt $2 = 14 \bmod 3$, weil $14 : 3 = 4$ und der Rest ist $r = 14 - 3 \cdot 4 = 2$.

Wenn man die Division $a : b$ ganzzahlig betrachtet und das Resultat ist c mit dem Rest r, dann kann man

$$a = b \cdot c + r$$

schreiben, wobei $r < b$. In unserem Beispiel $a = 14$, $b = 3$ ist das ganzzahlige Resultat der Division $c = 4$ und der Rest $r = 2$. Somit kann man schreiben

$$14 = 3 \cdot 4 + 2,$$

wobei $2 < 3$.

Jetzt können wir das zufallsgesteuerte Protokoll für den Vergleich von x und y (besser gesagt für den Vergleich von $\text{Zahl}(x)$ und $\text{Zahl}(y)$) wie folgt beschreiben.

Zufallsgesteuertes Kommunikationsprotokoll ZEUGE für die Identitätsüberprüfung.

Ausgangssituation: Der Rechner R_I hat n Bits $x = x_1 x_2 \ldots x_n$ (d.h. eine Zahl $\text{Zahl}(x)$, $0 \leq \text{Zahl}(x) \leq 2^n - 1$).
Der Rechner R_{II} hat n Bits $y = y_1 y_2 \ldots y_n$ (d.h. eine Zahl $\text{Zahl}(y)$, $0 \leq \text{Zahl}(y) \leq 2^n - 1$).

Phase 1: R_I wählt zufällig eine Primzahl aus PRIM(n^2). Jede Primzahl in PRIM(n^2) hat dabei die gleiche Wahrscheinlichkeit gewählt zu werden.

Phase 2: R_I berechnet die Zahl

$$s = \text{Zahl}(x) \bmod p$$

(d.h. den Rest nach dem Teilen von Zahl(x) durch p) und schickt die binäre Darstellung von

$$s \text{ und } p$$

an R_{II}.

Phase 3: Nach dem Empfang von s und p berechnet R_{II} die Zahl

$$q = \text{Zahl}(y) \bmod p.$$

Falls $q \neq s$, dann liefert R_{II} die Ausgabe „ungleich".
Falls $q = s$, dann liefert R_{II} die Ausgabe „gleich".

Bevor wir die Kommunikationskomplexität und die Zuverlässigkeit von ZEUGE untersuchen, illustrieren wir die Arbeit des Protokolls auf einer konkreten Eingabe.

Beispiel 6.1 Seien $x = 01111$ und $y = 10110$.
Somit sind

$$\begin{aligned}
\text{Zahl}(x) &= 1 \cdot 2^3 + 1 \cdot 2^2 + 1 \cdot 2^1 + 1 \cdot 2^0 = 8 + 4 + 2 + 1 = 15,\\
\text{Zahl}(y) &= 1 \cdot 2^4 + 1 \cdot 2^2 + 1 \cdot 2^1 = 16 + 4 + 2 = 22
\end{aligned}$$

und

$$n = 5.$$

Also ist $n^2 = 25$ und somit ist

$$\text{PRIM}(n^2) = \{2, 3, 5, 7, 11, 13, 17, 19, 23\}.$$

Damit hat das Kommunikationsprotokoll ZEUGE eine von 9 Primzahlen zu wählen und somit die Auswahl aus 9 deterministischen Protokollen. Nehmen wir an, R_I wählt die Primzahl 5. Dann rechnet R_I

$$s = 15 \bmod 5 = 0$$

und schickt die Zahlen $p = 5$ und $s = 0$ an R_{II}. Dann rechnet R_{II}

$q = 22 \bmod 5 = 2$.

Weil $2 = q \neq s = 0$, antwortet R_{II} korrekt

„x und y sind ungleich".

Nehmen wir jetzt an, dass R_I die Primzahl 7 aus PRIM(25) wählt. Dann rechnet R_I

$s = 15 \bmod 7 = 1$

und schickt die Zahlen $p = 7$ und $s = 1$ an R_{II}. Dann rechnet R_{II}

$q = 22 \bmod 7 = 1$.

Weil $q = s$, antwortet R_{II} falsch

„x und y sind gleich".

Wir sehen damit, dass sich ZEUGE irren kann und für gewisse Wahlen von Primzahlen eine falsche Antwort geben kann. □

Aufgabe 6.2 Gibt es noch eine andere Primzahl in PRIM(25), die für $x = 01111$ und $y = 10110$ zu einer falschen Antwort von ZEUGE führen kann?

Aufgabe 6.3 Seien die Eingaben $x = y = 100110$. Kann es vorkommen, dass ZEUGE bei einer schlechten Primzahlwahl die falsche Antwort „$x \neq y$" liefert?

Aufgabe 6.4 Betrachten Sie $x = 10011011$ und $y = 01010101$ als Eingaben. Stellen Sie fest, bei wie vielen Primzahlen ZEUGE die falsche Antwort „$x = y$" und bei wie vielen Primzahlen ZEUGE die richtige Antwort „$x \neq y$" liefert.

Schauen wir uns zuerst an, wie groß die Komplexität der Kommunikation bei ZEUGE ist. Die zu vergleichenden Zahlen sind jeweils durch n Bits dargestellt und liegen somit im Intervall von 0 bis $2^n - 1$. Um das Senden von großen Zahlen zu vermeiden, kommuniziert der Rechner R_I im Protokoll ZEUGE nur zwei Zahlen kleiner als n^2, nämlich die Primzahl $p \in PRIM(n^2)$ und den Rest nach dem Teilen durch p. Eine Zahl kleiner als n^2 kann man binär durch

$$\lceil \log_2 n^2 \rceil \leq 2 \cdot \lceil \log_2 n \rceil$$

Bits darstellen. Die Zeichen $\lceil$ und $\rceil$ sind die sogenannten Gaussklammern und bedeuten die Aufrundung auf die nächste größere ganze Zahl. Zum Beispiel ist, $\lceil 2.3 \rceil = 3$, $\lceil 7.001 \rceil = 8$ und $\lceil 9 \rceil = 9$.

Weil das Protokoll ZEUGE zwei Zahlen p und s schickt, kann jede durch genau[7] $2 \lceil \log_2 n \rceil$ Bits dargestellt werden und somit ist die gesamte Anzahl von ausgetauschten Bits in ZEUGE genau

$$4 \cdot \lceil \log_2 n \rceil \,.$$

Schauen wir mal, was dies genau für $n = 10^{16}$ bedeutet. Das beste deterministische Protokoll kann bei einigen Eingaben nicht vermeiden, mindestens

$$10^{16} \text{ Bits}$$

auszutauschen. Unser randomisiertes Protokoll ZEUGE kommt immer mit

$$4 \cdot \left\lceil \log_2(10^{16}) \right\rceil \leq 4 \cdot 16 \cdot \lceil \log_2 10 \rceil = 256 \text{ Bits}$$

aus. Der Unterschied im Aufwand beim Senden von 256 Bits und von 10^{16} Bits ist riesig. Auch wenn es tatsächlich möglich wäre, die 10^{16} Bits sicher zu kommunizieren, sind die Kommunikationskosten für das Senden von 256 Bits und 10^{16} Bits unvergleichbar. Für diese unglaublich große Ersparnis an Kommunikationskomplexität bezahlen wir mit dem Verlust der Sicherheit, immer das richtige Ergebnis des Vergleichens zu erhalten. Unsere Frage ist jetzt:

> *Wie groß ist die Unsicherheit, mit der wir diese drastische Reduktion der Kommunikationskosten zu bezahlen haben?*

Den Grad der Unsicherheit, das richtige Resultat zu berechnen, nennen wir in der Informatik die **Fehlerwahrscheinlichkeit**. Genauer, die **Fehlerwahrscheinlichkeit für zwei Inputstrings x und y** ist die Wahrscheinlichkeit

$$\textbf{Fehler}_{ZEUGE}(\boldsymbol{x}, \boldsymbol{y}),$$

dass ZEUGE eine falsche Ausgabe auf der Eingabe x und y (wenn R_I als Speicherinhalt den String x und R_{II} als Speicherinhalt den String y hat) liefert. Für unterschiedliche Eingaben (Anfangssituationen) x und y kann Fehler$_{ZEUGE}(x,y)$ unterschiedlich sein. Unsere Aufgabe ist zu zeigen, dass die Fehlerwahrscheinlichkeit sehr gering für alle möglichen Eingaben x und y ist.[8]

---

[7]Wenn die Darstellung kürzer als $2 \lceil \log_2 n \rceil$ ist, dann kann man ein paar Nullen am Anfang anhängen, um genau auf diese Länge zu kommen.

[8]Wir haben in dieser Richtung sehr hohe Anforderungen an die zufallsgesteuerten (randomisierten) Systeme und Algorithmen. Wir fordern für jede einzelne Eingabe eine hohe Wahrscheinlichkeit, korrekt zu rechnen. Dies steht im Gegensatz zu sogenannten stochastischen Verfahren, in denen man nur fordert, dass man statistisch auf den meisten Eingaben mit hoher Wahrscheinlichkeit richtig arbeitet.

„*Was ist die Fehlerwahrscheinlichkeit für x und y genau und wie kann man sie bestimmen?*"

Das Protokoll ZEUGE wählt zufällig eine Primzahl aus PRIM(n^2) für Eingabestrings x und y der Länge n. Diese Wahl der Primzahl entscheidet, ob das Protokoll das richtige oder das falsche Resultat liefert. Deswegen teilen wir die Menge PRIM(n^2) in zwei Teile auf. Alle Primzahlen, für die ZEUGE die richtige Antwort für x und y liefert, nennen wir

gut für (x, y).

Die Primzahl 5 war gut für $(01111, 10110)$ im Beispiel 6.1.

Die restlichen Primzahlen, deren Wahl zur falschen Antwort für (x, y) führt, nennen wir

schlecht für (x, y).

Die Primzahl 7 ist schlecht für $(01111, 10110)$, wie in Beispiel 6.1 gezeigt wurde. Weil jede von den Prim(n^2) vielen Primzahlen in PRIM(n^2) die gleiche Wahrscheinlichkeit hat gewählt zu werden, gilt

$$\text{Fehler}_{ZEUGE}(x, y) = \frac{\text{die Anzahl der schlechten Primzahlen für } (x, y)}{\text{Prim}(n^2)}$$

d. h. die Fehlerwahrscheinlichkeit ist die Anzahl der schlechten Primzahlen in der Urne im Verhältnis zu der Anzahl aller Primzahlen in der Urne. Dies ist eine einfache Überlegung, die man auch mit anschaulichen Beispielen belegen kann. Wenn man in einer Urne 15 Kugeln hat und genau 3 davon sind weiß, dann ist die Wahrscheinlichkeit, eine weiße Kugel zu ziehen, genau $\frac{3}{15} = \frac{1}{5}$. In anderen Worten, 20% der Kugeln in der Urne sind weiß und somit kann man beim wiederholten zufälligen Ziehen in 20% der Fälle erwarten, dass eine weiße Kugel gezogen wird. Analog, wenn ZEUGE 15 Primzahlen in PRIM(7^2) hat und zwei von denen führen zur falschen Antwort für x und y, dann ist die Fehlerwahrscheinlichkeit 2/15.

Wir sehen die Situation in Fig. 6.2 gezeichnet. Unsere Aufgabe ist, für alle Stringpaare x und y zu zeigen, dass die Menge der schlechten Primzahlen für (x, y) proportional sehr klein zu der Menge aller Primzahlen in PRIM(n^2) ist.

Wie groß ist PRIM(m)? Eine der tiefsten und wichtigsten Errungenschaften der Mathematik[9] ist der Primzahlsatz, der besagt, dass

$$\text{Prim}(m) \text{ ungefähr } \frac{m}{\ln m}$$

---

[9] genauer der Zahlentheorie in der Mathematik

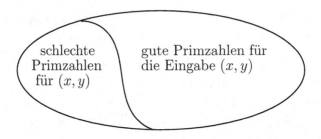

Fig. 6.2: Alle Primzahlen in PRIM(n^2)

ist, wobei $\ln m$ der natürliche Logarithmus von m ist. Also behauptet der Primzahlsatz, dass die Primzahlen relativ dicht zwischen den natürlichen Zahlen verstreut sind, weil sich an ungefähr jeder $\ln m$-ten Stelle eine Primzahl befindet. Für unsere Berechnungen nehmen wir ein konkretes Resultat

$$\mathrm{Prim}(m) > \frac{m}{\ln m}$$

für alle natürlichen Zahlen $m > 67$. Also haben wir für unsere Zwecke

$$\mathrm{Prim}(n^2) > \frac{n^2}{2\ln n}$$

für alle $n \geq 9$. Unsere nächste Zielsetzung ist jetzt zu zeigen, dass

für jede Eingabe (x, y) die Anzahl der schlechten Primzahlen für (x, y) höchstens $n - 1$ ist,

also wesentlich kleiner als $n^2/(2\ln n)$.

Bei der Untersuchung der Fehlerwahrscheinlichkeit unterscheiden wir zwei Möglichkeiten bezüglich der tatsächlichen Beziehungen zwischen x und y.

Fall 1 $x = y$ und somit ist die richtige Antwort „gleich".

Wenn $x = y$, dann auch $\mathrm{Zahl}(x) = \mathrm{Zahl}(y)$. Egal welche Primzahl p gezogen wird,

$$s = \mathrm{Zahl}(x) \bmod p = \mathrm{Zahl}(y) \bmod p = q$$

und somit $s = q$. In Worten, wenn man zwei gleiche Zahlen durch dieselbe Primzahl p teilt, müssen die Reste beider Divisionen auch gleich sein. Das Protokoll ZEUGE liefert also für alle p aus PRIM(n^2) die richtige Antwort. Somit gilt

$$\mathrm{Fehler}_{ZEUGE}(x, x) = 0$$

für alle Strings x.

Also kann ein Fehler nur bei unterschiedlichen Eingabestrings x und y auftreten.

Fall 2 $x \neq y$ und somit ist die richtige Antwort „ungleich".

Wie wir schon in Beispiel 6.1 für $x = 01111$ und $y = 10110$ festgestellt haben, ist die Fehlerwahrscheinlichkeit ungleich Null, weil für $p = 7$ das Protokoll ZEUGE die falsche Antwort „gleich" liefert.

Wir finden eine allgemeine obere Schranke $n - 1$ die Anzahl der schlechten Primzahlen für (x, y) mit $|x| = |y| = n$, indem wir die Eigenschaften von solchen schlechten Primzahlen für (x, y) untersuchen.

Eine Primzahl p ist schlecht für (x, y), wenn die Reste beim Teilen von $\text{Zahl}(x)$ und $\text{Zahl}(y)$ durch p gleich sind, d. h. wenn

$$s = \text{Zahl}(x) \bmod p = \text{Zahl}(y) \bmod p$$

gilt. Die Gleichung

$$s = \text{Zahl}(x) \bmod p$$

bedeutet nichts anderes, als dass

$$\text{Zahl}(x) = h_x \cdot p + s,$$

wobei h_x das Resultat des Teilens von $\text{Zahl}(x)$ durch p ist und $s < p$ der Rest ist.

Analog können wir also schreiben

$$\text{Zahl}(y) = h_y \cdot p + s,$$

wobei p sich h_y mal in $\text{Zahl}(y)$ befindet und s der Rest ist.[10] Nehmen wir an, dass $\text{Zahl}(x) \geq \text{Zahl}(y)$ gilt. (Wenn $\text{Zahl}(y) > \text{Zahl}(x)$ gilt, kann man die Analyse analog führen). Dann berechnen wir $\text{Zahl}(x) - \text{Zahl}(y)$.

$$
\begin{array}{ll}
\text{Zahl}(x) & h_x \cdot p + s \\
\underline{-\text{Zahl}(y)} & \underline{-h_y \cdot p - s} \\
\text{Dif}(x, y) & h_x \cdot p - h_y \cdot p
\end{array}
$$

Also gilt für die Differenz $\text{Dif}(x, y)$:

$$\text{Dif}(x, y) = \text{Zahl}(x) - \text{Zahl}(y) = h_x \cdot p - h_y \cdot p = (h_x - h_y) \cdot p.$$

---

[10]Zum Beispiel für $x = 10110$ ist $\text{Zahl}(x) = 22$, und für $p = 5$ ist $\text{Zahl}(x) = 22 = 4 \cdot 5 + 2$, wobei $h_x = 4$ und $s = 2$ der Rest ist.

Die Schlussfolgerung ist, dass p die Zahl $\mathrm{Dif}(x,y) = \mathrm{Zahl}(x) - \mathrm{Zahl}(y)$ teilt. Mit anderen Worten

> *Eine Primzahl ist schlecht für (x,y) genau dann,*
> *wenn p die Zahl $\mathrm{Dif}(x,y) = \mathrm{Zahl}(x) - \mathrm{Zahl}(y)$ teilt.*

Wozu ist das hilfreich? Zuerst haben wir einen schnellen Weg zur Bestimmung von schlechten Primzahlen gefunden.

Beispiel 6.2 Gegeben seien die Bitstrings $x = 1001001$ für R_I und $y = 0101011$ für R_{II}, beide von der Länge $n = 7$. Die Aufgabe ist, die Menge der schlechten Primzahlen für $(x,y) = (1001001, 0101011)$ zu bestimmen.

Zuerst bestimmen wir die Menge

$$\mathrm{PRIM}(n^2) = \mathrm{PRIM}(49) = \{2,3,5,7,11,13,17,19,23,29,31,37,41,43,47\}$$

der Primzahlen, aus der ZEUGE eine Primzahl zufällig zieht. Nach unserer Beobachtung sind die schlechten Primzahlen für $(1001001, 0101011)$ gerade diejenigen, die die Differenz

$$\mathrm{Dif}(1001001, 0101011) = \mathrm{Zahl}(1001001) - \mathrm{Zahl}(0101011) = 73 - 43 = 30$$

teilen. Wir sehen sofort, dass nur 2, 3 und 5 aus $\mathrm{PRIM}(49)$ die Zahl 30 teilen und somit sind 2, 3 und 5 die einzigen schlechten Primzahlen für $(1001001, 0101011)$. Somit ist

$$\mathrm{Fehler}_{ZEUGE}(1001001, 0101011) = \frac{3}{\mathrm{Prim}(49)} = \frac{3}{15}.$$

$\square$

Aufgabe 6.5 Finden Sie alle schlechten Primzahlen für folgende Paare von Bitstrings.

(i) $(01010, 11101)$

(ii) $(110110, 010101)$

(iii) $(11010010, 01101001)$.

Die verbleibende Frage ist jetzt:

> „Wie hilft uns das Wissen, dass schlechte Primzahlen $\mathrm{Dif}(x,y)$ teilen, dabei, ihre Anzahl zu beschränken?"

Weil beide Zahlen $\text{Zahl}(x)$ und $\text{Zahl}(y)$ kleiner als 2^n sind, gilt auch

$$\text{Dif}(x, y) = \text{Zahl}(x) - \text{Zahl}(y) < 2^n.$$

Wir wollen zeigen, dass eine Zahl kleiner als 2^n nicht mehr als $n - 1$ Primfaktoren (Primzahlen, die die Zahl teilen) haben kann. Dazu benutzen wir einen anderen berühmten Satz aus dem Mathematikunterricht in der Schule und zwar den fundamentalen Satz der Arithmetik. Dieser Satz besagt, dass

> *jede natürliche Zahl eindeutig als ein Produkt von Primzahlen dargestellt werden kann.*

Zum Beispiel gilt

$$5940 = 2 \cdot 2 \cdot 3 \cdot 3 \cdot 3 \cdot 5 \cdot 11 = 2^2 \cdot 3^3 \cdot 5 \cdot 11 \,,$$

und somit sind die 4 Primzahlen $2, 3, 5$ und 11 die Primfaktoren von 5940.

Seien $p_1, p_2, p_3, \ldots, p_k$ alle Primfaktoren unserer Zahl $\text{Dif}(x, y)$ in aufsteigender Reihenfolge. Damit ist $p_1 \geq 2$ (als die kleinste Primzahl), $p_2 \geq 3$ (p_2 ist größer gleich die zweite Primzahl) und allgemein p_i mindestens so groß, wie die i-te Primzahl. Damit gilt

$$\text{Dif}(x, y) = p_1^{i_1} \cdot p_2^{i_2} \cdot p_3^{i_3} \cdot \ldots \cdot p_k^{i_k}$$

für $i_j \geq 1$ für alle j von 1 bis k. Deswegen dürfen wir schreiben

$$\begin{aligned}
\text{Dif}(x, y) &\geq p_1 \cdot p_2 \cdot p_3 \cdot \ldots \cdot p_k \\
&> 1 \cdot 2 \cdot 3 \cdot \ldots \cdot k \\
&= k!
\end{aligned}$$

Weil $\text{Dif}(x, y) < 2^n$ und $\text{Dif}(x, y) > k!$ (wie gerade gezeigt), erhalten wir

$$2^n > k! \,.$$

Weil $n! > 2^n$ für $n \geq 4$, muss k kleiner als n sein und somit erhalten wir die angestrebte Aussage

$$k \leq n - 1,$$

d. h. die Anzahl der Primfaktoren von $\text{Dif}(x, y)$ ist höchstens $n - 1$ und somit ist die Anzahl der schlechten Primzahlen für (x, y) höchstens $n - 1$.

Endlich können wir die Fehlerwahrscheinlichkeit von oben beschränken. Für
alle Paare von Bitstrings (x, y) von der Länge $n \geq g$ gilt

$$
\begin{aligned}
\text{Fehler}_{ZEUGE}(x, y) &= \frac{\text{Anzahl der schlechten Primzahlen für } (x, y)}{\text{Prim}(n^2)} \\
&\leq \frac{n - 1}{n^2 / \ln n^2} \\
&\leq \frac{2 \ln n}{n}.
\end{aligned}
$$

Damit ist die Fehlerwahrscheinlichkeit von ZEUGE für unterschiedliche Da-
tenbankinhalte x und y höchstens $(2 \ln n)/n$, was für unser Beispiel mit $n = 10^{16}$ höchstens

$$
\frac{7{,}3683}{10^{15}} = 7{,}3683 \cdot 10^{-15}
$$

ist. Im Beispiel 6.2 haben wir gesehen, dass die Fehlerwahrscheinlichkeit relativ hoch (1/5) sein kann. Dies kommt dadurch, dass *diese Fehlerwahrscheinlichkeit mit wachsender Eingabelänge immer kleiner wird*. Deswegen
empfiehlt es sich, für kleine Eingabelängen von einigen Tausenden von Bits
den Vergleich deterministisch zu machen, weil die Kosten dafür sowieso gering sind. Erst für längere Eingaben lohnt es sich dann, das randomisierte
Protokoll anzuwenden.

Aufgabe 6.6 Wie hoch kann die Fehlerwahrscheinlichkeit für die Eingabelängen
$n = 10^3$ und $n = 10^4$ sein? Ab welcher Eingabelänge würden Sie dem randomisierten Protokoll ZEUGE trauen?

Aufgabe 6.7 Bestimmen Sie die genauen Fehlerwahrscheinlichkeiten von ZEUGE
für die folgenden Paare (x, y).

  (i) $(00011011, 10101101)$

 (ii) $(011000111, 000111111)$

(iii) $(0011101101, 0011110101)$.

Wir haben gerade ein echtes Wunder erlebt. Ein randomisiertes Verfahren
kann Aufgaben effizient bewältigen, die deterministische Verfahren wegen ihres Aufwandes in der Praxis nicht lösen können. Wir kennen mehrere Aufgabenstellungen, die praktisch mit deterministischen Algorithmen nicht lösbar
sind, weil die effizientesten Algorithmen für diese Aufgabe eine exponentielle
Komplexität haben. Mehrere dieser Aufgabenstellungen sind täglich in der

Praxis zu lösen und wir können es oft nur dank des zufallsgesteuerten Verfahrens erfolgreich bewältigen. Das ganze E-Commerce, und damit Online-Banking und Online-Shopping, wäre ohne in die Software implementierte zufallsgesteuerte Algorithmen nicht denkbar. Für die, die absolute Sicherheiten suchen, ist dies eigentlich eine schlechte Nachricht. Aber für diejenigen, die ihr Risiko kennen, kalkulieren und klein halten wollen, sind zufallsgesteuerte Programme die richtige Lösung.

Jetzt ist es an der Zeit, das Wunder ein bisschen zu entzaubern. Wir möchten verstehen, warum die Zufallssteuerung solche grandiosen Effekte zaubern kann, und wir sollen dies durch das gewonnene Verständnis als den normalen Lauf der Dinge ansehen.

Beginnen wir unsere Überlegungen mit dem Anzweifeln des Vorgestellten. Wir haben gesehen, dass das zufallsgesteuerte Protokoll ZEUGE wirklich effizient und mit hoher Zuverlässigkeit funktioniert. Aber stimmen die hier nicht bewiesenen Behauptungen, dass das beste deterministische Protokoll für unsere Kommunikationsaufgabe für gewisse Eingaben den Austausch von n Bits nicht vermeiden kann? Und dass für die meisten Eingaben (x, y) fast n Kommunikationsbits notwendig sind? Warum darf der Zuhörer (der Leser) gerade an dieser Stelle zweifeln? Weil die Aussage wirklich verdächtig aussieht.

Gehen wir tiefer in die Materie und schauen uns noch einmal das Bild in Fig. 6.2 an. Wir benennen die guten Primzahlen für (x, y) in **Zeugen der Unterschiedlichkeit von x und y** um. Wir sagen, dass eine Primzahl p die Tatsachen $x \neq y$ **bezeugt**, wenn

$$\text{Zahl}(x) \bmod p \neq \text{Zahl}(y) \bmod p$$

gilt. Eine Primzahl q ist **kein Zeuge** des Unterschieds zwischen x und y, wenn

$$\text{Zahl}(x) \bmod p = \text{Zahl}(y) \bmod p.$$

Damit sind die guten Primzahlen für (x, y) die Zeugen für (x, y) und die schlechten Primzahlen für (x, y) werden als **Nichtzeugen für (x, y)** betrachtet. Nach dieser Umbenennung sehen wir die Arbeit des Protokolls ZEUGE als eine Suche nach einem Zeugen für „$x \neq y$". Wenn man einen Zeugen für „$x \neq y$" zufällig gezogen hat, läuft das Verfahren deterministisch weiter und kommt zuverlässig zu dem richtigen Resultat. Wenn man einen Nichtzeugen gezogen hat, kommt unvermeidlich ein falsches Resultat heraus. Das ganze Protokoll funktioniert mit hoher Wahrscheinlichkeit richtig, weil in der Menge $\text{PRIM}(n^2)$ der **Zeugenkandidaten** fast nur Zeugen liegen.

Der Anteil der Nichtzeugen ist so gering, dass die Wahrscheinlichkeit einen dieser Nichtzeugen zu ziehen, sehr klein ist (z. B. 1 zu einer Billion). Und jetzt kommt der Grund zum Zweifeln.

> *Wenn in der Menge der Zeugenkandidaten fast alle Kandidaten auch Zeugen für (x, y) sind, warum kann ich nicht einen davon deterministisch effizient bestimmen und mit ihm in kurzer Kommunikation die Aufgabe korrekt lösen? Einen Zeugen deterministisch zu finden bedeutet auch, die Zufallssteuerung von ZEUGE durch eine voll deterministisch Steuerung zu ersetzen, und dadurch potenziell ein effizientes deterministisches Kommunikationsprotokoll für diese Aufgabe zu entwickeln.*

Wie kann man erklären, dass diese auf den ersten Blick plausible Idee nicht umsetzbar ist? Wir können natürlich einen mathematischen Beweis liefern, dass effiziente deterministische Protokolle für diese Aufgabenstellung nicht existieren. Dies führt zu zwei Problemen. Dieser Beweis ist zwar für erfahrene Informatiker und Mathematiker nicht schwer, aber er würde trotzdem die Voraussetzungen über die Kenntnisse des Publikums stark sprengen. Zweitens, wird auch das Verstehen der Argumentation des Beweises Ihnen nicht helfen zu verstehen, *warum* die vorgeschlagene Entrandomisierungsidee nicht funktioniert. Sie würden nur feststellen, dass es nicht möglich ist, aber die wahren Hintergründe würden weiter im Hintergrund liegen und geheimnisvoll aussehen. Deswegen versuchen wir nur intuitiv den Kern der Geschichte zu fassen und dabei unser Verständnis der Zufallssteuerung zu erhöhen.

Es gibt keinen effizienten[11] deterministischen Algorithmus zur Bestimmung der Zeugen, weil aus der Sicht beider Rechner R_I und R_{II}

> *die Zeugen zwischen den Zeugenkandidaten „zufällig" verstreut sind.*

Was bedeutet es genauer? Wenn Sie x kennen, aber nur sehr wenig über y wissen, können Sie sogar mit mehreren Versuchen einen Zeugen für (x, y) nicht ausrechnen. Das kommt dadurch, dass für unterschiedliche Eingaben der Länge n die Zeugen in der Kandidatenmenge $PRIM(n^2)$ ganz unterschiedlich verteilt sind. Es gibt keine Verteilungsregel mit der man aus begrenzten Kenntnissen der Eingabe einen Zeugen berechnen kann. Damit stellt sich aus der Sicht der Rechner R_I und R_{II} der Topf mit dem Zeugenkandidaten wie ein echtes Chaos (eine chaotische Mischung von Zeugen und Nichtzeugen) dar. Und da liegt der Kern des Erfolges der Zufallssteuerung.

---

[11]bezüglich der Kommunikationskomplexität

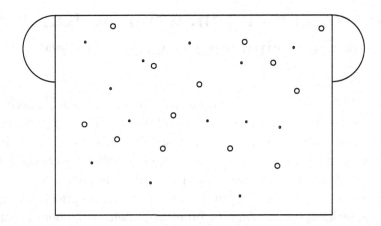

Fig. 6.3: Eine chaotische Mischung von Zeugen und Nichtzeugen.

In mehreren Problemstellungen könnte man das Problem effizient lösen, wenn man einen Zeugen für die richtige Antwort hätte. In der Praxis schenkt uns aber niemand einen solchen Zeugen. Aber wenn man weiß, dass man eine Menge der Zeugenkandidaten bauen kann und dass in dieser Menge viele Zeugen, wenn auch chaotisch verteilt, vorkommen, liegt es nahe zu versuchen, einen Zeugen zufällig herauszufischen. Wenn die Verteilung der Zeugen zwischen den Kandidaten wirklich zufällig ist und damit chaotisch aussieht, hat kein deterministisches Verfahren eine Chance, einen Zeugen effizient zu finden.

Auf der Suche nach effizienten zufallsgesteuerten Algorithmen bauen wir oft auf der hier vorgestellten Idee auf. Wir suchen eine Zeugenart bei der folgende drei Eigenschaften wünschenswert sind:

(i) Wenn man einen Zeugen für eine Eingabe hat, kann man effizient deterministisch das korrekte Ergebnis berechnen.

(ii) Wenn man einen Zeugenkandidaten für eine Eingabe hat, kann man effizient überprüfen, ob der Kandidat ein Zeuge ist oder nicht.

(iii) Die Zeugen kommen in der Kandidatenmenge häufig vor.

Auf Grund der Eigenschaft (iii) nennt man diese Methode zum Entwurf von zufallsgesteuerten Algorithmen **Methode der häufigen Zeugen**. Häufige Zeugen sind also eine gute Sache. Wie man ihre Häufigkeit nach Bedarf erhöhen kann, ist das Thema des nächsten Abschnittes.

6.4   Was kann man tun, wenn ein Kunde sehr hohe Sicherheitsmaßstäbe anstrebt?

Die ganze Geschichte der Menschheit ist mit der Suche nach Sicherheit verknüpft. Was sind wir? Was suchen wir hier? Was sollen wir tun, um eine „schöne" oder überhaupt eine Zukunft abzusichern? Das Leben und die Wissenschaft haben uns belehrt, dass die Suche nach absoluter Sicherheit sinnlos ist und einem sogar zum Verhängnis werden kann. Die nichtexistierende absolute Sicherheit anzustreben, bedeutet auch, auf vieles sinnlos zu verzichten und oft in eine Sackgasse ohne Ausweg hineinzulaufen. Aufgeben, Frustration und Depressionen sind die typischen Folgen. Wenn man aber die Unsicherheit und damit auch den Zufall als unvermeidbare Dinge des Lebens akzeptiert und damit leben lernt, entdeckt man statt der Frustration Möglichkeiten, die sich einem durch das Aufgeben der nichtexistierenden Ideale öffnen. Sackgassen scheinen nicht mehr Sackgassen zu sein und die Zukunft bietet uns eine Unmenge an Gestaltungsmöglichkeiten. Genauso war es in unserem Beispiel und ist es öfter in der Algorithmik. Die Situation scheint aussichtslos zu sein, weil jeder entworfene Algorithmus wegen eines hohen Rechenaufwands praktisch nutzlos ist. Der Wechsel von der angestrebten idealisierten absoluten Sicherheit zu einer praktischen Sicherheit offenbart uns gute Lösungsmöglichkeiten. In vielen ähnlichen Situationen gelingt es uns nicht unbedingt, so häufige Zeugen zu finden wie bei unserem Kommunikationsprotokoll. Manchmal ist nur die Hälfte der Zeugenkandidaten tatsächlich Zeuge oder sogar noch weniger. Dadurch wächst auch die Fehlerwahrscheinlichkeit zu einem Grad, in dem man sie in der Praxis nicht mehr akzeptieren kann. Die Zielsetzung dieses Abschnittes ist es zu zeigen, wie man solche Situationen erfolgreich meistern kann.

Fangen wir mit dem Beispiel unseres Kommunikationsprotokolls an. Für $n = 10^{16}$ war die Fehlerwahrscheinlichkeit höchstens $7{,}3683 \cdot 10^{-15}$. Nehmen wir an, dass wir einen Kunden haben, für den die Korrektheit der Ausgabe des Protokolls enorm wichtig ist und der sich einen noch höheren Grad an Sicherheit wünscht. Zum Beispiel sagt er:

„Ich will, dass die Fehlerwahrscheinlichkeit so gering wird, dass, wenn ich das Protokoll so viele Male anwende, wie das Produkt des Alters des Universums in Sekunden mit der Anzahl der Protonen im Universum, dann wird in diesen unzähligen Versuchen ein falsches Resultat höchstens mit der Wahrscheinlichkeit $1 : 1\,000\,000$ berechnet."

Können wir diesen übertriebenen Wunsch ohne einen extremen Zuwachs an Komplexität erfüllen? Die Antwort ist „JA" und um den Weg zu zeigen, machen wir zuerst eine einfache wahrscheinlichkeitstheoretische Überlegung.

Nehmen wir an, wir haben einen fairen Würfel. Würfeln selbst betrachten wir als ein Zufallsexperiment in dem genau 6 mögliche Ergebnisse 1, 2, 3, 4, 5 und 6 möglich sind und in dem die Wahrscheinlichkeit konkreter Ergebnisse für alle 6 Zahlen gleich, und somit genau 1/6 ist.

Nehmen wir weiter an, dass es das einzige ungünstige Ergebnis für uns ist, eine „1" zu würfeln. Alle anderen Ergebnisse sind als wünschenswert zu betrachten. Damit ist die Wahrscheinlichkeit, ein ungünstiges Resultat zu erhalten, 1/6. Jetzt ändern wir die Regeln. Wir würfeln 5 Mal hintereinander und das einzige ungünstige Ereignis ist, wenn lauter Ergebnisse „1" kommen. In anderen Worten sind wir zufrieden, wenn bei den 5 Versuchen mindestens einmal etwas anderes als „1" als Ergebnis des Würfelns herausgekommen ist. Wie hoch ist die Wahrscheinlichkeit, ein ungünstiges Resultat zu erhalten? Wir sollen also bestimmen, wie hoch die Wahrscheinlichkeit ist, dass man 5 Mal hintereinander eine „1" würfelt. Weil man diese 5 Versuche als unabhängig[12] voneinander betrachtet, kalkuliert man wie folgt. Eine „1" wirft man mit der Wahrscheinlichkeit 1/6. Zweimal „1" hintereinander wirft man mit der Wahrscheinlichkeit

$$\frac{1}{6} \cdot \frac{1}{6} = \frac{1}{36}.$$

Fünfmal hintereinander die „1" zu würfeln, hat die Wahrscheinlichkeit

$$\frac{1}{6} \cdot \frac{1}{6} \cdot \frac{1}{6} \cdot \frac{1}{6} \cdot \frac{1}{6} = \frac{1}{6^5}.$$

Was hat diese Überlegung mit unserem zufallsgesteuerten Protokoll zu tun? Vieles. Unsere Untersuchung des Protokolls hat ergeben, dass bei einem zufälligen Versuch (einem Zufallsexperiment) die Wahrscheinlichkeit keinen Zeugen aus der Menge $\mathrm{PRIM}(n^2)$ der Zeugenkandidaten zu erhalten, schlimmstenfalls

$$\frac{2\ln n}{n}$$

ist. Also ist die Wahrscheinlichkeit eines ungünstigen Ereignisses für uns höchstens $(2\ln n)/n$. Gehen wir jetzt analog zum Würfeln vor. Wenn wir zufällig hintereinander 10 Primzahlen ziehen, ist das einzige ungünstige Ereignis, wenn in allen 10 gezogenen Primzahlen keine Zeugen des Unterschiedes

---

[12]Eine ausführliche Erklärung der Bedeutung der Unabhängigkeit findet man in [Hro04a].

zwischen x und y sind. Zehnmal eine Primzahl zu ziehen, resultiert in dem folgenden zufallsgesteuerten Protokoll.

ZEUGE (10)

Anfangssituation: Der Rechner R_I hat n Bits $x = x_1 \ldots x_n$ und der Rechner R_{II} hat n Bits $y = y_1 \ldots y_n$.

Phase 1: R_I wählt zufällig 10 Primzahlen

$$p_1, p_2 \ldots p_{10} \text{ aus PRIM}(n^2).$$

Phase 2: Für alle i von 1 bis 10 berechnet R_I

$$s_i = \text{Zahl}(x) \bmod p_i$$

und schickt die binären Darstellungen von

$$p_1, p_2 \ldots p_{10}, s_1, s_2 \ldots s_{10}$$

an R_{II}.

Phase 3: Nach dem Empfang der 20 Zahlen $p_1, p_2 \ldots p_{10}, s_1, s_2 \ldots s_{10}$ berechnet R_{II}

$$q_i = \text{Zahl}(y) \bmod p_i$$

für alle $i = 1, 2 \ldots 10$.

Falls es mindestens ein i aus $1, 2, \ldots 10$ gibt, so dass $q_i \neq s_i$, dann weiß R_{II} mit Sicherheit, dass $x \neq y$ und liefert die Ausgabe „ungleich".

Falls $q_i = s_j$ für alle zehn j aus $1, 2 \ldots 10$, dann liefert R_{II} die Ausgabe „gleich".

Was beobachten wir? Wenn $x = y$ gilt, liefert ZEUGE(10) genau wie ZEUGE mit Sicherheit das korrekte Ergebnis „gleich". Wenn $x \neq y$ gilt, kann ZEUGE(10) ein falsches Resultat nur dann liefern, wenn keine der 10 gezogenen Primzahlen ein Zeuge für x und y ist. Wenn man nur einmal in den 10 Versuchen einen Zeugen für x und y gezogen hat, zum Beispiel p_4, dann bezeugt $s_4 \neq q_4$ die Unterschiedlichkeit von x und y und die korrekte Antwort „ungleich" ist gesichert. Wenn die Wahrscheinlichkeit, keinen Zeugen in einem Versuch zu ziehen, höchstens $(2 \ln n)/n$ ist, ist die Wahrscheinlichkeit, keinen Zeugen für x und y in 10 Versuchen zu ziehen, schlimmstenfalls

$$\left(\frac{2 \ln n}{n} \right)^{10} = \frac{2^{10} \cdot (\ln n)^{10}}{n^{10}}.$$

Für $n = 10^{16}$ ist dies höchstens

$$4{,}7169 \cdot 10^{-142}.$$

Die Anzahl der Sekunden seit dem Urknall mal der Anzahl der Protonen im Universum ist kleiner als

$$10^{99}.$$

Eine Kalkulation kann uns das Resultat liefern, dass die Produktion mindestens einer falschen Ausgabe in 10^{99} Läufen des Protokolls immer noch kleiner als 1 zu 10^{40} ist.

Wir haben damit die Fehlerwahrscheinlichkeit stark unter die Grenze aller praktischen Sicherheitsansprüche gedrückt. Dafür bezahlen wir mit dem Kommunikationsaufwand. Unsere Bezahlung ist aber wunderbar gering ausgefallen. Bei der Zufallswahl von 10 Primzahlen statt einer haben sich die Kommunikationskosten verzehnfacht, was

$$40 \cdot \lceil \log_2 n \rceil$$

bedeutet. Diese Kosten sind immer noch lächerlich gering. Dies ist leicht zu sehen, wenn man für $n = 10^{16}$ feststellt, dass ZEUGE(10) nur

$$2560 \text{ Bits}$$

kommuniziert.

In der Informatik sagen wir, dass *mit der Anzahl der Wiederholungen (Versuche) die Komplexität linear wächst und die Fehlerwahrscheinlichkeit sich exponentiell verkleinert.* Diese Situation ist eigentlich die günstigste, die man überhaupt haben kann.

Unser zufallgesteuerter Algorithmus ZEUGE(10) ist praktisch sicherer als sicher. Dies liegt daran, dass schon ZEUGE eigentlich sehr zuverlässig war. Aber die Methode der wiederholten Versuche kann die Fehlerwahrscheinlichkeit wesentlich nach unten drücken, auch wenn die Wahrscheinlichkeit einen Zeugen aus der Kandidatensuppe herauszufischen nicht hoch ist. Wir überlassen dies dem Leser, um das gewonnene Verständnis für die Untersuchung von zufallsgesteuerten Systemen zu überprüfen.

Aufgabe 6.8 Sei A eine Aufgabe, für die alle bekannten deterministischen Algorithmen mindestens die Komplexität 2^n haben. Die Aufgabe A ist zu entscheiden, ob eine Eingabe x eine gewisse Eigenschaft hat oder nicht. Man hat eine Zeugenart für x mit folgenden Eigenschaften:

(i) Wenn z ein Zeuge für x ist, dann kann man in der Zeit von $10 \cdot n^2$ Operationen belegen, dass x die gewünschte Eigenschaft hat. Wenn z kein Zeuge ist, schafft es der Algorithmus nicht, festzustellen, ob x die Eigenschaft hat oder nicht. Wenn z kein Zeuge für x ist, wird dies auch in der Zeit $10 \cdot n^2$ festgestellt.

(ii) Der Anteil der Zeugen in der Kandidatenmenge ist mindestens $1/2$ (d. h. mindestens die Hälfte der Kandidaten sind Zeugen).

Die Aufgabenstellung:

1. Entwerfen Sie einen zufallsgesteuerten Algorithmus, der 20-mal versucht, einen Zeugen aus der Kandidatenmenge zu ziehen. Wie hoch ist die Komplexität und die Fehlerwahrscheinlichkeit des Algorithmus?

2. Ein Kunde wünscht sich einen Algorithmus, der mit der Fehlerwahrscheinlichkeit von höchstens 1 zu einer Milliarde ($1/10^9$) die Aufgabe A löst. Wie viele Versuche einen Zeugen zu ziehen, sind dafür notwendig? Wie hoch ist die Komplexität des resultierenden Algorithmus?

Aufgabe 6.9 Lösen Sie die Aufgabe 6.8, wenn die Voraussetzung (i) erfüllt ist und statt (ii) eine der folgenden Bedingungen gilt:

(a) Der Anteil der Zeugen in der Kandidatenmenge ist genau $1/6$.

(b) Der Anteil der Zeugen in der Kandidatenmenge ist nur ein n-ter Teil, wobei n die Eingabegröße ist.

6.5   Was haben wir hier entdeckt?

Wenn man darauf beharrt, mit hundertprozentiger theoretischer Sicherheit bei der Lösung von Probleminstanzen einiger Aufgaben immer das korrekte Ergebnis zu berechnen, kann man in eine aussichtslose Situation geraten. Alle Algorithmen, die diese Anforderung der absolut abgesicherten Korrektheit erfüllen, erfordern so viel Rechenaufwand, dass man sie praktisch nicht umsetzen kann. Wir kennen Beispiele von Problemen, bei denen die besten bekannten Algorithmen für ihre Bearbeitung mehr Zeit als das Alter des Universums und mehr Energie als das Gesamtpotential des Universums brauchen. Die Lösung solcher Probleme wird dann außerhalb des physikalisch Machbaren sein. Und dann stellen wir fest, dass wir ein Wunder bewirken können. Wir verzichten auf die sowieso nicht vorhandene absolute Sicherheit, korrekt zu rechnen, und fordern nur eine hohe Wahrscheinlichkeit, für jede Probleminstanz das korrekte Resultat zu berechnen. Wir dürfen dabei eine so kleine Fehlerwahrscheinlichkeit fordern, dass wir von einem Wechsel von hypothetisch absoluter Sicherheit zur praktischen Sicherheit sprechen können. Und durch dieses nur scheinbare Aufgeben unserer Forderungen in der Aufgabenstellung können wir eine riesige Menge an Computerarbeit einsparen. Es gibt Problemstellungen, für die wir dank der geschickten Nutzung des Zufalls in der Algorithmensteuerung von physikalisch unrealisierbarer Menge an Rechenarbeit zu Berechnungen springen, die man auf einem gewöhnlichen Rechner in einigen Sekunden realisieren kann.

Wir haben zwei wichtige Paradigmen des Entwurfs von zufallsgesteuerten Systemen kennen gelernt. Die Methode der häufigen Zeugen enthüllt die tiefste Wurzel der Stärke der Randomisierung. Ein Zeuge für eine Probleminstanz ist eine Zusatzinformation, die uns hilft, diese Probleminstanz effizient zu lösen, obwohl wir es ohne den Zeugen nicht schaffen werden. Die Methode hat gute Erfolgsaussichten, wenn man so eine Zeugenart finden kann, dass in der Menge der Zeugenkandidaten Zeugen häufig vorhanden sind. Dann kann man durch zufälliges (nach Bedarf mehrfaches) Ziehen aus der Kandidatenmenge einen Zeugen mit hoher Wahrscheinlichkeit gewinnen, obwohl man keine Möglichkeit sieht, einen Zeugen auf deterministische Weise effizient zu erzeugen. Die grundlegende Frage, ob es schwierige Probleme gibt, die man randomisiert, aber nicht auf deterministische Weise effizient lösen kann, kann man in der Sprache der Methode der häufigen Zeugen wie folgt ausdrücken:

Wenn es Zeugenkandidatenmengen nur mit zufällig verstreuten (verteilten) häufigen Zeugen für schwierige Berechnungsprobleme gibt, dann können randomisierte Verfahren effizient Probleme lösen, die man deterministisch nie effizient lösen wird.

Das zweite wichtige hier gelernte Prinzip des Entwurfs von randomisierten Algorithmen ist das Paradigma *der Erhöhung der Erfolgswahrscheinlichkeit (der schnellen Verkleinerung der Fehlerwahrscheinlichkeit) durch wiederholte Läufe des entworfenen zufallsgesteuerten Systems.* Die zehnfache Wiederholung von ZEUGE resultierte in dem Protokoll ZEUGE(10), dessen Fehlerwahrscheinlichkeit exponentiell schnell mit der Anzahl der Wiederholungen die Null anstrebt. Dabei wächst die Komplexität nur linear mit der Anzahl der Wiederholungen. Nicht immer ist die Situation so günstig, aber trotzdem schaffen wir es meistens, das durch die Anwendung (den Kunden) angegebene Sicherheitsmaß ohne große Verluste an Effizienz zu erreichen.

Das Buch „Randomisierte Algorithmen" [Hro04a, Hro05] bietet eine ausführliche Darstellung der Methodik zum Entwurf von zufallsgesteuerten Systemen für Anfänger. Es baut einerseits in kleinen Schritten das intuitive Verständnis für die Materie auf und wendet andererseits konsequent die rigorose Sprache der Mathematik an, um für alle Behauptungen und Resultate der Algorithmenanalyse eine zweifellose Argumentation zu bieten. Die ausführlichste und tiefste Darstellung des Themas Randomisierung kann man in der Monographie „Randomized Algorithms" [MR95] von Motwani und Raghavan finden, die sehr anspruchsvoll und primär den Forschenden und Lehrenden auf diesem Gebiet gewidmet ist. Ein Leckerbissen für Feinschmecker ist die Geschichte der Algorithmenentwicklung für den Primzahltest von Martin Dietzfelbinger [Die04], die gerade von den Konzepten der Randomisierung und insbesondere der Anwendung der Methode der häufigen Zeugen geprägt ist. Weitere effiziente zufallsgesteuerte Kommunikationsprotokolle kann man in den Büchern [KN97, Hro97] finden. Hier werden mathematisch beweisbare Vorteile der Randomisierung gegenüber dem Determinismus präsentiert. Leider sind diese Bücher sehr technisch und mathematisch und somit für ein breites Publikum schwer zugänglich.

Lösungsvorschläge zu ausgewählten Aufgaben

Aufgabe 6.2 Es gibt keine Primzahl außer 7 in PRIM(25), für die die Anwendung von ZEUGE zur falschen Antwort „gleich" für $x = 01111$ und $y = 10010$ führen kann.

Aufgabe 6.5 (i) Seien $x = 01010$ und $y = 11101$. Somit gilt $n = 5$ und wir betrachten Primzahlen aus PRIM(5^2). Die x und y entsprechenden Zahlen sind

$$\begin{aligned} \text{Zahl}(01010) &= 2^3 + 2^1 = 8 + 2 = 10 \\ \text{Zahl}(11101) &= 2^4 + 2^3 + 2^2 + 2^0 = 16 + 8 + 4 + 1 = 29. \end{aligned}$$

Um die schlechten Primzahlen aus PRIM(25) zu bestimmen, müssen wir nicht alle Primzahlen ausprobieren. Wir wissen, dass jede schlechte Primzahl die Differenz

$$\text{Zahl}(11101) - \text{Zahl}(01010) = 29 - 10 = 19$$

teilen muss. Die Zahl 19 ist eine Primzahl und so ist die einzige Primzahl aus PRIM(25), die 19 teilt, 19 selbst. Somit ist 19 die einzige schlechte Primzahl für 01010 und 11101.

Aufgabe 6.7 (i) Um die Fehlerwahrscheinlichkeit von ZEUGE für $x = 00011011$ und $y = 10101101$ zu berechnen, müssen wir die Mächtigkeit von PRIM(8^2) und die Anzahl der schlechten Primzahlen für x und y in PRIM(8^2) bestimmen.

$$\text{PRIM}(64) = \{2, 3, 5, 7, 11, 13, 17, 19, 23, 29, 31, 37, 41, 43, 47, 53, 59, 61\}$$

und somit gilt PRIM(64)=18. Weiter gilt

$$
\begin{aligned}
\text{Zahl}(x) &= 2^4 + 2^3 + 2^1 + 2^0 = 16 + 8 + 2 + 1 = 27 \\
\text{Zahl}(y) &= 2^7 + 2^5 + 2^3 + 2^2 + 2^0 = 128 + 32 + 8 + 4 + 1 = 173.
\end{aligned}
$$

Somit ist $\text{Zahl}(y) - \text{Zahl}(x) = 173 - 27 = 146$. Die Zahl 146 kann man wie folgt faktorisieren:

$$
146 = 2 \cdot 73 \; .
$$

Somit sind die einzigen Primzahlen, die $\text{Zahl}(y) - \text{Zahl}(x) = 146$ teilen, die Zahlen 2 und 73. Da 73 nicht in PRIM(64) enthalten ist, gibt es genau eine schlechte Primzahl für x und y in PRIM(64). Somit ist die Fehlerwahrscheinlichkeit genau 1/18.

Aufgabe 6.8 Der Algorithmus hört auf, wenn er einen Zeugen für x gefunden hat. Schlimmstenfalls macht er 20 Versuche und jeder Versuch kostet höchstens $10 \cdot n^2$ Operationen für die Überprüfung, ob das gezogene Objekt ein Zeuge ist. Somit ist die Komplexität des zufallsgesteuerten Algorithmus im schlechtesten Fall $20 \cdot 10 \cdot n^2$. Wenn die Eingabe x die gesuchte Eigenschaft nicht hat, gibt der Algorithmus die richtige Antwort „NEIN" mit Sicherheit. Wenn x die Eigenschaft hat, kann der Algorithmus die falsche Antwort „NEIN" nur dann ausgeben, wenn 20-mal hintereinander kein Zeuge gezogen wurde. Die Wahrscheinlichkeit, keinen Zeugen in einem Versuch zu ziehen, ist höchstens 1/2 (Annahme (ii)). Somit ist die Wahrscheinlichkeit, in 20 Versuchen keinen Zeugen zu ziehen, höchstens

$$
\left(\frac{1}{2}\right)^{20} = \frac{1}{2^{20}} = \frac{1}{1048576} \leq 0{,}00000095 \; .
$$

Also ist die Fehlerwahrscheinlichkeit kleiner als 1 zu einer Million.

Wie viele Versuche braucht man, um die Fehlerwahrscheinlichkeit unter $1/10^9$ zu drücken? Wir wissen, dass $2^{10} = 1024 > 1000$. Somit ist $2^{30} = (2^{10})^3 > 1000^3 = 10^9$. Somit genügen 30 Versuche, damit die Wahrscheinlichkeit einer falschen Aussage kleiner als 1 zu einer Milliarde wird.

Weitere Musterlösungen befinden sich auf
`www.openclass.inf.ethz.ch/programm/archiv/WS2005/aufgaben`

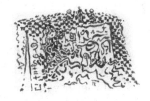

Aus einer genialen Idee kann man alle Wörter entfernen.

Stanislaw Jerzy Lec

Kapitel 7

Kryptographie, oder: Wie man aus Schwächen Vorteile machen kann

7.1 Eine magische Wissenschaft der Gegenwart

Im zwanzigsten Jahrhundert war wahrscheinlich die Physik die faszinierendste Wissenschaft. Sie hat tiefe grundlegende Erkenntnisse gebracht, die unsere Sichtweise der Welt wesentlich geändert haben. Viele von den Anwendungen und Interpretationen ihrer Entdeckungen, wie die Relativitätstheorie oder die Quantenmechanik, wirken wie ein Zauber, weil niemand glaubte, dass so etwas überhaupt möglich sei. Kryptologie ist meiner Meinung nach die magischste Wissenschaftsdisziplin der Gegenwart. Würden Sie glauben, dass man

- jeden vom Besitz eines Geheimnisses überzeugen kann, ohne nur einen Bruchteil des Geheimnisses zu verraten?

- eine chiffrierte Nachricht an mehrere Empfänger schicken kann, so dass die Empfänger die Nachricht nur dann dechiffrieren und lesen können, wenn sie alle ohne Ausnahme zusammenarbeiten (d. h. ihre geheimen Schlüssel zusammentun)?

- elektronisch ein Dokument so unterschreiben kann, dass sich jeder von der Echtheit der Unterschrift überzeugen, sie aber nicht fälschen kann?

- sich mit einer anderen Person in einem öffentlichen Gespräch auf einen geheimen Chiffrierungsschlüssel einigen kann, ohne dass die Zuhörer dabei etwas von dem Schlüssel erfahren?

Dies und noch vieles andere ist möglich. Einfach pure „Magie".

Die Kommunikation ist das Stichwort (und leider[1] auch das Modewort) der Gegenwart. Ob mobile Telefone, SMS, Internet und E-Mail oder klassisches Faxen, Briefeschreiben und Telefonieren, überall wird kommuniziert oder werden Daten über Kommunikationsnetze transportiert. Bei einer so großen Menge abgesendeter Nachrichten wachsen auch ständig die Anforderungen an die Absicherung der Privatsphäre der Teilnehmer, da die verschickten Nachrichten nur von den an sie gerichteten Empfängern lesbar sein sollten. Die Anforderungen an die Sicherheit steigen insbesondere bei elektronischem Einkauf und Verkauf[2], Geldtransaktionen[3] oder elektronischen Wahlen.

Kryptologie bezeichnet ursprünglich die Lehre der Geheimsprachen und ist fast so alt wie die Schriften selbst. Am Anfang, als man die Schriften entdeckt und entwickelt hat, konnten so wenige Leute lesen und schreiben, dass man die Schriften als Geheimschriften für einen engen Kreis der Eingeweihten betrachten durfte. Mit der Anzahl der lesefähigen Menschen wuchs auch der Bedarf nach echten Geheimschriften. In diesem Kapitel möchten wir zuerst ein paar Einblicke in die Zeiten werfen, als man Kryptologie als eine Kunst gepflegt hat. Man hat Geheimsprachen entwickelt und diese benützt, bis sie jemand durchschaut hat und sie damit unsicher geworden sind. Wir schauen uns kurz an, wie Caesar und Richelieu verschlüsselt haben. Dabei lernen wir das Konzept des Baus von Kryptosystemen (Geheimschriften) und was man unter Zuverlässigkeit oder Sicherheit verstanden hat.

Unser nächstes Ziel ist zu zeigen, wie dank der Informatik (und insbesondere der Algorithmik und der Komplexitätstheorie) die Kunst, Geheimschriften zu entwickeln, zu einer Wissenschaft, genannt Kryptographie, geworden ist. Die Kryptographie verdankt der Informatik die Definition des Grundbegriffes der Sicherheit eines Kryptosystems und damit die Basis (den axiomatischen Grundbaustein) zur wissenschaftlichen Forschung. Dank dieses Grundkonzepts hat man dann die moderne Kryptologie entwickelt, die auf dem magischen Konzept der so genannten Public-Key-Kryptosysteme[4] basiert. Wir erklären hier die Idee dieses Konzeptes, das aus unseren Schwächen Stärken

---

[1] Zu viele Leute beschäftigen sich mit der Kommunikation über ihre Tätigkeit und Verdienste — mehr als mit ihrer eigenen Arbeit.

[2] E-Commerce

[3] Online-Banking

[4] Kryptosysteme mit öffentlichem Schlüssel

(Vorteile) macht. Die in der Komplexitätstheorie angesprochene Existenz von nicht effizient lösbaren (praktisch unlösbaren) algorithmischen Problemen wird verwendet, um das algorithmische Knacken der gebauten Kryptosysteme praktisch unmöglich zu machen. Danach schauen wir uns ein paar Wunder als magische Anwendungen dieses Konzeptes an.

7.2 Das Konzept eines Kryptosystems, oder die Vorgeschichte der Kryptologie

Zuerst fixieren wir die Fachbegriffe. Wie schon erwähnt wurde, betrachten wir **Kryptologie** als die Lehre der Geheimsprachen. Innerhalb der Kryptologie unterscheidet man zwischen der **Kryptographie**, der Wissenschaft von der Entwicklung von Kryptosystemen (Geheimsprachen), und der **Kryptoanalyse**, der Kunst, diese zu brechen. Hier fokussieren wir uns auf die Kryptographie. Das betrachtete Szenario ist in Fig. 7.1 dargestellt.

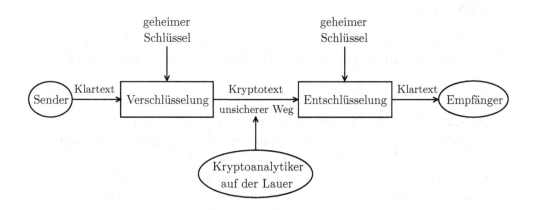

Fig. 7.1

Eine Person, genannt **Sender**, will eine geheime Nachricht einer anderen Person, genannt **Empfänger**, zuschicken. Die geheime Nachricht ist in Form eines Textes dargestellt und wir nennen diesen Text **Klartext**. Der Klartext ist in einer natürlichen Sprache geschrieben und deswegen für jeden gut lesbar. Die Nachricht muss durch einen nicht hundertprozentig zuverlässigen Boten oder über einen unsicheren Kommunikationskanal geschickt werden. Um zu verhindern, dass ein Unbefugter, der auf irgendeinem Weg in den Besitz der Nachricht gelangt, den geheimen Inhalt lesen kann, schickt man die Nachricht in einer **chiffrierten (verschlüsselten)** Form[5]. Die Art der **Chiffrierung (Verschlüsselung)** ist ein Geheimnis des Senders und des Empfängers und die Verschlüsselung wird mit Hilfe eines sogenannten **Schlüssels** durchgeführt. Der verschlüsselte Klartext heißt **Kryptotext**. Nach dem Empfang wird der Kryptotext mit Hilfe des Schlüssels (des gemeinsamen Geheimnisses des Senders und des Empfängers) **entschlüsselt**. Durch die Entschlüsselung wird der Kryptotext in den ursprünglichen Klartext umgewandelt, den der Empfänger einfach lesen kann. Die Prozesse der Verschlüsselung und der Entschlüsselung können der Sender und der Empfänger selbst vornehmen und sie dürfen dazu eigene Rechner benützen. Eine Beschreibung des Verschlüsselungsverfahrens und des Entschlüsselungsverfahrens gibt uns die vollständige Information über das **Kryptosystem** und ermöglicht es uns somit, dieses zu verwenden.

Um dies zu veranschaulichen schauen wir uns das Kryptosystem CAESAR an, das wirklich von Caesar benutzt wurde. Die Klartexte waren Texte über dem lateinischen Alphabet, in dem man alle Leerzeichen, Kommas, Fragezeichen, Punkte etc. ausgelassen hat. So kann man

VENIVIDIVICI

als einen Klartext betrachten. Jetzt chiffrierte Caesar jeden Buchstaben eindeutig mit einem anderen Buchstaben. Die Schlüssel sind durch die 26 Zahlen

0, 1, 2, 3, 4, 5, ..., 23, 24, 25

gegeben. Einen Schlüssel i zu verwenden bedeutet, jeden Buchstaben mit dem um i Positionen im Alphabet später vorkommenden Buchstaben zu kodieren. Fig. 7.2 zeigt die Kodierung mit dem Schlüssel $i = 3$. Das bedeutet, dass A durch D dargestellt wird, weil A auf der ersten Position des Alphabets steht und man durch eine Verschiebung um 3 Positionen zur vierten Position gelangt, wo D steht. Analog wird B auf der zweiten Position durch E auf der fünften Position kodiert, usw. Auf diese Weise gehen wir bis zum W auf der 23. Position, das durch das Symbol Z auf der 26. Position dargestellt wird. Was passiert dann aber mit den restlichen drei Buchstaben X, Y und Z auf den Positionen 24, 25 und 26? Wir haben noch die Zeichen A, B und C zu kodieren. Wir schreiben also A B C auf die Positionen 27, 28 und 29 hinter das untere Alphabet in Fig. 7.2 und setzen unsere Zuordnung fort. Damit wird X durch A, Y durch B und Z durch C kodiert. Eine andere anschauliche Vorstellung ist, das Alphabet auf ein Band zu schreiben und dieses Band zu einem „Kopfband" zusammenzukleben (Fig. 7.3). Wenn man das Band

---

[5]in einer Geheimschrift

dann um drei Positionen dreht, erhält man die Kodierung der Buchstaben. Bei dem Schlüssel $i = 3$ wird dann VENIVIDIVICI als

     YHQLYLGLYLFL

kodiert.

Fig. 7.2

Fig. 7.3

Aufgabe 7.1 a) Kodieren Sie den Text VENIVIDIVICI mit dem Schlüssel $i = 5$ und dann mit $i = 17$ mit dem Kryptosystem CAESAR.
b) Kodieren Sie (verschlüsseln Sie) den Klartext „Roma aeterna docet" mit dem Schlüssel $i = 7$ und den Klartext „Homines sumus, non dei!" mit dem Schlüssel $i = 13$.

Wie dekodiert der Empfänger den Kryptotext? Er nimmt einfach die Buchstaben des Kryptotextes und ersetzt jeden Buchstaben durch den Buchstaben, der drei Positionen davor im Alphabet vorkommt. Es entspricht der Drehung des Bandes in Fig. 7.3 um drei Positionen nach links (im Uhrzeigersinn). Dadurch wird zum Beispiel der Buchstabe S des Kryptotextes durch P, der Buchstabe U durch R, der Buchstabe L durch I ersetzt. Somit dechiffriert der Empfänger den Kryptotext

     SULPXPQHQRFHDV

mit dem Schlüssel $i = 3$ und erhält den Klartext

     PRIMUMNENOCEAS

Aufgabe 7.2 Entschlüsseln Sie den Kryptotext WYPTBTBAWYVMPJLHZ mit dem Schlüssel $i = 7$

Um ehrlich zu sein, Caesar wollte nicht riskieren, dass man sein relativ einfaches Kryptosystem durchschaut und deswegen hat er im Kryptotext (nach Verschieben der Buchstaben) die Buchstaben des lateinischen Alphabets durch die Buchstaben des griechischen Alphabets ersetzt. Somit musste der Empfänger zuerst den griechischen Kryptotext in den entsprechenden lateinischen Kryptotext umwandeln und erst dann die Buchstabenverschiebung mit dem Schlüssel rückgängig machen.

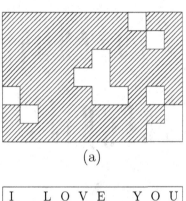

(a)

```
I     L O V E     Y O U
I       H A V E     Y O U
D E E P       U N D E R
M Y     S K I N     M Y
L O V E     L A S T S
F O R E V E R       I N
H Y P E R S P A C E
```

(b)

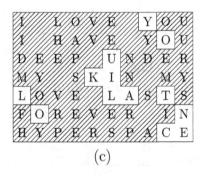

(c)

Fig. 7.4

Im Unterschied zum sachlichen[6] Verschlüsselungsverfahren CAESAR, pflegte Richelieu bei der Verschlüsselung eine echte literarische Kunst. Das folgende Beispiel von der Verwendung des Kryptosystems RICHELIEU kommt von Salomaa [Sal96]. Der Kryptotext ist ein sehr ordentlich beschriebenes Blatt Papier. Jeder Buchstabe hat eine feste Position, z.B. liegt H in der zweiten Zeile und dritten Spalte in Fig. 7.4 (b). Der Schlüssel ist die Matrix in Fig. 7.4 (a), die gewisse (graue) Felder des Blattes bedeckt und bestimmte zum Lesen offen lässt. Die unbedeckten Buchstaben bilden dann den Klartext (Fig. 7.4 (c))

YOUKILLATONCE.

7.3 Wann ist ein Kryptosystem sicher?

Die Menschen streben ständig nach Sicherheit. Das Ungewisse und das Unsichere sind oft die Hauptgründe für die Ängste. Trotzdem lehrt uns die Wissenschaft, und insbesondere die Physik, dass es keine absoluten Sicherheiten gibt. Sie anzustreben kann zu gesundheitlichen Schäden führen. Es ist besser, mit den Unsicherheiten leben zu lernen. Trotzdem macht es aber Sinn, erreichbare Sicherheitsgarantien anzustreben. Wann wollen wir ein Kryptosystem als „sicher" betrachten? Immer dann, wenn ein Gegner oder ein unbefugter Dritter aus der Kenntnis eines Kryptotextes nicht auf den entsprechenden Klartext zurückschließen kann. Diese Anforderung hat zwei mögliche Interpretationen. Soll es schwer oder unmöglich für den Kryptoanalysten sein, den Klartext aus dem Kryptotext zu entziffern, wenn er nichts über das Kryptosystem weiß, oder auch wenn die Art der Verschlüsselung bekannt und nur der Schlüssel geheim ist? Die erste Möglichkeit mit geheimgehaltenen Verschlüsselungsverfahren nennt man „Security by Obscurity" und man hält sie nicht für ein vernünftiges Konzept zur Definition der Sicherheit eines Kryptosystems. Der Grund dafür ist die Erfahrung, dass es immer nur eine Frage der Zeit war, bis die Art der Verschlüsselung eines neuen Systems bekannt wurde.

Deswegen formulierte schon im 19. Jahrhundert Auguste Kerckhoffs die folgende Sicherheitsanforderung, die man als **Kerckhoffs-Prinzip** kennt:

Ein Kryptosystem ist sicher, wenn man trotz öffentlich bekanntem Verschlüsselungsverfahren ohne die Kenntnis des Schlüssels

---

[6]und vielleicht auch trockenen

aus empfangenen Kryptotexten die ursprünglichen Klartexte nicht ableiten kann.

Wir beobachten sofort, dass in diesem Sinne CAESAR unsicher ist. Wenn die Art der Verschlüsselung durch Buchstabenverschiebung bekannt ist, reicht es aus, alle möglichen 25 Schlüssel auszuprobieren und so jeden Kryptotext zu entziffern.

Aus diesem Beispiel kann man sofort schließen, dass sichere Kryptosysteme eine sehr große Anzahl von Schlüsseln zur Auswahl haben müssen. Reicht das aber auch aus? Verbessern wir CAESAR, indem wir die Bildung beliebiger Buchstabenpaare erlauben. Die Schlüssel sind dann die sogenannten Permutationen von 26 Buchstaben, die man als 26-Tupel der Zahlen 1 bis 26 darstellen kann, wobei jede Zahl von 1 bis 26 genau einmal vorkommt. Zum Beispiel entspricht der Schlüssel

(26, 5, 1, 2, 3, 4, 25, 24, 23, 8, 9, 22, 21, 20, 7, 6, 10, 11, 18, 17, 12, 13, 19, 14, 16, 15)

der Verschlüsselung, bei der A durch das 26. Symbol Z des Alphabets, B durch das fünfte Symbol E, C durch das erste Symbol A, usw. ersetzt werden. Fig. 7.5 enthält die entsprechende Paarung von Buchstaben.

Fig. 7.5

Wenn man diesen Schlüssel verwendet, erhält man den Kryptotext

YCXCBCWTCTSCYLTBVZRRBWCVCLQCKCBCT

für den Klartext

GEHEDEINENWEGUNDLASSDIELEUTEREDEN.

Aufgabe 7.3 Entziffern Sie die folgenden Kryptotexte, die durch die Anwendung des Schlüssels in Fig. 7.5 entstanden sind.
a) BZTQCZVWYXWCKW
b) YCBLVBWRQBCKRAXVLCRRCVDLCKDKCLBC

Wie viele Schlüssel hat dieses Kryptosystem? Für die Kodierung von A haben
wir 26 Buchstaben zur Auswahl. Nachdem die Chiffrierung von A festgelegt
wurde, haben wir noch 25 Möglichkeiten, um die Kodierung für B zu wählen.
Für C sind es noch 24, usw. Also ist die Anzahl der Schlüssel

$$26! = 26 \cdot 25 \cdot 24 \cdot 23 \cdot \ldots \cdot 3 \cdot 2 \cdot 1$$

was (in der Sprache der Kombinatorik) der Anzahl aller Permutationen von
26 Elementen entspricht. Die Zahl ist riesig groß, ungefähr $4.03 \cdot 10^{26}$. Diese
Anzahl von Schlüsseln wird niemand auch mit Hilfe der schnellsten Rechner
durchprobieren können.

Ist damit das Kryptosystem sicher? Die Antwort ist eindeutig: „Nein." Den
Schlüssel zu entdecken muss nicht unbedingt das Ausprobieren aller Möglichkeiten erfordern. Es reicht eine clevere Idee, die dem Erfinder des Kryptosystems nicht eingefallen ist, und das System wird locker geknackt. Im Fall
der Verschlüsselung durch Buchstabenpermutationen reicht es zu wissen, in
welcher natürlichen Sprache kommuniziert wird. Für jede natürliche Sprache sind die statistischen Häufigkeiten des Auftretens einzelner Buchstaben
wohl bekannt und diese Häufigkeiten sind ziemlich unterschiedlich. Außerdem kommen einige Kombinationen von Buchstaben häufig vor, wie zum
Beispiel SS und SCH im Deutschen. Das alles reicht dem Kryptoanalysten
zur Entzifferung des Kryptotextes und somit zur Bestimmung des geheimen
Schlüssels.

Dieses Beispiel zeigt uns, wie schwer es ist, das Informelle „nicht (oder sehr
schwer) dechiffrieren können" zu fassen. In dieser Definition der Sicherheit
von Kerckhoffs gibt es eine Dimension zu viel. Es geht nicht nur um das
Kryptosystem, sondern auch um den Gegner. Was für den einen Gegner
unmöglich ist, kann für einen anderen genialen Gegner ein leichtes Spiel sein.
Was darf man über den Gegner voraussetzen oder wie soll man alle möglichen
Gegner unter einen Hut kriegen?

Der lange anhaltenden Unschärfe des Sicherheitsbegriffes in der Kryptologie
hat die Informatik ein Ende bereitet. Sie vereinigte alle, einfache wie geniale,
Strategien der Kryptoanalysten unter den Begriff des Algorithmus. Somit

> hält man ein Kryptosystem für sicher, wenn es keinen effizien-
> ten[7] Algorithmus gibt, der aus der Kenntnis des Kryptotextes und
> der Art der Verschlüsselung ohne den geheimen Schlüssel den ur-
> sprünglichen Klartext berechnen kann.

---

[7]randomisierten polynomiellen

Offensichtlich war diese Definition der Sicherheit eines Kryptosystems vor der Einführung des Begriffes des Algorithmus nicht möglich.[8] Damit konnte man die ersten zwei wichtigen Anforderungen an gute Kryptosysteme in der Terminologie der Komplexitätstheorie formulieren.

(i) Die Chiffrierung und die Dechiffrierung kann man bei bekanntem Schlüssel mit effizienten Algorithmen realisieren.

(ii) Die Dechiffrierung ohne den Schlüssel entspricht einem schweren (praktisch unlösbaren) Problem.

7.4 Symmetrische Kryptosysteme

Die bisher vorgestellten Kryptosysteme nennen wir **symmetrische** Systeme. Das Wort symmetrisch bedeutet, dass der Sender und der Empfänger in dem Sinne gleichberechtigt sind, dass der gleiche gemeinsame geheime Schlüssel zur Verschlüsselung und zur Entschlüsselung der Nachrichten benutzt wird. Im Prinzip können der Empfänger und der Sender ohne die Änderung des Schlüssels ihre Rollen jederzeit tauschen und somit kann man die Kommunikation als ein Gespräch oder einen Informationsaustausch betrachten.

Wir zeigen jetzt ein sicheres symmetrisches Kommunikationssystem. Für dieses Kryptosystem betrachten wir den Klartext als eine Folge von Nullen und Einsen. Dies ist keine Einschränkung, weil jeder Buchstabe des Alphabets sowie jedes Symbol der Tastatur einen ASCII-Kode hat, der die binäre Darstellung des entsprechenden Symboles im Rechner ist. Also kann man jeden Text zuerst auf diese bekannte Weise in eine Folge von Nullen und Einsen umwandeln.

Als Schlüssel verwendet man auch eine Folge von Nullen und Einsen, z.B. von der Länge von ein paar hundert zufällig generierten Bits, um ihre Bestimmung einem Dritten schwer oder sogar unmöglich zu machen.

Um das Verschlüsselungsverfahren und das Entschlüsselungsverfahren zu definieren, müssen wir zuerst eine Operation über Bits (binäre Zahlen) kennenlernen. Diese Operation heißt exklusives Oder (XOR), wird durch $\oplus$ bezeichnet und ist wie folgt definiert:

$$0 \oplus 0 = 0 \quad 1 \oplus 1 = 0 \quad 0 \oplus 1 = 1 \quad 1 \oplus 0 = 1$$

---

[8]Der Einführung des Begriffs des Algorithmus verdanken wir mehrere ähnlich bedeutende Fortschritte in der Wissenschaft.

Gemäß der Notation aus Kapitel 6 ist $a \oplus b = a + b \mod 2$. Zwei gleiche Summanden ergeben eine Null und zwei unterschiedliche Summanden ergeben eine 1.

Nehmen wir an, der Schlüssel ist 01001011. Der Schlüssel hat die Länge 8 und kann zur Verschlüsselung von Klartexten von 8 Bits verwendet werden. Dabei verwendet man das i-te Bit des Schlüssels um mit der $\oplus$-Operation das i-te Bit des Klartextes zu verschlüsseln. Am anschaulichsten sieht man dies, wenn man den Klartext und den Schlüssel wie folgt untereinander schreibt:

$$
\begin{array}{lll}
 & \text{Klartext} & 00001111 \\
\oplus & \text{Schlüssel} & 01001011 \\
\hline
= & \text{Kryptotext} & 01000100
\end{array}
$$

Das i-te Bit des Kryptotextes ist die XOR-Summe des i-ten Bits des Klartextes und des i-ten Bits des Schlüssels. Jetzt verwenden wir das gleiche Verfahren zur Entschlüsselung:

$$
\begin{array}{lll}
 & \text{Kryptotext} & 01000100 \\
\oplus & \text{Schlüssel} & 01001011 \\
\hline
= & \text{Klartext} & 00001111
\end{array}
$$

Wir sehen, dass es funktioniert und der ursprüngliche Klartext dechiffriert wird. Das Ganze basiert auf der Tatsache, dass

$$a \oplus a = 0 \quad \text{und somit} \quad b \oplus a \oplus a = b$$

gilt. Also führt die zweifache Anwendung des Schlüssels zum ursprünglichen Text oder in anderen Worten macht die zweite Anwendung des Schlüssels die erste Anwendung rückgängig. Außerdem gilt noch

$$a \oplus b = b \oplus a$$

und deswegen nennen wir dieses Verschlüsselungsverfahren kommutativ.

Aufgabe 7.4 Verschlüsseln und entschlüsseln Sie den Klartext 0001110011 mit dem Schlüssel 0101101001.

Aufgabe 7.5 Bauen Sie ein ähnliches Kryptosystem, das auf der folgenden binären Maskierungsoperation $\perp$ basiert:

$$0 \perp 0 = 1 \quad 1 \perp 0 = 0 \quad 1 \perp 1 = 1 \quad 0 \perp 1 = 0$$

Das zweite Bit b in $a \perp b$ nennen wir das Maskierungsbit. Wenn $b = 1$, dann wird das erste Bit a kopiert. Wenn $b = 0$ wird das erste Bit a in $\bar{a}$ (also 1 in $\bar{1} = 0$ und 0 in $\bar{0} = 1$) umgekippt.

a) Wenden Sie die Operation $\perp$ an, um den Klartext 00110011 mit dem Schlüssel 00101101 zu verschlüsseln und zu entschlüsseln.

b) Begründen Sie, warum dieses auf $\perp$ basierende Kryptosystem auch funktioniert.

c) Was haben die Operationen $\perp$ und $\oplus$ gemeinsam? Besteht da eine enge Beziehung?

Wenn der Schlüssel zufällig durch den Sender und den Empfänger gemeinsam generiert wird[9] und dann zum „Maskieren" des Klartextes angewandt wird, kann man mathematisch begründen, warum der Kryptotext jedem Dritten als eine Zufallsfolge von Bits erscheint. In einem solchen Fall helfen dem Kryptoanalysten auch hypothetisch anwendbare exponentielle Algorithmen und schnellste Rechner nicht. Für eine einmalige Anwendung kann man dieses System als sicher betrachten.

Wenn man einen langen Klartext hat, chiffriert man ihn üblicherweise mit einem Schlüssel fester Länge n so, dass man den Klartext in eine Folge von Klartexten der Länge n unterteilt und jeden der entstehenden Teile separat mit dem Schlüssel verschlüsselt. Zum Beispiel würde man für den Schlüssel 0101 einen Klartext

$\qquad$ 1111001100001101

in vier Teile 1111, 0011, 0000 und 1101 schneiden und jeden Teil separat verschlüsseln und dann die Folge der entstandenen Kryptotexte

$\qquad$ 1010011001011000

dem Sender zuschicken. Dies ist die typische Art der Verwendung der Kryptosysteme, die für eine feste Länge des Klartextes gebaut sind.

Im Fall des XOR-Kryptosystems empfiehlt man diese Erweiterung nicht, weil man beim mehrfachen Verwenden des gleichen Schlüssels den Schlüssel bestimmen kann. Außerdem gilt

$$\text{Klartext} \oplus \text{Kryptotext} = \text{Schlüssel} \qquad (7.1)$$

Überprüfen wir dies zuerst an unserem ersten Beispiel mit dem Schlüssel 01001011.

	Klartext	00001111
$\oplus$	Kryptotext	01000100
$=$	Schlüssel	01001011

---

[9]also nicht übertragen zu werden braucht

Warum ist das so?

$$\text{Klartext} \oplus \text{Schlüssel} = \text{Kryptotext} \tag{7.2}$$

ist die Verschlüsselung. Jetzt addieren wir zu beiden Seiten dieser Gleichung (7.2) (von links) den Klartext und wir erhalten:

$$\text{Klartext} \oplus \text{Klartext} \oplus \text{Schlüssel} = \text{Klartext} \oplus \text{Kryptotext} \tag{7.3}$$

Weil Klartext $\oplus$ Klartext eine Folge von Nullen ergibt ($a \oplus a = 0$ für jedes Bit a und $b \oplus 0 = b$), impliziert (7.3) die Gleichung (7.1).

Die Gleichung (7.1) ist für die Sicherheit des Kryptosystems sehr gefährlich. Wenn bei mehrfacher Nutzung des gleichen Schlüssels der Gegner nur ein Paar (Klartext, Kryptotext) irgendwann erfährt, kann er sofort durch (7.1) den Schlüssel berechnen und alle folgenden Kryptotexte dechiffrieren. Somit ist das XOR-Kryptosystem nur für eine einmalige Verwendung des Schlüssels sicher.

Aufgabe 7.6 (Knobelaufgabe) Versuchen Sie für die folgende Aufgabenstellung ein sicheres Kryptosystem zu bauen. Eine Person A verschlüsselt mit einem nur A bekannten Schlüssel einen Klartext (eine geheime Nachricht). Diese Nachricht ist für zwei Personen B und C bestimmt. A will den geheimen Schlüssel so auf B und C verteilen, dass keiner der beiden alleine den Kryptotext dechiffrieren und nicht einmal ein einziges Bit des Klartextes feststellen kann. Wenn sich aber B und C zusammentun, dann können sie problemlos den Kryptotext entziffern.

Es gibt auch andere symmetrische Kryptosysteme, die als sicher gelten und bei denen man sogar den Schlüssel ohne große Bedenken mehrfach zur Verschlüsselung verwenden kann. Das bekannteste und derzeit weitverbreiteste symmetrische Kryptosystem ist DES (Data Encryption Standard), das bei IBM in der Zusammenarbeit mit der NSA (National Security Agency) entwickelt wurde. Dieses Verfahren verwendet unter anderem auch die XOR-Operation, aber es ist zu komplex, um es hier zu beschreiben.

Trotz der bisher zuverlässigen Nutzung einiger symmetrischer Kryptosysteme sind wir noch nicht am Ende unserer Reise auf der Suche nach einem sicheren System. Das Problem ist, dass die symmetrischen Kryptosysteme nur dann zuverlässig verwendet werden können, wenn sich vorher der Absender und der Empfänger auf einen gemeinsamen Schlüssel geeinigt haben. Aber wie sollen sie das tun, ohne sich zu treffen? Wie sollen sie ohne ein Kryptosystem am Anfang über einen unsicheren Kanal den Schlüssel verabreden? Das kann sehr gefährlich werden. Wie man dieses Problem lösen kann, ist das Thema des folgenden Abschnittes.

7.5 Schlüsselvereinbarung über einen unsicheren Kommunikationskanal

Zwei Personen, Alice und Bob, wollen ein gemeinsames symmetrisches Kryptosystem aufbauen. Das Verschlüsselungsverfahren ist beiden bekannt, sie brauchen sich nur noch auf einen gemeinsamen Schlüssel zu einigen. Sie können sich aber nicht persönlich treffen und sind damit gezwungen, sich auf dieses gemeinsame Geheimnis ohne Kryptosystem über einen unsicheren Kommunikationskanal zu einigen. Geht das überhaupt?

Die Antwort ist „Ja", und die elegante Lösung für dieses Problem mag wirklich überraschen. Zeigen wir die Idee zuerst anschaulich unter Verwendung einer Truhe und eines nicht hundertprozentig zuverlässigen Boten. Dazu verwendet Alice ein Schloss, von dem nur sie den Schlüssel hat und analog benutzt Bob ein Schloss, welches nur er öffnen kann.[10] Alice und Bob verabreden öffentlich, dass Alice den zukünftigen gemeinsamen Schlüssel in der Truhe an Bob schicken wird. Sie verfahren wie folgt:

1. Alice legt den geheimen Schlüssel in die Truhe und verschließt sie mit ihrem Schloss. Niemand kann die Truhe öffnen, weil nur sie den passenden Schlüssel hat. Sie sendet die Truhe an Bob.

2. Der Bote bringt die Truhe zu Bob, der sie natürlich auch nicht öffnen kann. Aber statt zu versuchen, sie zu öffnen, schließt auch Bob die Truhe mit seinem Schloss. Die mit zwei geschlossenen Schlössern gesicherte Truhe wird zurück an Alice geschickt.

3. Alice erhält die Truhe mit zwei Schlössern. Sie öffnet und entfernt ihr Schloss. Die Truhe ist jetzt nur mit dem Schloss von Bob gesichert und so schickt Alice sie nochmal an Bob.

4. Jetzt erhält Bob die Truhe, die nur mit seinem geschlossenen Schloss gesichert ist. Er öffnet das Schloss und übernimmt den gemeinsamen geheimen Schlüssel.

Eine lustige Darstellung dieser Vereinbarung eines Geheimnisses von Arto Salomaa [Sal96] ist in Fig. 7.6 zu finden.

Aufgabe 7.7 (Knobelaufgabe) Alice will den gleichen geheimen Schlüssel an drei weitere Personen sicher schicken. Eine Möglichkeit ist, dreimal hintereinander die oben beschriebene Prozedur zu wiederholen. Dabei wird der Bote $3 \cdot 3 = 9$ mal

---

[10]Sie haben noch keinen gemeinsamen Schlüssel.

Fig. 7.6

zwischen zwei Personen laufen müssen. Kann man die Verteilung des Schlüssels an drei Personen auch mit weniger Botenläufen bewerkstelligen?

Kann man dieses Verfahren auch elektronisch realisieren? Versuchen wir es zuerst mit der XOR-Operation. Auf diese Weise erhalten wir eine sehr einfache Implementierung (Realisierung) der Truhe mit zwei Schlössern. Wie wir später sehen werden, erfüllt diese Implementierung noch nicht alle Sicherheitsanforderungen. Der Verlauf der Kommunikation zwischen dem Absender und dem Empfänger ist in Fig. 7.7 dargestellt.

Der Sender (Alice) will dem Empfänger einen Schlüssel mitteilen, der in Fig. 7.7 als Klartext bezeichnet wird. Der Klartext ist eine Folge von Nullen und Einsen. Die privaten Schlüssel des Senders und des Empfängers sind auch Folgen von Nullen und Einsen der gleichen Länge wie der Klartext. Das Verfahren besteht aus 3 Kommunikationsschritten und deswegen nennt man es in der Kryptographie ein **Kommunikationsprotokoll**. Das Protokoll verläuft wie folgt:

1. Der Absender rechnet

    Klartext $\oplus$ A-Schlüssel = Krypto 1

    und sendet Krypto 1 an den Empfänger.

2. Der Empfänger rechnet

    Krypto 1 $\oplus$ E-Schlüssel = Krypto 2

    und sendet Krypto 2 zurück an den Absender.

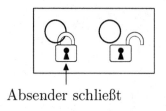

Absender schließt

	Klartext	101011
$\oplus$	Absender-Schlüssel	011011
	Erster Krypto-Text	110000

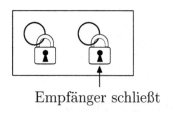

Empfänger schließt

	Erster Krypto-Text	110000
$\oplus$	Empfänger-Schlüssel	101010
	Zweiter Krypto-Text	011010

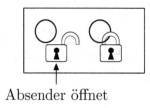

Absender öffnet

	Zweiter Krypto-Text	011010
$\oplus$	Absender-Schlüssel	011011
	Dritter Krypto-Text	000001

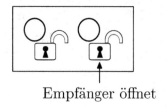

Empfänger öffnet

	Dritter Krypto-Text	000001
$\oplus$	Empfänger-Schlüssel	101010
	Klartext	101011

Fig. 7.7

3. Der Absender rechnet

$$\text{Krypto 2} \oplus \text{A-Schlüssel} = \text{Krypto 3}$$

[Wir bemerken, dass

Krypto 3	=	Krypto 2 ⊕ A-Schlüssel
	=	Krypto 1 ⊕ E-Schlüssel ⊕ A-Schlüssel
		{weil Krypto 2 = Krypto 1 ⊕ E-Schlüssel}
	=	Klartext ⊕ A-Schlüssel ⊕ E-Schlüssel ⊕ A-Schlüssel
		{weil Krypto 1 = Klartext ⊕ A-Schlüssel}
	=	Klartext ⊕ A-Schlüssel ⊕ A-Schlüssel ⊕ E-Schlüssel
		{dank der Kommutativität von ⊕ kann man
		die Reihenfolge der Argumente austauschen}
	=	Klartext ⊕ E-Schlüssel
		{weil $a \oplus a = 0$ und $b \oplus 0 = b$}

gilt.]

4. Der Empfänger rechnet

Krypto 3 ⊕ E-Schlüssel	=	Klartext ⊕ E-Schlüssel ⊕ E-Schlüssel
		{weil, wie wir gerade gezeigt haben,
		Krypto 3 = Klartext ⊕ E-Schlüssel}
	=	Klartext

Aufgabe 7.8 Spielen Sie den Ablauf des Kommunikationsprotokolls für einen sicheren Schlüsselaustausch für folgende Daten durch: Klartext und somit der zukünftige geheime Schlüssel ist 01001101. Der Absender-Schlüssel ist 01010101 und der Empfänger-Schlüssel ist 10101010.

Wir haben schon direkt bei der Beschreibung des Kommunikationsprotokolls für den Schlüsselaustausch die Begründung geführt, warum auf diese Weise am Ende der Empfänger den zugeschickten Schlüssel tatsächlich erhält. Der Kern der Geschichte liegt darin, dass eine zweite Anwendung eines Schlüssels die erste Anwendung desselben Schlüssels löscht (rückgängig macht) und zwar auch wenn zwischen diesen zwei Anwendungen andere Schlüssel angewendet worden sind. Kurz kann man diese Eigenschaft wie folgt ausdrücken:

$$\text{Text} \oplus \text{Schlüssel} \oplus \text{Aktion} \oplus \text{Schlüssel}$$
$$= \text{Text} \oplus \text{Aktion} \oplus \text{Schlüssel} \oplus \text{Schlüssel}$$
$$= \text{Text} \oplus \text{Aktion}$$

Diese Gutartigkeit von $\oplus$ ist von den Eigenschaften $a \oplus a = 0, a \oplus b = b \oplus a$ und $b \oplus 0 = b$ abgeleitet.

Aufgabe 7.9 Untersuche, ob die Operation $\perp$ auch so gutartig wie $\oplus$ ist und ob man sie auch zur Implementierung des Austausches von Truhen verwenden kann.

Ist dieses Kommunikationsprotokoll sicher? Bietet es dieselbe Sicherheitsgarantie wie die Verwendung einer Truhe mit zwei Schlössern? Leider nicht. Wenn ein Kryptoanalyst nur einzelne Krypto-Texte des Protokolls erhält und das Verfahren nicht kennt, wirkt die Kommunikation als eine Folge von Zufallsbits und in diesem Sinne ist unsere Implementierung dieses Verfahrens sicher. Nach dem Kerckhoffs-Prinzip müssen wir aber damit rechnen, dass der Gegner das Kommunikationsprotokoll kennt und die zwei zufällig generierten Schlüssel das Einzige sind, was ihm unbekannt ist. Wenn der Gegner alle drei Krypto-Texte (Fig. 7.7) gewinnen kann, kann er durch die folgenden Berechnungen

Empfänger-Schlüssel = Erster Krypto-Text $\oplus$ Zweiter Krypto-Text
Absender-Schlüssel = Zweiter Krypto-Text $\oplus$ Dritter Krypto-Text

die Schlüssel vom Absender und vom Empfänger bestimmen.

Aufgabe 7.10 Wende die Eigenschaften der Operation $\oplus$ an, um zu zeigen, dass die oben beschriebene Berechnung der privaten Schlüssel des Senders und des Empfängers immer funktioniert.

Danach ist das Geheimnis gelüftet, weil nur einer der Schlüssel ausreicht, um den Klartext zu dechiffrieren:

Klartext = Absender-Schlüssel $\oplus$ Erster Krypto-Text
Klartext = Empfänger-Schlüssel $\oplus$ Dritter Krypto-Text

Damit gilt unser Kommunikationsprotokoll als nicht besonders sicher. Kann man das „physikalische" Verfahren mit der Truhe und den zwei Schlössern digital mit der gleichen Sicherheitsgarantie überhaupt umsetzen? Im Jahre 1976 gaben Whitfield Diffie und Martin Hellman [DH76] eine positive Antwort auf diese Frage. Sie wandten auf geschickte Weise das Rechnen modulo Primzahlen an, das wir schon im Kapitel 6 beim Entwurf des zufallsgesteuerten Kommunikationsprotokolls verwendet haben. Ohne auf eine detaillierte mathematische Begründung der Funktionsfähigkeit dieses Verfahrens einzugehen, beschreiben wir das Verfahren unter Verwendung eines ähnlichen Schemas wie in Fig. 7.7. Die Nichtmathematiker unter uns dürfen gerne auf die Darstellung dieses Protokolls verzichten.

Diffie-Hellman-Kommunikationsprotokoll

Ausgangssituation: Der Absender und der Empfänger einigen sich öffentlich auf zwei große natürliche Zahlen c und p, wobei p eine Primzahl ist und $c < p$ gilt.

Der Absender generiert zufällig eine Zahl a_{ABS} und diese Zahl ist sein geheimer Privatschlüssel.

Der Empfänger generiert zufällig eine Zahl a_{EMP} und diese Zahl ist der geheime Schlüssel des Empfängers, den keiner außer ihm kennt.

Die gemeinsame Aufgabe des Empfängers und des Absenders ist es, in einer Kommunikation einen neuen Schlüssel zu berechnen, der als gemeinsames Geheimnis der beiden für ein symmetrisches Kryptoverfahren dienen soll.

Verfahren

1. Der Absender berechnet

   Kryptotext $1 = c^{a_{ABS}} \bmod p$

   und schickt die Zahl Kryptotext 1 zum Empfänger.

2. Der Empfänger berechnet

   Kryptotext $2 = c^{a_{EMP}} \bmod p$

   und sendet Kryptotext 2 an den Absender.

3. Der Absender berechnet

   $S_A = (\text{Kryptotext } 2)^{a_{ABS}} \bmod p$

   und betrachtet S_A als neuen gemeinsamen Schlüssel.

4. Der Empfänger berechnet

   $S_B = (\text{Kryptotext } 1)^{a_{EMP}} \bmod p$

   und betrachtet S_B als neuen gemeinsamen Schlüssel.

Der Kern des Verfahrens ist, dass $S_A = S_B$ gilt. Auf eine genaue mathematische Begründung verzichten wir hier. Wir sehen aber, dass S_A nichts anderes ist, als c zuerst mit a_{EMP} und dann mit a_{ABS} verschlüsselt. Der Schlüssel S_B ist auch die Verschlüsselung von c zuerst mit a_{ABS} und dann mit a_{EMP}. Also sind beide S_A und S_B mit a_{ABS} und a_{EMP} verschlüsselt, nur in umgekehrter Reihenfolge. Es ist so, als ob man in einem Fall die Truhe zuerst mit dem linken und danach mit dem rechten Schloss gesichert hat und im anderen Fall zuerst mit dem rechten und dann mit dem linken Schloss verschlossen hat. Offensichtlich ist das Endresultat im Falle der Truhe identisch. Die mathematische Funktion $c^a \bmod p$ wurde hier so gewählt, dass die Reihenfolge der Anwendungen der privaten Schlüssel a_{ABS} und a_{EMP} auch keine Rolle spielt.

Wenn die Absender- und Empfängerschlüssel im Diffie-Hellman-Verfahren geheim gehalten werden, ist das ganze Verfahren auch nach unseren bisherigen Maßstäben sicher[11]. Nur gerade bei dem Begriff der Sicherheit müssen wir vorsichtiger sein. Bei dem Verschicken einer Nachricht wie bei CAESAR oder DES haben wir schon klar gemacht, was für uns ein sicheres Kryptosystem ist. Bei Kommunikationsprotokollen, bei denen ein mehrfacher Informationsaustausch stattfindet, müssen wir den Begriff der Sicherheit noch einmal überdenken.

Den bisher betrachteten Gegner (Kryptoanalyst) nennen wir **passiv**. Er darf lauschen und den Kryptotext erfahren und dann versuchen, ihn zu knacken. Gegen einen solchen passiven Gegner ist unser Schlüsselaustausch sicher. Das ganze ändert sich bei einem **aktiven Gegner**, der aktiv genannt wird, weil er in die Kommunikation einsteigt. Stellen Sie sich das folgende Szenario vor. Der Gegner überredet den Boten, die Truhe an ihn statt an den Empfänger zu liefern, oder er unterbricht die Leitung, so dass Krypto 1 nur an ihn und nicht an den Empfänger gelangt. Dann verschließt der Gegner die Truhe mit seinem eigenen Schloss und schickt sie zurück an den Absender. Der Absender ahnt nicht, dass er statt mit dem rechtmäßigen Empfänger in die Kommunikation mit dem Gegner geraten ist, öffnet sein Schloss und schickt die Truhe, geschlossen mit dem Schloss des Gegners, an den Empfänger. Der unzuverlässige Bote bringt aber die Truhe wieder dem Gegner, der sie jetzt öffnen kann und somit das Geheimnis erfährt. Der Sender ahnt dabei gar nicht, dass das Geheimnis gelüftet wurde.

Wir sehen, dass unser Kommunikationsprotokoll doch nicht perfekt ist und somit gibt es Bedarf für weitere Verbesserungen. Ob wir auch mit einem aktiven Gegner fertig werden können, ist das Thema des nächsten Abschnittes.

---

[11]Nach dem derzeitigen Stand des Wissens ist kein effizienter Algorithmus bekannt, mit dem man aus den zwei Kryptotexten die privaten Schlüssel des Empfängers und des Absenders oder den resultierenden Schlüssel S_A ausrechnen könnte.

7.6 Kryptosysteme mit öffentlichen Schlüsseln

Zählen wir zuerst die Schwächen der bisher vorgestellten symmetrischen Kryptosysteme auf.

(i) Die symmetrischen Kryptosysteme brauchen am Anfang einen sicheren Schlüsselaustausch. Den schaffen wir im Spiel gegen einen aktiven Gegner nicht zuverlässig zu realisieren.

(ii) In der Realität hat man oft ein Netzwerk von Beteiligten. Eine Zentrale sammelt Informationen von vielen Agenten. Wenn alle Agenten den gleichen Schlüssel haben, reicht ein Verräter und das System ist geknackt. Wenn jeder einen anderen Schlüssel verwendet, muss man viele Schlüssel verwalten und zusätzlich muss jeder Agent vor dem Senden seiner Nachricht seine Identität preisgeben.

(iii) Es gibt eine Vielfalt von Kommunikationsaufgaben, die man mit symmetrischen Kryptosystemen nicht realisieren kann. Sie wollen sich bei elektronischen Wahlen als berechtigter Wähler präsentieren, aber bei der Abstimmung Ihre Identität nicht preisgeben. Sie brauchen Protokolle, mittels derer Sie eine Kontrollstation von Ihren Befugnissen (vom Besitz eines Geheimnisses, wie z.B. eines Ausweises oder Passwortes) überzeugen können, ohne dabei Ihren Ausweis (ihr Geheimnis) an die Kontrollstation preisgeben zu müssen.

Diese und noch einige andere Gründe führten zu einer weiteren intensiven Forschung in der Kryptographie. Auf der Suche nach einer Lösung kamen uns wieder die Algorithmik und Komplexitätstheorie zur Hilfe, in dem sie unsere Schwäche, die Unfähigkeit schwere Probleme zu lösen, in kryptographische Stärken umgewandelt haben. Die Idee basiert auf der Existenz der sogenannten Einweg-Funktionen, von denen man mehrere anwendbare Kandidaten gefunden hat. Als eine **Einweg-Funktion** bezeichnen wir eine Funktion f mit folgenden Eigenschaften:

(i) Die Funktion f ist effizient berechenbar und kann somit zur effizienten Verschlüsselung verwendet werden.

(ii) Die inverse Funktion[12] f^{-1}, die aus dem Wert $f(x)$ das Argument x wieder berechnet ($f^{-1}(f(x)) = x$) ist nicht effizient berechenbar; d. h. es gibt keinen effizienten (randomisierten) Algorithmus, der aus dem

---

[12] auch Umkehrfunktion genannt

gegebenen Kryptotext $= f$(Klartext) das Argument Klartext von f berechnen kann. Damit ist nach unserer Definition $f(x)$ als Kryptotext sicher.

(iii) Es muss für den Empfänger noch eine Möglichkeit geben, das x aus dem $f(x)$ effizient zu berechnen. Es muss also ein Geheimnis[13] von f existieren (etwas Ähnliches wie ein Zeuge bei randomisierten Algorithmen), so dass man mit der Hilfe des Geheimnisses x aus $f(x)$ schnell bestimmen kann.

Wozu hilft uns eine hypothetische Einweg-Funktion f? Der Empfänger ist im Besitz des Geheimnisses von f und braucht für die Kommunikation mit niemandem dieses Geheimnis zu teilen (Fig. 7.8).

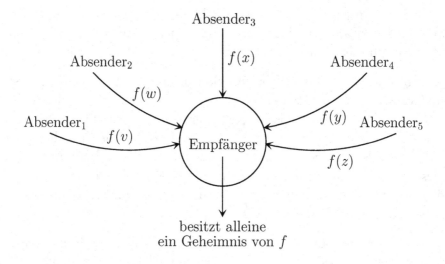

Fig. 7.8

Die Funktion f, und damit das Verschlüsselungsverfahren, kann veröffentlicht und damit jedem potenziellen Absender zur Verfügung gestellt werden. Deswegen nennt man die Kryptosysteme, die Einweg-Funktionen verwenden, **Public-Key-Kryptosysteme** (Kryptosysteme mit einem öffentlichen Schlüssel). Offensichtlich entfällt bei solchen Systemen das Problem mit geheimem Schlüsselaustausch, weil man keine gemeinsamen Geheimnisse braucht. Somit sind die erwähnten Schwächen (i) und (ii) der symmetrischen Kryptosysteme beseitigt. Den Wunsch (iii) erfüllen die Public-Key-Kryptosysteme auch, aber eine Detailerklärung würde den Rahmen dieses Buches sprengen.

---

[13]genannt Hintertür

So weit, so gut. Wenn man Einweg-Funktionen finden kann, haben wir einen echten Erfolg erzielt. Aber gibt es sie überhaupt? Sehen die drei Anforderungen an solche Funktionen nicht übertrieben und unnatürlich aus? Mit folgendem Beispiel möchte ich Sie zuerst davon überzeugen, dass unsere Idee gar nicht so abwegig ist.

Betrachten wir die folgende Verschlüsselung. Jeder Buchstabe wird einzeln durch eine Folge von 14 Dezimalziffern verschlüsselt. Für jeden Buchstaben wählt man zufällig aus irgendeinem Telefonbuch einen Namen, der mit diesem Buchstaben anfängt, und die entsprechende Telefonnummer nimmt man in den Krypto-Text auf. Falls die Nummer weniger als 14 Ziffern hat, setzt man an den Anfang entsprechend viele Nullen. Auf diese Weise würden wir das Wort „Kryptographie" etwa wie folgt verschlüsseln:

	Name	Telefonnummer
K	Knuth	00128143752946
R	Rivest	00173411020745
Y	Yao	00127345912233
P	Papadimitriou	00372453008122
T	Thomas	00492417738429
O	Ogden	00012739226541
G	Good	00015402316555
R	Rabin	00048327450028
A	Adleman	00173555248001
P	Papert	00016172531555
H	Hopcroft	00013782442358
I	Ibarra	00124327010098
E	Edmonds	00183274553211

Vorausgesetzt, dass jeder außer dem Empfänger nur klassische Telefonbücher besitzt, die alphabetisch nach dem Nachnamen sortiert sind, ist es eine sehr aufwändige Aufgabe, die Telefonnummer im Telefonbuch zu finden, um den zu der im Kryptotext gesendeten Nummer zugehörigen Namen zu erfahren.[14] Nur der Empfänger, der ein nach Telefonnummern sortiertes Welttelefonbuch besitzt, kann effizient den Krypto-Text entschlüsseln.

Dieses Beispiel ist nur eine Ideen-Illustration, und wir wollen es nicht ernsthaft als ein Kryptosystem in Betracht ziehen, denn für den Rechner ist das

---

[14]Man könnte natürlich auf die Idee kommen, jede Nummer anzurufen. Neben den damit verbundenen Kosten könnte es sich als nicht einfach herausstellen, den Namen des Telefonnummernbesitzers zu erfahren.

Sortieren keine besonders schwere Aufgabe. Wir benötigen eine andere Operation als Einweg-Funktion.

Welche verwendbaren Kandidaten für Einweg-Funktionen gibt es in der Praxis? Wir präsentieren zuerst drei Funktionen, die die Bedingungen (i) und (iii) sicher erfüllen und man glaubt, dass auch die Bedingung (ii) erfüllt ist[15].

1. **Multiplikation**
   Zwei Primzahlen p und q zu $f(p,q) = p \cdot q$ zu multiplizeren, kann jeder einfach realisieren. Aus $f(p,q)$ zurück auf die Werte p und q zu schließen, ist eine schwere Aufgabe, für die nur exponentielle Algorithmen existieren.

2. **Modulares Quadrieren**
   Eine Funktion $f_n(x) = x^2 \bmod n$ zu berechnen ist einfach. Man quadriert x zu x^2 und teilt dann x^2 durch n, um den Rest $x^2 \bmod n$ der Teilung zu bestimmen. Wenn n keine Primzahl ist, ist es algorithmisch schwer, aus bekanntem $f_n(x)$ und n zurück auf das x zu schließen.

3. **Modulares Potenzieren**
   Für bekannte Zahlen e und n und einen Klartext c (als eine Zahl betrachtet) ist es einfach, die Zahl $a = c^e \bmod n$ zu berechnen. Wenn n keine Primzahl ist, ist es algorithmisch schwer, aus bekannten a, e und n auf den Klartext c zurückzuschließen.

Die Geheimnisse (die Hintertüren) zur effizienten Berechnung der inversen Funktion f^{-1} (Bedingung (iii)) zu präsentieren und die korrekte Funktionsweise von entsprechenden Public-Key-Kryptosystemen zu begründen, erfordert gewisse Vorkenntnisse der Zahlentheorie, die wir hier nicht voraussetzen. Deswegen erklären wir nur den Aufbau eines einfachen Public-Key-Kryptosystems, das auf dem modularen Quadrieren aufbaut.

Aufbau des Kryptosystems: Der Empfänger generiert zufällig zwei große Primzahlen p und q von ungefähr 500 Dezimalstellen. Diese zwei Primzahlen p und q sind sein Geheimnis. Dann berechnet der Empfänger die Zahl

$$n = p \cdot q$$

und veröffentlicht n, sowie die Funktion $f_n(x) = x^2 \bmod n$. Damit kann jeder Sender seinen Klartext x zum Kryptotext $f_n(x)$ chiffrieren und an den Empfänger schicken.

---

[15]Man ist unfähig die Erfüllung der Bedingung (ii) zu beweisen, weil, wie schon in Kapitel 5 erwähnt, die mathematischen Methoden fehlen, die die Notwendigkeit der Nutzung einer größeren Anzahl an Rechneroperationen zur Berechnung konkreter Funktionen begründen könnten. An ihrer Entwicklung arbeitet man seit über 40 Jahren erfolglos.

Funktionsweise: Die Absender schicken ihre verschlüsselten Nachrichten $f_n(x) = x^2 \bmod n$ für die Klartexte x an den Empfänger. Ohne p und q zu kennen, ist kein effizienter Algorithmus bekannt, der aus n und $f_n(x)$ den Klartext x berechnen kann. Der Empfänger kann aber dank seines Geheimnisses x entziffern. Dies geht deswegen, weil man für jede Primzahl p aus $a = f_p(x) = x^2 \bmod p$ und p den Klartext als die Wurzel von a bestimmen kann. Die Zahlentheorie ermöglicht dem Empfänger, die Wurzel von a modulo p und von a modulo q zu bestimmen und dann aus diesen Wurzeln den Klartext als die Wurzel von a modulo $n = p \cdot q$ zu berechnen.

Das vorgestellte System heißt nach seinem Erfinder RABIN.

Beispiel 7.1 Weil wir hier nicht mit Zahlen von mehreren hundert Dezimalstellen arbeiten wollen, nehmen wir zur Veranschaulichung des Aufbaus des Kryptosystems nur kleine Primzahlen $p = 107$ und $q = 73$. Dann rechnet der Empfänger $n = p \cdot q = 107 \cdot 73 = 7811$ und veröffentlicht

die Zahl $n = 7811$ und das Verschlüsselungsverfahren $x^2 \bmod 7811$

Jetzt kann es jeder verwenden und Klartexte als positive ganze Zahlen kleiner als 7811 in Kryptotexte umwandeln und an den Empfänger schicken.

Nehmen wir an, ein Sender will den Klartext $x = 6204$ verschicken. Er rechnet

$$
\begin{aligned}
x^2 \bmod n \quad &= \quad (6204)^2 \bmod 7811 \\
&= \quad 38489616 \bmod 7811 \\
&= \quad 4819 \\
&\quad \{\text{weil } 38489616 = 7811 \cdot 4927 + 4819 \}
\end{aligned}
$$

Somit ist der Kryptotext 4819. Weil man modulo n rechnet, ist der Kryptotext immer kleiner als n.

Welche Zahlen aus $\{1, 2, \ldots, 7811\}$ geben im Quadrat modulo $n = 7811$ die Zahl 4819? Ohne die Kenntnis der Faktorisierung $7811 = 107 \cdot 73$ kennen wir keine bessere Methode, als fast alle 7811 Kandidaten auszuprobieren. Bei Zahlen n der Größe bis zu 10^{1000} ist dies physikalisch nicht machbar. Mit dem Wissen der Zerlegung kann man alle Werte y bestimmen, so dass

$$
y^2 \bmod n = \text{Kryptotext}.
$$

Es können höchstens 4 solche y existieren. Welches von ihnen der Klartext ist, kann man anhand des Sinns entscheiden oder durch ein zusätzlich zugeschicktes Bit mit einer zahlentheoretischen Information. $\qquad \square$

Aufgabe 7.11 Nehmen Sie die Primzahlen 13 und 17. Bauen Sie das entsprechende Kryptosystem, das auf der Einweg-Funktion des modularen Quadrierens beruht. Erzeugen Sie dann den Kryptotext zum Klartext 100. Finden Sie alle y aus $\{1, 2, \ldots, 13 \cdot 17\}$ mit der Eigenschaft

$$y^2 \bmod 13 \cdot 17 = \text{Kryptotext}$$

Weil wir hier nicht tiefer in die Zahlentheorie einsteigen wollen, versuchen wir auch nicht anzugeben, wie der Empfänger dank seines Geheimnisses der Zerlegung von n den Klartext effizient berechnen kann. Wichtig ist nur zu sagen, dass wir keine mathematischen Beweise dafür haben, dass die vorgestellten Kandidaten auf Einweg-Funktionen auch tatsächlich Einweg-Funktionen sind. Dies hängt mit dem uns schon bekannten Problem zusammen, dass wir nicht fähig sind, untere Schranken für die Komplexität konkreter Aufgaben zu beweisen. Damit bauen alle Public-Key-Kryptosysteme nur auf der Erfahrung auf, dass man für die Berechnung der Umkehrfunktionen f^{-1} und somit für die Dechiffrierung keinen effizienten Algorithmus hat. Für das vorgestellte Kryptosystem RABIN weiß man, dass es genau so sicher ist, wie es sicher ist, dass man gegebene Zahlen nicht effizient in Primfaktoren zerlegen kann. Genauer formuliert, wenn man RABIN effizient knacken kann, dann kann man auch effizient faktorisieren. Und umgekehrt impliziert die Existenz einer effizienten Faktorisierungsmethode die Möglichkeit, RABIN effizient zu knacken. Die Wahl großer Primzahlen p und q von mehreren hundert Dezimalziffern ist durch die Praxis bestimmt, weil für solch große Zahlen die schnellsten entwickelten Algorithmen die Faktorisierung in Milliarden von Jahren nicht berechnen können.

Was sind die Vorteile von Public-Key-Kryptosystemen? Versuchen wir sie zusammenzufassen:

(i) Es gibt nur ein Geheimnis im Besitz des Empfängers, das mit niemandem geteilt werden muss, und somit kann es auch keiner erraten. Dieses Geheimnis kann vom Empfänger selbst generiert werden.

(ii) Das Verschlüsselungsverfahren wird publiziert. Es ist die einzige Kommunikation vor dem Start der Nutzung des Public-Key-Kryptosystems und diese Kommunikation braucht keine Chiffrierung. Jeder kann nach der Veröffentlichung der Art der Verschlüsselung verschlüsselte Nachrichten an den Empfänger schicken.

Außer diesen zwei angestrebten Hauptvorteilen der Public-Key-Kryptosysteme entdeckt man viele weitere Vorteile, wenn man diese Systeme für sichere Kommunikation dort anwendet, wo symmetrische Kryptosysteme nicht anwendbar sind. Um ein einfaches Beispiel zu zeigen, stellen wir ein einfaches Kommunikationsprotokoll für digitale (elektronische) Unterschriften vor. Handschriftliche Unterschriften sind juristisch gesehen eine Art Echtheitsgarantie. In der digitalen Kommunikation (z.B. bei der digitalen Geldüberweisung) kann man aber keine handschriftlichen Unterschriften leisten. Außerdem hätte man gerne noch fälschungssicherere Unterschriften, als es die handschriftlichen sind.

Formulieren wir unsere Zielsetzung für den Aufbau eines Kommunikationsprotokolles ganz genau. Ein Kunde K will der Bank B eine Echtheitsgarantie für eine Überweisung von seinem Konto geben, oder ein anderes Dokument für die Bank unterschreiben. Dabei stellen wir folgende Anforderungen:

(i) B muss von der Echtheit der Unterschrift von K überzeugt werden. Sowohl B als auch K müssen vor einem Dritten (Fälscher) F geschützt werden, der sich als K gegenüber B ausgeben möchte.

(ii) K sollte von solchen Aktivitäten von B geschützt werden, bei denen B behauptet, ein unterschriebenes Dokument u von K zu haben, obwohl K dieses Dokument nicht unterschrieben hat (d.h. B darf nicht lernen können, die Unterschrift von K zu fälschen).

(iii) Wenn K ein Dokument u unterschrieben hat, hat B die Möglichkeit, jeden Dritten davon zu überzeugen, dass das Dokument u von K unterschrieben wurde.

Diese Anforderung (i) kann man auch mit einem symmetrischen Kryptosystem erfüllen. Kein symmetrisches Kryptosystem kann uns aber gewährleisten, dass beide Bedingungen (i) und (ii) auf einmal erfüllt werden.

Aufgabe 7.12 Entwerfen Sie ein Kommunikationsprotokoll für digitale Unterschriften, das auf einem klassischen Kryptosystem basiert und die Erfüllung der Forderung (i) garantiert.

Die Eigenschaft (ii) ist schwerer zu erfüllen als (i), weil sie auf den ersten Blick kontraintuitiv aussieht. Einerseits soll B von der Echtheit der Unterschrift von K überzeugt werden, und somit erwartet man, *dass sie für die Überprüfung der Unterschrift etwas über die Erzeugung der Unterschrift weiß.* Andererseits *darf B nicht zu viel über die Art, wie K unterschreibt, wissen, weil sonst B die Unterschrift von K nachmachen könnte.*

Trotzdem bauen wir dank des Konzeptes des öffentlichen Schlüssels ein Protokoll, das alle diese drei Anforderungen erfüllt.

Der Aufbau des Protokolls
Der Kunde hat ein Public-Key-Kryptosystem mit der öffentlichen Verschlüs-

selungsfunktion Ver_K und der geheimen Entschlüsselungsfunktion Ent_K. Das Kryptosystem ist kommutativ in dem Sinne, dass

$$\text{Ent}_K(\text{Ver}_K(\text{Klartext})) = \text{Klartext} = \text{Ver}_K(\text{Ent}_K(\text{Klartext}))$$

für jeden Klartext gilt. Das bedeutet, wir können nicht nur verschlüsseln mit $\text{Ver}_K(\text{Klartext})$ und danach mit $\text{Ent}_K(\text{Ver}_K(\text{Klartext}))$ dechiffrieren, sondern wir können zuerst mit $\text{Ent}_K(\text{Klartext})$ verschlüsseln und dann mit Ver_K zu

$$\text{Ver}_K(\text{Ent}_K(\text{Klartext})) = \text{Klartext}$$

entschlüsseln.

Die Bank B kennt die öffentliche Verschlüsselungsfunktion Ver_K.

Kommunikationsprotokoll

1. K nimmt ein Dokument[16] u und berechnet $\text{Ent}_K(u)$. Dann schickt K das Paar u, $\text{Ent}_K(u)$ an die Bank B.

2. B berechnet $\text{Ver}_K(\text{Ent}_K(u))$ durch die Anwendung der öffentlichen Verschlüsselungsfunktion Ver_K auf das zugeschickte unterschriebene Dokument $\text{Ent}_K(u)$ und überprüft durch

$$u = \text{Ver}_K(\text{Ent}_K(u))$$

die Echtheit der Unterschrift.

Korrektheitsbedingung Wir beobachten, dass die digitale Unterschrift den ganzen Text des Dokuments u ändert und somit nicht nur ein zusätzlicher Text hinter dem Dokument ist.

(i) Kein anderer außer K kann die Nachricht $\text{Ent}_K(u)$ (das unterschriebene Dokument u) effizient berechnen. Somit ist B von der Echtheit des unterschriebenen Dokumentes überzeugt.

(ii) Die Kenntnis von u, $\text{Ent}_K(u)$ kann B nicht helfen, ein anderes Dokument u' mit $\text{Ent}_K(u')$ zu unterschreiben, weil B die Funktion Ent_K nicht effizient berechnen kann.

(iii) Weil das Verschlüsselungsverfahren Ver_K öffentlich bekannt ist, kann die Bank B jedem Dritten[17] das Paar u, $\text{Ent}_K(u)$ vorzeigen und jeder kann die Echtheit der Unterschrift überprüfen mit

$$\text{Ver}_K(\text{Ent}_K(u)) = u\,.$$

---

[16]Es spielt keine Rolle, ob u vom Kunden K oder der Bank B generiert wurde.
[17]der Ver_K kennt und mit Sicherheit weiß, dass es der öffentliche Schlüssel von K ist.

Diese elegante Lösung des Problems der digitalen Unterschrift kann fast magisch wirken. Es ist aber nur der Anfang von vielen wunderbaren Protokollen, die auf unerwartete Weise unterschiedliche Kommunikationsaufgaben lösen. Die Begründung ihrer Korrektheit erfordert tiefere Kenntnisse der Algebra, Zahlentheorie und Algorithmik, und deswegen müssen wir hier leider auf ihre Präsentation verzichten. Es sind einige der schönsten Beispiele des hohen und faszinierenden Nutzens der „trockenen" Resultate der Mathematik, die in unseren Schulsystemen leider oft unter aller Würde verkauft werden.

Aufgabe 7.13 Das vorgestellte Protokoll hält das Dokument u nicht geheim, weil u unchiffriert kommuniziert wird. Jeder der lauscht, kann u erfahren. Tauschen wir jetzt die Anforderung (iii) mit der folgenden Anforderung:

(iii') Kein Dritter, der die Kommunikation zwischen B und K belauscht, darf den Inhalt des unterschriebenen Dokumentes erfahren.

Entwerfen Sie ein Kommunikationsprotokoll, das die drei Bedingungen (i), (ii) und (iii') erfüllt.

Aufgabe 7.14 (Knobelaufgabe) Wir betrachten in dieser Aufgabe das **Authentizitätsproblem**. Hier braucht man kein Dokument zu unterschreiben, sondern man muss nur den anderen von seiner eigenen Identität überzeugen. Die Forderungen an ein Kommunikationsprotokoll für die Authentifizierung sind wie folgt:

(i') genau wie (i) in dem Sinne, dass B von der Identität von K überzeugt ist.

(ii') K sollte von solchen Aktivitäten von B geschützt werden, bei denen B sich gegenüber einem Dritten als K ausgeben möchte.

Das vorgestellte Protokoll ist für das Authentizitätsproblem nicht geeignet. B erfährt die Unterschrift[18] $(u, \mathrm{Ent}_K(u))$ in der digitalen Kommunikation und kann sich in der Kommunikation mit einem Dritten mit dieser Unterschrift als K ausgeben. Entwerfen Sie ein Kommunikationsprotokoll, das (i') und (ii') erfüllt.

Wir schließen den Abschnitt über Kryptosysteme mit öffentlichen Schlüsseln mit ein paar wichtigen Bemerkungen. Wenn es jetzt jemandem so erscheint, dass Public-Key-Kryptosysteme nur für die einseitige Kommunikation von vielen Sendern zu einem Empfänger geeignet sind, so sieht sie oder er die Möglichkeiten nicht vollständig. Jeder kann mit jedem kommunizieren. Jede, die

---

[18]den Ausweis

kommunizieren will, generiert ihr eigenes Geheimnis (z. B. p und q) und veröffentlicht in einem öffentlichen Telefonbuch die entsprechende Verschlüsselungsfunktion (z. B. n). Wenn man dann jemandem privat schreiben möchte, benutzt man einfach die entsprechende öffentliche Verschlüsselungsfunktion des Empfängers zur Verschlüsselung des Klartextes.

Die Public-Key-Kryptosysteme sind nicht in allen Parametern den symmetrischen Kryptosystemen überlegen. Der wesentliche Vorteil der klassischen Kryptosysteme wie DES ist, dass sie aufgrund der Hardwarerealisierung in der Praxis oft 100-mal schneller als Public-Key-Kryptosysteme sind. Dies macht bei größeren Datenmengen schon einen Unterschied. Dies führt meistens dazu, dass man ein Public-Key-Kryptosystem nur zum Austausch eines Schlüssels für ein symmetrisches Kryptosystem verwendet und den von der Menge her umfangreicheren Rest der Kommunikation mit symmetrischen Kryptosystemen realisiert.

7.7   Die Meilensteine unserer Entdeckungsreise im Wunderland der Kryptographie

Die Kryptographie beschäftigt sich mit dem Entwurf von Kryptosystemen, die einen sicheren Austausch von geheimen Informationen ermöglichen. Ursprünglich wurde die Kryptographie als die Kunst der Herstellung von geheimen Schriften gepflegt. Die Kommunizierenden (der Sender und der Empfänger) und ihre Gegner (die Kryptoanalysten) spielten ein geistreiches Spiel. Eine Seite hat sich eine trickreiche Chiffrierung ausgedacht, und die andere Seite hat Tricks gesucht, um das Kryptosystem zu knacken. Den Begriff der Sicherheit konnte man in diesem Ideenspiel gar nicht formulieren.

Auguste Kerckhoffs stellte die ersten Anforderungen an die Sicherheit eines Kryptosystems auf, indem er forderte, dass die Zuverlässigkeit des Kryptosystems nur auf der Geheimhaltung des Schlüssels (und nicht auf der Geheimhaltung der Art der Verschlüsselung) basieren soll. Dies führte zuerst zu der Vorstellung, dass eine sehr hohe Anzahl von Schlüsseln erforderlich und hinreichend für die Sicherheit sein könnte. Das Erfordernis ist offensichtlich, aber dass eine Unmenge an Schlüsseln keine Garantie für die Sicherheit ist, hat sich schnell herausgestellt.

Auf eine fundierte Definition der Sicherheit musste man warten, bis die Informatik ihre Begriffsbildung vorgenommen und die Begriffe des Algorithmus, der Komplexität und damit des effizient (praktisch) Lösbaren eingeführt hatte. Danach definierte die Informatik die Sicherheit eines Kryptosystems durch die Nichtexistenz eines effizienten Algorithmus, der ohne die Kenntnis des Schlüssels eine Nachricht entziffern konnte. Ab diesem Augenblick fängt die Geschichte der modernen Kryptologie als einer Wissenschaftsdisziplin an der Grenze zwischen Informatik, Mathematik und zunehmend auch Physik (wegen der Quantenkommunikation[19]) an.

Die klassischen Kryptosysteme zeichnen sich dadurch aus, dass der Schlüssel das Verschlüsselungsverfahren sowie das Entschlüsselungsverfahren bestimmt, und somit ist der Schlüssel das gemeinsame Geheimnis von Sender und Empfänger. Das Hauptproblem dieser Kryptosysteme ist die Einigung auf einen Schlüssel, bevor man ein sicheres Kryptosystem zur Verfügung hat. Wir haben gesehen, dass man ein Kommunikationsprotokoll zum Austausch des Schlüssels bauen kann, dann aber dieses System nur gegenüber einem passiven Gegner sicher ist. Wenn sich der Gegner durch eine Einschaltung in die Kommunikationsverbindung als der Empfänger ausgibt, wird das Geheimnis verraten.

Einen Ausweg fand man mit der Entwicklung der Public-Key-Kryptosysteme. Das komplexitätstheoretische Konzept basiert auf der Idee der Einweg-Funktionen. Eine Einweg-Funktion ist effizient berechenbar, aber die zugehörige inverse Funktion (die Umkehrfunktion) ohne zusätzliches geheimes Wissen (das nur der Empfänger als Einzelperson besitzt) nicht. Das geheime zusätzliche Wissen spielt hier eine ähnliche Rolle wie die Zeugen beim Entwurf von effizienten randomisierten Algorithmen. Die Einweg-Funktion selbst wird veröffentlicht und zur Chiffrierung der Nachrichten verwendet. Das geheime Wissen hat nur der Empfänger, der dann als Einziger die Kryptotexte durch die Anwendung der Umkehrfunktion auf den Kryptotext effizient entziffern kann.

Da es schwierig ist, untere Schranken an die Komplexität zu beweisen, hat man noch keinen mathematischen Beweis geliefert, dass eine konkrete Funktion eine Einweg-Funktion ist. Erprobte und in der Praxis verwendete Kandidaten für Einweg-Funktionen sind die Multiplikation, deren inverse Funktion die Faktorisierung ist, und die Potenzierung (Quadrierung) modulo einer natürlichen Zahl n, deren inverse Funktion die entsprechende modulare Wurzelberechnung ist.

Den Public-Key-Kryptosystemen verdanken wir heutige Anwendungen im Bereich des E-Commerce, die mit symmetrischen Kryptoverfahren nicht mög-

---

[19]mehr hierzu in Kapitel 9

lich gewesen wären. Die weitere Entwicklung geht in die Richtung elektronischer Wahlen und vielen anderen Anwendungen.

Das Konzept der Public-Key-Kryptosysteme wurde erstmals 1976 von Diffie und Hellman [DH76] vorgeschlagen. Das am weitesten verbreitete System ist das RSA-Kryptosystem, das 1978 von Rivest, Shamir und Adleman [RSA78] erfunden wurde. Wie in vielen anderen Fällen der Gegenwart auch, dauerte es ungefähr 20 Jahre, bis es zu einer breiten kommerziellen Anwendung dieser sagenhaften Erkenntnis der Grundlagenforschung kam.

Für den Einstieg in die Kryptographie empfehlen wir die Bücher von Beutelspacher [Beu02a, Beu02b] und die frei verfügbaren Programme auf dem Bildungsserver EducETH (`www.educ.ethz.ch`). Für eine Vertiefung sind Salomaa [Sal96] sowie Delfs und Knebl [DK02] und [Hro04b] zu empfehlen.

Lösungsvorschläge zu ausgewählten Aufgaben

Aufgabe 7.5

a) Wir erhalten:

$$
\begin{array}{r}
00110011 \\
\perp \quad 00101101 \\
\hline
11100001 \\
\perp \quad 00101101 \\
\hline
00110011
\end{array}
$$

b) Dieses Verfahren funktioniert, weil

$$(a \perp c) \perp c = a$$

gilt und somit die zweifache Anwendung des Schlüssels an den Klartext immer im gleichen Klartext resultiert.

c) Das Resultat von $\perp$ ist immer die Umkehrung des Resultates von $\oplus$. Wenn $a \oplus b = 1$ gilt, dann gilt $a \perp b = 0$ und wenn $a \oplus b = 0$ gilt, dann gilt $a \perp b = 1$.

Aufgabe 7.6 Die Person A generiert zufällig eine Folge von Bits $a_1, a_2, \ldots, a_n$ und verwendet die Operation $\oplus$, um einen Klartext $k_1, k_2, \ldots, k_n$ mit $a_1, a_2, \ldots, a_n$ zum Kryptotext

$$k_1, \ldots, k_n \oplus a_1, \ldots, a_n = d_1, d_2, \ldots, d_n$$

zu verschlüsseln. Danach generiert A wieder zufällig n Bits $b_1, b_2, \ldots, b_n$ und rechnet

$$a_1, a_2, \ldots, a_n$$
$$\oplus \quad b_1, b_2, \ldots, b_n$$
$$\overline{\qquad c_1, c_2, \ldots, c_n \qquad}$$

Dann sendet A den Schlüssel $b_1, b_2, \ldots, b_n$ und den Kryptotext $d_1, d_2, \ldots, d_n$ an B und den Schlüssel $c_1, c_2, \ldots, c_n$ und den Kryptotext $d_1, d_2, \ldots, d_n$ an die Person C. Weil die Bitfolge $b_1, b_2, \ldots, b_n$ zufällig gewählt wurde, kann weder B noch C den Schlüssel $a_1, a_2, \ldots, a_n$ bestimmen, mit dem der Klartext $k_1, k_2, \ldots, k_n$ chiffriert wurde. Wenn sich B und C zusammen tun, können sie gemeinsam den Schlüssel $a_1, a_2, \ldots, a_n$ durch

$$b_1, b_2, \ldots, b_n$$
$$\oplus \quad c_1, c_2, \ldots, c_n$$
$$\overline{\qquad a_1, a_2, \ldots, a_n \qquad}$$

berechnen und damit $k_1, k_2, \ldots, k_n$ aus dem Kryptotext $d_1, d_2, \ldots, d_n$ entziffern.

Weitere Musterlösungen befinden sich auf

`www.openclass.inf.ethz.ch/programm/archiv/WS2005/aufgaben`

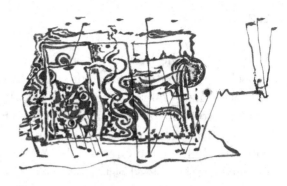

Die wissenschaftlichen Entdeckungen werden
wie folgt gemacht:
Alle wissen, dass etwas nicht geht.
Und dann kommt jemand, der das nicht weiß,
und macht die Entdeckung.

Albert Einstein

Kapitel 8

Rechnen mit DNA-Molekülen, oder: Eine Biocomputertechnologie am Horizont

8.1 Vorgeschichte

Viele „Science Fiction"-Romane fangen mit einer Suppe von biologischen
und elektronischen Resten an oder verbinden Teile des menschlichen Gehirns
mit Computerteilen und am Ende kommt ein intelligenter Bioroboter heraus.
Mit unserem Thema in diesem Kapitel sind wir weit von solchen utopischen
Vorstellungen sowie unrealistischen Versprechungen einiger Vertreter der Forscher auf dem Gebiet der künstlichen Intelligenz in den sechziger Jahren entfernt. Wir stellen hier eine existierende Biorechnertechnologie vor, die nicht
nur hypothetisch ist. Die Frage ihrer Durchsetzung hängt von dem denkbaren Fortschritt in der Weiterentwicklung der biochemischen Methoden für
die Untersuchung von DNA-Sequenzen ab.

Wie sehen solche Biorechner aus? Wie kam man zu dieser realistischen biologischen Computertechnologie? Unsere Erfahrung mit dem Rechner in den letzten fünfzig Jahren zeigt, dass sie alle paar Jahre doppelt so klein und zweimal so schnell werden wie vorher. Eine exponentielle Verbesserung in der Zeit. Das kann nicht ewig so weiter gehen, die elektronischen Technologien stoßen bald an die Grenzen der Miniaturisierung und dann wird es mit der Geschwindigkeit des Leistungswachstums der elektronischen Rechner definitiv vorbei sein. Weil man die physikalischen Grenzen der Leistungsfähigkeit der elektronischen Rechner schon vor vielen Jahren berechnet hat, hat sich schon damals der berühmte Physiker Richard Feynman im Jahr 1959 [Fey61] die Frage gestellt: „Wie geht es danach weiter? Können wir miniaturisieren, indem wir die Rechenprozesse auf der Ebene von Molekülen und Teilchen realisieren?" Die Folgen dieser Gedanken sind der DNA-Rechner und der Quantenrechner, die wir in diesem und im nächsten Kapitel vorstellen wollen.

Jetzt verstehen wir, dass der Bedarf nach Miniaturisierung und die damit verbundene Leistungssteigerung zu dem Wunsch führte, auf der Ebene der Moleküle und Atome rechnen zu können. Ist der Wunsch aber realisierbar? Ist die Idee nicht unnatürlich? Muss man die Moleküle nicht zu etwas zwingen, wozu sie gar nicht geeignet sind? Um diese Fragen zu beantworten, diskutieren wir zuerst, was natürlich und was unnatürlich ist. In unserer künstlichen Welt der mathematischen Modellierung der Realität arbeiten wir mit Symbolen. Alle Zahlen oder andere Daten sind als Texte, also als Folgen von Symbolen dargestellt. Wir haben gelernt, dass die Arbeit des Rechners im Allgemeinen als eine Umwandlung von Eingabetexten (Eingabedaten) in Ausgabetexte (Ausgabedaten) gesehen werden kann.

Wie ist es mit DNA-Sequenzen? Wir wissen, dass sie Träger von biologischen Informationen sind und dass alle Prozesse der lebenden Organismen durch die in den DNA-Sequenzen gespeicherten Informationen gesteuert werden. Heute kennen wir zwar nur kleine Bruchteile dieser Steuerung, haben aber keinen Zweifel daran, dass man biologische Prozesse als Informationsverarbeitung ansehen kann. Wir sind trotzdem noch nicht weit genug im Verständnis dieser Prozesse, um sie zum Rechnen verwenden zu können. Die Idee eines DNA-Rechners ist viel einfacher. Die DNA-Sequenzen können wir als Texte über den Buchstaben A, C, G und T darstellen. Dabei stehen die Buchstaben für die vier Basen Adenin (A), Cytosin (C), Guanin (G) und Thymin (T), aus denen der DNA Code zusammengesetzt ist. DNA kommt typischerweise als Doppelstrang-Molekül vor (Fig. 8.1 und Fig. 8.2), wobei eine Bindung nur zwischen A und T sowie zwischen G und C entstehen kann. Diese chemischen Bindungen A $\cdots$ T und G $\cdots$ C sind wesentlich schwächer als die anderen Bindungen in den Ketten (Z-P in Fig. 8.1). Wichtig ist, dass man bis zu einem gewissen Grad der Molekülstabilität DNA-Sequenzen nach Wunsch erzeugen kann. Also können wir unsere Daten als Texte über den Symbolen A, C, G und T darstellen und uns dazu die entsprechende DNA-Sequenz als physikalische Repräsentation der Daten bauen. Über die auf diese Weise gebaute Datendarstellung können wir in Reagenzgläsern eines Labors biochemische Operationen durchführen, die zu Änderungen der DNA-Sequenzen führen. Am Ende lesen wir die produzierten DNA-Sequenzen aus und interpretieren das Gelesene als Ausgabe.

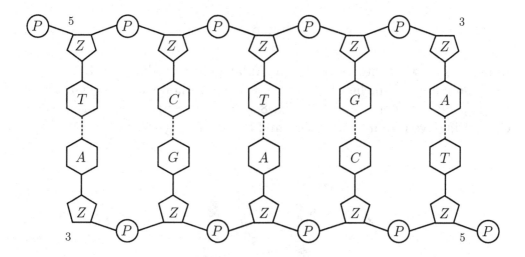

Fig. 8.1

Überraschenderweise kann man mathematisch beweisen, dass solche DNA-Rechner genau das machen können, was auch die klassischen elektronischen Rechner tun. Dies bedeutet, unser Begriff der algorithmischen Lösbarkeit gerät nicht ins Wanken. Was man algorithmisch (automatisch mit einem Rechner) lösen kann, das kann man mit DNA-Algorithmen auch tun und umgekehrt.

Was hat man davon, wenn man einen DNA-Rechner statt eines elektronischen Rechners benutzt? Ein Tropfen Wasser enthält 10^{19} Moleküle. Wenn Sie in einem Reagenzglas 10^{21} DNA-Sequenzen haben und dann eine biochemische Operation „über" dem Reagenzglas ausführen, wird diese Operation parallel auf allen 10^{21} Molekülen auf einmal realisiert. Sie können nie auf einmal eine Operation über 10^{21} Dateneinheiten auf einem gewöhnlichen Rechner durchführen. Damit kann eine weitere gewünschte Beschleunigung der Rechenprozesse in die Wege geleitet werden.

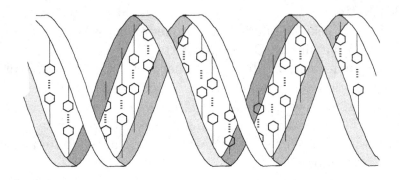

Fig. 8.2

Damit stehen wir heute vielleicht am Anfang einer produktiven Konkurrenz von zwei unterschiedlichen Rechentechnologien. Schön wurde das Ganze mit den folgenden Bildern (Fig. 8.3, Fig. 8.4 und Fig. 8.5) in dem Buch „DNA-Computing" von Păun, Rozenberg und Salomaa dargestellt.

Fig. 8.3

In Fig. 8.3 sehen wir die heute führende und verbreitete Technologie des klassischen elektronischen Rechners. In Fig. 8.4 setzt man DNA-Computing um, indem man biochemische Operationen in einem Labor mit Inhalten von Reagenzgläsern durchführt. Was könnte bei dieser Konkurrenz herauskommen?

Vielleicht eine vernünftige Mischung aus Elektronik und Biomasse. Statt von Hand alle chemischen Operationen umzusetzen, könnte dies automatisch ein elektronischer Roboter wie in Fig. 8.5 realisieren.

Fig. 8.4

Fig. 8.5

In diesem Kapitel zeigen wir im Abschnitt 8.2 eine Liste von realisierbaren biochemischen Operationen, die zur Durchführung beliebiger Berechnungen ausreichen. Danach präsentieren wir das berühmte Experiment von Adleman[1], der als Erster einen „Biorechner" gebaut hat, indem er in einem Labor Anfang der neunziger Jahre eine konkrete Instanz des Optimierungsproblems des Handelsreisenden gelöst hat. Am Ende fassen wir wieder alles

---

[1]Man bemerke, dass es sich um den gleichen Adleman handelt, der einer der drei Erfinder des berühmten RSA-Kryptosystems ist.

zusammen und diskutieren die Stärken und Schwächen der Technologie der DNA-Rechner und wir klären, unter welchen Voraussetzungen sie eine erfolgreiche Zukunft vor sich hat.

8.2 Wie man ein Labor in einen Biorechner umwandeln kann

Beim Kochen nach Rezepten und bei der Modellierung eines Rechners in Kapitel 2 haben wir gelernt, dass man die Darstellung und Speicherung von Daten fixieren muss und die Liste der zweifellos durchführbaren Operationen über den Daten festlegen muss, um die Begriffe des Rechners und des Algorithmus zu fixieren.

Für das Modell eines DNA-Rechners sind die Daten DNA-Sequenzen als Doppelstrang-Moleküle. Damit sind die Doppelstrang-Moleküle die physikalischen Träger der Information. Die DNA-Moleküle selbst können in Reagenzgläsern aufbewahrt werden. Es steht eine endliche Anzahl von Reagenzgläsern zur Verfügung.

Für die Durchführung von Operationen über die Inhalte der Reagenzgläser kann man unterschiedliche Apparate und Gegenstände benutzen. Wir beabsichtigen nicht, detailliert zu erklären, wie und warum diese biochemischen Operationen erfolgreich durchgeführt werden können, weil wir kein umfangreiches Vorwissen aus der Molekularbiologie voraussetzen. Andererseits wollen wir mindestens eine Vorstellung davon vermitteln, wieso gewisse chemische Operationen möglich sind. Deswegen wiederholen wir ganz kurz gewisse Grundlagenkenntnisse aus der Biologie[2].

Im Jahr 1953 entdeckten James D. Watson und Francis H. C. Crick die Doppelhelixstruktur (Fig. 8.1, Fig. 8.2) der DNA-Moleküle. Den Nobelpreis, den sie dafür erhalten haben, ist nur eine kleine Bestätigung der Tatsache, dass dies eine der wichtigsten Entdeckungen des zwanzigsten Jahrhunderts war. Die Tatsache, dass sich nur die Basen G mit C und A mit T paaren können, nennt man heute die **Watson-Crick-Komplementarität**. Eine idealisierte Vorstellung[3] eines DNA-Moleküls (Fig. 8.1) ist der Doppelstrang in Fig. 8.6.

---

[2]Eine ausführliche Darstellung der Grundlagen für Nichtbiologen kann man in [BB03, PRS05] finden.

[3]Die DNA-Moleküle haben komplexe dreidimensionale Strukturen, die wesentlich für ihre Funktionalität sind.

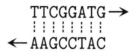

Fig. 8.6

Aufgabe 8.1 Zeichnen oder vervollständigen Sie die Zeichnung der DNA-Moleküle, deren oberer Einzelstrang `AACGTAT`, `GCCACTA` und `AACG` ist.

Die Kettenverbindungen in

`TTCGGATG`

sind ungefähr zehnmal stärker als die chemischen Verbindungen $A \cdots T$ und $G \cdots C$ zwischen zwei Basen. Die zwei Ketten

`TTCGGATG`

und

`AAGCCTAC`

des Doppelstranges in Fig. 8.6 haben eine Richtung. Der obere geht von links nach rechts und der untere geht von rechts nach links. Die Richtung erhält man durch die Nummerierung der Kohlenstoffatome C des Zuckers (Fig. 8.7), der für die Verbindung mit dem Phosphatrest (P in Fig. 8.1) und mit der **Base** (eine der Basen A, T, C oder G in Fig. 8.1) sorgt. Es gibt genau 5 Kohlenstoff Atome pro Zucker in einem Nukleotid[4] und vereinfacht kann man sich die Situation wie in Fig. 8.7 vorstellen.

In Fig. 8.7 ist das Molekül des Zuckers (Z in 8.1) gezeichnet. Die 5 Kohlenstoff Atome C sind mit 1',2',3',4' und 5' durchnummeriert. Das Atom 1' sorgt für die Verbindung zur Base. Das Kohlenstoffatom 3' ist zuständig für die Verbindung zum Phosphatrest rechts in der Kette und das Kohlenstoffatom 5' baut eine Bindung zu dem Phosphatrest links in der Kette. Somit wird die Richtung von links nach rechts in der Biologie als die Richtung $5' \rightarrow 3'$ bezeichnet.

Für uns ist es nur wichtig zu wissen, dass man durch Erhöhung der Energie (z.B. durch Erhitzen) den Zerfall der schwächeren Bindungen $A \cdots T$ und $G \cdots C$ im DNA Molekül verursachen kann. Auf diese Weise entstehen dann zwei Einzelstränge. Unter „guten" Bedingungen können zwei Einzelstränge

---

[4]Ein Nukleotid besteht aus dem Phosphatrest, einem Zucker und einer der vier Basen A, C, G, T.

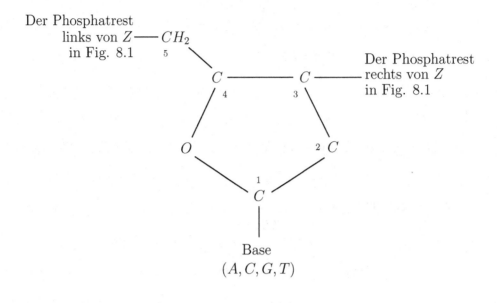

Der Phosphatrest
links von Z —— CH_2
in Fig. 8.1

Der Phosphatrest
rechts von Z
in Fig. 8.1

Base
(A, C, G, T)

Fig. 8.7

wieder ein Doppelstrang-Molekül bilden, aber nur wenn die Basensequenz komplementär nach Watson und Crick ist.

Eine andere wichtige Eigenschaft der DNA-Moleküle ist, dass sie negativ geladen sind und die Größe dieser Ladung proportional zu ihrer Länge ist.

Jetzt sind wir so weit, dass wir uns einige chemische Basisoperationen über Inhalten von Reagenzgläsern vorstellen können. Aus diesen Operationen kann man dann DNA-Programme zusammenstellen. Wir bezeichnen die Reagenzgläser mit R_1, R_2, R_3 usw.[5]

  (i) **Union**(R_i, R_j, R_k)
Die Inhalte der Reagenzgläser R_i und R_j werden in
das Reagenzglas R_k gegeben.

 (ii) **Amplify**(R_i)
Die Anzahl der DNA-Sequenzen in R_i wird vervielfältigt.

Diese Operation basiert auf der Watson-Crick-Komplementarität und wird Polymerase-Kettenreaktion genannt. Diese Methode revolutionierte die molekulare Biologie und Kary Mullis, der sie im Jahr 1985 entdeckt hat, erhielt für diese Entdeckung den Nobelpreis. Zuerst werden die Doppelstränge durch Erhitzung in Einzelstränge aufgelöst. Diese

---

[5]ähnlich wie Register bei einem Rechner

Phase nennt man Denaturierung. Dann wirft[6] man in die entstandene „DNA-Suppe" bestimmte Nukleotide und kühlt sie ab. Dadurch binden sich die Nukleotide an die passenden komplementären Basen der Einzelstränge und somit werden wieder identische DNA-Moleküle gebaut und ihre Zahl hat sich verdoppelt. Dieser Zyklus wird mehrmals wiederholt, wodurch sich die Anzahl der identischen DNA-Moleküle vervielfältigt.

(iii) **Empty?**(R_i)
Teste, ob R_i mindestens ein DNA-Molekül enthält
oder gar nichts.

(iv) **Length-Separate**(R_i, l) für ein $l \in \mathbb{N}$.
Diese Operation entfernt alle DNA-Sequenzen aus R_i,
die nicht genau die Länge von l Basen haben.

Für diese Operation nutzt man die Technik der Gel-Elektrophorese. Wir wissen, wenn man die DNA-Moleküle in ein elektrisches Feld setzt, dann wandern sie dank ihrer negativen Ladung in die Richtung der positiven Elektrode. Die Größe eines Moleküls bremst seine Geschwindigkeit und die Größe der Ladung der Moleküle erhöht die Geschwindigkeit. Weil größere Moleküle höhere Ladungen haben, heben sich die Brems- und Beschleunigungsfaktoren gegenseitig auf und alle Moleküle wandern gleich schnell zur positiven Elektrode. Deswegen geben wir in das Feld ein Gel, das die Bewegung größerer Moleküle (längerer DNA-Sequenzen) zusätzlich erschwert. Die Folge ist, dass die kürzeren DNA-Moleküle jetzt schneller als die langen wandern (Fig. 8.8). Wenn das erste (kürzeste) Molekül die positive Elektrode erreicht, wird das elektrische Feld deaktiviert. Weil die DNA-Moleküle farblos sind, kann man sie mit einer fluoreszierenden Substanz, die sich in den DNA Doppelstrang einlagert, markieren. Die Grösse von bestimmten DNA Molekülen kann nun in Abhängigkeit der zurückgelegten Distanz bestimmt werden.

(v) **Concatenate**(R_i)
Die DNA-Sequenzen in R_i können zufällig zu längeren
verbunden werden[7] und so entstehen lange DNA-Sequenzen
als Hintereinanderschaltung von kürzeren.

(vi) **Separate**(R_i, w) für ein Reagenzglas R_i und eine DNA Sequenz w.

---

[6]Dies ist eine ziemlich stark vereinfachte Darstellung der weiteren Phasen „Priming" und „Extension" der Polymerase-Kettenreaktion. Ausführlichere Informationen kann man in [PRS05] finden.
[7]Eine genauere Erklärung kommt im folgenden Abschnitt.

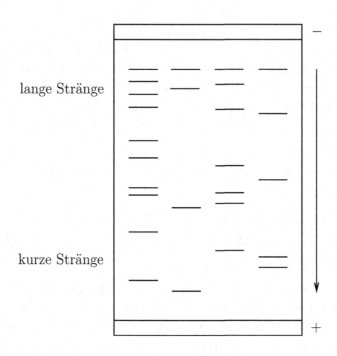

lange Stränge

kurze Stränge

Fig. 8.8

Die Operation entfernt alle DNA-Moleküle aus R_i, die
Sequenz w nicht als eine Teilsequenz beinhalten.

Zum Beispiel ist w = ATTC ein Teilstring von x = AATTCGATC, weil
sie kompakt (zusammenhängend) in x auftritt. Die Durchführung einer solchen Operation erfordert ein bisschen mehr Aufwand. Man kann
zuerst durch Erhitzung aller Doppelstränge diese in Einzelstränge trennen. Danach kann man viele Kopien der zu w komplementären DNA-
Sequenz hinzugeben und leicht abkühlen. Für w = ATTC ist die komple-
mentäre DNA-Sequenz die Sequenz TAAG. Diese zu w komplementären
Sequenzen werden sich an die Teilsequenzen w der Einzelstränge binden, die w enthalten. Die Einzelstränge, die kein w enthalten, bleiben
Einzelstränge. Danach filtert man alles mit einem Filter, der nur Einzelstränge durchlässt. Was zurück bleibt, sind Stränge, wie

AATTCGATC
¦¦¦¦
TAAG

die keine Einzelstränge mehr sind, aber auch keine vollständigen Doppelstränge darstellen. Durch die Zugabe von einzelnen Nukleotiden können wir aber wieder die vollständigen Doppelstränge reproduzieren.

(vii) **Separate-Prefix**(R_i, w) für R_i und eine DNA-Sequenz w.
    `Alle DNA-Moleküle werden entfernt, die nicht`
    `mit` w `anfangen`[8].

(viii) **Separate-Suffix**(R_i, u) für R_i und eine DNA-Sequenz.
    `Entferne alle DNA-Moleküle, die nicht mit` u `enden.`

Aufgabe 8.2 Seien `ATTGCCATGCC, ATATCAGCT, TTGCACGG, AACT, AGCATGCT` der Inhalt eines Reagenzglases R.

Welche DNA-Moleküle bleiben nach den folgenden Operationen übrig?

a) Length-Separate $(R, 7)$

b) Separate $(R, \texttt{TTGC})$

c) Separate-Prefix $(R, \texttt{TTGC})$

d) Separate-Suffix $(R, \texttt{GCT})$

Aufgabe 8.3 Sie wollen die Operation Separate$(R, \texttt{AACT})$ durchführen. Welche DNA-Stränge müssen Sie nach der Erhitzung zu R zu geben, um die ungeeigneten Einzelstränge durch Filtern auszusortieren?

Mit dieser Liste von 8 Operationen kann man schon einen DNA-Rechner bauen, der das gleiche wie ein PC machen kann. Wie dies gehen könnte, zeigen wir im nächsten Abschnitt.

8.3 Das Experiment von Adleman oder eine Biosuche nach einem Weg

Im Abschnitt 8.2 haben wir behauptet, dass man mit den eingeführten biochemischen Operationen alles nachahmen kann, was ein klassischer Rechner leistet. Wir wollen hier keine mathematischen Beweise führen, aber es ist höchste Zeit, mindestens eine Vorstellung aufzubauen, wie ein DNA-Rechner ein algorithmisches Problem lösen kann. Dazu betrachten wir das Problem des Hamiltonischen Weges in einem gerichteten Graphen (in der Literatur als **HPP** bezeichnet) und erzählen, wie Adleman eine Probleminstanz von

---

[8]Auf eine ausführliche Darstellung der Umsetzung verzichten wir hier.

HPP in einem chemischen Labor erfolgreich gelöst hat. Das Experiment von Adleman machte Schule und viele Spitzenuniversitäten führen Forschungsprojekte durch, in denen man versucht, die DNA-Technologie zur Lösung von Instanzen schwerer Probleme einzusetzen.

Eine Instanz des HPP-Problems wird durch ein Straßennetz (oder Fluglinienennetz) angegeben. Die Orte (oder Kreuzungen) sind als Knoten und die Verbindungen zwischen Orten durch gerade Linien gezeichnet (Fig. 8.9). Wenn sich zwei Linien außerhalb eines Ortes kreuzen, hat es keine Bedeutung (wie bei Luftlinien) und somit besteht keine Möglichkeit die verwendete Linie zu wechseln. Die Verbindungslinien sind Einbahnstraßen und wenn man die Linie $Lin(s_1, s_2)$ von s_1 nach s_2 benutzt, dann landet man unausweichlich in s_2. Ein weiterer Teil der Instanz[9] sind Namen von zwei unterschiedlichen Orten s_i und s_j. Das HPP-Problem ist ein Entscheidungsproblem und die Frage ist, ob es möglich ist, in s_i zu starten und über alle Orte des Netzes genau einmal zu fahren und am Ende in s_j zu landen. Ein solcher Weg heißt ein **Hamiltonischer Weg** von s_i nach s_j.

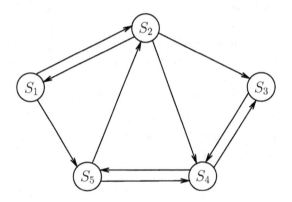

Fig. 8.9

Veranschaulichen wir dies anhand einer konkreten Probleminstanz. Die Instanz ist das Netz in Fig. 8.9, der Startort s_1 und der Zielort s_5. Dann ist

$$s_1 \rightarrow s_2 \rightarrow s_3 \rightarrow s_4 \rightarrow s_5$$

eine Lösung (ein Hamiltonischer Weg von s_1 nach s_5), weil jeder Ort auf diesem Weg genau einmal besucht wird und alle Knoten des Netzes besucht wurden. Um diesen Weg zu gehen, braucht man die vier Linien $Lin(s_1, s_2)$,

[9]des Problemfalls

$Lin(s_2, s_3)$, $Lin(s_3, s_4)$ und $Lin(s_4, s_5)$, die alle im Netz vorhanden sind. Somit ist die richtige Antwort für diese Probleminstanz „JA".

Für das Netz in Fig. 8.9, dem Startort s_2 und dem Zielort s_1 gibt es keinen Hamiltonischen Weg und somit muss die richtige Antwort „NEIN" sein. Wir erkennen das daran, dass der Zielort s_1 nur vom Startort s_2 durch eine Linie erreicht werden kann. Aber wir müssen zuerst von s_2 aus alle anderen Orte besichtigen. Wenn wir danach s_1 erreichen wollen, müssten wir über s_2 gehen, was aber nicht erlaubt ist, weil dabei s_2 das zweite Mal besucht würde.

Aufgabe 8.4 Betrachten wir das Netz in Fig. 8.10. Gibt es einen Hamiltonischen Weg

a) von s_1 nach s_7?

b) von s_7 nach s_1?

c) von s_4 nach s_3?

d) von s_5 nach s_1?

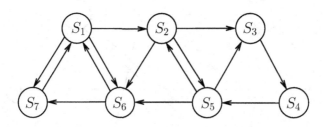

Fig. 8.10

Aufgabe 8.5 Für welche Paare von Startorten und Zielorten gibt es Hamiltonische Wege im Netz

a) in Fig. 8.9 ?

b) in Fig. 8.10 ?

c) in Fig. 8.11 ?

Im Folgenden nennen wir jede Folge von Knoten $s_1, s_2, \ldots, s_n$ einen **Weg** von s_1 nach s_n, wenn die Linien $Lin(s_1, s_2)$, $Lin(s_2, s_3)$, $\ldots$, $Lin(s_{n-1}, s_n)$ im

Netz vorhanden sind. Als eine kürzere Darstellung verwenden wir im Folgenden die Bezeichnung $e_{i \to j}$ statt $Lin(s_i, s_j)$. Somit sind s_1, s_7, s_1, s_7, s_1 oder $s_7, s_1, s_2, s_5, s_2, s_5, s_6, s_1, s_7$ auch Wege, weil sich in einem Weg die Knoten beliebig oft wiederholen dürfen.

Nun hat Adleman die Probleminstanz in Fig. 8.11 mit dem Startort s_0 und dem Zielort s_6 betrachtet. Seine grobe Strategie war die folgende:

> *Kodiere die Namen der Orte im Netz mit DNA-Sequenzen. Dann ermögliche es die Ortsnamen in einer DNA-Sequenz aneinander zu binden, die durch eine Linie verbunden sind. Benutze so viele DNA-Sequenzen für jeden Ort, so dass bei zufällig gewählten Verbindungslinien alle möglichen Wege im Netz als DNA-Sequenzen entstehen. Wende unterschiedliche Separate-Operationen an, um alle Wege aus dem Reagenzglas zu entfernen, die keinem Hamiltonischen Weg von s_0 nach s_6 entsprechen.*

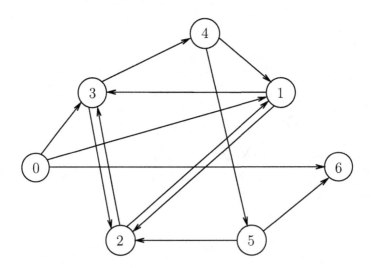

Fig. 8.11

Um diese Strategie biochemisch umzusetzen, suchte er zuerst „DNA-Namen" für die Orte als Texte über den Buchstaben A, C, G, T.

Zum Beispiel wählte er folgende Basensequenz der Länge 20 als Einzelstränge für die Darstellung von s_2, s_3 und s_4:

Wir wollen jetzt die Linien (Straßen) von s_i nach s_j so als Einzelstränge durch DNA-Sequenzen darstellen, dass nur solche längere DNA-Sequenzen

$$s_2 = \texttt{TATCGGATCGGTATATCCGA}$$
$$s_3 = \texttt{GCTATTCGAGCTTAAAGCTA}$$
$$s_4 = \texttt{GGCTAGGTACCAGCATGCTT}$$

durch die Operation Concatenate entstehen können, die einem im Netz existierenden Weg entsprechen.

Deswegen wenden wir die Eigenschaft der DNA an, dass sich die Basen A und T sowie C und G ausschließlich in diesen Paarungen miteinander binden können. Für eine Straße $e_{i \to j}$ von s_i nach s_j

- spalten wir deren Texte (die DNA Darstellungen von s_i und s_j) jeweils in der Mitte auf;

- bilden vom zweiten Teil von s_i und vom ersten Teil von s_j das sogenannte Komplement: Wir ersetzen A durch T, C durch G und jeweils umgekehrt;

- erzeugen den Text (eine DNA-Darstellung) für diese Straße $e_{i \to j}$ durch Hintereinanderhängen dieser beiden Komplemente.

Man beachte, dass damit auch die Richtung der Straße berücksichtigt wird. In unserem Beispiel bedeutet das

$e_{2 \to 3} = \texttt{CATATAGGCT CGATAAGCTC}$;

$e_{3 \to 2} = \texttt{GAATTTCGAT ATAGCCTAGC}$;

$e_{3 \to 4} = \texttt{GAATTTCGAT CCGATCCATG}$.

Damit können die Einzelstränge für s_2 und s_3 durch den Einzelstrang für $e_{2 \to 3}$ wie im Bild 8.12 verbunden werden.

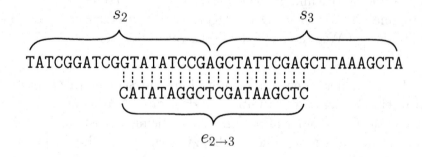

Fig. 8.12

Aufgabe 8.6 Zeichnen Sie die Verbindung von s_3 und s_4 durch die Linie $e_{3\to4}$ wie für s_2 und s_3 in Fig. 8.12.

Aufgabe 8.7 Nehmen wir an, man baut eine neue Linie $e_{2\to4}$ in das Straßennetz in Fig. 8.11 ein. Was für einen Einzelstrang müssten wir für $e_{2\to4}$ nehmen? Zeichnen Sie dann die entsprechende Verbindung von s_2 und s_4.

Wenn man jetzt die zu diesen Kodierungen passenden DNA-Sequenzen als Einzelstränge unter geeigneten Bedingungen in einem Reagenzglas zusammenbringt, dann können sie sich wie in Fig. 8.13 zu Doppelsträngen zusammenlagern (verbinden):

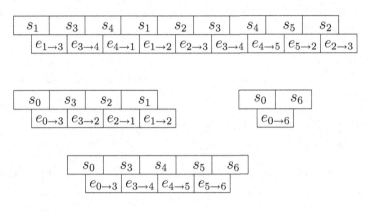

Fig. 8.13

Jeder derartige Doppelstrang beschreibt damit irgendeinen Weg durch das Straßennetz. Damit das Ganze einwandfrei funktioniert, muss man sicherstellen, dass sich die Straßenkodierungen nur so anlagern können, wie in dem Beispiel oben gezeigt. Insbesondere müssen alle Hälften von Städtekodierungen paarweise verschieden sein.

Nachdem wir die Städte und Straßen so kodiert haben, können wir die Strategie von Adleman im folgenden DNA-Algorithmus umsetzen, um den gesuchten Hamiltonischen Weg in einem Netzwerk von n Städten $s_0, s_1, \ldots, s_{n-1}$ zu finden:

1. Gib DNA-Kodierungen von allen Städten und Straßen (als Einzelstränge) in ein Reagenzglas T. Gib zusätzlich die DNA-Sequenz der Länge 10, die zu der ersten Hälfte von s_0 komplementär ist, und die DNA-Sequenz der Länge 10, die zu der zweiten Hälfte des Zielortes s_{n-1} komplementär ist, hinzu.

2. Wiederhole $(2n \cdot \log_2 n)$-mal die Operation Amplify(T), um mindestens n^{2n} Kopien von jedem dieser DNA-Stränge zu erhalten.

3. Erzeuge mit Concatenate(T) eine große Menge von doppelsträngigen DNA-Sequenzen, die unterschiedlich lange Wege in dem Straßennetz repräsentieren. Dieser Prozess verläuft zufällig und die große Anzahl an Ortsnamen garantiert uns, dass jeder mögliche Weg bis zur Länge n mit hoher Wahrscheinlichkeit entsteht[10].

4. Wende die Operation Length-Separate(T, l) an, wobei l die n-fache Länge der Kodierung einer einzelnen Stadt sei. Dann bleiben in T nur die Kodierungen solcher Wege erhalten, die genau n Städte lang sind.

5. Wende Separate-Prefix(T, s_0) an, um nur diejenigen DNA-Sequenzen in T zu behalten, die Kodierungen von Wegen entsprechen, die in $s_0 =$ START beginnen.

6. Wende Separate-Suffix(T, s_{n-1}) an, um nur diejenigen DNA-Sequenzen in T zu behalten, die Kodierungen von Wegen entsprechen, die in $s_{n-1} =$ ZIEL enden.

7. Wende $(n-2)$-mal Separate(T, x) an, für alle $n-2$ Kodierungen der restlichen Städte. Damit bleiben nur diejenigen Wege in T übrig, die jede Stadt mindestens einmal enthalten. {Weil die Anwendung des Schrittes 4 garantiert, dass in T nur Wege von genau n Städten vorliegen, enthalten diese Wege jede Stadt genau einmal.}

8. Untersuche den Inhalt von T mit Empty?(T) und gib die Antwort JA aus, falls noch eine DNA-Sequenz in T enthalten ist, sonst gib die Antwort NEIN aus.

Die Anwendung dieses Algorithmus für das Netz in Fig. 8.11 mit Startort s_0 und Zielort s_6 führt dazu, dass der DNA-Doppelstrang[11] im Reagenzglas bleibt, der den Hamiltonischen Weg $s_0 \rightarrow s_1 \rightarrow s_2 \rightarrow s_3 \rightarrow s_4 \rightarrow s_5 \rightarrow s_6$ darstellt. Damit wird die richtige Antwort JA bestimmt.

Aufgabe 8.8 Geben Sie mindestens drei unterschiedliche Wege des Netzes in Fig. 8.11 an, die im Reagenzglas nach der Durchführung der fünften Operation des Adleman-DNA-Algorithmus geblieben sind. Was bleibt nach der Durchführung der sechsten Operation übrig?

---

[10]Natürlich entstehen dabei zufällig auch Wege länger als n.
[11]oder mehrere

Aufgabe 8.9 Betrachten Sie das Straßennetz in Fig. 8.14:

  (a) Geben Sie (möglichst kurze) Kodierungen (DNA-Darstellungen) der Städte
      an, so dass die folgenden Bedingungen erfüllt sind:

       1. Jede Kodierung einer Stadt unterscheidet sich an mindestens vier Po-
          sitionen von der Kodierung jeder anderen Stadt.

       2. Die erste und zweite Hälfte jeder Städte-Kodierung unterscheiden sich
          von jeder anderen ersten oder zweiten Hälfte einer Städte-Kodierung.

  (b) Geben Sie DNA-Kodierungen für die Straßen an, so dass diese zu Ihren
      Städte-Kodierungen passen.

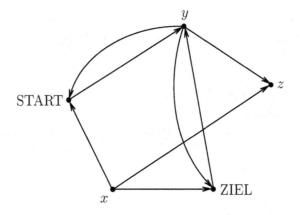

Fig. 8.14

Aufgabe 8.10 Beschreiben Sie detailliert die Vorgehensweise des Algorithmus
von Adleman für die Eingabe aus Aufgabe 8.9, indem Sie eine Folge von Operationen angeben, bei denen Sie die Parameter (DNA-Sequenzen und Längenangaben)
konkret angeben.

Aufgabe 8.11 Reichen die in Aufgabe 8.9 (a) beschriebenen Anforderungen an
die Städte-Kodierungen aus, um zu garantieren, dass jedem gebildeten DNA-
Doppelstrang ein Weg durch das Straßennetz entspricht? Begründen Sie Ihre Antwort.

Wir sehen, dass der Algorithmus von Adleman eine sehr einfache Strategie
aus der Sicht der Algorithmik benutzt. Er nutzt den robusten Parallelismus
und bildet alle möglichen Wege des Netzes als Kandidaten für die Lösung.

Danach probiert er durch Aussortieren, ob mindestens einer dieser Kandidaten einer gesuchten Lösung (einem Hamiltonischen Weg vom Start zum Ziel) entspricht. Seit Anfang der neunziger Jahre wurden viele weitere DNA-Algorithmen für unterschiedliche NP-schwere Probleme entwickelt und für kleine Probleminstanzen auch in Labors umgesetzt. Die aktuelle Forschung befasst sich damit, einerseits die Zuverlässigkeit und die Geschwindigkeit der Durchführung der biochemischen Operationen zu erhöhen und andererseits cleverere algorithmische Konzepte als totale (vollständige) Suche über alle Möglichkeiten für DNA-Algorithmen zu entwickeln.

8.4 Die Stärken und Schwächen der DNA-Rechner und die Visionen hinter dem Horizont

Die Stärke der DNA-Technologie liegt in der starken Miniaturisierung und dem dadurch erzeugten massiven Parallelismus bei der Datenverarbeitung. Obwohl die Durchführung einiger biochemischen Operationen einige Stunden oder sogar Tage dauern kann, ist die Anzahl der parallel durchgeführten Operationen so hoch, dass man die Gesamtzahl der Operationen auf keinem elektronischen Rechner in Jahren simulieren kann.

Die DNA-Rechner sind heutzutage noch keine Konkurrenz für die elektronischen Rechner, da die DNA-Technologie noch ganz am Anfang steht. Die Durchführung der Operationen dauert Stunden und Tage und die Resultate sind nicht zuverlässig. Wir lesen die DNA-Sequenzen mit 3% Fehlerquote, bei der Durchführung der Operationen kommt es zu Fehlern, falschen Verbindungen, Lücken bei den Verbindungen usw. Es ist einfach so, dass wir es nicht schaffen, diese Operationen zuverlässig und korrekt durchzuführen. Um dieses Problem zu umgehen, benutzt man die sogenannte Redundanz. Die Anzahl der verwendeten Doppelstränge als Informationsträger wird vervielfacht um eine hohe Wahrscheinlichkeit korrekter Durchführung der Operationen mindestens auf einigen Strängen zu gewährleisten. Je mehr Operationen ein DNA-Algorithmus ausführt, desto geringer ist die Wahrscheinlichkeit, das richtige Resultat zu erhalten. Beim heutigen Stand der Entwicklung der DNA-Technologien bedeutet dies, dass für viele praktisch interessante Probleminstanzen die Biomasse des Endvolumens in Reagenzgläsern nicht reichen würde, um zuverlässig vorhandene DNA-Algorithmen umzusetzen. Da können Skeptiker unter uns sagen:„Lassen wir diese Zeitverschwendung und tun wir lieber etwas Nützliches, was bald vorhersehbare Gewinne bringt." Und dann erwidere ich, dass dies zu tun der größtmögliche Fehler des Wissenschaftsmanagements sein kann. Wenn wir uns in der Wissenschaft nur auf die Ziele konzentriert hätten, die komplett voraussehbar waren und errechenbare Profite sicherten, hätten wir nie etwas Wesentliches entdeckt und wir würden wahrscheinlich noch heute auf Bäume klettern und hätten nicht einmal das Feuer entdeckt. Schauen wir uns den Stand der Computertechnik vor 30-50 Jahren an. Eine Maschine brauchte einen ganz großen Raum und musste täglich gewartet werden, was längere Berechnungen ausschloss. Wir kämpften mit der Kühlung von immer stärker „schwitzenden" Maschinen und oft erfuhren wir, dass etwas nicht stimmte und die Berechnungen des ganzen Tages mussten wiederholt werden. Die Programme mussten dem Rechner durch sogenannte Lochkarten vermittelt werden. Eine Lochkarte enthielt genau eine Zeile (einen Befehl) des Programmes in binärer Kodierung (Loch oder „Nichtloch"). Damals ging es nicht nur um Probleme, das Programm richtig zu entwickeln. Wenn ein Programm tausende von Zeilen gehabt hat und jemand hat die Kiste mit nicht nummerierten Lochkarten umgekippt, dann war es nicht unbedingt der schnellste Weg, das Programm durch das Aufsammeln und das Sortieren der Lochkarten wieder herzustellen. Wie viele glaubten damals an die große kommerzielle Zukunft der Rechner? Aber die Entwicklung kümmerte sich nicht um Skeptiker. Wer kann heute voraussehen, was dank der DNA-Technologien alles möglich wird? Um das standardmäßig benutzte und für zuverlässig gehaltene Kryptosystem DES zu knacken, brauchen heute DNA-Algorithmen 18 Jahre [PRS05]. Aber wenn die Zuverlässigkeit und die Geschwindigkeit der Durchführung der biochemischen Operationen steigen, sind ein paar Stunden denkbar. Die Möglichkeiten der Verbesserung der DNA-Technologien sind vorhanden. Und obwohl wir kurzfristig keinen kommerziellen Erfolg sehen, müssen die Wissenschaften den Weg der Erforschung der Grenzen dieser Technologie gehen. Ich bin zuversichtlich, dass wir hier noch einige erfreuliche Wunder erleben werden.

In der Verknüpfung mit der biologischen Datenverarbeitung hat Adleman auch eine ganz andere Vision formuliert, die noch weit hinter dem Horizont liegt. Die Informationsverarbeitung findet nicht nur in unseren Rechnern oder Köpfen statt. Die gibt es in biologischen und physikalischen Systemen als ein normales Naturphänomen. Ein DNA-Molekül enthält neben den Genen, die als Bauanleitungen für gewisse Proteine dienen, auch noch zusätzliche Informationen, die die Auswahl dieser Bauanleitungen steuern. Verhält sich in diesem Sinn ein einzelnes Molekül nicht wie ein selbstständiger Rechner? Wenn wir die einzelnen Programme und biologischen Mechanismen einmal besser kennengelernt haben, besteht die Möglichkeit, ein Molekül als einen universellen Rechner zu programmieren. Und dann werden wir nicht Tonnen von Biomassen für zuverlässige biologische Datenverarbeitung brauchen. Unsere Algorithmen werden auf der Grundlage eines DNA-Moleküls programmierbar und durchführbar.

Für Nicht-Biologen, die sich für die Grundlagen der Manipulation der DNA-Moleküle interessieren, empfehlen wir das Lehrbuch von Böckenhauer und Bongartz [BB03]. Eine exzellente Einführung in die molekulare Biologie für Anfänger ist das Lehrbuch von Drlica [Drl92]. Eine ausführliche und mit Begeisterung geschriebene Einführung in das DNA-Computing ist in [PRS05] gegeben. Das Konzept ist auch prägnant in [Hro04c] dargestellt.

Einige Aufgabenstellungen mit Musterlösungen zu diesem Kapitel befinden sich auf

`www.openclass.inf.ethz.ch/programm/archiv/WS2005/aufgaben`

Wenn du nicht auf das Unerwartete wartest,
findest du nichts Edles, nichts,
was schwer zu finden ist.

Heraklit

Kapitel 9

Quantenrechner, oder: Das Rechnen in der Wunderwelt der Teilchen

9.1 Vorgeschichte und Zielsetzungen

Physik ist eine wunderbare Wissenschaft. Wenn ich einen guten Physiklehrer auf dem Gymnasium gehabt hätte, wäre ich vielleicht Physiker geworden. Ich bereue es aber nicht, Informatiker geworden zu sein. Wenn man tief genug in die Grundlagen der eigenen Wissenschaftsdisziplin einsteigt, dann berührt man auch andere Gebiete der Grundlagenforschung, erwirbt einen Zugang zu den gemeinsamen Fundamenten aller Wissenschaften und sieht vieles klarer und spannender, als wenn man es nur aus der engen Sicht einer Wissenschaftsdisziplin betrachtet[1]. Die Physik bietet gleichzeitig einen breiteren und tieferen Blick auf die Welt und keine andere Wissenschaft hat unser Weltbild

---

[1]Die zu starke Spezialisierung und der damit verbundene zu enge Blickwinkel sind die Hauptprobleme der heutigen Wissenschaft, die einen einerseits vor dem tiefen Verständnis und vor echten Forschungserfolgen „bewahren" und andererseits große Intoleranz und Missachtung zwischen Wissenschaftlern unterschiedlicher Disziplinen hervorrufen.

insbesondere im neunzehnten und in der ersten Hälfte des zwanzigsten Jahrhunderts so stark geprägt wie gerade die Physik. Spannende Entdeckungen, unerwartete Wendungen und spektakuläre Ergebnisse waren gang und gäbe in der physikalischen Forschung. Die Quantenmechanik selbst gehört für mich zu den größten Errungenschaften der Wissenschaft. Sie zu verstehen und zu akzeptieren, war für die Menschen nicht leichter als im Mittelalter den Glauben an die zentrale Position der Erde im Universum aufzugeben[2]. Warum hatte die Quantenmechanik mit ihrer Anerkennung ähnliche Probleme wie Galileo Galilei? Die Gesetze der Quantenmechanik sind Regeln für das Verhalten der Elementarteilchen und diese Regeln stehen im Widerspruch zu unseren Erfahrungen aus der Makrowelt. Im Folgenden nennen wir die wichtigsten Prinzipien der Quantenmechanik, die die Weltanschauung der klassischen Physik sprengen.

- Ein Gegenstand befindet sich zu einem Zeitpunkt[3] genau an einem Ort. Dies trifft für Teilchen nicht zu. Zum Beispiel kann sich ein Elektron gleichzeitig an mehreren Orten befinden.

- Das Prinzip der Kausalität, demzufolge jede Ursache eine eindeutig determinierte Wirkung hat, gilt in der Welt der Elementarteilchen nicht. In gewissen Situationen herrscht dort (laut der Theorie der Quantenmechanik) der Zufall. Es ist nicht eindeutig vorherzusagen, was die Folgen gewisser Aktivitäten sein können. Es gibt mehrere Möglichkeiten für die weitere Entwicklung der Situation und eine davon kommt zufällig zu Stande[4]. Wir haben keine Möglichkeit, vorauszuberechnen und vorauszusagen, was geschehen wird. Wir können nur die Wahrscheinlichkeit ausrechnen, mit der die einzelnen Möglichkeiten umgesetzt werden.

- Das Prinzip der Lokalität besagt, dass die Wirkung immer lokal ist. In der Welt der Quanten können zwei Teilchen eine derart starke Verbindung (genannt Verschränkung) miteinander haben, dass unabhängig von ihrer Entfernung (von ggf. Millionen von Lichtjahren) eine Änderung an einem der Teilchen sofort die gleiche Änderung am anderen Teilchen bewirkt.

- Die klassische Physik sagt, dass wenn ein Ereignis möglich ist, also wenn es mit positiver Wahrscheinlichkeit auftreten darf, dann wird es auch mit entsprechender Häufigkeit auftreten. In der Welt der Teilchen ist es anders. Zwei mögliche Ereignisse, die mit positiver Wahrscheinlich-

---

[2]Und damit in den eigenen Augen die eigene Wichtigkeit zu verlieren.

[3]Der Relativitätstheorie zufolge ist Zeit ein subjektiver (relativer) Begriff.

[4]Genauer gesagt, welche der Möglichkeiten verwirklicht wird, wird zufällig ohne jede beeinflussbare Kausalität entschieden.

keit auftreten können, können sich gegenseitig wie zwei Wellen völlig auslöschen, so dass keines von beiden eintritt.

Wie konnten die Physiker überhaupt solche „merkwürdigen" Gesetze entdecken und sie sogar glaubwürdig machen? Im Prinzip auf die gleiche übliche Weise, wie es auch vorher in der Physik geschah. Die Forscher mit einer genialen Intuition haben anhand von Experimenten, Beobachtungen und Überlegungen ihre Vorstellungen entwickelt und sie dann in mathematische Modelle umgesetzt. Dank dieser mathematischen Modelle konnten sie Vorhersagen machen. Wenn all diese Vorhersagen dann durch Experimente bestätigt wurden, war dies ein guter Grund, an die Korrektheit des Modells zu glauben. Die experimentelle Bestätigung der Theorie der Quantenmechanik hat viele Jahre gedauert, weil zur Bestätigung einiger Vorhersagen dieser Theorie eine wesentliche Entwicklung der experimentellen Physik notwendig war. Diese Entwicklung war zusätzlich oft mit sehr hohen Investitionen verbunden.

Was möchten wir hier erzählen? Um Ihnen die Quantenmechanik näher zu bringen, würden mehrere Bücher wie diese nicht ausreichen. Die damit verbundene Mathematik ist nicht einfach und der Schwierigkeitsgrad wächst noch zusätzlich, wenn man den Entwurf der Quantenalgorithmen zur Lösung algorithmischer Aufgaben anstrebt. Aus diesen Gründen begnügen wir uns damit, nur eine vielleicht ein bisschen unscharfe Vorstellung aufzubauen, wie sich die Teilchen verhalten und wie man ihre Verhaltensweise zur algorithmischen Datenverarbeitung nutzen kann.

Im nächsten Abschnitt besuchen wir zuerst das Wunderland der Quantenmechanik, beobachten durch Experimente das Verhalten der Teilchen und versuchen dieses Verhalten zu erklären. In Abschnitt 9.3 erklären wir, wie man Bits in Quantensystemen abspeichern kann und wie man mit diesen rechnen kann. Wir diskutieren auch die Ideen und Probleme mit dem Bau eines Quantenrechners. In Abschnitt 9.4 schließen wir das Kapitel mit einer Diskussion über die Perspektiven des Quantencomputing für die Lösung von schweren Problemen und für die Kryptographie ab.

9.2 Ein kurzer Spaziergang in der Wunderwelt der Quantenmechanik

Alice war nur in ihrem Traum im Wunderland. Die Physiker hatten es viel schwerer. Sie wurden in ihrer täglichen Arbeit mit dem Wunderland der Teilchen konfrontiert. Und sie durften nicht durch das Erwachen davonlaufen. Sie

mussten all ihre Kräfte anwenden, um das verwunderliche Verhalten der Teilchen mindestens zum Teil zu erklären und das Schlimmste daran war, dass sie
alle ihre bisherigen Vorstellungen über das Funktionieren dieser Welt zuerst
in Trümmer legen mussten. Sich von eigenen Vorstellungen zu verabschieden,
ist nicht einfach und es fordert eine gewisse Zeit, aber noch schwerer ist es,
dann andere davon zu überzeugen, dass die alten Vorstellungen nicht ganz
stimmen und dass man sie durch unglaubliche, den bisherigen Erfahrungen
widersprechende Konzepte ersetzen soll. Die Physiker können noch von Glück
sprechen, dass die Glaubwürdigkeit der physikalischen Theorien nicht durch
eine Volksabstimmung bestätigt werden muss. Wie sollen wir vorgehen, um
die für Makroweltwesen kontraintuitive Welt der Teilchen mindestens ein
bisschen vertrauter und akzeptabler zu machen? Fangen wir[5] mit einigen
Experimenten an und versuchen sie dann zu erklären.

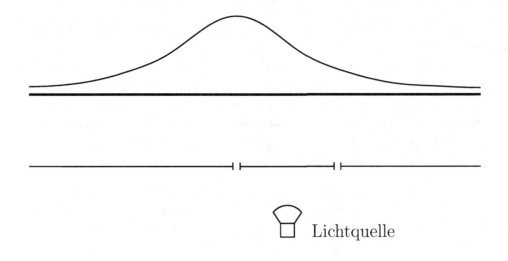

Lichtquelle

Fig. 9.1

Zuerst untersuchen wir das sogenannte Doppelspalt-Experiment in Fig. 9.1.
Wir haben eine Quelle, aus der wir Photonen oder Elektronen in alle Richtungen schießen können. Gegenüber der Lichtquelle liegt eine Wand mit zwei
Spalten[6], die man wie Fenster schließen und öffnen kann. Hinter der Wand
liegt in gewissem Abstand eine Folie (obere fette Linie in Fig. 9.1), auf der
man das Aufprallen der Teilchen registrieren kann. In Fig. 9.1 beobachten wir
die Situation, wenn der Spalt links geöffnet und der Spalt rechts geschlossen
ist. Die horizontal gelegte Kurve oben in Fig. 9.1 zeigt die Häufigkeit des

---

[5]so an, wie die Physiker einmal angefangen haben
[6]Schlitzen

Aufpralles von Teilchen auf die Folie hinter der Wand. Es sieht alles nach unseren Vorstellungen aus. Erwartungsgemäß treffen direkt gegenüber dem geöffneten Spalt die meisten Teilchen auf die Folie. Die Kurve hat dort ihren höchsten Punkt. Je weiter man sich nach links und nach rechts von der Öffnung entfernt, desto weniger Teilchen treffen auf die Folie, die Kurve fällt an beiden Seiten ab. Erwartungsgemäß ist der Ausgang des Experiments auch, wenn der linke Spalt geschlossen und der rechte Spalt offen ist (Fig. 9.2). Die Häufigkeit des Auftretens der geschossenen Teilchen wächst mit der Nähe zu der Stelle, die direkt gegenüber dem offenen Spalt liegt. Somit hat die Kurve wie in Fig. 9.1 gegenüber der Öffnung ihren höchsten Punkt und fällt dann ab.

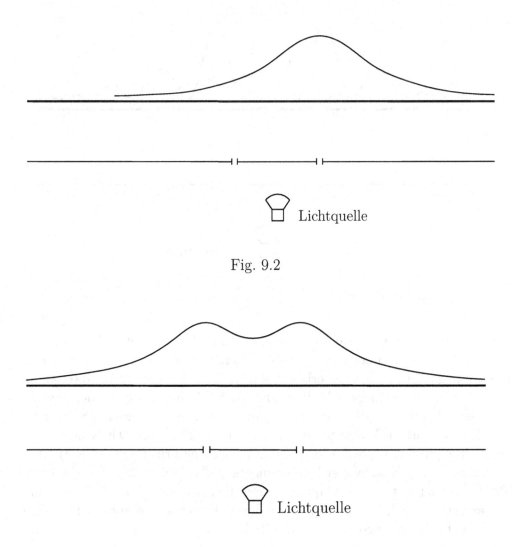

Lichtquelle

Fig. 9.2

Lichtquelle

Fig. 9.3

Wenn man jetzt beide Spalte öffnet und Teilchen schießt[7], würde man erwarten, dass die resultierende Aufprallhäufigkeit der Teilchen der Summe der Häufigkeiten bei einzeln geöffneten Spalten in Fig. 9.1 und Fig. 9.2 entsprechen müsste. Die entsprechende Kurve ist in Fig. 9.3 gezeichnet. Überraschenderweise ist dies nicht der Fall. Der beobachtete Ausgang des Experiments mit beiden geöffneten Spalten ist in Fig. 9.4 gezeichnet.

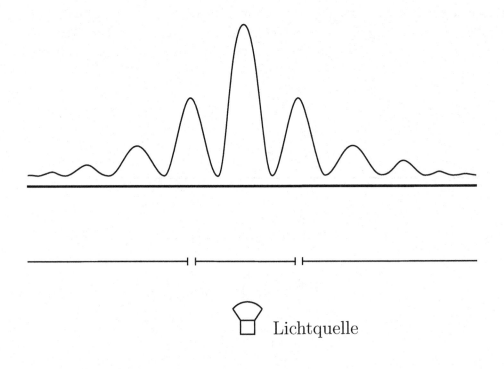

Lichtquelle

Fig. 9.4

Die Häufigkeitskurve ist weit von einer Summe der Kurven in Fig. 9.1 und Fig. 9.2 entfernt. Dennoch sieht sie für einen Physiker nicht chaotisch oder unbekannt aus. Ein Physiker erkennt sofort, dass sie einer Welleninterferenz entspricht. Wenn man zwei Wellen aus den Spalten starten würde, würden sich diese an einigen Stellen gegenseitig auslöschen und an anderen Stellen gegenseitig verstärken. Wir sagen dann, dass sie interferieren. Das Resultat der Verstärkung und der Abschwächung der Wellen entspricht genau der Häufigkeitskurve in Fig. 9.4. Wie sieht eine mögliche Erklärung aus? Das Teilchen (Photon oder Elektron) durchquert im gleichen Augenblick beide Spalte und interferiert mit sich selbst. Der Kern dieses Experiments entspricht genau der Basis für Quantencomputing. Ein Teilchen ist zu einem gewissen Teil im

---

[7]Das heißt im Fall der Photonen die Lichtquelle anstellt

linken Spalt und zu einem gewissen Teil im rechten Spalt. Wenn das Teilchen im linken Spalt eine 0 als Wert eines Bits repräsentieren sollte und sein Auftreten im rechten Spalt eine 1 repräsentiert, dann ist der Wert des Bits zum Teil 0 und zum Teil 1, was in unserer Makrowelt nicht vorkommen kann. Das mathematische Modell der Quantenmechanik[8] geht genau von dieser Vorstellung aus, dass ein Teilchen an mehreren Stellen gleichzeitig zu einem gewissen Teil auftreten und mit sich selbst interferieren kann. Die mit diesem Modell vorhergesagten Resultate stimmen mit dem beobachteten Ausgang des Experiments (Fig. 9.4) vollständig überein.

Wir sind aber noch nicht am Ende[9] dieser Geschichte. Der Versuchsleiter kann sich jetzt entscheiden, das Verhalten der Teilchen genauer unter die Lupe zu nehmen. Er richtet eine Lichtquelle von der Seite auf die Spalte, um zu beobachten, aus welchem Spalt das Teilchen herauskommt. Und da passiert wieder ein Wunder. Jedes Teilchen zeigt sich in genau einem Spalt, nie in beiden auf einmal. Die Häufigkeitskurve des Aufpralles der Teilchen auf die Folie entspricht der ursprünglich erwarteten Kurve aus Fig. 9.3.

Sind die Teilchen clevere Burschen! Sie benehmen sich wie Scheinheilige hinter einem Dorf[10]. Wenn man sie beobachtet, machen sie genau das, was man von ihnen erwartet. Wenn man nicht hinschaut, machen sie sofort alles Mögliche, nur nicht das Erwartete. Sie können so oft sie wollen zwischen der Beobachtung und Nichtbeobachtung der Spalte hin und her springen, die Häufigkeitskurven als Resultate ändern sich sofort entsprechend den Bildern Fig. 9.3 und Fig. 9.4. Wenn Sie den seitlichen Lichtschein zum Beobachten der Spalte so reduzieren, dass es halbdunkel wird und Sie nur einen Bruchteil der Teilchen mit Ihren Lichtstrahlen erwischen, dann entsteht eine Häufigkeitskurve, die eine Mischung der Kurven in Fig. 9.3 und Fig. 9.4 ist. Je mehr Licht, desto mehr ähnelt sie Fig. 9.3. Je weniger Licht, desto ähnlicher zu Fig. 9.4. Wie kann man dieses Verhalten nur erklären?

Mit Hilfe der Quantenmechanik. Hier ist die folgende, allgemeingültige Tatsache von Bedeutung.

Wir können eine Beobachtung oder eine Messung nicht durchführen, ohne dabei den Ist-Zustand des beobachteten Objektes und damit auch die Messwerte zu beeinflussen.[11]

[8]das wir im nächsten Abschnitt ein bisschen genauer anschauen werden
[9]mit unserem Experiment
[10]ein slowakisches Sprichwort
[11]Wenn wir annehmen, dass unsere Messwerte genau der Realität entsprechen, kann es sich um eine stark idealisierte Modellierung des Experiments handeln.

Und das ist genau das, was in unserem Experiment vorkommt. Zur Beobachtung aufgebaute seitliche Lichteinfälle beeinflussen das Experiment, indem sie zufällig das beobachtete Teilchen auf eine der Spalten fixieren. Jede Beobachtung eines quantenmechanischen Systems führt dazu, dass wir einen sogenannten **klassischen Zustand** fixieren. Ein klassischer Zustand entspricht der klassischen Welt, ein Teilchen ist hier oder dort, aber nie an zwei Stellen auf einmal. Ob unsere Beobachtung das Teilchen hier oder dort fixiert, passiert zufällig gemäß der Wahrscheinlichkeitsgesetze der Quantenmechanik. Wir können es nicht beeinflussen und damit auch nicht eindeutig vorhersagen. Im nächsten Abschnitt werden wir sehen, wie wichtig diese Tatsache für die Entwicklung von quantenmechanischen Algorithmen ist.

Wenn Sie sich durch diese Darstellung des Doppelspalt-Experiments verunsichert fühlen, legen Sie nicht zu viel Wert darauf. Die Physiker selbst brauchten viele Jahre, bis sie gelernt hatten, mit diesen Vorstellungen zu leben. Genauer gesagt, ein Generationswechsel in der physikalischen Forschung war notwendig, um die Quantenmechanik zu verdauen und zu akzeptieren. Und weil ich hoffe, dass auch Sie durch das bisherige Lesen dieses Buches schon ziemlich abgehärtet sind, erlaube ich mir noch, ein weiteres physikalisches Experiment vorzustellen.

Das folgende Experiment soll die enorme Wichtigkeit der Interferenz aufzeigen. Schauen wir uns eine Ferienidylle an. Die Sonne scheint, keine Wolken sind in Sicht, es ist windstill und vor uns liegt das blaue Meer, in dem ein harmloser Fisch 1 m unter der Wasseroberfläche entspannt ruht. Den Fisch stört in seiner Ruhe nur der Lichtstrahl, der ihm ins Auge fällt. Auf welchem Weg kommt er zu ihm? Nach den bekannten physikalischen Gesetzen nimmt der Lichtstrahl den zeitlich kürzesten Weg von der Sonne in das Auge des Fisches. Der zeitlich kürzeste Weg bedeutet nicht die direkte Linie zwischen der Sonne und dem Auge (die gestrichelte Linie in Fig. 9.5). Weil das Licht sich in der Luft schneller als im Wasser verbreitet, nimmt der Strahl lieber einen ein bisschen längeren Weg in der Luft, um den Weg unter dem Wasser zu verkürzen (die ausgezogene Linie in Fig. 9.5). Offensichtlich ändert dadurch der Strahl seine Richtung, wenn er an die Oberfläche des Wassers gelangt.

Wenn man will, kann man diesen Winkel ausrechnen. Gut, dann bricht also der Sonnenstrahl mit einem gewissen Winkel an der Wasseroberfläche. Nehmen wir das gleiche Experiment mit einem Fisch, der 100 m unter der Wasseroberfläche ruht (Fig. 9.6). In diesem Fall wäre der Anteil des Weges unter Wasser noch mehr zu kürzen. Deswegen kommt der zeitlich kürzeste Strahl noch mehr nach rechts und bricht mit einem größeren Winkel das Wasser (Fig. 9.6).

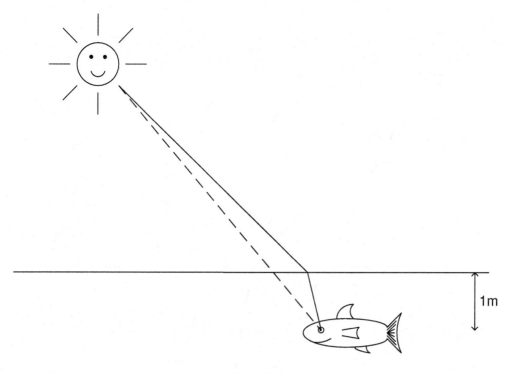

Fig. 9.5

Obwohl wir den Winkel in Fig. 9.6 absichtlich ein bisschen übertrieben haben, ist es in unserem Experiment sonnenklar, dass die Winkel, mit denen die Strahlen (in Fig. 9.5 und Fig. 9.6) ins Wasser auftreffen, unterschiedlich sind. Das kann doch nicht mit rechten Dingen zugehen! Wie kann der Strahl an der Oberfläche wissen, ob er einem Fisch 1 m oder 100 m unter der Oberfläche ins Auge fallen wird und abhängig davon entsprechend seine Richtung ändern? Oder eine noch bessere Frage. Wie kann das Lichtphoton, das bei der Sonne startet, schon zu diesem Zeitpunkt entscheiden, wem es ins Auge fallen wird und abhängig davon sich dazu die zeitlich kürzeste Strecke ausrechnen? Mit so cleveren Teilchen hat keiner gerechnet. Die klassische Physik kann zwar beobachten, dass das Licht immer den kürzesten Weg nimmt, aber wie das Licht dies schafft, kann sie nicht erklären. Die Quantenmechanik hingegen kann es. Natürlich können sich die Sonnenstrahlen nicht einen eigenen Weg berechnen und planen. Sie laufen einfach in alle Richtungen und versuchen dem Fisch auf allen möglichen Wegen von der Sonne ins Auge zu fallen. Nur alle existierenden Möglichkeiten, die nicht den zeitlich kürzesten Weg einschlagen, interferieren gegenseitig und löschen sich gegenseitig auf so eine Weise aus, dass nur das Photon auf dem kürzesten Weg übrig bleibt und das Fischauge erreicht. Was ist die Lehre daraus? Eine Rechnung findet

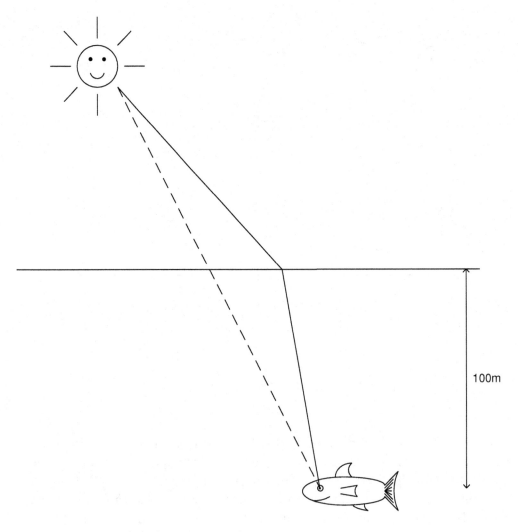

Fig. 9.6

doch statt. Aber es ist keine Rechnung eines Sonnenstrahles, sondern eine Rechnung nach den Naturgesetzen der Quantenmechanik, die ständig in der Natur vorhanden ist und deren Resultate wir nur beobachten können. Wie man quantenmechanisches Rechnen zum maschinennahen algorithmischen Rechnen verwenden kann, ist das Thema des nächsten Abschnittes.

9.3 Wie rechnet man in der Welt der Teilchen?

Im Kapitel 2 haben wir schon eine gewisse Vorstellung über den Aufbau eines Rechners gegeben. Ganz grob formuliert brauchen wir einen Speicher für die Lagerung von Daten und die Möglichkeit, durch gewisse Operationen die Daten zu verarbeiten (verändern). Bei einem klassischen Rechner haben wir Bitfolgen gespeichert und über diese Folgen können wir mittels Schaltkreisen arithmetische Operationen und Textoperationen durchführen. Beim Kochen bestand der Speicher aus Gefäßen aller Art und die Hardware zur Operationsdurchführung waren Geräte aller Art, wie Herdplatte, Herd, Mikrowelle, Mixer, usw. Beim Biorechner speicherten wir die Daten als DNA-Sequenzen in Reagenzgläsern und führten chemische Operationen über diesen DNA-Sequenzen aus. Wie baut man jetzt aber einen Quantenrechner? Uns ist schon klar, dass wir die Art der Datenspeicherung und die Operationen über die Daten festlegen müssen.

Genau wie beim klassischen Rechner benutzen wir Bits zur Datendarstellung. Wir arbeiten hier auch mit Registern, die wir **Quantenregister** nennen. Ein Quantenregister kann ein **Quantenbit** abspeichern. Wir bezeichnen die Quantenbits als

$$|0\rangle \text{ und } |1\rangle \text{ ,}$$

um sie von den klassischen Bits 0 und 1 unterscheiden zu können.

Es gibt mehrere Möglichkeiten, Quantenbits physikalisch zu realisieren. Die nächsten drei kurzen Abschnitte sind nur den Lesern mit einer Vorliebe für die Physik gewidmet. Wir streben hier nicht die allgemeine[12] Verständlichkeit an und empfehlen den restlichen Lesern diesen Teil zu überspringen.

Eine Möglichkeit beruht auf der *Kernspin-Resonanz*. Fig. 9.7 veranschaulicht, wie vier von sechs Atomen eines Moleküls als Quantenregister verwendet werden können. Wenn sich ein Molekül in einem Magnetfeld befindet, richtet sich der Spin der Atomkerne parallel zu dem Magnetfeld aus. Diese parallele Richtung des Spins interpretieren wir als $|0\rangle$. Eine zu dem ursprünglichen Magnetfeld senkrechte Richtung betrachten wir als $|1\rangle$. Man kann durch oszillierende Felder Operationen auf diesen Quantenbits ausführen, mit denen man dank unterschiedlicher chemischer Eigenschaften der Atome die einzelnen Quantenregister beeinflussen kann.

Eine andere Möglichkeit sind *Ionenfallen*. Ionen sind elektrisch geladene Moleküle oder Atome (in Fig. 9.8 sind sie positiv geladen, da ihnen jeweils zwei Elektro-

---

[12]ohne physikalische Vorkenntnisse

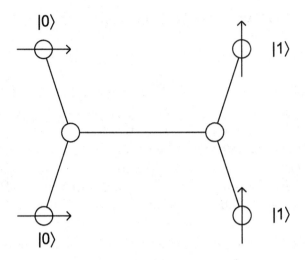

Fig. 9.7

nen fehlen). Die Ionen werden im Vakuum bei Temperaturen nahe dem absoluten Nullpunkt durch ein elektromagnetisches Feld in einer Ionenfalle festgehalten.

Den Wert $|0\rangle$ ordnen wir dem Grundzustand des Ions zu, und der Wert $|1\rangle$ wird durch einen energetisch angeregten Zustand des Ions realisiert. Die quantenmechanischen Operationen auf diesen Quantenbits kann man einzeln durch Laser-Strahlen realisieren.

Wie rechnet ein Quantenrechner, und was sollen die Vorteile sein? Wenn wir beim klassischen Rechner ein Bit-Register haben, dann kann dieses Register entweder 0 oder 1 beinhalten. Bei einem Quantenregister ist das anders. Es kann gleichzeitig beide Inhalte aufweisen oder jedes zu einem gewissen Teil. Genau wie das Teilchen im Doppelspalt-Experiment, das zum Teil durch den linken und zum Teil durch den rechten Spalt geht. Wie beschreibt man dies?

Man sagt, dass sich ein *Quantenbit* (als Inhalt des Quantenregisters) in einer **Superposition** (oder **Überlagerung**) von klassischen Bits $|0\rangle$ und $|1\rangle$ befinden kann und beschreiben dies durch

$$\alpha \cdot |0\rangle \quad + \quad \beta \cdot |1\rangle \quad ,$$

wobei α und β komplexe Zahlen[13] sind, für die

$$|\alpha|^2 \leq 1, |\beta|^2 \leq 1 \text{ und } |\alpha|^2 + |\beta|^2 = 1$$

[13]Wenn Sie nicht wissen, was komplexe Zahlen sind, brauchen Sie nicht aufzugeben. Wir werden hier in allen Beispielen mit reellen α und β auskommen.

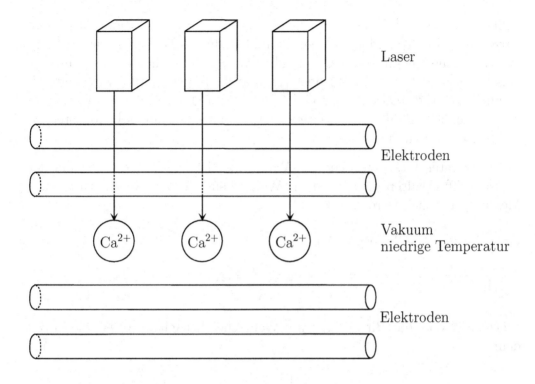

Fig. 9.8

gelten. Für jede komplexe Zahl α bezeichnet $|\alpha|$ seine Norm. Hier verwenden wir nur reelle Zahlen und für diese gilt $\alpha = |\alpha|$. Somit vereinfachen sich unsere Bedingungen zu

$$\alpha^2 \leq 1, \beta^2 \leq 1 \text{ und } \alpha^2 + \beta^2 = 1.$$

Die Werte α und β heißen **Amplituden** und drücken die Größe des Anteils aus, zu dem sich das Bit jeweils in $|0\rangle$ bzw. $|1\rangle$ befindet.

Eine genauere Interpretation ist:
$\quad \alpha^2$ ist die Wahrscheinlichkeit, sich in $|0\rangle$ zu befinden.
$\quad \beta^2$ ist die Wahrscheinlichkeit, sich in $|1\rangle$ zu befinden.

Aus dieser Interpretation ergibt sich die Anforderung $\alpha^2 + \beta^2 = 1$, weil es keine andere Möglichkeit für klassische Zustände gibt.

Obwohl sich das Quantenregister mit Sicherheit in einem Zustand (einer Superposition)

$$\alpha \cdot |0\rangle + \beta \cdot |1\rangle$$

befindet, haben wir keine Möglichkeit, uns diese Superposition vollständig anzusehen, d. h. α und β zu messen und dadurch die Werte zu erfahren. Wenn wir eine Messung eines Quantenbits vornehmen, sehen wir nur eines der klassischen Resultate, also $|0\rangle$ oder $|1\rangle$, und die Superposition wird dadurch definitiv zerstört. Dies ist genau wie bei einem Elektron, das durch zwei unterschiedliche Spalte gleichzeitig fliegt, aber wenn man es beobachtet, so fliegt es nur durch einen Spalt.

In dieser Interpretation ist α^2 die Wahrscheinlichkeit, mit der wir bei der Messung $|0\rangle$ erhalten, und β^2 ist die Wahrscheinlichkeit, mit der wir bei der Messung $|1\rangle$ sehen werden.

Beispiel 9.1 Die Superposition

$$\frac{1}{\sqrt{2}} \cdot |0\rangle + \frac{1}{\sqrt{2}} \cdot |1\rangle$$

drückt aus, dass das Bit mit gleicher Wahrscheinlichkeit in $|0\rangle$ ist wie in $|1\rangle$, denn

$$\alpha^2 = \left(\frac{1}{\sqrt{2}}\right)^2 = \frac{1}{(\sqrt{2})^2} = \frac{1}{2} \quad \text{und} \quad \beta^2 = \left(\frac{1}{\sqrt{2}}\right)^2 = \frac{1}{2} \quad .$$

Damit sehen wir bei der Beobachtung dieser Superposition $|0\rangle$ und $|1\rangle$ jeweils mit der gleichen Wahrscheinlichkeit. □

Beispiel 9.2 Die Superposition

$$\frac{1}{\sqrt{3}} \cdot |0\rangle + \sqrt{\frac{2}{3}} \cdot |1\rangle$$

drückt aus, dass man bei der Messung mit der Wahrscheinlichkeit

$$\alpha^2 = \left(\frac{1}{\sqrt{3}}\right)^2 = \frac{1}{3}$$

die $|0\rangle$ sieht und mit der Wahrscheinlichkeit

$$\beta^2 = \left(\sqrt{\frac{2}{3}}\right)^2 = \frac{2}{3}$$

die $|1\rangle$ erhält. □

Aufgabe 9.1 Geben Sie eine Superposition eines Quantenbits an, bei der man mit einer Wahrscheinlichkeit von $\frac{1}{4}$ den klassischen Wert $|1\rangle$ und mit einer Wahrscheinlichkeit von $\frac{3}{4}$ den klassischen Wert $|0\rangle$ messen wird.

Wie sieht dies allgemeiner aus? Wenn wir n Quantenregister haben, dann haben wir potenziell 2^n mögliche Inhalte. Eine Superposition von n Quantenbits bedeutet, sich gleichzeitig in allen 2^n möglichen klassischen Registerzuständen zu befinden, und zwar in jedem mit einer gewissen Wahrscheinlichkeit, so dass diese 2^n vielen Wahrscheinlichkeitswerte aufsummiert den Wert 1 ergeben.

Beispiel 9.3 Betrachten wir zwei Quantenregister. Alle möglichen Inhalte von zwei Bit-Registern sind die vier Inhalte

$$00 \quad , \quad 01 \quad , \quad 10 \quad \text{und} \quad 11 \quad .$$

Damit befindet sich der Quantenspeicher aus zwei Quantenregistern in einer Superposition

$$\alpha \cdot |00\rangle + \beta \cdot |01\rangle + \gamma \cdot |10\rangle + \delta \cdot |11\rangle$$

mit

$$\alpha^2 \leq 1, \beta^2 \leq 1, \gamma^2 \leq 1, \delta^2 \leq 1 \text{ und } \alpha^2 + \beta^2 + \gamma^2 + \delta^2 = 1 \quad .$$

Die konkrete Superposition

$$\frac{1}{2} \cdot |00\rangle + \frac{1}{2} \cdot |01\rangle + \frac{1}{2} \cdot |10\rangle + \frac{1}{2} \cdot |11\rangle$$

mit $\alpha = \beta = \gamma = \delta = \frac{1}{2}$ beschreibt die Situation, in der alle vier klassisch möglichen Inhalte dieselbe Wahrscheinlichkeit von

$$\alpha^2 = \beta^2 = \gamma^2 = \delta^2 = \left(\frac{1}{2}\right)^2 = \frac{1}{4}$$

haben, bei einer Messung gesehen zu werden.

Betrachten wir die Superposition

$$0 \cdot |00\rangle + 0 \cdot |01\rangle + 0 \cdot |10\rangle + 1 \cdot |11\rangle \quad .$$

Hier liefert, weil $\alpha = \beta = \gamma = 0$ und $\delta^2 = 1^2 = 1$, jede Messung mit Sicherheit den klassischen Inhalt

$$|11\rangle \quad .$$

Bei der Superposition

$$\frac{1}{\sqrt{2}} \cdot |00\rangle + 0 \cdot |01\rangle + 0 \cdot |10\rangle + \frac{1}{\sqrt{2}} \cdot |11\rangle$$

können nur die zwei Resultate $|00\rangle$ und $|11\rangle$ gemessen werden, und zwar beide mit der gleichen Wahrscheinlichkeit von $\frac{1}{2}$.   □

Aufgabe 9.2 Wie sehen im Allgemeinen die Superpositionen von drei Quantenbits aus?

(a) Schreiben Sie eine Superposition von drei Quantenbits nieder, in der alle Inhalte von drei Registern dieselbe Wahrscheinlichkeit haben, gemessen zu werden.

(b) Geben Sie eine Superposition von drei Quantenbits an, in der der Inhalt $|111\rangle$ mit Wahrscheinlichkeit $\frac{1}{2}$, der Inhalt $|000\rangle$ mit Wahrscheinlichkeit $\frac{1}{4}$ und alle restlichen Inhalte mit der jeweils gleichen Wahrscheinlichkeit gemessen werden können.

Welche Operationen sind in der Quantenwelt möglich? Wie kann eine Superposition in einem Quantenrechenschritt in eine andere Superposition übergehen? Es sind alle Rechenschritte möglich, die man durch die Multiplikation der Superpositionen als Vektoren mit gewissen speziellen Matrizen realisieren kann. Diese Matrizen haben die besondere Eigenschaft, aus jeder Superposition in jedem Fall wieder eine Superposition zu erzeugen.

Wir fahren nun für an der Mathematik besonders Interessierte fort. Alle anderen können bis zum Abschnitt 9.4 vorblättern.

Eine Superposition

$$\alpha_1 \cdot |00\rangle + \alpha_2 \cdot |01\rangle + \alpha_3 \cdot |10\rangle + \alpha_4 \cdot |11\rangle$$

kann man als einen Spaltenvektor

$$\begin{pmatrix} \alpha_1 \\ \alpha_2 \\ \alpha_3 \\ \alpha_4 \end{pmatrix}$$

darstellen. Wenn wir einen Spaltenvektor in eine Zeile schreiben wollen, dann schreiben wir $(\alpha_1, \alpha_2, \alpha_3, \alpha_4)^{tr}$, wobei tr transportiert bedeutet. Einen Zeilenvektor kann man mit einem Spaltenvektor wie folgt multiplizieren:

$$(\beta_1, \beta_2, \beta_3, \beta_4) \cdot \begin{pmatrix} \alpha_1 \\ \alpha_2 \\ \alpha_3 \\ \alpha_4 \end{pmatrix} = \alpha_1\beta_1 + \alpha_2\beta_2 + \alpha_3\beta_3 + \alpha_4\beta_4 \quad .$$

Das Resultat ist nur eine komplexe Zahl (kein Vektor). Eine $n \times n$-Matrix kann man als n Zeilenvektoren ansehen. Zum Beispiel besteht die 4×4-Matrix

$$M = \begin{pmatrix} a_{11} & a_{12} & a_{13} & a_{14} \\ a_{21} & a_{22} & a_{23} & a_{24} \\ a_{31} & a_{32} & a_{33} & a_{34} \\ a_{41} & a_{42} & a_{43} & a_{44} \end{pmatrix}$$

aus den vier Zeilenvektoren

$$(a_{11}, a_{12}, a_{13}, a_{14})$$
$$(a_{21}, a_{22}, a_{23}, a_{24})$$
$$(a_{31}, a_{32}, a_{33}, a_{34})$$
$$(a_{41}, a_{42}, a_{43}, a_{44})$$

Nun ergibt die Multiplikation von M mit $\alpha = (\alpha_1, \alpha_2, \alpha_3, \alpha_4)^{tr}$ wieder einen Vektor $\mu = (\mu_1, \mu_2, \mu_3, \mu_4)^{tr}$, in dem die i-te Position von μ dem Produkt des i-ten Zeilenvektors von M mit α entspricht. Genauer:

$$M \cdot \begin{pmatrix} \alpha_1 \\ \alpha_2 \\ \alpha_3 \\ \alpha_4 \end{pmatrix} = \begin{pmatrix} \mu_1 \\ \mu_2 \\ \mu_3 \\ \mu_4 \end{pmatrix} \quad ,$$

wobei

$$\mu_i = (a_{i,1}, a_{i,2}, a_{i,3}, a_{i,4}) \cdot \begin{pmatrix} \alpha_1 \\ \alpha_2 \\ \alpha_3 \\ \alpha_4 \end{pmatrix}$$
$$= a_{i,1} \cdot \alpha_1 + a_{i,2} \cdot \alpha_2 + a_{i,3} \cdot \alpha_3 + a_{i,4} \cdot \alpha_4 \quad .$$

Die Anwendung von M auf eine Superposition betrachtet man als einen Rechenschritt. Wenn für jede Superposition α (als Spaltenvektor) das Resultat $M \cdot \alpha$ auch eine Superposition ist (in unserem Beispiel bedeutet dies: $\mu_1^2 + \mu_2^2 + \mu_3^2 + \mu_4^2 = 1$), dann ist M als eine Rechenoperation erlaubt.

Im folgenden Beispiel zeigen wir, wie ein Quantenrechner zufällige Bits generieren kann.

Beispiel 9.4 Wir haben ein Quantenbitregister zur Verfügung, beginnen mit der „klassischen" Superposition

$$|0\rangle = 1 \cdot |0\rangle + 0 \cdot |1\rangle$$

und führen einen Rechenschritt aus, indem wir die *Hadamard-Matrix*

$$H_2 = \begin{pmatrix} \frac{1}{\sqrt{2}} & \frac{1}{\sqrt{2}} \\ \frac{1}{\sqrt{2}} & -\frac{1}{\sqrt{2}} \end{pmatrix}$$

mit dieser Superposition multiplizieren:

$$\begin{pmatrix} \frac{1}{\sqrt{2}} & \frac{1}{\sqrt{2}} \\ \frac{1}{\sqrt{2}} & -\frac{1}{\sqrt{2}} \end{pmatrix} \cdot \begin{pmatrix} 1 \\ 0 \end{pmatrix} = \begin{pmatrix} 1 \cdot \frac{1}{\sqrt{2}} + 0 \cdot \frac{1}{\sqrt{2}} \\ 1 \cdot \frac{1}{\sqrt{2}} + 0 \cdot \left(-\frac{1}{\sqrt{2}}\right) \end{pmatrix} = \begin{pmatrix} \frac{1}{\sqrt{2}} \\ \frac{1}{\sqrt{2}} \end{pmatrix} \quad .$$

Damit erhalten wir die Superposition

$$\frac{1}{\sqrt{2}} \cdot |0\rangle + \frac{1}{\sqrt{2}} \cdot |1\rangle \quad .$$

Wenn wir nun messen, so erhalten wir die beiden klassischen Bits $|0\rangle$ und $|1\rangle$ mit derselben Wahrscheinlichkeit von $\frac{1}{2}$.

Wenn wir stattdessen mit der „klassischen" Superposition

$$|1\rangle = 0 \cdot |0\rangle + 1 \cdot |1\rangle$$

starten und wiederum einen Rechenschritt durch die Multiplikation mit H_2 durchführen, so erhalten wir

$$\begin{pmatrix} \frac{1}{\sqrt{2}} & \frac{1}{\sqrt{2}} \\ \frac{1}{\sqrt{2}} & -\frac{1}{\sqrt{2}} \end{pmatrix} \cdot \begin{pmatrix} 0 \\ 1 \end{pmatrix} = \begin{pmatrix} 0 \cdot \frac{1}{\sqrt{2}} + 1 \cdot \frac{1}{\sqrt{2}} \\ 0 \cdot \frac{1}{\sqrt{2}} + 1 \cdot \left(-\frac{1}{\sqrt{2}}\right) \end{pmatrix} = \begin{pmatrix} \frac{1}{\sqrt{2}} \\ -\frac{1}{\sqrt{2}} \end{pmatrix} \quad .$$

Das Resultat ist die Superposition

$$\frac{1}{\sqrt{2}} \cdot |0\rangle - \frac{1}{\sqrt{2}} \cdot |1\rangle \quad .$$

Weil $\alpha^2 = \left(\frac{1}{\sqrt{2}}\right)^2 = \frac{1}{2}$ und $\beta^2 = \left(-\frac{1}{\sqrt{2}}\right)^2 = \frac{1}{2}$ gilt, liefert eine Messung wieder die beiden klassischen Bits $|0\rangle$ und $|1\rangle$ mit der gleichen jeweiligen Wahrscheinlichkeit von $\frac{1}{2}$. Was bedeutet dies? Wir erhalten in beiden Fällen ein zufälliges Bit, aber wir können nicht erkennen, welche der beiden Superpositionen $\frac{1}{\sqrt{2}} \cdot |0\rangle + \frac{1}{\sqrt{2}} \cdot |1\rangle$ und $\frac{1}{\sqrt{2}} \cdot |0\rangle - \frac{1}{\sqrt{2}} \cdot |1\rangle$ wir gemessen haben. $\square$

Aufgabe 9.3 Geben Sie noch mindestens zwei weitere Superpositionen von einem Quantenbit an, in welchen bei einer Messung beide Messwerte $|0\rangle$ und $|1\rangle$ gleich wahrscheinlich sind.

Aufgabe 9.4 (Knobelaufgabe) Beweisen Sie, dass H_2 die Eigenschaft hat, dass

$$\begin{pmatrix} \gamma \\ \delta \end{pmatrix} := H_2 \cdot \begin{pmatrix} \alpha \\ \beta \end{pmatrix}$$

für jede Superposition $\alpha \cdot |0\rangle + \beta \cdot |1\rangle$ wieder eine Superposition ist, dass also $\gamma^2 + \delta^2 = 1$ gilt.

Aufgabe 9.5 (Knobelaufgabe) Alle Berechnungen eines Quantenrechners sind reversibel[14]. Wenn man nicht misst, wodurch die erreichte Superposition zerstört würde, besteht immer die Möglichkeit, die Berechnung durch zulässige Rechenschritte zum Ausgangspunkt zurückzuführen. In unserem Beispiel bedeutet dies, dass es eine 2×2-Matrix M gibt, so dass

$$M \cdot \begin{pmatrix} \frac{1}{\sqrt{2}} \\ \frac{1}{\sqrt{2}} \end{pmatrix} = \begin{pmatrix} 1 \\ 0 \end{pmatrix} \quad \text{und} \quad M \cdot \begin{pmatrix} \frac{1}{\sqrt{2}} \\ -\frac{1}{\sqrt{2}} \end{pmatrix} = \begin{pmatrix} 0 \\ 1 \end{pmatrix} \quad .$$

Finden Sie die Matrix M.

Wir haben jetzt mindestens zu einem gewissen Grad verstanden, wie man in der Welt der Teilchen rechnen kann. Man muss geschickt den unterschiedlichen Zuständen der Teilchen (z.B. der Spinrichtung) die Bedeutungen 0 und 1 zuordnen und dann über den Superpositionen von Quantenbits Operationen durchführen. Die Operationen kann man mathematisch durch die Multiplikation des Vektors (der Beschreibung) der Superposition mit einer Matrix realisieren. Nur Matrizen, die Superpositionen auf Superpositionen abbilden sind erlaubt, und alle diesen Matrizen entsprechenden Operationen kann man auch in der Welt der Teilchen in einem physikalischen Rechenschritt realisieren. Dabei sehen wir einen der wichtigsten Vorteile des Quantenrechners. Wenn man mit n Quantenbits rechnet, hat man eine Superposition von 2^n möglichen Inhalten der n Quantenbits:

$$\alpha_0 \cdot |00\ldots0\rangle + \alpha_1 \cdot |00\ldots01\rangle + \ldots + \alpha_{2^n-1} \cdot |11\ldots1\rangle \, .$$

In einem einzigen Rechenschritt wird die ganze Superposition geändert. Um diesen Rechenschritt mit einem klassischen Rechner zu simulieren, wissen wir uns nicht besser zu helfen, als dem mathematischen Modell der Quantenmechanik folgend den 2^n-dimensionalen Vektor $(\alpha_0, \alpha_1, \ldots, \alpha_{2^n-1})^{tr}$ mit einer $2^n \times 2^n$ Matrix zu multiplizieren. Der Rechenaufwand für die Simulation eines Schrittes über n Quantenbits ist exponentiell in n.

Eine andere Stärke der Quantenberechnung ist die schon angesprochene Interferenz, die es ermöglicht, dass sich mehrere positive existierende Möglichkeiten durch Quantenoperationen gegenseitig auslöschen.

Heute kennen wir mehrere Probleme, bei denen Quantenalgorithmen wesentlich effizienter sind, als die besten bekannten klassischen Algorithmen. Leider sind die notwendigen mathematischen und algorithmischen Überlegungen dahinter zu komplex, um sie verständlich ohne den Formalismus der Mathematik darstellen zu können. Deswegen berichten wir nur, dass es z.B. einen effizienten Quantenalgorithmus für die Faktorisierung von natürlichen Zahlen gibt. Eine gefährliche Entdeckung für die Public-Key-Kryptographie, die auf der Voraussetzung der Schwierigkeit

---

[14]umkehrbar

des Problems der Faktorisierung beruht. Aber keine Angst. Sie dürfen noch ruhig schlafen. Die größten bisher gebauten Quantenrechner haben höchstens 7 Quantenbits und so können diese nur mit Zahlen arbeiten, die man mit 7 Bits darstellen kann. Und wie wir wissen, haben die in der Kryptographie verwendeten Zahlen mehrere hundert Dezimalstellen. Damit wird über die Möglichkeit, die Wunder der Quantenmechanik in der Datenverarbeitung einzusetzen, die Zukunft entscheiden. Dies ist aber das Thema des nächsten Abschnittes.

9.4   Was bringt die Zukunft?

Die Antwort kennt niemand. Um die Situation in Bezug auf Quanten-Computing besser zu verstehen, erklären wir, wo die Probleme mit der Entwicklung dieser Technologie liegen. Durch das mathematische Modellieren der Quantenwelt haben wir ein Mittel zum Entwurf von Quantenalgorithmen gefunden. Diese Algorithmen können für einige Probleme unerwartet effizient die Lösungen berechnen. Zu ihrer Verwirklichung brauchen wir einen Quantenrechner mit so vielen Quantenbits, wie die Größe der zu bearbeitenden Daten ist. Wir haben auch schon Konzepte, wie man durch Zustände der Teilchen die Quantenbits darstellen kann. Wo liegt dann das Problem? Ein Quantenrechner ist extrem empfindlich, eigentlich überempfindlicher als alles, was Sie in der klassischen Welt kennengelernt haben. Jemandem zu sagen:„Du bist empfindlich wie ein Quantenrechner", ist schon eine große Beleidigung. Es reicht ein einziges winziges Teilchen (z.B. ein Elektron), das in den Quantenrechner eindringt und die ganze bisher errechnete Superposition ändert sich unwiderruflich und Sie können mit Ihren Berechnungen neu anfangen. Genau wie eine Messung das Gemessene beeinflusst, tut es auch jedes Teilchen, das den Quantenrechner besucht. Also müssen wir den Quantenrechner von der Welt isolieren. Hier ist es aber schwerer als bei einem Gelddepot. Die Teilchen sind überall, auch in dem Material, das man in der Makrowelt zum Schutz nehmen würde. Deswegen benutzt man Ionenfallen, Vakuum und Temperaturen nahe beim absoluten Nullpunkt. Wir sind uns bewusst, dass man auf Dauer sowieso kein System von der Umgebung isolieren kann. Es geht nur darum, den Quantenrechner für den Bruchteil einer Sekunde, der zur erfolgreichen Durchführung der Berechnung reicht, von der Außenwelt zu isolieren. Die Idee ist also nicht, einen Quanten-PC zu bauen. Quantenrechner sollen spezielle Ein-Zweck-Rechner sein, die nur eine Aufgabe lösen können. Für eine kleine Anzahl von Bits (3 bis 7) haben es die Physiker schon geschafft, einige Berechnungen der entworfenen Quantenalgorithmen erfolgreich zu realisieren. Die Situation ist zu einem gewissen Grad ähnlich wie bei

DNA-Computing. Heute kann diese Technologie keinesfalls als Konkurrenz zu klassischen Rechnern betrachtet werden. Aber in dem Augenblick, in dem man eine bessere Technologie für den Bau von Quantenrechnern entdeckt, wird sich die Situation gewaltig ändern. Die Grenze zwischen effizient Lösbarem (praktisch Lösbarem) und effizient Unlösbarem wird wieder neu definiert werden müssen. Die Theoretiker halten sie schon in der Schublade bereit.

Die Möglichkeit, effizient zu faktorisieren, würde die Kryptographie wesentlich verändern. Die vorhandene Kryptographie mit öffentlichen Schlüsseln wird nicht mehr sicher vor einem Gegner sein, der einen Quantenrechner für das Faktorisieren besitzt. Oder doch? Vielleicht schafft man es nur, die Quantenrechner für ein paar hundert Quantenbits zu bauen, so dass bei der Verwendung von Primzahlen von ein paar tausenden Dezimalstellen diese Kryptosysteme weiter erfolgreich verwendet werden können. Egal was herauskommt, man sollte einen solchen Fortschritt nie als negativ empfinden, auch nicht, wenn wir einige bisherige Kryptosysteme deswegen in den Abfallkorb werfen müssten. Jeder Fortschritt bringt auch neue Möglichkeiten mit sich. Die Quanteneffekte ermöglichen den Bau von Kryptosystemen, die sehr hohe Anforderungen an die Sicherheit erfüllen. Alles basiert auf der Möglichkeit, zwei Teilchen in eine sogenannte verschränkte Superposition zu bringen. Dann ist es so, dass unabhängig von ihrer gegenseitigen räumlichen Entfernung die Messung auf einem der Teilchen den Kollaps von beiden zum gleichen klassischen Zustand verursacht. In der Praxis kann man sich das folgendermaßen vorstellen. Der Empfänger und der Sender haben jeweils eines dieser verschränkten Teilchen. Sie führen beide eine Messung auf beiden aus. Egal in welcher Reihenfolge sie es tun (welcher als Erster und welcher als Zweiter misst), beide messen den gleichen klassischen Zustand (klassisches Bit 0 oder 1). Das kommt dadurch, dass derjenige, der als Erster misst, schon die Umwandlung der beiden Teilchen zum gleichen klassischen Zustand verursacht hat. Die Messung des Zweiten auf dem schon klassischen Zustand ergibt mit Sicherheit diesen klassischen Zustand. Die Messung des Ersten verursacht aber eine zufällige Wahl zwischen möglichen klassischen Zuständen der Superposition. Auf diese Weise können die zwei Kommunikationsteilnehmer gemeinsam einen zufälligen Schlüssel generieren, ohne belauscht zu werden. Mit diesem Schlüssel können sie danach ein ausgesuchtes symmetrisches Kryptosystem verwenden. Dass so etwas möglich ist, hat die Quantenmechanik schon vor vielen Jahren vorhergesagt. Albert Einstein wollte es nicht glauben und behauptete, dass an dieser Vorhersage, die dem Prinzip der Lokalität der Wirkung physikalischer Kräfte widerspricht, die Quantenmechanik scheitern wird. Die experimentelle Überprüfung dieser Vorhersage war sehr schwer. Das Ziel war zu zeigen, dass eine Messung auf einem Teilchen

schneller die entsprechende Änderung des anderen Teilchens bewirkt, als die
Zeit, die ein Lichtstrahl von einem zum anderen Teilchen braucht. Auf diese
Weise will man experimentell das Wort „gleichzeitig" umsetzen. Man kann
sich vorstellen, was für ein schweres Vorhaben bezüglich der Genauigkeit der
Zeitmessung es bei der bekannten hohen Geschwindigkeit des Lichtes war.
Trotzdem ist es gelungen. Das Experiment mit der größten bisherigen Ent-
fernung von 600 m zwischen zwei verschränkten Teilchen wurde vor ein paar
Jahren über der Donau in der Nähe von Wien durchgeführt.

Die Pionierzeiten sind nicht vorbei und werden nie vorbei sein. Die Wissenschaft hält uns in Atem und wir können uns noch auf viele Wunder freuen.

Lösungsvorschläge zu ausgewählten Aufgaben

Aufgabe 9.1 Wir betrachten die Superposition

$$\frac{1}{2}\sqrt{3} \cdot |0\rangle - \frac{1}{2} \cdot |1\rangle \ .$$

Offensichtlich ist

$$\left(\frac{1}{2}\sqrt{3}\right)^2 = \frac{1}{4} \cdot 3 = \frac{3}{4} \text{ und } \left(-\frac{1}{2}\right)^2 = \frac{1}{4} \ .$$

Damit wird der klassische Wert $|1\rangle$ mit der Wahrscheinlichkeit $\frac{1}{4}$ gemessen. Wir
sehen, dass die Superposition

$$\left(-\frac{\sqrt{3}}{2}\right) \cdot |0\rangle + \frac{1}{2} \cdot |1\rangle$$

unsere Anforderungen auch erfüllt. Sie können sich überlegen, welche weiteren
Superpositionen $\alpha \cdot |0\rangle + \beta \cdot |1\rangle$ die Bedingungen $\alpha^2 = 3/4$ und $\beta^2 = 1/4$ noch
erfüllen. Damit ist es offensichtlich, dass wir durch eine Messung nie genau erfahren
können, in welcher Superposition ein Quantensystem ist.

Aufgabe 9.2 Im Allgemeinen haben wir bei 3 Bits $2^3 = 8$ mögliche unterschiedliche Inhalte $000, 001, 010, 011, 100, 101, 110$ und 111. Somit ist jeder Zustand eines
Quantenregisters von 3 Bits eine Superposition

$$\alpha_0 \cdot |000\rangle + \alpha_1 \cdot |001\rangle + \alpha_2 \cdot |010\rangle + \alpha_3 \cdot |011\rangle$$

$$+\alpha_4 \cdot |100\rangle + \alpha_5 \cdot |101\rangle + \alpha_6 \cdot |110\rangle + \alpha_7 \cdot |111\rangle$$

dieser 8 klassischen Zustände, wobei

$$\alpha_i^2 \leq 1 \text{ für } i = 0, 1, \ldots, 7 \text{ und } \sum_{i=0}^{7} \alpha_i^2 = 1 \ .$$

a) Wenn alle 8 dieselbe Wahrscheinlichkeit des Auftretens haben sollen, muss $\alpha_0^2 = \alpha_1^2 = \alpha_2^2 = \ldots = \alpha_7^2 = \frac{1}{8}$ gelten. Weil

$$\frac{1}{8} = \frac{2}{16} = \left(\sqrt{\frac{2}{16}}\right)^2 = \left(\frac{\sqrt{2}}{4}\right)^2,$$

erhalten wir

$$\alpha_0 = \alpha_1 = \alpha_2 = \ldots = \alpha_7 = \frac{\sqrt{2}}{4},$$

als eine Möglichkeit. Können Sie andere Möglichkeiten vorschlagen?

b) Neben den Inhalten $|111\rangle$ und $|000\rangle$ gibt es noch sechs weitere mögliche Inhalte. Wenn mit der Wahrscheinlichkeit $\frac{1}{2}$ der Inhalt $|000\rangle$ und mit der Wahrscheinlichkeit $\frac{1}{4}$ der Inhalt $|111\rangle$ gemessen werden wird, verbleibt die Wahrscheinlichkeit von $\frac{1}{4}$, die sich gleichmässig auf diese sechs weiteren Inhalte verteilen soll. Also wird jeder von diesen mit einer Wahrscheinlichkeit von $\frac{1}{24} = \frac{6}{144}$ gemessen werden. Hieraus ergibt sich z.B. die Superposition

$$\frac{1}{2} \cdot |000\rangle + \frac{1}{12}\sqrt{6} \cdot |001\rangle + \frac{1}{12}\sqrt{6} \cdot |010\rangle + \frac{1}{12}\sqrt{6} \cdot |011\rangle +$$

$$\frac{1}{12}\sqrt{6} \cdot |100\rangle + \frac{1}{12}\sqrt{6} \cdot |101\rangle + \frac{1}{12}\sqrt{6} \cdot |110\rangle + \frac{1}{2}\sqrt{2} \cdot |111\rangle .$$

Aufgabe 9.4 Wir multiplizieren

$$H_2 \cdot \begin{pmatrix} \alpha \\ \beta \end{pmatrix} = \begin{pmatrix} \frac{1}{\sqrt{2}} & \frac{1}{\sqrt{2}} \\ \frac{1}{\sqrt{2}} & -\frac{1}{\sqrt{2}} \end{pmatrix} \cdot \begin{pmatrix} \alpha \\ \beta \end{pmatrix}$$

$$= \begin{pmatrix} \frac{1}{\sqrt{2}} \cdot \alpha + \frac{1}{\sqrt{2}} \cdot \beta \\ \frac{1}{\sqrt{2}} \cdot \alpha - \frac{1}{\sqrt{2}} \cdot \beta \end{pmatrix} = \begin{pmatrix} \gamma \\ \delta \end{pmatrix}$$

Unsere Aufgabe ist es zu zeigen, dass

$$\gamma \cdot |0\rangle + \delta \cdot |1\rangle$$

eine Superposition ist, d.h. dass $\gamma^2 + \delta^2 = 1$ gilt.

$$
\begin{aligned}
\gamma^2 + \delta^2 &= \left(\frac{1}{\sqrt{2}} \cdot \alpha + \frac{1}{\sqrt{2}} \cdot \beta\right)^2 + \left(\frac{1}{\sqrt{2}} \cdot \alpha - \frac{1}{\sqrt{2}} \cdot \beta\right)^2 \\
&= \frac{\alpha^2}{2} + 2 \cdot \frac{1}{\sqrt{2}} \cdot \frac{1}{\sqrt{2}} \cdot \alpha \cdot \beta + \frac{\beta^2}{2} + \frac{\alpha^2}{2} - 2 \cdot \frac{1}{\sqrt{2}} \cdot \frac{1}{\sqrt{2}} \cdot \alpha \cdot \beta + \frac{\beta^2}{2} \\
&= \alpha^2 + \beta^2 .
\end{aligned}
$$

Weil $\alpha \cdot |0\rangle + \beta |1\rangle$ nach der Voraussetzung eine Superposition war, gilt $\alpha^2 + \beta^2 = 1$. Somit gilt auch $\gamma^2 + \delta^2 = 1$ und der Vektor $(\gamma, \delta)^R$ beschreibt eine Superposition von $|0\rangle$ und $|1\rangle$.

Weitere Musterlösungen befinden sich auf
www.openclass.inf.ethz.ch/programm/archiv/WS2005/aufgaben

Das Leben kann nur in der Schau nach rückwärts verstanden werden,
aber es kann nur in der Schau nach vorwärts gelebt werden.

Sören Kierkegaard

Kapitel 10

Wie man gute Entscheidungen für eine unbekannte Zukunft treffen kann, oder: Wie man einen gemeinen Gegner überlisten kann

10.1   Was wollen wir hier entdecken?

Die Aufgabenstellungen, die wir bisher betrachtet haben, zeichnen sich dadurch aus, dass wir für eine gegebene Probleminstanz (eine konkrete Fragestellung) eine Lösung (richtige Antwort) berechnen sollen. Wir kennen also von Anfang an alle Informationen (die ganzen Eingaben), die man zur Berechnung der Lösung brauchen kann. Es gibt in der Praxis auch viele Aufgaben, wo man am Anfang nur einen Teil der Information über eine Probleminstanz hat und eine Teillösung berechnen und umsetzen muss, bevor man den nächsten Teil der Eingabe zur Verfügung hat.

Veranschaulichen wir dies an einem Beispiel. Wir haben ein Dienstleistungszentrum, zum Beispiel ein Notarztzentrum mit 50 fahrenden Ärzten. Jeder

Arzt verfügt über einen eigenen Krankenwagen. Wenn ein Anruf an die Zentrale kommt, muss einer der Ärzte zum Unglücksort oder zu der Wohnung des Patienten fahren, um dort die Behandlung aufzunehmen. Die Zentrale kann versuchen, die Fahrten so zu steuern, dass gewisse Parameter optimiert werden. Zum Beispiel kann sie versuchen,

- die mittleren Wartezeiten auf die Nothilfe so klein wie möglich zu halten,

- die längste mögliche Wartezeit so klein wie möglich zu halten, oder

- die Fahrkosten und somit die Gesamtlänge der gefahrenen Strecken zu minimieren.

Um ihr Ziel zu erreichen, kann die Notarztzentrale ihre Entscheidungen verwenden. Soll zu einem neuen Unfall ein Arzt aus dem Krankenhaus fahren oder ein Arzt, der gerade an einem anderen (vielleicht nahen) Ort seine Arbeit abgeschlossen hat? Soll der Arzt nach einer erfolgreichen Behandlung eines Patienten zu Hause zurück zur Zentrale fahren oder dort, wo er ist, auf weitere Anweisungen warten oder sogar eine neue strategische Position einnehmen? In der klassischen Problemdarstellung sind vorher alle Unfallorte, Unfallzeiten und notwendigen Behandlungszeiten bekannt und wir sollen eine Lösung (eine Zuteilung der Aufgaben und Anweisungen auf die Ärzte) suchen, die die gewählten Parameter optimiert. Es liegt auf der Hand, dass man in der Realität dieses Wissen über die Zukunft nicht haben kann. Die Zentrale ahnt nicht, wann und wo der nächste Unfall stattfinden wird, und trotzdem fordern wir, dass man eine gute Entscheidungsstrategie verwendet, auch wenn diese nicht zur optimalen Lösung führt. Solche Problemstellungen nennen wir **Online-Probleme** und die entsprechenden Lösungsstrategien werden **Online-Algorithmen** genannt.

Situationen wie die obige kann man sich viele vorstellen. Zum Beispiel die Steuerung einer Taxizentrale oder Polizeistation. Ähnlich gibt es viele Betriebe, die den Kundenaufträgen Kapazitäten (Fachleute und Maschinen) zu ihrer Bearbeitung zuteilen müssen, ohne zu ahnen wie viele, wie strukturierte und wie dringende und lukrative neue Aufträge in den nächsten Stunden ankommen werden. Solche Probleme nennt man **Arbeitsplanungsprobleme**.[1] Diese Online-Probleme sind meistens sehr schwer, weil die Zukunft sehr „gemein" sein kann. Sie ziehen einen Arzt zurück zur Basisstation, und wenn er da ankommt, kommt ein Notruf von dem Nachbarn des gerade behandelten Patienten. Eine gute optimierende Strategie unter diesen Bedingungen zu finden, kann sehr schwer sein, und oft ist es auch so, dass es keine Strategie

---

[1]Scheduling im Englischen

gibt, die für jede mögliche Zukunft eine vernünftige Lösung finden kann. Die Kunst der Algorithmik ist zu entdecken, für welche Online-Probleme gute Strategien (Online-Algorithmen) überhaupt existieren und wann wir keine Chance haben, gute Entscheidungen für alle zukünftigen Fälle zu treffen. Es ist auch nicht selten so, dass man auf den ersten Blick meinen würde, dass man gegen die unbekannte Zukunft gar nicht spielen kann und trotzdem gibt es Online-Algorithmen, die für jede Zukunftsgestaltung annähernd optimale Lösungen effizient finden. Das sind die kleinen Wunder dieses Teiles der Algorithmik. Und das Ziel dieses Kapitels ist es, Ihnen ein solches kleines Wunder vorzustellen.

Wir beginnen im nächsten Abschnitt mit einer Einführung in die Modellierung der Online-Probleme und insbesondere stellen wir die Art der Messung der Qualität von Online-Algorithmen vor. Hier zeigen wir auch ein Beispiel eines Online-Problems, bei dem wir die unbekannte Zukunft nicht überlisten können.

Im Abschnitt 10.3 stellen wir ein Online-Arbeitsverteilungsproblem vor und werden sehen, dass jede deterministische Strategie riskiert, eine Lösung zu treffen, die weit von der Optimalen liegt. Dann ziehen wir einen zufallsgesteuerten Online-Algorithmus aus dem Ärmel, der mit hoher Wahrscheinlichkeit eine beinahe optimale Lösung für jede mögliche Zukunftsgestaltung garantiert. Wie üblich schließen wir mit einer Zusammenfassung und Lösungen für einige Aufgaben.

10.2 Qualitätsmessung von Online-Algorithmen und das Spiel gegen einen gemeinen Gegner

Die Probleme, die wir hier betrachten, sind sogenannte **Optimierungsprobleme**. Hier hat jede Probleminstanz I potenziell sehr viele Lösungen, die man **zulässige Lösungen für I** nennt. Wir können uns hier an das Problem des Handlungsreisenden (TSP) erinnern. Für jede vollständig vernetzte Menge von n Städten gibt es eine riesige Anzahl von $(n-1)!/2$ Hamiltonischen Kreisen[2], die den zulässigen Lösungen entsprechen. Die Aufgabe ist aber nicht nur eine zulässige Lösung zu finden, sondern eine mit minimalen Reisekosten oder mindestens eine gute Lösung mit Kosten, die nicht sehr weit von den

---

[2]Reisewege, indem man ausgehend von einem Startpunkt alle anderen Städte jeweils einmal besucht und dann zum Ausgangspunkt zurückkehrt

optimalen Kosten entfernt sind. Alle Online-Probleme sind Optimierungsprobleme und die Aufgabe ist, die nach und nach gestellten Anforderungen zu erfüllen und dadurch eine zulässige Lösung für die gesamte Probleminstanz zu geben. In unserem Beispiel mit dem Notarztzentrum muss man (vorausgesetzt, die Kapazität des Zentrums ist hinreichend) alle entstandenen Notfälle behandeln. Wenn man das schafft, hat man eine zulässige Lösung produziert, die durch die Folge der Anweisungen an die Ärzte beschrieben werden kann. Egal nach welchem Maß (Fahrkosten, Wartezeiten oder etwas anderes) man optimieren will, wenn man die Zukunft mit allen Unfallorten und Unfallzeiten kennen würde, könnte man theoretisch[3] immer eine[4] optimale Lösung berechnen. Ohne die Zukunft zu kennen, kann es vorkommen, dass wir Entscheidungen treffen und umsetzen (und damit unumkehrbar machen), die uns später hindern, effizient die auf uns zukommenden Anforderungen zu bearbeiten. Die grundlegende Frage, die wir uns in diesem Zusammenhang stellen, ist:

> *Wie gut kann ein Online-Algorithmus (der die Zukunft nicht kennt) im Vergleich zu einem Algorithmus sein, der von vornherein die ganze Probleminstanz erhält (die Zukunft kennt)?*

Die Antworten können von Problem zu Problem unterschiedlich sein. Um aber diese Frage überhaupt bei konkreten Problemen anzugehen, müssen wir zuerst spezifizieren, was es bedeutet

> *gut im Vergleich mit einem Algorithmus zu sein, der die Zukunft kennt.*

Um die Güte eines Online-Algorithmus zu messen, gehen wir ähnlich vor wie bei dem Konzept der Approximationsalgorithmen.

Sei I eine Instanz des zu betrachtenden Optimierungsproblems U. Nehmen wir an, U ist ein Minimierungsproblem. Sei

$$\mathbf{Opt}_U(I)$$

die Bezeichnung für die Kosten der optimalen Lösungen für I. Sei A ein Online-Algorithmus für U, der für jede Probleminstanz I eine zulässige Lösung

$$\mathbf{Lösung}_A(I)$$

berechnet. Die Kosten dieser Lösung bezeichnen wir als

$$\mathbf{Kosten(Lösung}_A(I)).$$

---

[3]Unter theoretisch meinen wir ohne Rücksicht auf den Rechenaufwand. Mag sein, dass wir es praktisch wegen eines unrealisierbaren Rechenaufwands nicht können.

[4]Wir schreiben eine, weil es mehrere optimale Lösungen geben kann.

Wir definieren die **Konkurrenzgüte Konk$_A(I)$** von A auf der Instanz I als die Zahl

$$\mathbf{Konk}_A(I) = \frac{\mathbf{Kosten(Lösung}_A(I))}{\mathbf{Opt}_U(I)}.$$

Damit sagt Konk$_A(I)$, um wieviel mal schlechter die Lösung von A für I bezüglich einer optimalen Lösung ist. Zum Beispiel, wenn Opt$_U(I) = 100$ (die optimalen Lösungen für I haben Kosten 100) und Kosten(Lösung$_A(I)) = 130$ (die von A online ausgerechneten Lösungen Kosten 130 haben), dann besagt

$$\mathbf{Konk}_A(I) = \frac{130}{100} = 1.3,$$

dass die ausgerechnete Lösung 1.3-mal schlechter als die optimale Lösung ist. In anderen Worten kann man auch sagen, dass Lösung$_A(I)$ um 30% höhere Kosten als die optimalen Lösungen hat.

Wir können jetzt sagen, wie gut ein Online-Algorithmus auf einer Probleminstanz I ist. Wir messen die Güte von A bezüglich der Garantie, die A in jedem[5] Fall geben kann. Deswegen setzt sich unsere Definition der Güte von A wie folgt fest:

Wir sagen, dass A ein **δ-konkurrenzfähiger Online-Algorithmus** für U ist, wenn für *alle* Probleminstanzen I von U

$$\mathbf{Konk}_A(I) \leq \delta$$

gilt.

Wenn jetzt Konk$_A(I) \leq 1.3$ für alle Probleminstanzen I von U ist (also wenn A 1.3-konkurrenzfähig ist) bedeutet dies, dass wir mit der Strategie A für keine mögliche Probleminstanz eine Lösung ausrechnen, die um mehr als 30% von der optimalen Lösung abweicht. Für viele Instanzen kann es vorkommen, dass wir sogar viel näher an das Optimum geraten. Für viele schwere Probleme muss man sich eigentlich über eine solche Garantie sogar freuen.

Aufgabe 10.1 Sei Opt$_U(I) = 90$ für eine Probleminstanz I. Nehmen wir an, unser Online-Algorithmus A berechnet Lösung$_A(I)$ mit Kosten(Lösung$_A(I)) = 135$.

---

[5]In der Informatik sagt man oft „im schlechtesten Fall".

a) Bestimmen Sie die Konkurrenzgüte von A auf I.

b) Um wieviel Prozent ist Lösung$_A(I)$ schlechter als die optimalen Lösungen für I?

Aufgabe 10.2 Für jede Probleminstanz I haben wir die Werte Opt$_U(I)$ und Kosten(Lösung$_A(I)$) definiert. Was drückt die folgende Zahl

$$\frac{\text{Kosten}(\text{Lösung}_A(I)) - \text{Opt}_U(I)}{\text{Opt}_U(I)} \cdot 100$$

aus?

Nehmen wir jetzt an, wir entwerfen eine Online-Strategie A für ein Optimierungsproblem U und wollen Konk$_A(I)$ bestimmen. In der Informatik sagt man, dass wir die Konkurrenzgüte von A **analysieren**. Das ist manchmal ein sehr schweres Vorhaben. Wir kennen viele Fälle (Probleme und Online-Algorithmen zu ihrer Lösung), wo wir nach jahrelangen Versuchen den Wert von Konk$_A$ nicht annähernd bestimmen konnten. Die Schwierigkeit hängt damit zusammen, dass man den maximalen Wert von Konk$_A(I)$ über alle potenziell unendlich vielen Probleminstanzen I bestimmen soll.

Für die Analyse von Konk$_A(I)$ verwenden die Forscher ein hilfreiches Spiel zwischen einem Algorithmendesigner und einem Gegner. Der Algorithmendesigner versucht, einen Online-Algorithmus zu entwerfen und sein Gegner versucht, durch den Entwurf von schweren Probleminstanzen für die entworfenen Algorithmen zu beweisen, dass sie schlecht sind (Fig. 10.1).

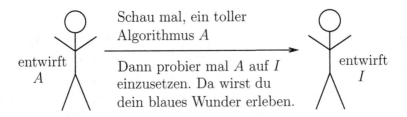

Fig. 10.1

In diesem Spiel kann man den Algorithmendesigner als einen begeisterten Optimisten betrachten, der sich über das Produkt seiner Arbeit freut. Seinen Gegner kann man als einen Skeptiker ansehen, der alle Produkte von des ALgorithmendesigners bezweifelt und dies zu belegen versucht. Gute Forschungsteams brauchen beide – Optimisten und Pessimisten. So kommen begeisterte Ideen zustande, die sorgfältig überprüft, korrigiert und letztendlich verbessert werden.

Bei der Analyse von Online-Algorithmen betrachten wir oft den Gegner als **gemein**. Das hängt mit seiner vorteilhaften Situation zusammen. Er kennt den Online-Algorithmus A und kann die Zukunft so gestalten, dass A nicht erfolgreich wird. Weil er A kennt, weiß der Gegner für jede Teilinstanz ganz genau, welche Teillösung A liefert. Damit sieht das Spiel so aus. Der Gegner zeigt ein Stück der Zukunft und wartet ab, was A damit macht. Danach bestimmt der Gegner ein weiteres Stück der Zukunft. Nachdem er sich angeschaut hat, wie A reagiert, bastelt er die nächsten Anforderungen. Der Gegner hat also eine gute Möglichkeit, A an der Nase herum zu führen. Wenn es ihm gelingt, hat er bewiesen, dass $Konk_A$ nicht sehr gut sein kann.

Mit folgendem Beispiel schlagen wir gleich drei Fliegen mit einer Klappe. Zuerst illustrieren wir die Definition der Konkurrenzgüte an einem Beispiel. Zweitens zeigen wir anschaulich wie ein gemeiner Gegner jeden möglichen Algorithmus für das betrachtete Problem in seine Schranken weist. Drittens lernen wir anhand dieser Problemstellung, dass es tatsächlich Aufgaben gibt, für die Online-Algorithmen zur Lösung keine guten Karten haben.

Beispiel 10.1 Blätterproblem[6]

Das Blätterproblem ist ein aktuelles Problem, das in jedem Rechner ständig gelöst werden muss. Im Rechner haben wir[7] zwei Arten von Speichern, einen kleineren und einen größeren. Der kleinere Teil heißt **Cache** und in diesem Teil kann man schnelle Zugriffe auf Daten machen. Der größere Speicher heißt **Hauptspeicher** und ist wesentlich größer als der Cache (Fig. 10.2).

Der Zugriff auf die Daten im Hauptspeicher ist langsam. Im Prinzip ist es sogar so, dass der Rechner nur die Daten aus dem Cache direkt bearbeiten kann. Wenn man Daten, die nicht im Cache sind, anschauen oder bearbeiten will, muss man diese Daten zuerst in den Cache holen und erst dann aus dem Cache lesen. Diese Übertragung der Daten zwischen dem Cache und dem Hauptspeicher kostet relativ viel Zeit. Deswegen strebt man an, alle in naher Zukunft gebrauchten Daten im kleinen Cache zu haben. Dies kann aber nicht garantiert werden, weil der Rechner die Zukunft nicht kennt, er weiß also nicht, auf welche Daten die Nutzer werden zugreifen wollen. Der Rechner erhält immer nur einzeln von Zeit zu Zeit eine Anforderung, gewisse Daten zu zeigen oder zu bearbeiten. Wenn die Daten nicht im Cache sind, muss er sie dorthin bringen. Weil der Cache typischerweise voll ist, muss er vorher einen Teil der Daten aus dem Cache löschen oder aus dem Cache in den Hauptspeicher übertragen. Und jetzt kommt der Spielraum für die

---

[6]„paging" im Englischen
[7]mindestens

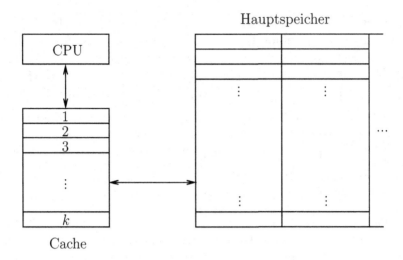

Fig. 10.2

Online-Strategie. Welche Daten sollen aus dem Cache entfernt werden? Bitte nur nicht diejenigen, die man bei der nächsten Anforderung brauchen wird!

Modellieren wir die Situation genauer. Beide Speicher sind in Datenblöcke aufgeteilt, die man **Seiten** nennt. Der Cache kann höchstens k Seiten enthalten und typischerweise enthält er genau k Seiten (ist voll). Der Hauptspeicher enthält alle notwendigen Daten und somit darf dort eine Unmenge Daten liegen. Zwischen dem Cache und dem Hauptspeicher kann man nur ganze Seiten übertragen. Es ist wie ein Spiel mit einem dicken Buch, in dem man auf einmal höchstens k Seiten sehen kann. Wenn man eine neue Seite sehen will, muss man eine der geöffneten Seiten schließen. Deswegen nennen wir diese Aufgabenstellung das Blätterproblem.

Eine ganze Instanz des Blätterproblems kann z.B.

$$I = 3, 107, 30, 1201, 73, 107, 30$$

sein. Diese Instanz entspricht der Anforderung, die Seiten mit Nummern 3, 107, 30, 1201, 73, 107, 30 nacheinander anzuschauen. Die Seiten 107 und 30 schauen wir uns sogar zweimal an. 107 einmal in der zweiten und einmal in der sechsten Zeitperiode. Es wäre falsch, die Seite 107 nach dem Anschauen im zweiten Schritt aus dem Cache zu entfernen, weil man sie später zurückholen müsste.

Weil wir das Blätterproblem als ein Minimierungsproblem betrachten wollen, müssen wir den zulässigen Lösungen Kosten zuordnen. Die Zeitaufwände für die Datenübertragung vom Hauptspeicher in den Cache und für den Zugriff im Cache sind so unterschiedlich, dass wir

- die Kosten für den Zugriff im Cache auf 0 setzen und

- die Kosten für das Holen der Daten aus dem Hauptspeicher auf 1 setzen.

Betrachten wir jetzt z.B. die folgende Situation: Wir haben einen Cache der Größe 3 ($k = 3$), der genau 3 Seiten 5, 30 und 107 enthält. Jetzt kommt die schon erwähnte Probleminstanz $I = 3, 107, 30, 1201, 73, 107, 30$. Die folgende optimale Lösung hat die Kosten 3. Der Rechner holt zuerst die Seite 3 in den Cache und schickt dabei die Seite 5 zurück in den Hauptspeicher. Wir werden im Folgenden diesen Austausch der Seiten 3 und 5 zwischen Cache und dem Hauptspeicher durch

$$5 \leftrightarrow 3$$

bezeichnen. Die nächsten angeforderten Seiten 107 und 30 stehen schon im Cache zur Verfügung. Danach holt man die Seite 1201 auf den Speicherplatz der Seite 3. Die Seiten 30 und 107 laden wir nicht zurück in den Hauptspeicher, weil wir wissen, dass sie später noch gebraucht werden. Im fünften Schritt tauschen wir die Seite 1201 gegen die Seite 73 aus. Die letzten zwei Anforderungen können wir offensichtlich ohne Aufwand realisieren. Diese Lösung können wir als

$$5 \leftrightarrow 3, \bullet, \bullet, 3 \leftrightarrow 1201, 1201 \leftrightarrow 73, \bullet, \bullet$$

beschreiben, wobei $\bullet$ keine Aktion zwischen dem Cache und dem Hauptspeicher bedeutet und $a \leftrightarrow b$ den Austausch der Seite a im Cache gegen die Seite b aus dem Hauptspeicher darstellt. Die Tabelle 10.1 zeigt den Inhalt des Cache in den acht betrachteten Zeitintervallen.

Zeit	0	1	2	3	4	5	6	7
Operation		$5 \leftrightarrow 3$	$\bullet$	$\bullet$	$3 \leftrightarrow 1201$	$1201 \leftrightarrow 73$	$\bullet$	$\bullet$
Cache	5	3	3	3	1201	73	73	73
	30	30	30	30	30	30	30	30
	107	107	107	107	107	107	107	107
gelesen		3	107	30	1201	73	107	30

Tabelle 10.1

Wir dürfen deswegen behaupten, dass unsere Lösung optimal ist, weil am Anfang die Seiten 3, 1201 und 73 nicht im Cache sind und es klar ist, dass sie von dort bei der entsprechenden Anforderung in $I = 3, 107, 30, 1201, 73, 107, 30$ geholt werden müssen.

Aufgabe 10.3 Finden Sie optimale Lösungen für die folgenden Instanzen des Blätterproblems:

(a) $k = 3$, Cache enthält $1, 2, 3$ und $I = 7, 9, 3, 2, 14, 8, 7$

(b) $k = 5$, Cache enthält $1, 101, 1001, 1002, 9$ und $I = 1002, 7, 5, 1001, 101, 3, 8,$
    $1, 1002$

Es gibt manchmal viele mögliche Lösungen (bei jeder neuen Anforderung auf eine Seite, die sich nicht im Cache befindet, hat man k Möglichkeiten, eine im Cache vorhandene Seite gegen die neue auszutauschen) und die Lage kann unübersichtlich sein, aber mit Sicherheit besteht die Möglichkeit, eine optimale Lösung zu finden. Wenn man aber das Blätterproblem als ein Online-Problem betrachtet, ändert sich die Situation auf extreme Weise. Die Anforderungen kommen einzeln. Nachdem man die Anforderung erfüllt hat und deswegen möglicherweise eine Seite aus dem Cache entfernt hat, kommt erst die Bekanntmachung der nächsten Anforderung. Der Gegner hat hier einen großen Spielraum und kann richtig gemein werden. Er stellt als nächste Anforderung gerade die Seite, die man entfernt hat. Egal, welche Online-Strategie für den Seitenaustausch man verwendet, der Gegner fordert immer genau die Seite, die man gerade aus dem Cache entfernt hat. Damit muss es bei der Bearbeitung einer vom Gegner hergestellten Instanz bei jeder Anforderung zur Kommunikation zwischen dem Hauptspeicher und dem Cache kommen und somit sind die Kosten die maximal möglichen.

Spielen wir dies zuerst mit einem Beispiel durch: Sei $k = 3$ und der Cache enthalte die Seiten 1, 2 und 3. Dann fordert der Gegner die Seite 4. Eine Seite aus dem Cache muss also weg. Nehmen wir an, die vorhandene Strategie entfernt die Seite 2, um 4 in den Cache holen zu können. Dann fordert der Gegner im nächsten Schritt die Seite 2. Diese ist nicht mehr im Cache und muss dorthin geholt werden. Nehmen wir an, die Online-Strategie macht $4 \leftrightarrow 2$. Dann fordert der Gegner im nächsten Schritt die Seite 4. Falls sich die Strategie für $1 \leftrightarrow 4$ entscheidet und dies realisiert, dann fordert der Gegner die Seite 1, die zum Beispiel durch $4 \leftrightarrow 1$ geholt werden kann. Somit entstehen die Instanzen

$$4, 2, 4, 1$$

und ihre zulässige Lösung

$$2 \leftrightarrow 4, 4 \leftrightarrow 2, 1 \leftrightarrow 4, 4 \leftrightarrow 1$$

mit den maximal möglichen Kosten 4.

Aufgabe 10.4 Betrachten Sie folgende Online-Strategie: Immer die Seite mit der kleinsten Zahl wird entfernt. Nehmen wir $k = 4$ an und der Cache enthält $1, 3, 5, 7$. Spielen Sie die Rolle des Gegners und entwerfen Sie eine Probleminstanz von 10 Anforderungen (der Länge 10), so dass diese Online-Strategie eine Lösung mit den Kosten 10 produziert.

Aufgabe 10.5 Ein Online-Algorithmus nimmt bei einem Speicherplatzbedarf aus dem Cache immer die Seite heraus, die bisher am wenigsten angefragt wurde. Wenn mehrere solche Seiten vorhanden sind, entfernt er die Seite mit der größten Nummer. Spielen Sie den Gegner für diese Strategie und folgende Startsituationen und Zielsetzungen:

(a) $k = 4$, der Cache enthält $1, 2, 3, 4$, die Instanz I sollte die Länge 4 haben und $\text{Opt}_{Blättern}(I) = 1$.

(b) $k = 5$, der Cache enthält $1, 7, 103, 5, 9$ und für die entworfene Instanz I sollte $\text{Opt}_{Blättern}(I) = 2$ gelten.

Verallgemeinern wir jetzt unsere Erfahrung und beweisen wir, dass jeder Online-Algorithmus für den Cache von k Seiten

$$\text{Konk}_A \geq k$$

erfüllt und dass es somit keine gute Online-Strategie gibt, die für alle Probleminstanzen zufriedenstellend arbeiten wird.

Nehmen wir an, wir haben die Seiten $1, 2, 3, 4, \ldots, k$ in unserem Cache der Größe k Seiten. Sei A ein beliebiger Online-Algorithmus für das Blätterproblem. Der Gegner baut die Probleminstanz auf, indem er zuerst die Anforderung $k + 1$ stellt. Weil die Seite $k + 1$ im Cache nicht vorhanden ist, muss A sie gegen eine der Seiten $1, 2, \ldots, k$ austauschen. Nehmen wir an, dass A die Entscheidung

$$s_1 \leftrightarrow k + 1$$

fällt, wobei s_1 aus $\{1, 2, \ldots, k\}$ ist. Jetzt enthält der Cache die Seiten

$$1, 2, \ldots, s_1 - 1, s_1 + 1, \ldots, k, k + 1 .$$

Dann baut der Gegner mit der Anforderung von s_1 die Probleminstanz weiter. Die Seite s_1 ist nicht mehr im Cache und so muss A wieder einen Austausch zwischen dem Cache und dem Hauptspeicher anordnen. Nehmen wir an, A wählt

$$s_2 \leftrightarrow s_1$$

für ein s_2 aus $\{1, 2, \ldots, k, k+1\} - \{s_1\}$. Jetzt enthält der Cache die Seiten $1, 2, \ldots, s_2 - 1, s_2 + 1, \ldots, k+1$ (genauer alle $i \in \{1, 2, \ldots k+1\} - \{s_2\}$). Also fordert der Gegner das Anschauen der Seite s_2 und so weiter. Auf diese Weise kann man fortfahren, bis eine Instanz

$$I_A = k+1, s_1, s_2, \ldots, s_{k-1}$$

der Länge k entsteht und

$$\text{Kosten}(\text{Lösung}_A(I_A)) = k$$

gilt[8].

Wir behaupten jetzt, dass

$$\text{Opt}_{Blättern}(I_A) = 1$$

gilt. Begründen wir dies. Wenn man am Anfang die vollständige Instanz I_A kennt, kann man wie folgt vorgehen: Die Werte $s_1, s_2, \ldots, s_{k-1}$ sind alle aus $\{1, 2, \ldots, k+1\}$ und es gibt genau $k-1$ Stück. Damit muss es in $\{1, 2, \ldots, k\}$ einen Wert j geben, der nicht unter den Werten $s_1, s_2 \ldots, s_{k-1}$ vorhanden ist. Dann nimmt man

$$j \leftrightarrow k+1$$

als die erste Aktion für die Nachfrage $k+1$. Danach braucht man keine Kommunikation zwischen dem Hauptspeicher und dem Cache mehr, weil alle in den nächsten $k-1$ Schritten angeforderten Seiten $s_1, s_2 \ldots s_{k-1}$ im Cache liegen, in dem nur die nicht angeforderte Seite j aus $\{1, 2, \ldots k+1\}$ fehlt (wenn z.B. $k = 4$ und $I_A = 5, 3, 1, 4$, dann ist $j = 2$ und somit $2 \leftrightarrow 5, \bullet, \bullet, \bullet$ die optimale Lösung). Weil $\text{Opt}_{Blättern}(I_A) = 1$ ist, erhalten wir

$$\text{Konk}_A(I_A) = \frac{\text{Kosten}(\text{Lösung}_A(I_A))}{\text{Opt}_{Blättern}(I_A)} = \frac{k}{1} = k$$

für jeden Online-Algorithmus A. Damit gibt es keinen δ-konkurrenzfähigen Online-Algorithmus für das Blätterproblem mit einem Cache der Größe k für $\delta < k$.

Wie geht man dieses Problem in der Praxis an? Darauf wollen wir jetzt nicht eingehen. Die Idee ist, wenigstens solche Online-Algorithmen zu basteln, die auf den typischen (am häufigsten vorkommenden) Instanzen eine gute Konkurrenzgüte erreichen. Durch lange experimentelle Untersuchungen der

---

[8]Beachten Sie, dass für unterschiedliche Online-Strategien unterschiedliche Instanzen entstehen.

entstehenden Probleminstanzen weiß man, dass die Seiten, die „in letzter Zeit" häufiger angesprochen wurden, eine höhere Wahrscheinlichkeit haben, wieder gefragt zu sein. Wie man „in letzter Zeit" definiert und was für eine Rolle diese experimentellen Häufigkeiten der Anfrage im Algorithmusentwurf spielen, wollen wir hier nicht detailliert ausführen. Außerdem kann man noch geschickt Zufallssteuerung anwenden, um praktikable Lösungen online zu entwickeln. □

10.3 Eine zufallsgesteuerte Online-Strategie für ein Arbeitsverteilungsproblem

In diesem Abschnitt möchten wir zeigen, dass man Online-Algorithmen finden kann, die in scheinbar aussichtslosen Situationen Entscheidungen treffen können, die fast so gut wie optimale Lösungen sind. Es gibt also komplexere Aufgabenstellungen, für die man (entgegen der Erwartung) ohne die Zukunft zu kennen, fast so gute Entscheidungen treffen kann wie jemand, der die Zukunft voraussagen könnte.

Um anschaulich und ohne zu viele mathematische Rechungen zu bleiben, betrachten wir eine sehr einfache Version eines Arbeitsverteilungsproblems. Nehmen wir an, wir haben einen Betrieb mit n unterschiedlichen Bearbeitungsstationen. Auf jeder Station ist eine Maschine, die mit oder ohne direkte Leitung durch eine Person gewisse Bearbeitungstätigkeiten ausführen kann. Zu dem Betrieb kommen Kunden mit ihren Aufträgen. In einem Auftrag wird spezifiziert, welche Stationen benötigt werden und in welcher Reihenfolge diese für die Bearbeitung beansprucht werden. In dieser vereinfachten Version des Problems nehmen wir an, dass jeder Auftrag alle Stationen (Maschinen) anspricht und jede für die gleiche Zeit (z.B. 10 Minuten). Das einzige, was den Kunden in diesem einfachen Arbeitsverteilungsproblem zu wählen bleibt, ist die Reihenfolge, in der die Stationen beansprucht werden. Für $n = 5$ hat der Betrieb zum Beispiel 5 Stationen S_1, S_2, S_3, S_4 und S_5. Die Auftragsstellung (der Auftrag)

$$A = (1, 3, 5, 4, 2)$$

bedeutet, dass der Auftraggeber die Stationen für die Bearbeitung seines Auftrages in der Reihenfolge

$$S_1, S_3, S_5, S_4 \text{ und } S_2$$

anfordert. Die Aufgabe des Betriebs ist, jeden Auftrag so schnell wie möglich zu erledigen. Wenn nur der Auftrag A bevorsteht, kann der Betrieb den

Auftrag offensichtlich in der minimalen möglichen Zeit von 5 Zeiteinheiten (eine Zeiteinheit für jede Station) erfüllen. In der ersten Zeiteinheit wird S_1 aktiv, in der zweiten Zeiteinheit S_3, in der dritten S_5, in der vierten S_4 und in der letzten und fünften Zeiteinheit die Station S_2. Das Problem besteht darin, dass es mehrere Kunden geben kann, die miteinander in der Bearbeitung konkurrieren können. Hier untersuchen wir die einfachste Version mit zwei Aufträgen von zwei Kunden. Der Betrieb versucht dabei die Zeit für die vollständige Bearbeitung beider Aufträge zu minimieren. Zum Beispiel für $n = 4$ betrachten wir die folgenden zwei Aufträge:

$$A_1 = (1, 2, 3, 4)$$
$$A_2 = (3, 2, 1, 4) \ .$$

Der Betrieb kann wie folgt vorgehen. Er kann in der ersten Zeiteinheit **parallel** beide Aufträge bearbeiten, indem auf der ersten Station S_1 der erste Teil von A_1 bearbeitet wird und auf S_3 der erste Teil von A_2. Nach der ersten Zeiteinheit sind dann die ersten Teile beider Aufträge fertig und A_1 und A_2 müssen jetzt beide an S_2 bearbeitet werden. Das geht aber nicht gleichzeitig, weil auf jeder Station in einer Zeiteinheit nur eine Aufgabe bearbeitet werden kann. Nehmen wir an, der Betrieb entscheidet, dass man zuerst auf S_2 den zweiten Teil von A_1 bearbeitet. Weil die Bearbeitung der Aufträge in der gegebenen Folge ablaufen muss, wird in der zweiten Zeiteinheit A_2 nicht weiter bearbeitet und erhält damit eine **Verspätung** von der Größe einer Zeiteinheit. Nach der zweiten Zeitenheit sind der erste und der zweite Teil von A_1 und der erste Teil von A_2 fertig (Tabelle 10.2). A_1 fordert jetzt S_3 und A_2 wieder S_2. Jetzt ist es möglich, beide Wünsche zu erfüllen und somit entscheidet der Betrieb, die Arbeit von A_1 auf der Station S_3 und die Arbeit von A_2 auf S_2 fortzusetzen. Nach der dritten Zeiteinheit bleibt bei A_1 nur noch der Wunsch 4 und bei A_2 sind noch zwei Wünsche in der Folge $1, 4$ übrig. Somit kann der Betrieb in der vierten Einheit parallel den vierten Wunsch 4 von A_1 auf der Station S_4 erfüllen und den dritten Teil von A_2 auf S_1 erledigen. Somit ist der Auftrag A_1 nach 4 Zeiteinheiten ohne Verspätung erledigt und der Betrieb kann in der fünften Zeiteinheit den letzten Teil von A_2 auf S_4 erledigen. Nach fünf Zeiteinheiten sind beide Aufträge A_1 und A_2 erledigt und dies ist die optimale Lösung, d.h. es gibt keine Lösung, die es in kürzerer Zeit erledigen könnte.

Eine Lösung in kürzerer Zeit ist deswegen nicht möglich, weil A_1 und A_2 in 4 Zeiteinheiten zu bearbeiten bedeutet, dass in jeder Zeiteinheit die Arbeit an beiden Aufträgen parallel fortgesetzt werden muss. Damit muss man am Anfang A_1 auf S_1 und A_2 auf S_3 bearbeiten und die **Kollision** der gleichen Wünsche, die Station S_2 gleichzeitig zur Verfügung zu haben, ist unvermeidbar. Damit muss einer warten und eine Verspätung erhalten und kann frühestens in 5 Zeiteinheiten fertig werden.

Die folgende Tabelle veranschaulicht den Verlauf der oben beschriebenen Bearbeitung der Aufträge A_1 und A_2. Jede Spalte entspricht einer Zeiteinheit und zeigt, welche Stationen für welche Aufgaben aktiv sind. Aus der Sicht der zwei Zeilen kann man beobachten, wie weit die Arbeit der Aufträge A_1 und A_2 nach den einzelnen Zeiteinheiten fortgeschritten ist.

Zeiteinheiten	1	2	3	4	5
A_1	S_1	S_2	S_3	S_4	
A_2	S_3		S_2	S_1	S_4

Tabelle 10.2

Aufgabe 10.6 Nehmen wir an, der Betrieb entscheidet in der ersten Zeiteinheit nur A_1 auf S_1 zu bearbeiten und A_2 warten zu lassen, obwohl S_3 frei zur Verfügung steht. Kann man es danach noch meistern, in insgesamt 5 Zeiteinheiten mit beiden Aufträgen fertig zu werden? Beschreiben Sie Ihre Zuordnung der Stationen an die Aufträge ähnlich wie in Tabelle 10.2.

Aufgabe 10.7 Nehmen wir an, wir haben einen Betrieb mit $n = 6$ Arbeitsstationen und zwei Aufträgen $A_1 = (1, 2, 3, 4, 5, 6)$ und $A_2 = (1, 3, 2, 6, 5, 4)$. Wie viele Zeiteinheiten brauchen Sie, um beide Aufträge vollständig zu erledigen? Zeichnen Sie Ihre Lösung mittels einer Tabelle wie Tab. 10.2.

Dieses Problem hat eine graphische Darstellung, die die Suche nach einer guten Lösung sehr anschaulich macht. Für einen Betrieb mit n Stationen zeichnet man ein $(n \times n)$-Feld. Für zwei Aufträge A_1 und A_2 schreibt man die Folge der gewünschten Stationen von A_1 in die Spalten des Feldes und die Folge der geforderten Stationen von A_2 in die Zeilen. In Fig. 10.3 sehen wir das (4×4)-Feld für

$$A_1 = (1, 2, 3, 4) \text{ und } A_2 = (3, 2, 1, 4) \, .$$

Die kleinen Felder, in denen sich die gleichen Wünsche treffen (wie zum Beispiel die Kreuzung der ersten Zeile mit der dritten Spalte entspricht dem gleichen Wunsch nach S_3, oder die Kreuzung der zweiten Zeile mit der zweiten Spalte dem Wunsch nach S_2), nennen wir **Hindernisse** und schraffieren sie schwarz. Beobachten Sie, dass man immer genau n Hindernisse hat, weil es für jede Station S_i genau eine Zeile und genau eine Spalte mit dem

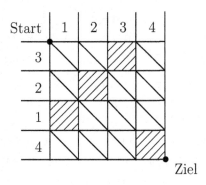

Fig. 10.3

Wunsch i (mit der Bezeichnung i) gibt. Somit sehen wir auch in Fig. 10.3 genau 4 Hindernisse. Für alle freien Felder ohne Hindernisse (für Felder mit unterschiedlichen Wünschen A_1 und A_2) zeichnen wir eine Verbindung von der linken oberen Ecke zur rechten unteren Ecke des Feldes und nennen diese Verbindung eine **diagonale Kante** (siehe Fig. 10.3). Die Punkte, wo sich die Trennlinien zwischen Zeilen und Spalten treffen, nennen wir Ecken (Fig. 10.4).

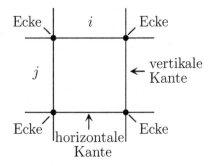

Fig. 10.4

Die Linien, die benachbarte Ecken verbinden, nennen wir **Kanten**. Die horizontal verlaufenden Kanten der Trennlinien zwischen Zeilen nennen wir **horizontale Kanten** (Fig. 10.4). Analog nennen wir die vertikal verlaufenden Linien zwischen benachbarten Ecken **vertikale Kanten**. Die Suche nach einer Lösung für die Bearbeitung von A_1 und A_2 entspricht dann einer Wanderung von der obersten linken Ecke des gesamten Feldes (als Start in Fig. 10.3 bezeichnet) zur unteren rechten Ecke des Feldes (als Ziel in Fig. 10.3 bezeichnet). Die Wanderung geht schrittweise von Ecke zu Ecke.

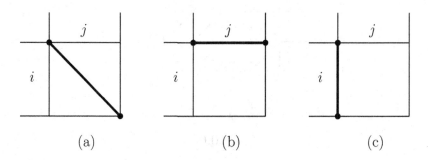

Fig. 10.5

Wenn man über eine diagonale Kante des Feldes der Kreuzung der i-ten Zeile und der j-ten Spalte geht (Fig. 10.5(a)), dann entspricht dies einer gleichzeitigen Bearbeitung der Aufträge A_1 und A_2 auf den gewünschten Stationen S_i und S_j. Eine horizontale Kante zu nehmen (Fig. 10.5(b)) entspricht der Bearbeitung von A_1 auf der Station S_j und dem Warten von Auftrag A_2, der in dieser Zeit nicht bearbeitet und dadurch um eine Zeiteinheit verspätet wird. Eine vertikale Kante zu nehmen (Fig. 10.5(c)), entspricht der Bearbeitung von A_2 auf S_i und dem Warten von A_1. In Fig. 10.6 ist die in Tabelle 10.2 beschriebene Lösung für die Aufträge A_1 und A_2 aus Fig. 10.3 gezeichnet. Wir sehen, wo möglich werden die Diagonalkanten verwendet. Nur beim Umgehen des Hindernisses im Feld $(2,2)$ wird die horizontale Kante benutzt, und am Ende, wenn A_1 schon fertig ist, wird die vertikale Kante zum Ziel benutzt.

Die Kosten der Lösung (die Anzahl der benötigten Zeiteinheiten für die vollständige Bearbeitung von A_1 und A_2) ist genau die Länge des Weges vom Start zum Ziel in der Anzahl der durchlaufenen Kanten. In Fig. 10.6 haben wir 5 Kanten auf dem Weg vom Start zum Ziel und die i-te Kante des Weges entspricht genau der Zuordnung der Stationen in der i-ten Spalte in der Tabelle 10.2. Wenn man die vollständige Probleminstanz A_1 und A_2 kennt, kann man sehr effizient mit bekannten Algorithmen den kürzesten Weg vom Start zum Ziel finden und damit die optimale Lösung für die zeitliche Zuteilung der Arbeitsstationen bestimmen.

Aufgabe 10.8 Betrachten Sie die Aufträge $A_1 = (6, 5, 4, 3, 2, 1)$ und $A_2 = (4, 5, 6, 2, 3, 1)$ für einen Betrieb mit 6 Stationen. Zeichnen Sie die entsprechende graphische

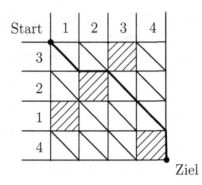

Fig. 10.6

Darstellung der Probleminstanz mit den 6 Hindernissen. Finden Sie dann einen kürzesten Weg (es kann mehrere geben) und bestimmen Sie aus diesem Weg die zeitliche Folge der Bearbeitung der Aufträge wie in Tab. 10.2.

Diese Optimierungsaufgabe ist offensichtlich leicht zu lösen. Es wird aber schwieriger, wenn diese Aufgabe als ein Online-Problem zu lösen ist. Am Anfang kennt der Betrieb nur den ersten Wunsch von A_1 und von A_2, zum Beispiel $A_1 = (3, \ldots)$ und $A_2 = (5, \ldots)$ und der Rest ist noch unbekannt. Wenn der Betrieb dann parallel auf S_3 und S_5 diese Teilaufträge erledigt, werden dann die nächsten Teilaufträge von A_1 und A_2 sichtbar. Die Regel ist aber, dass immer bei der Entscheidung nur der nächste noch nicht bearbeitete Teilauftrag von A_1 und A_2 und nichts anderes bekannt ist.

Damit kann man das Spiel zwischen dem Algorithmendesigner und dem Gegner wie folgt ansehen. Der Algorithmendesigner entwirft eine Strategie und der Gegner entwirft zu der ihm bekannten Strategie eine schwere Instanz. Die Strategie des Gegners ist sehr einfach und wir werden sehen, dass die im Folgenden vorgestellte Strategie die allergemeinste überhaupt ist. Er will eine solche Instanz erzeugen, dass der Algorithmus mindestens in jedem zweiten Schritt keine Diagonalkante benutzt und somit in jedem zweiten Schritt eine Verspätung der Bearbeitung einer der zwei Aufträge verursacht. Wie kann der Gegner dies bewirken?

Nehmen wir an (Fig. 10.7), dass der letzte Schritt des Algorithmus ein Diagonalschritt war.

Wenn man danach in der Ecke X nach der Kreuzung der i-ten Zeile und der j-ten Spalte ist, sind die ersten j Aufgaben von A_1 und die ersten i Aufgaben

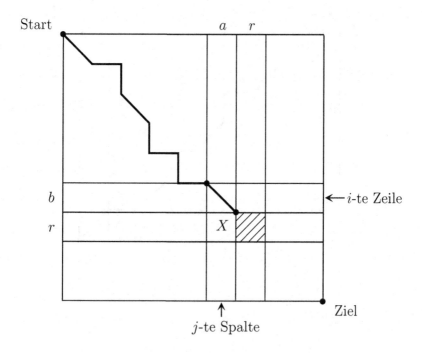

Fig. 10.7

von A_2 bearbeitet. Jetzt kann der Gegner die $(j+1)$-te Aufgabe von A_1 und die $(i+1)$-te Aufgabe von A_2 wählen. Er wählt bei beiden Aufträgen den gleichen Wunsch nach einer Station S_r, die bisher nicht angesprochen wurde. Somit wird gerade ausgehend von X ein Hindernis gelegt und der Algorithmus kann nicht mit einer Diagonalkante fortsetzen (sondern muss eine der Möglichkeiten in Fig. 10.5(b) oder Fig. 10.5(c) nutzen).

Wenn der Algorithmus nach einem Diagonalschritt an den Rand des ganzen Feldes gelangt ist (Fig. 10.8), dann sind sowieso keine Diagonalschritte zum Ziel mehr möglich und der Gegner kann die restlichen Aufgaben des noch nicht vollständig bearbeiteten Auftrages (in Fig. 10.8 ist es A_2) in eine beliebige Reihenfolge bringen.

Was können wir aus dieser Überlegung schließen? Für jeden Online-Algorithmus A findet der Gegner eine Eingabe x_A, auf der Online-Algorithmus A mindestens in jedem zweiten Zug eine nichtdiagonale Kante verwendet, d. h. auf der Eingabe x_A muss A mindestens in jeder zweiten Zeiteinheit einen der beiden Aufträge verspäten. Wenn man m Stationen (Maschinen) hat, werden dadurch insgesamt mindestens $m/2$ Verspätungen zu Stande kommen, die auf beide Aufträge verteilt sind. Also erhält einer der Aufträge

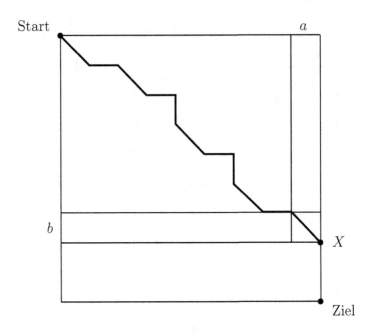

Fig. 10.8

indestens $m/4$ Verspätungen. Somit ist die Gesamtzeit der Bearbeitung von x_A mindestens

$$m + m/4 \, ,$$

weil die kürzeste Entfernung vom Start zum Ziel nur über Diagonalkanten m führt und zu der minimal möglichen Zeit m die Verspätungen addiert werden müssen.

Schauen wir uns das Spiel des Gegners gegen eine konkrete Online-Strategie an.

Beispiel 10.2 Betrachten wir die folgende Online-Strategie A für die Bewegung in dem Feld der zwei Aufträge vom Start zum Ziel.

1. Wenn man den Weg durch eine diagonale Kante fortsetzen kann, dann tut man es.

2. Wenn ein Hindernis bevorsteht (keine Möglichkeit, eine Diagonalkante zu nehmen), wähle diejenige der beiden Kanten (eine vertikale und eine horizontale), die zu einer Ecke führt, die näher an der Hauptdiagonalen des Feldes zwischen Start und Ziel liegt. Wenn beide Möglichkeiten gleich gut sind, nimm die horizontale Kante.

3. Wenn man am rechten Rand des Feldes ist, nimmt man die vertikalen Kanten bis zum Ziel.

4. Wenn man am linken Rand des Feldes ist, nimmt man die horizontalen Kanten bis zum Ziel.

Für diesen Online-Algorithmus A wird der Gegner wie folgt eine für A schwere Probleminstanz $x_A = (A_1, A_2)$ konstruieren. Er fängt mit $A_1 = 1, \ldots$ und $A_2 = 1, \ldots$ an. Somit liegt gleich beim Start ein Hindernis (Fig. 10.9), das man umgehen muss. Gemäss Punkt 2 von A sind beide Möglichkeiten das Hindernis zu umgehen gleich gut und so nimmt A die horizontale Kante.

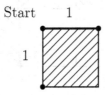

Fig. 10.9

Danach muss der Gegner die zweite Anforderung für A_1 formulieren. Jetzt hat er keine Möglichkeit, ein Hindernis zu legen, weil in jeder Zeile nur genau ein Hindernis vorkommen kann und er in der ersten Zeile schon eines gelegt hat. Deswegen spielt es keine Rolle, welche Station er jetzt fordert und so nimmt er 2, d.h. $A_1 = (1, 2, \ldots)$. Da kann jetzt A eine diagonale Kante nehmen und erfüllt damit 1 von A_1 und 2 von A_2 (Fig. 10.10).

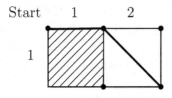

Fig. 10.10

Jetzt sind alle bisher spezifizierten Anforderungen erfüllt und der Gegner kann die nächsten beiden Wünsche für A_1 und A_2 äußern. Das bedeutet, dass er wieder ein Hindernis legen kann (mit der letzten diagonalen Kante wurde eine neue Zeile sowie eine neue Spalte erreicht). Der Gegner spezifiziert

$$A_1 = (1, 2, \mathbf{3}, \ldots) \text{ und } A_2 = (1, \mathbf{3}, \ldots) \ .$$

Somit liegt wieder ein Hindernis vor A (Fig. 10.11), der nach Punkt 2 die vertikale Kante nehmen muss, weil sie ihn näher an die Hauptdiagonale bringt (Fig. 10.11).

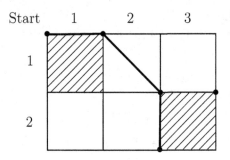

Fig. 10.11

Danach (siehe Fig. 10.11) kann der Gegner kein Hindernis legen und spezifiziert nur $A_2 = (1, 3, \mathbf{2}, \ldots)$. Jetzt nutzt A wieder die bevorstehende diagonale Kante (Fig. 10.12) und wir erreichen dadurch eine neue Zeile und eine neue Spalte. Der Gegner legt mit

$$A_1 = (1, 2, 3, \mathbf{4}, \ldots) \text{ und } A_2 = (1, 3, 2, \mathbf{4}, \ldots)$$

ein neues Hindernis, das A horizontal umgeht (Fig. 10.12).

Wenn der Betrieb nur 4 Stationen hätte, würde damit $x_A = (A_1, A_2)$ erzeugt. Um zum Ziel zu kommen (Fig. 10.12), müsste man noch eine vertikale Kante nehmen. Damit würde A sechs Kanten benutzen, um vom Start zum Ziel zu kommen und nur zwei davon sind diagonal. Wir starten mit einer horizontalen Kante und höchstens jede zweite Kante ist diagonal.

$\square$

Aufgabe 10.9 Nehmen wir an, der Betrieb hat 7 Stationen. Vervollständigen Sie in diesem Fall die Herleitung der Probleminstanz x_A, indem Sie für die Fortsetzung von Beispiel 10.2 (von der Ecke x in Fig. 10.12) die Rolle des Gegners übernehmen.

Aufgabe 10.10 Wie sieht die optimale Lösung für die Probleminstanz $A_1 = (1, 2, 3, 4)$ und $A_2 = (1, 3, 2, 4)$ in Fig. 10.12 aus?

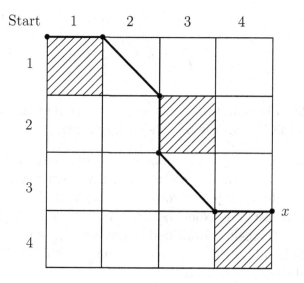

Fig. 10.12

Aufgabe 10.11 Wir ändern die Strategie A aus Beispiel 10.2, indem wir im Punkt 2 fordern, dass im Fall eines Hindernisses immer die horizontale Kante verwendet wird. Spielen Sie den Gegner für die neue Strategie A' und konstruieren Sie auf diese Weise eine schwere Instanz für A'.

Aufgabe 10.12 Betrachten Sie eine Strategie B, die unabhängig von der Eingabe zuerst 3 vertikale Kanten nimmt (lass also A_1 drei Zeiteinheiten warten) und danach wie A arbeitet. Spielen Sie den Gegner für B und erzeugen Sie eine schwere Instanz für B.

Wir haben gezeigt, dass man für jeden Online-Algorithmus A eine für A schwere Probleminstanz x_A bauen kann, so dass die Lösung von A

$$m + m/4$$

Zeiteinheiten braucht, um x_A zu bearbeiten.

Ist dies gut oder schlecht? Um diese Frage zu beantworten, müssen wir zuerst untersuchen, wie gut die Lösungen sind, die man finden kann, wenn man die Zukunft kennt (wenn von Anfang an die Aufträge vollständig bekannt sind). Wir werden jetzt feststellen, dass jede Probleminstanz von 2 Aufträgen für m Maschinen in der Zeit

$$m + \sqrt{m}$$

bearbeitet werden kann. Dies bedeutet, dass für jeden Online-Algorithmus A

$$\text{Konk}_A(I) \geq \frac{m + 0.25 \cdot m}{m + \sqrt{m}}$$

gilt, was für große m bedeutet, dass die online berechneten Lösungen fast um 25% schlechter ausfallen, als die optimalen Lösungen.

Um zu zeigen, dass jede Probleminstanz in $m + \sqrt{m}$ Zeiteinheiten bearbeitet werden kann, geben wir eine für die meisten Leser neue Art der Argumentation. Wir betrachten für jede Probleminstanz mehrere Algorithmen auf einmal und stellen fest, dass die Lösungen dieser Algorithmen im Durchschnitt $m + \sqrt{m}$ Zeiteinheiten brauchen. Wenn eine Lösung im Durchschnitt $m + \sqrt{m}$ Zeiteinheiten braucht, muss eine Lösung existieren, die in höchstens $m + \sqrt{m}$ Zeiteinheiten die Instanz löst[9].

Für die Vereinfachung betrachten wir m als eine Quadratzahl k^2 und somit ist $\sqrt{m} = k$ eine ganze Zahl. Wir wollen $2k + 1$ sogenannte Diagonalstrategien in Betracht ziehen. Als D_0 bezeichnen wir die Hauptdiagonale, die vom Start zum Ziel führt. Als D_i bezeichnen wir die Diagonale des ganzen Feldes, die i Felder über D_0 liegt. Analog bezeichnet D_{-j} die Diagonale, die j Felder unter D_0 liegt. In Fig. 10.13 sind durch fettgedruckte Linien die Diagonalen D_0, D_2 und D_{-3} gezeichnet.

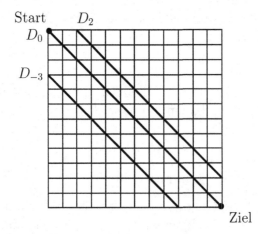

Fig. 10.13

---

[9]Wenn es nicht so wäre, müssten alle Lösungen mehr als $m + \sqrt{m}$ Zeiteinheiten brauchen, und dann kann $m + \sqrt{m}$ nicht der Durchschnitt aller Lösungen sein.

Jeder Diagonalen D_l kann eine Strategie SD_l zugeordnet werden, die anstrebt, alle Eckpunkte der Diagonalen D_l zu durchlaufen. Für jedes $i \geq 0$ macht SD_i zuerst i horizontale Schritte, um den obersten Eckpunkt der Diagonalen D_i zu erreichen. Danach versucht SD_i die Kanten der i-ten Diagonalen D_i zu verwenden. Wenn es wegen eines Hindernisses an D_i nicht möglich ist, dann umgeht SD_i das Hindernis zuerst horizontal und dann vertikal. Wenn SD_i die unterste Ecke von D_i erreicht, dann nimmt sie die i vertikalen Kanten zum Ziel.

Analog startet die Strategie SD_{-i} zuerst mit i vertikalen Kanten, um die oberste Ecke von D_{-i} zu erreichen. Danach läuft man analog wie bei SD_i entlang der Diagonalen D_{-i} bis man beim niedrigsten Eckpunkt von D_{-i} ankommt. Danach läuft man die restlichen i horizontalen Kanten zum Ziel.

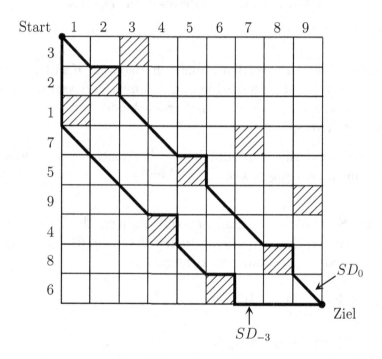

Fig. 10.14

In Fig. 10.14 sind die Lösungen von SD_0 und SD_{-3} für die Probleminstanz

$$A_1 = (1, 2, 3, 4, 5, 6, 7, 8, 9) \text{ und } A_2 = (3, 2, 1, 7, 5, 9, 4, 8, 6)$$

gezeichnet.

Aufgabe 10.13 Bestimmen Sie die Lösungen der Strategien SD_1, SD_2 und SD_{-2} für die Probleminstanz in Fig. 10.14.

Aufgabe 10.14 Betrachten Sie die Probleminstanz $A_1 = (9,8,7,6,5,4,3,2,1)$ und $A_2 = (9,7,8,4,5,6,2,3,1)$. Zeichnen Sie die Lösungen der Strategien SD_3, SD_0, SD_{-1} und SD_{-2}.

Nehmen wir jetzt an, wir nutzen für jede Probleminstanz mit m Stationen $2k+1 = 2\sqrt{m}+1$ diagonale Strategien $SD_{-k}, \ldots, SD_0, \ldots, SD_k$ und erhalten dadurch $2k+1$ unterschiedliche Lösungen. Wir berechnen die Durchschnittsqualität dieser Lösungen, indem wir zuerst ihre Laufzeiten (die Anzahl der verbrauchten Zeiteinheiten) zusammen addieren und dann durch $2k+1$ teilen.

Die Laufzeit der Lösung von SD_i und von SD_{-i} ist genau

$$m + i + \text{Anzahl der Hindernisse auf } D_i (D_{-1}) \,,$$

weil

(i) SD_i (SD_{-i}) genau i vertikale und i horizontale Kanten verwenden, um vom Start zu der Diagonalen zu kommen und von der Diagonale das Ziel zu erreichen, und damit werden beide Aufträge um jeweils i Zeiteinheiten verspätet.

(ii) Und jedes Hindernis wird durch eine horizontale und eine vertikale Kante umgangen, was jeweils eine Verspätung für beide Aufträge bedeutet.

Bezeichnen wir SUM als die Summe der Verspätungen der $2k+1$ Lösungen. Die Leser, die keine Vorliebe für die Mathematik haben, dürfen gerne auf das Studium der folgenden Rechnung verzichten.

$$\text{SUM} = \sum_{i=-k}^{k} (|i| + \text{Anzahl der Hindernisse auf } D_i)$$

$$= \sum_{i=-k}^{k} |i| + \sum_{i=-k}^{k} \text{Anzahl der Hindernisse auf } D_i$$

$$\leq 2 \cdot \sum_{i=1}^{k} i + m$$

{Dies war der wichtigste Schritt unserer Überlegung. Weil die Gesamtzahl aller Hindernisse höchstens m ist, können insgesamt nicht mehr als m Hindernisse auf den $2k+1$ betrachteten Diagonalen liegen. Somit ergibt die zweite Summe höchstens m.}

$$= 2 \cdot \frac{k \cdot (k+1)}{2} + m$$

{Dies war der kleine Gauss, der besagt, dass die Summe der ersten k positiven ganzen Zahlen genau $k \cdot (k+1)/2$ ist.}

$$= k \cdot (k+1) + m = k^2 + k + m = (\sqrt{m})^2 + \sqrt{m} + m$$
$$= 2m + \sqrt{m}.$$

Teilen wir diese Summe aller Verspätungen durch die Anzahl der Lösungen, erhalten wir die durchschnittliche Verspätung:

$$\frac{2m + \sqrt{m}}{2 \cdot \sqrt{m} + 1} \leq \sqrt{m} + \frac{1}{2} = k + \frac{1}{2}.$$

Damit muss es mindestens eine Lösung geben, die höchstens um k Zeiteinheiten verspätet ist[10]. Somit können die Aufträge der Probleminstanz in höchstens

$$m + \sqrt{m}$$

Zeiteinheiten bearbeitet werden.

Aufgabe 10.15 (Knobelaufgabe) Für unsere Kalkulationen haben wir genau $2\sqrt{m} + 1$ Diagonalstrategien in Betracht gezogen. Was würde passieren, wenn wir $4\sqrt{m} + 1$ oder $\sqrt{m} + 1$ Diagonalstrategien untersuchen würden?

Aufgabe 10.16 Berechnen Sie die durchschnittliche Verspätung der 7 Strategien von SD_3 bis SD_{-3} für die Probleminstanz in Fig. 10.14.

Wir haben jetzt bewiesen, dass man für jede Probleminstanz von 2 Aufträgen und m Stationen die Bearbeitung von Aufträgen mit höchstens $\sqrt{m}$ Verspätung realisieren kann. Online-Algorithmen können es aber nicht vermeiden, für einige Probleminstanzen eine Verspätung von $m/4 = 0.25m$ zu erreichen. Für große m kann $m/4$ wesentlich größer als $\sqrt{m}$ sein.

Dieses Resultat verdanken wir einer einfachen kombinatorischen Überlegung, die aber trotz ihrer Offensichtlichkeit ein starkes und oft verwendetes Instrument in der mathematischen Argumentation ist. Diese kombinatorische Behauptung sagt:

Wenn man m Objekte hat und zu jedem dieser Objekte ein Wert zugeordnet wurde und d der Durchschnittswert dieser Objektwerte ist, dann existiert mindestens ein Objekt mit dem Wert kleiner gleich d und mindestens ein Objekt mit dem Wert größer gleich d.

---

[10]Sonst sind alle Lösungen um mindestens $k + 1$ Zeiteinheiten verspätet und dann kann $k + 1/2$ nicht mehr eine Durchschnittsverspätung sein.

Um jetzt den Gegner zu überlisten, nehmen wir uns die Zufallssteuerung zu Hilfe und entwerfen einen guten zufallsgesteuerten Online-Algorithmus für unser Problem. Dazu beobachten wir zuerst, dass alle SD_i eigentlich Online-Algorithmen sind. Jede Diagonalstrategie verfolgt ihre Diagonale und umgeht Hindernisse auf die gleiche Weise, egal wie diese verteilt sind. Für ihre Entscheidung braucht man kein Wissen über die Probleminstanz außer der bevorstehenden Anforderungen der Aufträge A_1 und A_2. Was bringt das? Wir nehmen einen zufallsgesteuerten Algorithmus D, der

> *für jede Probleminstanz mit m Stationen zufällig eine der $2\sqrt{m}+1$ Strategien SD_i wählt und dann diese Online-Strategie nutzt, um eine Lösung zu bestimmen.*

Weil die durchschnittliche Verspätung aller $2\sqrt{m}+1$ Strategien $\sqrt{m}+\frac{1}{2}$ ist, erwartet man von D relativ gute Lösungen. Natürlich kann es vorkommen, dass man zufällig eine schlechte Strategie für die gegebene für D unbekannte Eingabe wählt. Zum Beispiel wenn der Online-Algorithmus D für die ihm unbekannte Instanz

$$A_1 = (1, 2, 3, \ldots, m) = A_2 = (1, 2, 3, \ldots, m)$$

die Diagonalstrategie SD_0 zufällig wählt, liegen alle m Hindernisse auf D_0 und die Verspätung wird die schlechtmöglichste, nämlich m. Dies passiert aber nur mit der Wahrscheinlichkeit $\frac{1}{2\sqrt{m}+1}$. Weil auf den anderen Diagonalen keine Hindernisse liegen, sind alle restlichen Zufallsentscheidungen günstig (SD_i hat genau die Verspätung i).

Aufgabe 10.17 Sei $m = 9$. Finden Sie eine Probleminstanz so, dass alle Felder der Diagonalen D_3 Hindernisse enthalten. Bestimmen Sie dann die einzelnen Verspätungen aller Diagonalstrategien.

Wie kann man sich mittels einer mathematischen Argumentation überzeugen, dass dieser zufallsgesteuerte Online-Algorithmus D gut für die Praxis ist? Kann es nicht zu häufig (mit hoher Wahrscheinlichkeit) passieren, dass die gelieferten Lösungen schlecht sind? Dazu verwenden wir wieder eine fundamentale kombinatorische Überlegung.

Wir haben n Objekte mit zugeordneten positiven Werten. In unserem Fall sind die Objekte einzelne Lösungen der Diagonalstrategien und die Werte sind ihre Verspätungen. Die Behauptung ist:

> *Mindestens die Hälfte der Objekte haben einen Wert kleiner gleich dem zweifachen Durchschnittswert.*

Wie begründet man das? Sei d der Durchschnittswert. Wenn mehr als die Hälfte der Objekte einen Wert größer als $2d$ haben, dann ist d kein Durchschnitt mehr, auch nicht, wenn alle restlichen Objekte den Wert 0 hätten (Fig. 10.15).

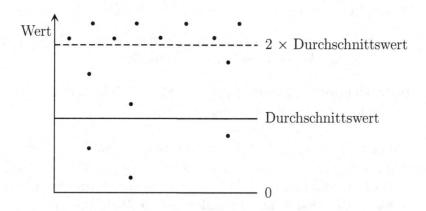

Fig. 10.15

Mathematisch begründet, sei g die Anzahl der Objekte mit dem Wert größer gleich $2d$ und h die Anzahl der Objekte mit Werten unter $2d$. Offensichtlich ist $g + h$ die Anzahl aller Objekte. Dann ist die Summer der Werte aller Objekte mindestens

$$g \cdot 2d + h \cdot 0 = 2dg \; .$$

Der Durchschnittswert d ist dann mindestens

$$d = \frac{2dg}{g + h} \; .$$

Dann erhalten wir

$$
\begin{aligned}
d \cdot (g + h) &\geq\; 2dg \quad |\cdot \frac{1}{d} \\
g + h &\geq\; 2g \quad |-g \\
h &\geq\; g \; .
\end{aligned}
$$

Also kann die Anzahl g der Objekte mit Werten über dem zweifachen Durchschnittswert nicht größer als die Anzahl der Objekte mit Werten unter dem zweifachen Durchschnitt sein. Die Folge von $h \geq g$ ist, dass wir die Garantie für D haben, dass mindestens mit der Wahrscheinlichkeit $1/2$ eine Diagonalstrategie gewählt wird, die eine Lösung mit höchstens $2 \cdot d = 2 \cdot (\sqrt{m} + 1/2)$ Verspätungen produziert. Wenn das jemandem nicht reicht, kann er diese kombinatorische Behauptung zu folgendem Satz verallgemeinern:

> *Die Anzahl der Objekte mit Werten über c-mal dem Durchschnittswert ist kleiner als der c-te Teil der Objekte.*

Wenn $c = \frac{1}{2}$ gewählt wird, erhalten wir die schon vorgestellte Behauptung. Hier darf man c als eine beliebige positive Zahl wählen.

Aufgabe 10.18 (Knobelaufgabe) Begründen Sie die Gültigkeit dieser verallgemeinerten kombinatorischen Behauptung.

Die Folge dieser Behauptung ist, dass Sie zum Beispiel mit ihrer Hilfe sagen dürfen, dass mindestens mit der Wahrscheinlichkeit $3/4$ eine Strategie zufällig gewählt wird, die im schlimmsten Fall eine Verspätung von höchstens $4d$ verursachen kann. Hier war 4 die zugrunde liegende Wahl für die Zahl c.

Aufgabe 10.19 Was für eine Garantie für die schlimmstmögliche Verspätung können wir mit der Wahrscheinlichkeit $9/10$ für D geben? Unter welcher Verspätung liegen mindestens $7/8$ aller Diagonalstrategien?

10.4 Zusammenfassung, oder: Wie überlisteten wir den Gegner

Online-Probleme sind das tägliche Brot für viele in der Praxis laufenden Prozesse. Insbesondere bei Leistungsdiensten aller Art kann man den Umfang und die Struktur der Kundenwünsche nicht hinreichend voraussehen und so muss man Entscheidungen bezüglich der bestehenden Wünsche treffen, ohne die später ankommenden Anforderungen zu kennen. In vielen Situationen hat man dann schlechte Karten, weil unsere derzeitigen Entscheidungen ungünstig für die spätere Entwicklung der Aufträge sein können.

Die Aufgabe der Algorithmiker ist zu erkennen, für welche Art von Aufgaben wir durch Online-Algorithmen so gute Entscheidungen treffen können, als wenn wir die Zukunft (alle zukünftigen Anforderungen) im Voraus kennen würden und für welche Aufgaben es nicht möglich ist. Um unterschiedliche Situationen zu analysieren, spielt man das Spiel, in dem ein Algorithmendesigner gegen einen gemeinen Gegner spielt. Der Designer entwirft Online-Algorithmen und der Gegner sucht für jeden Algorithmus Probleminstanzen, auf denen der Algorithmus versagt. Das Spiel verläuft so, dass der Gegner den entworfenen Online-Algorithmus A genau kennt und so die Zukunft für A ungünstig gestalten kann. Deswegen ist es auch sehr schwer, gute Online-Strategien zu finden.

Die Zufallssteuerung kann aber auch hier sehr hilfsreich sein. Aus der Sicht des Spiels kann man es wie folgt verstehen. Für zufallsgesteuerte Online-Algorithmen geht der Hauptvorteil des Gegners verloren. Er kennt zwar den zufallsgesteuerten Algorithmus auch vollständig, trotzdem kann er seine Entscheidungen nicht mehr anhand konkreter Probleminstanzen bestimmen (vorhersagen), weil diese Entscheidungen erst zufällig während der Arbeit des Algorithmus getroffen werden. In unserem Beispiel der Arbeitsverteilung auf m Stationen musste der Gegner auf einmal gegen $2\sqrt{m}+1$ Strategien spielen, weil er nicht raten konnte, welche davon zufällig gewählt wird. Und da hatte er keine Chance, überhaupt einem größeren Anteil der Online-Strategien mit seiner Wahl der Probleminstanz das Leben schwer zu machen. Dies erinnert an ein Fußballspiel, wo eine Mannschaft A eine feste Strategie verfolgt, egal was passiert. Wenn der Trainer der Gegner die Strategie durchschaut, kann er seine Mannschaft B zum Erfolg führen. Wenn aber die Mannschaft A sehr flexibel mit viel Improvisation und unerwarteten (fast zufälligen) Zügen spielt, ist es schwierig für den Trainer der Mannschaft B, eine Erfolg sichernde Strategie zu finden.

Aus der Sicht des Entwurfes von zufallsgesteuerten Algorithmen kann der Erfolg kommen, wenn man eine Gruppe von deterministischen Strategien (Programmen) hat, von denen jede auf den meisten Eingaben effizient eine gute Lösung berechnet, aber auf einigen versagt. Hier reicht es oft, einfach zufällig für die gegebene Probleminstanz eine dieser Strategien für die Bearbeitung zu wählen. Wenn jede Strategie für eine andere Gruppe von Probleminstanzen ungünstig arbeitet, kann es dazu kommen, dass der zufallsgesteuerte Algorithmus effizient und mit sehr hoher Wahrscheinlichkeit eine sehr gute Lösung findet.

Lösungsvorschläge zu ausgewählten Aufgaben

Aufgabe 10.2 Für jede Probleminstanz I ist

$$\text{Kosten}(\text{Lösung}_A(I)) - \text{Opt}_U(I)$$

die absolute Differenz zwischen den optimalen Kosten und den Kosten der durch den Algorithmus A ausgerechneten Lösung. Dann zeigt der Wert

$$\frac{\text{Kosten}(\text{Lösung}_A(I)) - \text{Opt}_U(I)}{\text{Opt}_U(I)} \cdot 100 \, ,$$

um wieviel Prozent die ausgerechnete Lösung schlechter ist als die optimale.

Aufgabe 10.4 Wir haben die Seiten $1, 3, 5$ und 7 im Cache und bei Bedarf entfernen wir immer diejenige Seite mit der kleinsten Zahl. Der Gegner konstruiert für diese Strategie die folgende Probleminstanz:

$$2, 1, 2, 1, 2, 1, 2, 1, 2, 1 \ .$$

Die Online-Strategie der Entfernung der Seite mit der kleinsten Zahl resultiert für diese Instanz in folgender Lösung:

$$1 \leftrightarrow 2 \quad , \quad 2 \leftrightarrow 1 \quad , \quad 1 \leftrightarrow 2 \quad , \quad 2 \leftrightarrow 1 \quad , \quad 1 \leftrightarrow 2$$

$$2 \leftrightarrow 1 \quad , \quad 1 \leftrightarrow 2 \quad , \quad 2 \leftrightarrow 1 \quad , \quad 1 \leftrightarrow 2 \quad , \quad 2 \leftrightarrow 1$$

Offensichtlich ist

$$5 \leftrightarrow 1 \quad , \quad \bullet \quad , \quad \bullet \quad , \quad \bullet \quad , \quad \bullet \quad , \quad \bullet \quad , \quad \bullet \quad , \quad \bullet \quad , \quad \bullet$$

eine optimale Lösung.

Aufgabe 10.6 Für die Probleminstanz $A_1 = (1, 2, 3, 4)$ und $A_2 = (3, 2, 1, 4)$ liefert die folgende Arbeitsverteilung

Zeiteinheiten	1	2	3	4	5
A_1	S_1	S_2	S_3	S_4	
A_2		S_3	S_2	S_1	S_4

auch eine optimale Lösung.

Aufgabe 10.16 Alle 9 Hindernisse liegen auf den 7 betrachteten Diagonalen (Fig. 10.14). Auf D_0 liegen drei Hindernisse und somit erreicht man hier die Verspätung $d_0 = 3$. Auf D_1 und D_{-1} liegen keine Hindernisse und somit ist die Verspätung jeweils nur 1 ($d_1 = d_{-1} = 1$) für das Erreichen der Diagonalen. Auf D_2 und D_{-2} liegt jeweils ein Hindernis und somit ist die Verspätung in beiden Fällen $d_2 = d_{-2} = 3$. Auf D_3 und D_{-3} liegen jeweils 2 Hindernisse und somit ist $d_3 = d_{-3} = 3+2 = 5$. Die durchschnittliche Verspätung auf diesen 7 Online-Strategien ist

$$\frac{d_0 + d_1 + d_{-1} + d_2 + d_{-2} + d_3 + d_{-3}}{7} = \frac{3 + 1 + 1 + 3 + 3 + 5 + 5}{7} = 3 \ .$$

Aufgabe 10.17 Die Probleminstanz $A_1 = (1, 2, 3, 4, 5, 6, 7, 8, 9)$ und $A_2 = (4, 5, 6, 7, 8, 9, 1, 2, 3)$ hat die Eigenschaft, dass alle 6 Felder der Diagonalen D_3 Hindernisse enthalten.

Was war, bitte, für uns charakteristisch...
Wir hatten keine Angst,
den jungen Menschen zu sagen,
dass wir selbst dumm sind.

Niels Bohr

Kapitel 11

Physikalische Optimierung in der Informatik, Heilung als Informationsverarbeitung in der Medizin, oder: Wie könnten die homöopathischen Arzneimittel wirken?

11.1 Über die Glaubwürdigkeit wissenschaftlicher Theorien

Das letzte Kapitel unterscheidet sich in einem Punkt wesentlich von den vorherigen zehn. Alles was wir bisher aus der Wissenschaft gezeigt haben, hält man dort für Tatsachen. Wir haben zwar einerseits gelernt, dass die grundlegendsten Bausteine eher eine Frage des Glaubens und des Vertrauens sind, andererseits aber auch begriffen, dass die Wissenschaftler das Gebäude der Wissenschaft sehr sorgfältig gebaut haben und alle Bausteine, die man auf die Grundbausteine gelegt hat, wurden sehr sorgfältig theoretisch sowie ex-

perimentell überprüft. Die Mathematik, die Informatik und die Naturwissenschaften erreichen eine immer höhere Reife und dadurch eine größere Stabilität. Somit sind die Theorien und die daraus abgeleiteten Vorhersagen immer
zuverlässiger. Es ist aber ein Irrtum zu glauben, dass die ganze Wissenschaft
so aussieht oder immer so ausgesehen hat. Wo man wirklich gute Möglichkeiten hat, Experimente mit zuverlässigen Messungen durchzuführen und die
Realität in der Sprache der Mathematik zu fassen, dort stehen wir auf einem
relativ festen Boden. Aber was ist mit Erziehungswissenschaften, Didaktik,
Soziologie, Ökonomie und anderen Gebieten, wo sich Wissenschaftler über
sich gegenseitig widersprechende Theorien streiten und so viele Ansichten in
der Vergangenheit mehrmals komplett umgeworfen wurden und vielleicht die
heutigen bald auch widerrufen werden? Diese Sätze sollte man nicht als eine Kritik an diesen Wissenschaftsdisziplinen sehen. Es wird nur gesagt, dass
die untersuchte Materie so komplex ist und die Grundbegriffe so ungenau
verstanden werden, dass es manchmal auch nicht anders gehen kann. Vor
Hunderten von Jahren ging es der Physik und teilweise auch der Mathematik nicht viel besser. Es ist einfach nur so, dass unterschiedliche Disziplinen
in unterschiedlichen Stadien ihrer Entwicklung sind. Und wenn eine klare
Begriffsbildung fehlt und man das, was man messen und beurteilen möchte,
anhand des Beobachteten nicht zu messen weiß, dann kommt es zu Überlegungen und Argumentation, die die meisten Mathematiker oder Physiker
als reine Spekulation bezeichnen würden. Nun, diese Spekulationen sind notwendig, um die tausenden Irrwege zu gehen, die man in der Wissenschaft
gehen muss, um eine Wahrheit zu finden. Das, was die exakten Wissenschaften eher stört, sind zu kleine Bemühungen, die Überprüfungsmöglichkeiten
für die vorgeschlagenen Hypothesen und sogar Behauptungen so weit wie
möglich mit schon vorhandenen Instrumenten[1] zu begründen. Um nicht zu
abstrakt zu bleiben, nehmen wir die Fachdidaktik der Informatik als ein in-
formatikbezogenes Beispiel. Stellen Sie sich vor, Sie wollen beweisen, dass
der Unterricht eines Themas mit einer gewissen didaktischen Methode (z.B.
objektorientiertes Programmieren direkt auf dem Rechner) empfehlenswer-
ter ist, als der Unterricht eines anderen Themas mit einer anderen Methode
(z.B. strukturiertes Programmieren mit Papier, Radiergummi und Bleistift).
Wie kann man aber beurteilen, was besser ist? Es ist schon schwer genug,
das erworbene Wissen und die erreichten Kompetenzen so zu messen, dass
das Ganze aussagekräftig genug ist. Und den genauen Beitrag zur Entwicklung der Art des Denkens der Schüler kann man schon gar nicht vermitteln.
Nehmen wir aber an, wir finden Textaufgaben und Bewertungssysteme, die
es uns ermöglichen, mindestens zu einem gewissen Grad die unserer Meinung

---

[1]Zum Beispiel mit mathematischen Methoden und Modellen.

nach wichtigen Parameter des Lernprozesses zu beurteilen. Jetzt muss man ein Experiment vorbereiten. Idealerweise müssten wir Klassen und Lehrer finden, so dass die Schüler und Klassen in ihren Vorkenntnissen und Fähigkeiten relativ ausgeglichen sind und die Lehrer gleich gut die unterschiedlichen Themen in unterschiedlichen Klassen unterrichten können. Schon die Erfüllung dieser Voraussetzungen ist nicht zuverlässig messbar. Und dann startet der Versuch trotzdem und wir müssen zusätzlich akzeptieren, dass wir alle Einflüsse bezüglich der Hilfeleistungen seitens der Eltern, der Atmosphäre in den Klassen und vieles andere gar nicht berücksichtigen können. Offensichtlich kommt dann nach all diesen Umständen ein Resultat heraus, das man nur mit sehr großer Sorgfalt genießen darf und eigentlich müsste man ausdrücklich auf die Relativität der Interpretation des Beobachtenden hinweisen. Auch wenn alles so relativ und unsicher ist, muss man doch diesen Weg gehen, weil er in diesem Stadium der Entwicklung der Didaktik der einzig seriöse ist. Durch die Irrtümer und erkannten Fehlschlüsse lernt man immer besser zu messen, realisierbare Ziele zu setzen, sauberer mit wenigen unerwünschten Einflüssen zu experimentieren und das Beobachtete in seiner Relativität zu interpretieren. So versuchen es mindestens zum Teil etablierte Fachdidaktiker z.B. in der Mathematik oder in der Physik. Es ist falsch, wegen der mit der Untersuchung verbundenen Unsicherheiten auf die Experimente zu verzichten und die Theorie und die Empfehlungen nur anhand der auf den ersten Blick vernünftigen Überlegungen zu bauen. Dann kommt es zu wahren Spekulationen und widersprüchlichen Beschlüssen, die heute gerade zum Beispiel für die Fachdidaktik Informatik typisch sind[2].

Wir beobachten, dass es eigentlich trotz der anspruchsvollen formalen Sprache der Mathematik angenehmer und sicherer ist, sich auf dem relativ festen Boden der exakteren Wissenschaften wie Mathematik, Physik, Chemie oder Informatik zu bewegen, als auf dem unsicheren Boden der Wissenschaften zu spazieren, in denen man eine enorme Erfahrung haben muss, um das Spekulative vom Vernünftigen trennen zu können. Dieser Tatsache entspricht in den meisten Ländern auch die Wahl der Mittelschulfächer. Trotzdem haben wir die Absicht, in diesem Kapitel den festen Boden zu verlassen und das Risiko eines Spaziergangs in einer Welt der unsicheren Terminologie und mathematisch bisher unfassbaren Realität auf uns zu nehmen. Wir werden aber dabei unser Bestes geben, um den Lesern die Unterschiede zwischen

---

[2]Dies ist nicht nur die Folge dessen, dass die Informatikdidaktik sehr jung ist und noch keine vernünftigen Forschungstandards aufgebaut hat. Wegen des Mangels an Informatikern sind auch in der Informatikdidaktik viele Quereinsteiger und reine Anwender tätig, die nie einen Kontakt mit der Erforschung der Informatikgrundlagen hatten und deswegen die allgemeinen Bildungswerte der Informatik gar nicht erkennen.

Annahmen, Hypothesen und den daraus gezogenen Schlussfolgerungen klar zu machen und die Relativität der Aussagen zu verdeutlichen.

Wir beginnen auf dem festen Boden der Physik, in der wir die Optimierung der Kristallstruktur von Metallen diskutieren und einen Algorithmus als mathematisches Modell der Optimierung vorstellen. Dann beobachten wir, dass dieser Algorithmus in der Praxis erfolgreich zur Lösung algorithmischer Optimierungsaufgaben angewendet werden kann, obwohl das physikalische Prinzip in keiner klaren Beziehung zur Struktur der Optimierungsprobleme steht. An dieser Stelle verlassen wir die Theorie in Richtung der Experimente und Erfahrungen, die wir nur zum Teil mit exakten Mitteln erklären können. Danach verabschieden wir uns definitiv vom festen Boden und stellen uns die Frage, ob dieses physikalisch-algorithmische Optimierungsprinzip nicht zur Modellierung der Heilung von Lebewesen verwendet werden kann. Diese Gedanken führen uns zu neuen Definitionen der Gesundheit und der Krankheit, um am Ende die Heilung zu einem gewissen Teil als einen Prozess der algorithmischen Informationsverarbeitung zu sehen. Das Ganze resultiert in neuen Visionen und unter anderem in einer Vorstellung, wie Naturheilverfahren wie Homöopathie wirken könnten.

11.2 Ein algorithmisches Modell zur Optimierung der Kristallstruktur von Metallen

Wir bringen die erste überraschende Botschaft.

> „Ein Metall „weiß", was es ist, und strebt die ganze Zeit danach, es zu sein."

Wie soll man diesen Satz über eine sogenannte tote Materie verstehen? Die Metalle versuchen die ganze Zeit ihrer Existenz, ihre optimale Kristallstruktur (die sie auszeichnet und von anderen unterscheidet) zu erreichen. Damit „bemüht" sich ein Metall ständig, sich selbst zu optimieren. Das Optimieren bedeutet, die ganze Energie gleichmäßig auf die Bindungen zwischen einzelnen Teilchen zu verteilen und somit die sogenannte **freie Energie** zu minimieren. Trotz dieser Bemühungen des Metalls kann es durch äußere Belastungen zu der sogenannten Ermüdung des Materials kommen. Durch die Ermüdung können die Bindungen in gewissen Teilen immer schwächer und schwächer werden, was im schlimmsten Fall zu einem Bruch führen kann. Wie kann man einem Metall „helfen", seinen Zustand zu verbessern? Nach den Gesetzen der Thermodynamik muss das Metall ein „heißes Bad" nehmen. Diese Optimierungsprozedur des Metallzustandes besteht aus zwei Phasen:

- **Phase 1**

  Dem Metall wird von außen durch ein „heißes Bad" Energie zugeführt. Dadurch werden fast alle Bindungen geschwächt und ein chaosähnlicher Zustand entsteht. Aus der Sicht der freien Energie ist dieser Zustand sogar eine klare Verschlechterung des bisherigen Zustandes.

- **Phase 2**

  Das Metall wird langsam abgekühlt. Während dieser Abkühlung setzt sich die Bestrebung des Metalls, seinen optimalen Zustand zu erreichen, durch. Bei genügend langsamer Abkühlung erreicht das Metall „aus eigener Kraft" einen beinahe optimalen Zustand.

Die Physiker haben den folgenden Metropolis-Algorithmus entdeckt, mit dem man diese Optimierungsprozedur auf einem Rechner simulieren kann [MRR$^+$53]. Für die Beschreibung dieses Algorithmus verwenden wir die Bezeichnung $\boldsymbol{E(s)}$ für die freie Energie eines Zustandes s des Metalls. Mit C_B bezeichnen wir die Boltzmann-Konstante.

Metropolis-Algorithmus

- **Eingabe**

  Ein Zustand[3] s des Metalls mit der Energie $E(s)$.

- **Phase 1**

  Bestimme die Anfangstemperatur T (in Kelvin) des heißen Bades.

- **Phase 2**

  Generiere einen Zustand q aus s durch eine zufällige kleine Änderung (z. B. durch eine Positionsänderung eines Teilchens).

  Falls $E(q) \leq E(s)$, dann betrachte q als neuen Zustand.

  {Das bedeutet, wenn der Zustand q besser als s ist, geht das Metall in den neuen Zustand q über.}

  Falls $E(q) > E(s)$, dann akzeptiere q als einen neuen Zustand mit der Wahrscheinlichkeit

$$\mathrm{prob}(s \to q) = e^{-\frac{E(q)-E(s)}{C_B \cdot T}}$$

---

[3]Beschrieben durch die Zustände und die Positionen aller Teilchen.

(d. h. bleibe im Zustand s mit der Wahrscheinlichkeit $1 - \mathrm{prob}(s \to q)$).

- **Phase 3**

  Verkleinere T passend.

  Wenn T (in Kelvin) nicht nahe bei 0 ist, setze mit Phase 2 fort.

  Falls T (in Kelvin) nahe bei 0 ist, höre auf und gib den Zustand s aus.

Der Metropolis-Algorithmus basiert auf den Gesetzen der Thermodynamik, die wir hier nicht untersuchen wollen. Das Wesentliche zum Verständnis ist, das Folgende zu beobachten. Wenn zufällig ein besserer Zustand erzeugt wird, wird das Metall in den Zustand übergehen. Wenn ein Zustand q, der schlechter als der ursprüngliche Zustand s ist, in Betracht gezogen wird, dann besteht trotz der möglichen Verschlechterung des allgemeinen Zustandes des Metalls die Möglichkeit, in diesem schlechten Zustand zu landen. Die durch die physikalische Formel bestimmte Wahrscheinlichkeit, sich zu verschlechtern, wächst mit der Temperatur T des heißen Bades und verkleinert sich mit der Größe $(E(q) - E(s))$ der Verschlechterung. Somit schrumpft die Wahrscheinlichkeit, sich wesentlich zu verschlechtern mit der Zeit (mit der Abkühlung), aber am Anfang sind große Verschlechterungen möglich.

Folgende wichtige Tatsachen können aus den physikalischen Gesetzen mathematisch abgeleitet werden:

(i) Im Abkühlungsprozess wird die freie Energie minimiert und bei hinreichend langer Abkühlungszeit bewegt[4] sich das Metall in den optimumnahen Zuständen mit fast perfekten Kristallstrukturen.

(ii) Die positive Wahrscheinlichkeit, sich verschlechtern zu können, ist unvermeidbar. Ohne sie würde der Optimierungsprozess nicht funktionieren.

Die erste Lehre, die wir aus dem Metropolis-Algorithmus ziehen wollen, ist, dass man Verbesserungen nicht immer nur auf direktem Wege erreichen kann. Um wesentliche Verbesserungen zu erreichen, muss man zuerst einmal auch anfängliche Verschlechterungen in Kauf nehmen. So ist die Natur und es darf uns eigentlich nicht überraschen. Wenn wir ein Haus renovieren, müssen wir zuerst einiges zerschlagen, bevor wir mit der Ausbesserung anfangen können. Und wenn man ein eingefahrenes politisches System umwandeln will, kann es noch viel schlimmer aussehen. Die Revolutionen in der Geschichte

---

[4]Das Metall kann nicht ewig in einem Zustand stehen bleiben, auch wenn es sich um den optimalen Zustand handeln sollte. Der ständige Wechsel ist unvermeidbar.

der Menschheit bedeuteten am Anfang fast immer katastrophale Verschlechterungen und das gilt auch für die Fälle, in denen die hervorgebrachten Änderungen eine unvermeidbare Neuentwicklung der Gesellschaft bedeuteten. Zu akzeptieren, dass ein guter Neustart typischerweise mit Verschlechterungen verbunden ist, ist das Problem der meisten Gesellschaften. Das deutsche Steuersystem oder die in die Sackgasse gefahrene gymnasiale Ausbildung[5] in einigen deutschen Bundesländern sind auch nicht ohne Schmerz und Verluste reparierbar.

11.3 Optimierung nach den physikalischen Gesetzen in der Informatik

Die Optimierung mit dem Metropolis-Algorithmus verläuft nach den Gesetzen der Thermodynamik. Meinen Versuch, diesem Prinzip das alltägliche Leben und die Entwicklung der Gesellschaft zu unterwerfen, dürfen Sie ruhig spekulativ nennen. Es sind nichts anderes als meine Ansichten, die auf gewissen Analogien aufbauen. Es gibt aber eine erstaunliche experimentelle Bestätigung der Anwendbarkeit des Metropolis-Algorithmus in einem Gebiet, das nichts mit der Thermodynamik zu tun hat. Und dies ist das Thema dieses Abschnittes.

Wir wissen schon, was Optimierungsprobleme sind. Für einen Problemfall gibt es viele zulässige Lösungen. Jeder zulässigen Lösung sind durch eine Kostenfunktion die Kosten zugeordnet. Wir suchen eine optimale Lösung, die der Lösung mit den minimalen oder maximalen Kosten entspricht. Viele dieser Probleme sind schwer, weil wir keine bessere Strategie kennen, als alle Lösungen anzuschauen und zu vergleichen und vielleicht existiert auch gar kein viel effizienterer Ansatz. Solche Probleme sind zum Beispiel große Systeme von linearen Gleichungen und Ungleichungen, wie wir sie in Kapitel 5 kennengelernt haben. Der Unterschied ist nur, dass man in der Optimierungsvariante nicht alle durch die Belegung der Variablen durch Nullen und Einsen erfüllen kann. Die Aufgabe ist dann, so viele Gleichungen und Ungleichungen zu erfüllen, wie es nur geht. In anderen Worten minimieren wir die Anzahl der nicht erfüllten Gleichungen und Ungleichungen. Zum Beispiel

---

[5]Mehr davon im dritten Nachwort.

betrachten wir das System

$$x_1 + x_2 + x_3 + 4x_4 \geq 4 \qquad (11.1)$$
$$x_1 - 2x_2 + 3x_3 - x_4 \leq 2 \qquad (11.2)$$
$$x_2 + x_3 \geq 1 \qquad (11.3)$$
$$x_1 + x_3 \geq 1 \qquad (11.4)$$
$$x_1 - x_4 = 0 \qquad (11.5)$$
$$2x_1 - x_2 + 2x_3 - x_4 \leq 2 \qquad (11.6)$$
$$x_3 - x_4 = 0 \qquad (11.7)$$

von 7 Ungleichungen und Gleichungen. Die Lösungen sind alle Belegungen der Variablen x_1, x_2, x_3, x_4 mit Nullen und Einsen. Zum Beispiel bezeichnet $(1, 0, 1, 0)$ die Lösung $x_1 = 1, x_2 = 0, x_3 = 1$ und $x_4 = 0$. Diese Lösung erfüllt (11.3), (11.4) und erfüllt (11.1), (11.2), (11.5), (11.6) und (11.7) nicht. Damit sind die Kosten dieser Lösung 5, was der Anzahl der unerfüllten Bedingungen entspricht. Die Aufgabe ist offensichtlich, die Kosten zu minimieren.

Aufgabe 11.1 Wie sind die Kosten der Lösungen $(0, 0, 0, 0), (1, 1, 0, 0), (0, 1, 1, 1)$ und $(1, 1, 1, 1)$? Finden Sie eine optimale Lösung aus den 16 zulässigen Lösungen.

Ein anderes sehr bekanntes Beispiel ist das TSP (Traveling Salesman Problem[6]). Man hat Fluglinien zwischen allen Paaren von n Städten. Jede Fluglinie zwischen zwei Städten A und B hat einen festen Preis, egal ob man von A nach B oder von B nach A fliegt. Die Lösungen sind sogenannte **Hamiltonische Touren**. Eine Hamiltonische Tour startet und endet in derselben Stadt und besucht jede andere Stadt des Netzes genau einmal. Die Kosten einer Tour sind die gesamten Flugkosten, und die Aufgabe ist es, diese Kosten zu minimieren.

In der Praxis hat man versucht, dieses schwere Problem mit der Methode der **lokalen Suche** zu lösen. Die Idee ist sehr einfach und funktioniert nach dem folgenden Schema.

1. Generiere eine beliebige Lösung α für die gegebene Probleminstanz.

2. Suche durch kleine lokale Änderungen der Lösung α eine ähnliche Lösung, die besser ist. Wenn man eine bessere Lösung β findet, übernimmt man sie und setzt mit 2. fort.

   Falls durch lokale Änderungen keine bessere Lösung zu finden ist, beendet man die Arbeit und gibt α aus.

---

[6]Problem des Handelsreisenden

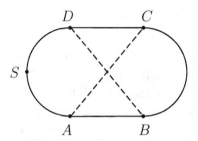

Fig. 11.1

Um die Methode gut zu verstehen, muss man zuerst genau klären, was die lokalen Änderungen der Lösungen bedeuten. Für den Fall des Systems von Ungleichungen betrachtet man z.B. die Änderung des Wertes einer Variablen. Somit kann man von der Lösung (0101) zu der Lösung (0111) durch die Änderung des Wertes der dritten Variablen von 0 auf 1 kommen. Wenn eine Lösung von einer anderen Lösung durch eine lokale Änderung erreichbar ist, dann sprechen wir von **benachbarten** Lösungen oder direkt von **Nachbarn**. Somit sind (0110) und (0010) Nachbarn und (0000) und (1100) sind keine Nachbarn. Die Methode der lokalen Suche kann man in dieser Terminologie so beschreiben, dass man für die aktuelle Lösung unter den Nachbarn eine bessere Lösung sucht. Wenn kein Nachbar besser ist, wird die Lösung als das Resultat des Algorithmus ausgegeben.

Für das TSP-Problem kann man eine lokale Änderung und damit die Nachbarschaft wie folgt definieren. Wir entfernen aus einem Hamiltonischen Kreis zwei Linien $Lin(A, B)$ und $Lin(C, D)$ (Fig. 11.1) und ersetzen sie durch neue Linien $Lin(A, C)$ und $Lin(B, D)$, wie in Fig. 11.1 gezeichnet. Wir beobachten, dass auf diese Weise ein neuer Hamiltonischer Weg entsteht. Wenn der alte Kreis die Städte A, B, C, D von S aus in dieser Reihenfolge besucht hat, besucht der neue Hamiltonische Weg die Städte in der Reihenfolge A, C, B, D.

Für viele Problemfälle läuft die lokale Suche ganz gut und liefert Lösungen, die nahe am Optimum sind. Es gibt aber auch oft Instanzen von schweren Problemen, bei denen die lokale Suche sehr schlechte Lösungen berechnet. Das kommt daher, dass es schlechte Lösungen gibt, die trotz ihrer schlechten Werte in naher Nachbarschaft keine bessere Lösung haben. Somit sind die wirklich guten Lösungen durch reine Verbesserungen nicht erreichbar. Man muss, insbesondere am Anfang der Optimierung auch mögliche Verschlechterungen[7] in Kauf nehmen, um bessere Lösungen durch eine Folge

---

[7]manchmal sogar wesentliche

von lokalen Änderungen zu erreichen. Anfang der achtziger Jahre kamen
Černý, Kirkpatrick, Gellat und Vecchi [Čer 85, KGV 83] auf die Idee, die
lokale Suche im Sinne des Metropolis-Algorithmus zu verbessern. Der so entstandene Algorithmus bekam den Namen „Simulated Annealing" und wurde
in Zehntausenden von Anwendungen erfolgreich eingesetzt. Die Umstellung
des Metropolis-Algorithmus für diskrete Optimierungsaufgaben mathematischer Natur ist sehr einfach. Man ersetzt im Metropolis-Algorithmus die
Grundbegriffe der Thermodynamik durch folgende Synonyme der diskreten
Optimierung:

$$\text{Menge der Systemzustände} \doteq \text{Menge der Lösungen}$$
$$\text{Energie eines Zustands} \doteq \text{Kosten einer Lösung}$$
$$\text{optimaler Zustand} \doteq \text{optimale Lösung}$$
$$\text{Temperatur} \doteq \text{Programmparameter}$$

Damit erhält man die Optimierungsmethode, die man „Simulated Annealing"
nennt.

Simulated Annealing

Eingabe: Eine Instanz I eines Optimierungsproblems.

1. Finde irgendeine Lösung α und stelle den Wert von T ein.

2. Generiere zufällig einen Nachbarn β von α.

3. Falls β besser als α ist, übernimm β als neue Lösung ($\alpha \leftarrow \beta$).

   Falls β nicht besser als α ist, übernimm β mit der Wahrscheinlichkeit,
   die durch die Formel des Metropolis-Algorithmus gegeben ist. Sonst
   bleibt α unverändert.

4. Verkleinere T.

   Falls T noch groß genug ist, setze mit Schritt 3 und der aktuellen Lösung
   fort.

   Falls T nahe bei 0 ist, beende und gib die aktuelle Lösung als Ausgabe
   aus.

Obwohl die behandelten Optimierungsprobleme nichts mit der Thermodynamik zu tun haben, kann man für die meisten vernünftigen Definitionen
von Nachbarschaften (lokalen Änderungen) und vernünftigen Reduktionen
der Größe von T mit der Anzahl der Wiederholungen der Schritte 2 und

3 mathematisch beweisen, dass man in hinreichend langer Zeit mit Simulated Annealing nahe an die optimalen Lösungen herankommt. Leider ist der für diese Garantie erforderliche Zeitaufwand so groß, dass eine solche Realisierung über der Grenze des physikalisch Machbaren liegt. Die Praxis zeigt aber, dass für die meisten (für die Anwendungen typischen) Problemfälle der Optimierungsprobleme diese Methode in kurzer Zeit gute Lösungen liefert. Warum typische Problemfälle so gutartig für Simulated Annealing sind, konnten wir noch nicht theoretisch begründen. Wichtig ist aber, daraus die folgende Lehre zu ziehen.

> *Das Optimieren durch eine Folge von Verbesserungsschritten funktioniert in den meisten Fällen nicht. Wenn man wesentlich verbessern will, muss man insbesondere am Anfang des Verbesserungsprozesses Verschlechterungen zulassen.*

11.4 Heilung als algorithmische Optimierung des Gesundheitszustandes

In diesem Augenblick verlassen wir den festen Boden der mathematischen Begriffe und Konzepte und gehen in die Richtung der Medizin. Wie wir schon erwähnt haben, gibt es kein Konzept auf der physikalisch-chemischen Ebene zur Unterscheidung zwischen toter und lebendiger Materie. Wir wissen nicht genau, was das Leben bedeutet und wir wissen auch nicht, was wir sind und über den Sinn unserer Existenz könnten wir höchstens diskutieren. Wenn wir dies alles nicht wissen, dann wissen wir auch nicht genau, was Gesundheit, Krankheit und Heilung sind. Sie können wieder einmal darüber diskutieren, dass wir gewisse Definitionen dieser Begriffe haben und dass wir mit diesem Verständnis relativ erfolgreich kranke Menschen medizinisch behandeln. Da haben Sie auch zum Teil recht. Genau wie die Physiker, die, ohne zu wissen, was die Energie genau ist, riesige Fortschritte in der Erforschung unserer Welt erreicht haben, hat auch die Medizin mit ihren ungenauen Begriffen zahlreiche Erfolge gebracht. Nur haben wir auch gelernt[8], dass eine Verbesserung unseres Grundverständnisses für die zentralen Begriffe und diesen entsprechenden Objekte eine notwendige Voraussetzung für einen qualitativen Forschungsfortschritt ist.

Betrachten wir in diesem Zusammenhang die Definition von **Gesundheit** gemäß der Weltgesundheitsorganisation aus dem Jahre 1948:

---

[8]insbesondere im Kapitel 1

> *Die Gesundheit ist der Zustand vollkommenen physischen und*
> *psychischen und sozialen Wohlbefindens, nicht lediglich die Ab-*
> *wesenheit von Krankheit.*

Dies ist eine wunderbare, im wahrsten Sinne des Wortes humane Definition
der Gesundheit. Sie fixiert unser Recht, sich wohl zu fühlen und zufrieden zu
sein, als die notwendige Voraussetzung für die Gesundheit. Und unsere Erfahrungen mit dem Entstehen von Krankheiten unterstützt sie voll. Die über-
mäßige physische, psychische oder soziale Belastung, Ängste, Aggressivität
und Unzufriedenheit gehören zu den wichtigsten Ursachen von Erkrankun-
gen. Trotzdem ist diese Definition nicht sehr hilfreich, wenn man die Heilung
als einen Naturprozess untersuchen will. Die Definition ersetzt den Begriff
der Gesundheit durch „den Zustand des Wohlbefindens" im Sinne eines Syn-
onyms und hilft, die Bedeutung der Gesundheit besser zu verstehen, aber
definiert die Gesundheit nicht. Die simplifizierte Definition der Gesundheit
als die Abwesenheit von Krankheit sieht vielleicht aus dieser Sicht sachlich
aus, aber nur, wenn man eine gute Definition von Krankheit hätte, die das
Wort Gesundheit nicht verwenden würde.

Somit stehen wir vor einer schwierigen Aufgabe. Ohne genau zu wissen, was
wir sind, wollen wir sagen, wann wir gesund sind. Um nach vorne zu kommen,
bleibt uns nichts übrig, als ein paar Axiome (Annahmen) zu treffen und auf
diese Weise die notwendigen Grundbegriffe zu definieren. Am Anfang dieses
Kapitels haben wir beobachtet, dass das Eisen „weiß", was es ist, indem
es die ganze Zeit seiner Existenz seinen optimalen Zustand (seine optimale
Kristallstruktur) anstrebt. Und wenn die tote Materie es schafft, ständig
ihren optimalen Zustand anzustreben (und sich somit als das, was sie ist, zu
verwirklichen versucht), dann würde ich den Lebewesen diese Fähigkeit auch
zugestehen. Somit gelange ich zum folgenden axiomatischen Grundkonzept:

> *In seinem Inneren weiß der Mensch, was er ist, und er versucht*
> *sein ganzes Leben lang, seinen optimalen Zustand zu erreichen,*
> *um das zu sein, was er ist. Die* **Gesundheit** *eines Menschen ist*
> *sein optimaler Zustand. Die* **Krankheit** *ist eine Abweichung von*
> *diesem Zustand, die unterschiedlich groß sein darf. Die* **Heilung**
> *ist eine Folge von Ist-Zuständen, die in einem vom Optimum ent-*
> *fernten Zustand beginnt und in einen optimum-näheren Zustand*
> *endet.*

Was bringt uns diese Definition und was bringt sie uns nicht? Wir verlieren
die wichtige Botschaft, dass psychisches Wohlbefinden und soziale Zufriedenheit wichtig für die Gesundheit sind. Wir versuchen gar nicht genau zu
spezifizieren, was die Gesundheit eines Wesens als sein optimaler Zustand

ist. Wir glauben nur daran, dass eine uns unbekannte physikalische Definition der Optimalität und somit der Gesundheit existieren könnte und schlagen vor, die Heilung als einen Optimierungsprozess anzusehen. Was für einen Gewinn hat man davon? Zuerst ist es die Analogie zu Optimierungsprozessen in der Physik und in der Informatik und die Unterstreichung der Existenz der inneren Kräfte, die ständig die Heilung anstreben. Diese Vorstellung der ununterbrochenen Bemühungen eines Wesens, seinen optimalen Zustand zu erreichen, basiert nicht nur auf der Analogie mit der „toten" Materie der Metalle. Unsere seit Jahrtausenden gesammelte Erfahrung und die unbestrittene Aktivität unseres Immunsystems bestätigen diese Vorstellung.

Wofür hilft uns diese Vorstellung? Zuerst einmal bei der Suche nach Heilungsmethoden. Große Teile der Medizin entwickelten sich zu einem relativ hohen Grad und sehr erfolgreich nach dem Prinzip der lokalen Behandlung. Man greift die gesundheitlichen Probleme durch gezielte chirurgische Operationen oder durch chemische Präparate an. Obwohl man mit diesen Methoden große Fortschritte feiern konnte, ist es unbestritten, dass jeder medizinische Eingriff globale Nebenwirkungen hat, deren Folgen nicht vollständig kalkulierbar sind. Die ewige Gratwanderung zwischen mehr helfen als schaden, lässt die Ärzte bei den Entscheidungen über angemessene Therapien ziemlich stark schwitzen. Jede noch so kleine Operation hat ihre Risiken und z.B. Antibiotika soll man wirklich nur bei ernsthaftem Bedarf und mit Sorgfalt „genießen". Meine Frage ist: Könnte es auch anders gehen? Und Sie können fragen: Wie anders? Meine Antwort ist folgende. Wenn wir nicht genau wissen, was wir durch medizinische Körperangriffe alles verursachen und aus dem Gleichgewicht bringen können, sollten wir uns fragen, ob wir die Steuerung der Heilung der inneren Kraft des Wesens überlassen können. Diese innere Kraft weiß am besten, was wir sind und könnte so den echten optimalen Zustand anstreben. Das klingt sehr schön, aber scheinbar funktioniert es nicht. Sonst wären wir ständig gesund und bräuchten keine medizinischen Behandlungen. Unsere visionäre Idee ist ein bisschen anders. Wir sollten nach Möglichkeiten suchen, unseren Körper zur intensiveren Anstrebung in der Optimierung anzuregen. Das Eisen kann trotz ständiger Optimierung seines Zustands durch stärkere äußere Belastung brechen. Deswegen nutzen wir das heiße Bad, um einen Zustand zu erreichen, in dem sich das „Ich" des Eisens besser durchsetzen kann. Wie kann man einem Körper mitteilen, dass er sich in eine gewisse Richtung instensiver anstrengen sollte? Wenn wir uns als weitere Annahme erlauben, dass der Steuerungsmechanismus des Körpers in seiner Natur ein Prozess der Informationsverarbeitung ist, dann können wir versuchen, durch „Informationsübertragung" mitzusteuern. Wir sehen aber auch einen wichtigen Unterschied zwischen Metallen und Lebewesen. Die unbekannte Beschreibung des optimalen Zustandes der Lebewesen ist sicherlich viel komplexer, wenn überhaupt darstellbar. Statt einen Parameter wie freie Energie zu optimieren, muss man eine Vielfalt von Parametern optimieren, die wahrscheinlich auch nicht alle auf einmal ansprechbar sind.

Versuchen wir, unsere Idee zusammenzufassen. Wir wissen nicht, was der optimale Zustand eines Menschen und somit die Gesundheit ist. Wir ahnen aber, dass die Lebewesen diese Information in sich tragen und dass es Mechanismen gibt, die in die Richtung eines optimalen Zustandes steuern. Also ist es eine natürliche Idee, diese Mechanismen zu intensiven Bemühungen anzuregen. Wie? Durch Probieren, was ohnehin die Hauptmethode in der medizinischen Forschung war und ist.

Ich persönlich kam zu dieser Idee nicht dank der Kenntnis des Metropolis-Algorithmus und seinen Anwendungen. Vor mehr als zehn Jahren wurde ich das erste Mal durch einen Zufall mit der Homöopathie konfrontiert. Zuerst habe ich dank meistens sehr naiver Versuche, sie zu erklären, eher ablehnend reagiert. Erst später habe ich das gemacht, was ein Wissenschaftler sofort hätte tun sollen. Nicht das unsinnige Gerede dafür oder dagegen zu analysieren, sondern zu probieren und zu experimentieren. Und das, was ich in den letzten Jahren erlebt und gesehen habe, hat mich überzeugt. Dann habe ich noch das Glück gehabt, den bekannten griechischen homöopathischen Arzt Vithoulkas persönlich kennen zu lernen und mit ihm über einige seiner Erfahrungen zu sprechen. Herr Vithoulkas hat für seine Tätigkeit als homöopathischer Arzt den alternativen Nobelpreis erhalten und hat in seiner Praxis und später in seinem Krankenhaus hunderttausende Patienten behandelt. Er hat klar geäußert, dass die am häufigsten vorkommende Reaktion nach der Verabreichung homöopathischer Mittel die anfängliche Verschlechterung des Gesundheitszustandes ist. Diese ist meistens sehr kurz, selten 3 − 4 Stunden und nur in Ausnahmefällen mehrere Tage. Für einen homöopathischen Arzt ist diese vorübergehende Verschlechterung die Bestätigung der richtigen Wahl des homöopathischen Mittels. Und da ist die Analogie zur physikalischen und algorithmischen Optimierung in meinem Kopf aufgetaucht und seitdem sitzt sie da, will nicht weg und regt mich wiederholt an, mich diesem Thema zuzuwenden.

Jetzt ist es aber höchste Zeit, die Leser einzuweihen, die noch keine tiefgreifenden Erfahrungen mit der Homöopathie gemacht haben. Die Homöopathie wurde vor mehr als 200 Jahren von dem deutschen Arzt Hahnemann entdeckt. Er beobachtete bei der Verabreichung der Arzneimittel immer mit Sorge die Vielfalt der negativen Nebenwirkungen und stellte sich die Frage, wie weit er hilft und wie weit er schadet und ob der Schaden wirklich unvermeidbar ist. Sein erster Versuch, die Nebenwirkungen auszuschließen war mit dem Verdünnen der Präparate verbunden. Nur mit dem Grad der Verdünnung sank auch die positive Wirksamkeit der Arzneimittel. Und dann hat er eine besondere Verdünnungsmethode erfunden und keiner weiß, wie diese ihm eingefallen ist. Er verdünnte 1 : 100 mit Wasser und schüttelte danach 10-mal auf eine sehr intensive Art die entstandene Flüssigkeit. Nach 30-facher Anwendung dieser Prozedur enthält man die sogenannte $C30$-Potenz. Nach unserer kombinatorischen Erfahrung wissen wir schon, dass das ursprüngliche Arzneimittel im resultierenden homöopathischen Mittel nur einen 100^{30}-ten Teil ausmacht. Wenn wir also am Anfang mit 10^{21} Molekülen begonnen haben, enthält die $C30$-Potenz praktisch kein Molekül der ursprünglichen Substanz. Das ist das häufigste, aber auch das naivste Argument der Gegner der Homöopathie für die „Unwissenschaftlichkeit" dieser Methode. Nur haben wir in diesem Buch gelernt, dass man das Wort „unmöglich" nicht so leicht in den Mund nehmen darf. Natürlich können die homöopathischen Hochpotenzen nicht auf der gleichen chemischen Basis wirken, wie die ursprünglichen Arzneimittel. Aber das wollte Hahnemann eigentlich erreichen. Die Frage ist: Wie wirken sie dann? Keiner kann das zufriedenstellend beantworten. Mein Hauptargument ist, dass es sich hier um reine Informationsübertragung handelt. Es gibt Untersuchungen der Strukturen, die Wassermoleküle gegenseitig aufbauen können. Die Vielfalt ist so groß, dass man hypothetisch in einem Glas Wasser mehr Informationen speichern kann, als in allen Rechnern der Welt. Die Hypothese ist, dass das Wasser fähig ist, durch Aufbau von Strukturen zwischen Molekülen Informationen über Stoffe zu speichern, mit denen es in Kontakt kam. Das Schütteln sollte diese Speicherung besonders intensivieren und die so entstandenen Strukturen sollten eine hohe Stabilität haben.

In diesem Stadium der Entwicklung der Wissenschaft sind wir unfähig, echte Beweise auf der physikalisch-chemischen Ebene für oder gegen die Homöopathie zu liefern. Wir schaffen es selten, dies mindestens teilweise für die klassischen Medikamente zu tun. Die andere Möglichkeit ist, experimentelle Untersuchungen durchzuführen. Die typischen Untersuchungen des Wirkungsgrades eines Medikamentes lassen das Medikament gegen das sogenannte Placebo spielen. Die Patienten werden zufällig in zwei gleich große Gruppen verteilt. Einer Gruppe wird das Medikament verabreicht und der anderen Gruppe reiner Zucker, genannt Placebo. Die Patienten sind aber nicht über diese Tatsache informiert. Nach dem Experiment vergleicht man die Wirkung des Medikamentes mit dem Wirkungsgrad des Placebo-Effekts. Zum Beispiel bei der Untersuchung eines Antidepressivums hatte das neue Medikament eine 43%-ige Wirkung und das Placebo half in 30% der Fälle. Überrascht von dieser hohen Erfolgsquote des Placebos? Scheinbar kann schon die Information, dass sich jemand um meine Heilung professionell kümmert, Wunder bewirken[9]. Leider sind mir keine umfangreicheren Untersuchungen der Wirkungen homöopathischer Mittel im Vergleich mit Placebos bekannt. Dies hat mindestens zwei Gründe. Homöopathie wird zwar breit praktiziert, aber es fehlen Institutionen, die sich professionell diesem Thema ohne Vorbehalte widmen würden. Zweitens kann man diese Untersuchung nicht so einfach wie im Fall der Arzneimittel führen. Die Wahl der homöopathischen Mittel ist nicht eindeutig durch die Diagnose bestimmt. Der Patiententypus sollte auch spezifiziert werden und wir haben hier eine komplexe Klassifikation mit hunderten von Typen. Die ganze Wahl des Mittels basiert auf Erfahrungen und oft sind mehrere Versuche notwendig, um das richtige Mittel zu finden. Somit ist ein Experiment gegen Placebo nicht so einfach zu realisieren. Dabei versuchen wir schon gar nicht die Probleme der Messung der Verbesserung des Gesundheitszustandes anzusprechen.

Zusätzlich optimiert ein homöopathisches Mittel nach einigen Vorstellungen nur gewisse Parameter des Gesundheitszustandes. Für schwerere chronische Krankheiten ist dann die Verabreichung von mehreren homöopathischen Mitteln und Potenzen über einen längeren Zeitraum in gewisser Reihenfolge erforderlich.

Was bleibt zu sagen, um dieses Kapitel und damit auch das ganze Buch zu schließen? Die Wissenschaftler in der Grundlagenforschung können sich noch auf spannende Pionierzeiten einstellen. Ob Kryptologie, Zufallssteuerung, DNA- und Quantenrechner oder Heilung durch „Verordnung" einer Informationsmitteilung, überall können wir noch Wunder erleben, die Forscher in Begeisterung staunen lassen und als typische Nebenwirkung auf unvermessliche Weise die Qualität unseres Lebens verbessern.

---

[9]Es gibt viele Ärzteberichte, über spontane Heilungen schwerer Krankheiten wie Krebs, die nur auf Placebo zurückzuführen sind.

Das Neue wird zuerst verspottet,
dann widerlegt und letztendlich als
etwas Selbstverständliches akzeptiert.

Emil Filla

1. Nachwort

Informatik und allgemeine Bildung

Heutzutage verbreiten sich Computer in den Haushalten so wie einst Telefone
oder Fernseher. PC, Internet, E-Mail und WWW sind nur einige Stichworte,
die im Zusammenhang mit der Informatik in der Öffentlichkeit häufig benützt werden. Aber ein erfolgreicher Umgang mit Personal-Computern oder
„Surfen" im Internet hat noch aus niemandem einen Informatiker gemacht,
genauso wenig, wie das Autofahren alleine Maschinenbauer oder das Verwenden elektrischer Geräte Physiker hervorbringt. Die Öffentlichkeit und mit ihr
ein Großteil der Führungskräfte in unserer Gesellschaft haben eine ziemlich
falsche Vorstellung von der Informatik als wissenschaftlicher Disziplin. Die
Konsequenz ist, dass man die Rolle der Informatik in der allgemeinen Bildung oft unterschätzt und in mehreren Bildungskonzepten auf oberflächliche
Computer-Nutzung reduziert. Zielsetzung dieses Nachworts ist es, mehr Verständnis für die Natur der Informatik zu vermitteln und auf die möglichen
prinzipiellen Beiträge zum Allgemeinwissen, insbesondere auf revolutionäre
Änderungen in der Denkweise, aufmerksam zu machen. Einige Aspekte der
in der Informatik erworbenen Kompetenzen, wie z.B. das Kommunizieren
mit Maschinen, sollen hier auch in den Vordergrund gehoben werden.

Versuchen wir zunächst, die Frage **„Was ist Informatik?"** zu beantworten. Eine genaue Spezifikation einer wissenschaftlichen Disziplin zu liefern,
ist eine schwierige Aufgabe, die man selten vollständig bewältigen kann. Üblicherweise wird versucht, Informatik mit der folgenden allgemeinen Aussage
zu beschreiben:

> *„Informatik ist die Wissenschaft von der algorithmischen Dar-
> stellung, Erkennung, Verarbeitung, Speicherung und Übertra-
> gung von Information."*

Obwohl diese weitgehend akzeptierte Definition der Informatik die Information und den Algorithmus als Hauptobjekte und den Umgang mit diesen als Ziel der Untersuchung in der Informatik darstellt, sagt sie nicht viel über die Natur der Informatik und über die in ihr benutzten Methoden aus. Eine viel wichtigere Frage für die Klärung der Substanz der Informatik ist die folgende:

„Welchen Wissenschaften kann man die Informatik zuordnen? Ist sie Meta-Wissenschaft (wie Philosophie und Mathematik), Geisteswissenschaft, Naturwissenschaft oder Ingenieurwissenschaft?"

Die Antwort auf diese Frage klärt nicht nur das Objekt der Untersuchung, sondern sie beschreibt auch die Methodik und die Beiträge der Informatik. Die Antwort lautet, dass die Informatik keiner dieser Wissenschaftsgruppen vollständig zugeordnet werden kann. Die Informatik besitzt sowohl die Aspekte einer Meta-Wissenschaft, einer Naturwissenschaft als auch die einer Ingenieurwissenschaft. Wir geben hier eine kurze Begründung für diese Behauptung.

Wie die Philosophie und die Mathematik studiert die Informatik allgemeine Kategorien wie

Determinismus, Nichtdeterminismus, Zufall, Information, Wahrheit, Unwahrheit, Komplexität, Sprache, Beweis, Wissen, Kommunikation, Approximation, Algorithmus, Simulation usw.

und trägt zu ihrem Verständnis bei. Mehreren dieser Kategorien hat die Informatik einen neuen Inhalt und eine neue Bedeutung gegeben.

Eine Naturwissenschaft studiert (im Unterschied zur Philosophie und Mathematik) konkrete physikalische Objekte und Prozesse, bestimmt die Grenze zwischen Möglichem und Unmöglichem und erforscht die quantitativen Gesetze der Naturprozesse. Die Naturwissenschaften modellieren also die Realität, analysieren die gewonnenen Modelle und überprüfen ihre Zuverlässigkeit in Experimenten. Alle diese Aspekte einer Naturwissenschaft finden sich auch in der Informatik wieder. Die Objekte sind Informationen und Algorithmen (Programme, Rechner), und die Prozesse sind die physikalisch existierenden Prozesse der Informationsverarbeitung. Versuchen wir, dies anhand der Entwicklung der Informatik zu dokumentieren. Die historisch erste wichtige Forschungsfrage der Informatik war die folgende Frage von philosophischer Bedeutung:

Existieren wohldefinierte Aufgaben, die man automatisch (d. h. durch einen Rechner, unabhängig von der Leistungsfähigkeit heutiger oder zukünftiger Rechner) nicht lösen kann?

Die Bemühungen, diese Frage zu beantworten, führten zur Gründung der Informatik als selbstständige Wissenschaft. Die Antwort auf diese Frage ist positiv, und wir kennen heute viele praktisch relevante Aufgaben, die man gerne algorithmisch (automatisch) lösen würde, die aber algorithmisch nicht lösbar sind[10]. Das liegt aber nicht daran, dass bisher niemand einen Algorithmus (ein Programm) zur Lösung dieser Aufgaben entwickelt hat, sondern daran, dass die Nichtexistenz solcher Programme mathematisch bewiesen wurde.

Nachdem man Methoden entwickelt hat, um Aufgaben danach zu klassifizieren, ob für diese ein Programm als algorithmische Lösung existiert oder nicht, stellt man sich die naturwissenschaftliche Frage: **„Wie schwer sind konkrete algorithmische Aufgaben?"**

Die Schwierigkeit einer Aufgabe misst man aber nicht darin, wie schwer es ist, ein Programm für die Aufgabe zu entwickeln, oder wie umfangreich solch ein Programm ist. Die Schwierigkeit misst man in der Menge der Arbeit, die ein Rechner leisten muss, um die Aufgabe für konkrete Eingaben zu lösen. Man hat festgestellt, dass es beliebig schwere Aufgaben gibt, sogar solche, für deren Lösung man mehr Energie braucht, als im ganzen bekannten Universum zur Verfügung steht. Es existieren also Aufgaben, für deren Lösung man zwar Programme schreiben kann, was aber nicht hilft, denn ein Lauf eines solchen Programms benötigt mehr Zeit, als etwa seit dem Urknall bis heute vergangen ist. Die bloße Existenz eines Programms für eine untersuchte Aufgabe bedeutet also nicht, dass diese Aufgabe **praktisch** algorithmisch lösbar ist.

Die Bemühungen, die Aufgaben in **praktisch lösbare** und **praktisch unlösbare** zu unterteilen, führten zu einigen der faszinierendsten mathematisch-naturwissenschaftlichen Erkenntnisse, die in der Informatik erbracht worden sind.

Als ein Beispiel solcher Resultate können wir zufallsgesteuerte Algorithmen betrachten. Programme (Algorithmen), wie wir sie benutzen, sind deterministisch. Die Bedeutung des Wortes „deterministisch" besteht darin, dass das Programm und die Eingabe vollständig die Arbeit des Rechners bestimmen. Zu jedem Zeitpunkt ist in Abhängigkeit von den aktuellen Daten eindeutig bestimmt, was die nächste Aktion des Programms sein wird. Zufallsgesteuerte Programme dürfen mehrere Möglichkeiten für die Fortsetzung ihrer Arbeit aufweisen; welche Möglichkeit gewählt wird, wird zufällig entschieden. Das ist so, als würfe ein zufallsgesteuertes Programm von Zeit zu Zeit eine Münze und wählte abhängig davon, ob Kopf oder Zahl gefallen ist, ei-

---

[10]siehe Kapitel 4

ne entsprechende Strategie für die weitere Verfahrensweise, etwa zur Suche nach einem richtigen Resultat. Ein zufallsgesteuertes Programm erlaubt daher mehrere unterschiedliche Berechnungen für ein und dieselbe Eingabe. Im Unterschied zu deterministischen Programmen, die immer eine zuverlässige Berechnung des richtigen Resultats garantieren, dürfen einige Berechnungen zufallsgesteuerter Programme auch zu falschen Resultaten führen. Das Ziel besteht darin, die Wahrscheinlichkeit der Durchführung einer Berechnung mit falschem Resultat so gering wie möglich zu halten, was unter bestimmten Umständen bedeuten kann, dass man versucht, den proportionalen Anteil der Berechnungen mit falschem Resultat zu minimieren.

Auf den ersten Blick sieht ein zufallsgesteuertes Programm im Vergleich zu deterministischen Programmen wie etwas Unzuverlässiges aus, und man könnte sich fragen, wozu das gut sein soll. Es existieren aber Aufgaben von großer praktischer Bedeutung, bei denen der schnellste deterministische Algorithmus auf dem schnellsten denkbaren Rechner mehr Zeit zur Berechnung der Lösung bräuchte, als das Universum alt ist. Die Aufgabe scheint also praktisch unlösbar zu sein. Und nun geschieht ein „Wunder": Ein zufallsgesteuerter Algorithmus, der die Aufgabe in ein paar Minuten auf einem gewöhnlichen Personal-Computer mit einer Fehlerwahrscheinlichkeit von einem Billionstel löst. Kann man ein solches Programm für unzuverlässig halten? Der Lauf eines deterministischen Programms, das für eine Aufgabe einen Tag rechnet, ist unzuverlässiger als unser zufallsgesteuertes Programm, weil die Wahrscheinlichkeit des Auftretens eines Hardware-Fehlers während einer 24-stündigen Arbeit viel höher ist als die Wahrscheinlichkeit einer fehlerhaften Ausgabe des schnellen zufallsgesteuerten Programms.

Warum so etwas überhaupt möglich ist, ist ohne Informatikvorkenntnisse schwer zu erklären. Die Suche nach den wahren Gründen für die Stärke der Zufallssteuerung ist aber eine faszinierende mathematisch-naturwissenschaftliche Forschungsaufgabe. Wichtig ist, zu bemerken, dass auch hier die Natur unser bester Lehrmeister sein kann, denn in ihr geschieht mehr zufallsgesteuert, als man glaubt. Informatiker können viele Beispiele von Systemen angeben, bei denen die gewünschten Eigenschaften und Verhaltensweisen im Wesentlichen durch das Konzept der Zufallssteuerung erreicht werden. In solchen Beispielen muss jedes deterministische, „einhundert Prozent zuverlässige" System mit dem erwünschten Verhalten aus Milliarden von Teilsystemen bestehen, die alle miteinander kooperieren müssen. Ein solch komplexes System, bei dem viele Teilsysteme immer korrekt arbeiten, kann praktisch nicht realisiert werden, und falls ein Fehler auftritt, ist es eine fast unlösbare Aufgabe, ihn zu suchen. Man braucht gar nicht darüber nachzudenken, wie hoch die Entwicklungs- und Herstellungskosten eines solchen Systems wären. Andererseits kann man ein solches System zu geringen Kosten durch ein kleines zufallsgesteuertes System mit dem gewünschten Verhalten ersetzen, bei dem alle Funktionen jederzeit überprüfbar sind und die Wahrscheinlichkeit eines fehlerhaften Verhaltens so gering ist, dass man sich in der Anwendung keine Sorgen darum machen muss.

Trotz der naturwissenschaftlichen Aspekte der Informatik, die wir gerade illustriert haben, bleibt diese für die meisten Informatiker eine typische anwendungs- und problemorientierte Ingenieurwissenschaft. Die Informatik umfasst nicht nur die technischen Aspekte des Ingenieurwesens, wie

Organisation des Entwicklungsprozesses (Phasen, Meilensteine, Dokumentation), Formulierung strategischer Ziele und einzuhaltender Grenzen, Modellierung, Beschreibung, Spezifikation, Qualitätssicherung, Testen, Einbettung in existierende Systeme, Wiederverwendung und Werkzeugunterstützung,

sondern auch die Management-Aspekte wie zum Beispiel

Team-Organisation und -Leitung, Kostenvoranschlag und Kostenaufschlüsselung, Planung, Produktivität, Qualitäts-Management, Abschätzung von Zeitrahmen und Fristen, Zeit zur Markteinführung, Vertragsabschluss und Marketing.

Eine Informatikerin oder ein Informatiker muss auch ein wahrer Pragmatiker sein. Bei der Konstruktion sehr komplexer Soft- oder Hardware-Systeme muss man Entscheidungen oft gefühlsmäßig und anhand eigener Erfahrung treffen, weil man keine Aussicht hat, die komplexe Realität vollständig zu analysieren und zu modellieren.

Ein anschauliches Beispiel ist das Konstruieren großer Software-Systeme, die aus mehr als einer Million Recheninstruktionen bestehen. Es ist angesichts derart langer und komplexer Programme praktisch unmöglich, ein fehlerfreies Produkt herzustellen, insbesondere wenn an seiner Herstellung eine große Anzahl von Software-Ingenieuren beteiligt ist. Also weiß man im Vorhinein, dass ein fehlerhaftes Verhalten des Endproduktes nicht zu vermeiden ist, und es geht nur darum, ob die Anzahl dieser Fehler sich in Hunderten, Tausenden oder sogar Zehntausenden messen lassen muss. Und da kommen die meisten der oben erwähnten Konzepte ins Spiel. Gute Modellierung, Strukturierung und Spezifikation in der Herstellungsphase und geschicktes Verifizieren und Testen während des ganzen Projekts sind entscheidend für die endgültige Zuverlässigkeit des Software-Produkts.

Wenn man sich das, was wir bisher von der Informatik geschildert haben, durch den Kopf gehen lässt, könnte man den Eindruck gewinnen, dass das Studium der Informatik zu schwer sei. Gute Mathematikkenntnisse sind erforderlich, und zu denken wie ein Naturwissenschaftler und wie ein Ingenieur, ist gleichermaßen erwünscht. Das mag stimmen, aber in dieser Interdisziplinarität liegt auch der größte Vorteil dieser Ausbildung. Die größte Krankheit heutiger Wissenschaften ist eine zu starke Spezialisierung, die dazu geführt hat, dass sich viele Wissenschaften zu unabhängig voneinander entwickelt haben. Die Wissenschaften entwickelten eigene Sprachen, die oft sogar für benachbarte Wissenschaften nicht mehr verständlich sind. Es geht soweit, dass die standardisierte Art der Argumentation in einer Wissenschaft in einer anderen Wissenschaft als eine oberflächliche und unzulässige Begründung eingestuft wird. Das macht die propagierte interdisziplinäre Forschung ziemlich schwierig. Die Informatik aber ist in ihrem Kern interdisziplinär. Sie orientiert sich an der Suche nach Problemlösungen in allen Bereichen des wissenschaftlichen und alltäglichen Lebens, bei denen man Rechner anwendet oder anwenden könnte. Dabei bedient sie sich eines breiten Spektrums von Verfahren, das von präzisen formalen Methoden der Mathematik bis hin zum erfahrungsgetriebenen „Know-how" der Ingenieurdisziplinen variiert. Die Möglichkeit, gleichzeitig unterschiedliche Wissenschaftssprachen und Arten des Denkens zusammenhängend in einer Disziplin zu erlernen, ist das wichtigste, was den Informatikabsolventen in ihrer Ausbildung vermittelt wird.

Dies führt uns zur Kernfrage dieses Abschnitts, zur Frage, wie man die Informatik in die allgemeine Bildung einfließen lassen kann. Dabei ist wichtig, zu bemerken, dass es hier nicht darum gehen soll, wie man erfolgreich Rechner zur Unterstützung der Ausbildung in anderen Fächern nutzt, sondern darum, welche Teile der Kerninformatik man wie und wo in der allgemeinen Bildung anbieten kann.

Die Informatik mit ihren Erkenntnissen mathematischer und naturwissenschaftlicher Natur hat heute für die allgemeine Bildung eine genauso große Bedeutung wie jedes andere Fach, das fester Bestandteil der Ausbildung ist. Am besten sind die potenziellen Bildungsbeiträge der Informatik mit jenen der Mathematik zu vergleichen, nicht nur, weil die angewandten Methoden mathematischer Natur sind und viele Erkenntnisse in der Schnittmenge von Mathematik und Informatik liegen, sondern insbesondere auch, weil die Kenntnisse der Kerninformatik ähnlich allgemeine Bedeutung für Lösungen von Problemen haben und genauso wichtig für die Prägung von Denkweisen sind wie mathematische Kenntnisse. Beispiele dafür sind nicht nur die oben erwähnten zufallsgesteuerten Programme und Systeme, sondern auch viele abstrakte Anwendungen in der Kommunikation, insbesondere im Austausch geheimer Informationen (Kryptographie). Das Schöne an der Präsentation dieser Gebiete ist, dass man die Ziele als aufregende Probleme erfährt und auf der Lösungsebene viele unerwartete Wendungen und Überraschungen erleben kann. Dies ist gerade das, was der heutigen Mathematikausbildung in Mittelschulen fehlt. Informatikunterricht kann in mehreren Dimensionen eine Bereicherung und Unterstützung des Mathematikunterrichtes sein und soll in keinem Fall als Konkurrenz für die Mathematik betrachtet werden. Man kann sich zum Beispiel der Entwicklung von algorithmischen Strategien zur Lösung mathematischer Probleme widmen. Solche Zielsetzungen sind leicht zu motivieren, und darüber hinaus kann man die entwickelten Methoden und Strategien auf dem Rechner und oft sogar im täglichen Leben umsetzen und testen. Solche experimentierfreudigen und puzzle-artigen Elemente brächten wieder mehr Leben in den Mathematikunterricht. Die anschauliche Geometrie kann sehr früh erfolgreich vermittelt werden, wenn man im Programmierunterricht im Grundschulalter mit Programmen zur Zeichnung von geometrischen Bildern anfängt.

Es verbleibt natürlich die Frage, ob und wie man die praktischen, ingenieurwissenschaftlichen Teile der Informatik in die allgemeine Ausbildung einbringen kann. Diese sind wesentlich bedeutsamer als das Erlernen des Umgangs mit dem Rechner. Zum Beispiel bedeutet Programmieren, ein gewünschtes Verhalten oder Tätigkeiten auf der Ebene einfacher Aktionen so eindeutig wie möglich und in der Form eines Rezepts zu beschreiben, so dass nicht nur jeder nicht eingeweihte Mensch, sondern sogar die Maschine, bar jeder Intelligenz, die gewünschte Tätigkeit nach dem vorgelegten Rezept erfolgreich ausüben kann. Diese Fertigkeit wird im täglichen Leben mit der Technik mehr und mehr gefragt, denn sie entspricht in gewissem Sinne der Fähigkeit, mit den Maschinen zu kommunizieren. Es ist sicher nicht zu unterschätzen, wenn Kinder und Jugendliche eine große Freude am Programmieren entwickeln. Das rührt daher, dass sie etwas entwerfen dürfen, das sie danach testen und durch Fehlersuche korrigieren und verbessern können. Versuche mit Grundschulkindern haben gezeigt, dass diese mit Begeisterung die Grundlagen der Programmierung erlernen und sie selbstständig anwenden, so unglaublich dies auch klingen mag. Einige Zukunftsvisionen schreiben dem Algorithmenentwurf und der Programmierung eine dem Lesen und Schreiben vergleichbare Bedeutung zu. Ob das wirklich so wörtlich zu nehmen ist, wird die Zeit zeigen. Aber in der Epoche der Rechner und breiter Kommunikationsmöglichkeiten ist gerade die Informatik die Disziplin, die das tiefere Verständnis für all diese Prozesse der Informationsverarbeitung und -übertragung vermitteln kann.

Wir haben mehrere unterschiedliche Gründe für eine stärkere Einbeziehung der Informatik in die allgemeine Bildung genannt. Der wichtigste liegt wahrscheinlich in der Interdisziplinarität, die das innere Merkmal der Informatik ist. Max Planck hat einmal gesagt, dass es nur eine Wissenschaft gibt und dass ihre Verteilung in unterschiedliche Wissenschaftsdisziplinen der beschränkten menschlichen Kapazität, aber nicht ihrem inneren Bedarf entspricht. Die Informatik ist ein „lebendiger" Beweis der Gültigkeit dieser Behauptung. Informatik könnte gerade den fehlenden Integrationsfaktor zwischen verschiedenen Wissenschaftsgebieten liefern und so zur Modernisierung des ganzen Bildungssystems beitragen.

Mit der Integration der Informatik geht es nicht nur darum, die schon vor vielen Jahren entstandene Lücke in der allgemeinen Ausbildung zu schließen, sondern einen wesentlichen Schritt nach vorne in der Entwicklung unseres Schulsystems zu machen.

Eine Wissenschaft, die nur für praktische Zwecke gebildet würde, ist nicht möglich; die Wahrheiten sind nur dann nützlich, wenn sie gegenseitig verbunden sind. Wenn du nur die Wahrheiten suchst, von denen man direkte praktische Schlüsse erwarten kann, gehen die bindenden Kettenglieder verloren und die Kette zerreißt.

Jules Henri Poincaré

2. Nachwort

Grundlagenforschung - Luxus oder existenzielle Notwendigkeit?

Kann oder soll sich ein Land Grundlagenforschung leisten? Sind Nobelpreisträger ein überflüssiger Luxus? Genügt die angewandte Forschung, um Wohlstand und Fortschritt langfristig zu sichern? Was passiert, wenn wir auf Grundlagenforschung verzichten?

Als ich im Januar 2004 an die ETH Zürich kam, diskutierte man in der Presse die Frage, ob die Forschung überhaupt zum Wohlstand der Gesellschaft beiträgt und ob die Investitionen in die Forschung berechtigt sind. In der letzten Zeit wurde die Diskussion noch intensiver.

Die Fachzeitschrift „io new management" veröffentlichte am 25. April 2006 unter dem Titel „Weniger staatliche Hilfe, mehr Effizienz" unter anderen die folgende Meinungsäußerung: „Ein sich konsequent an den Bedürfnissen des Marktes orientierender Wettbewerb um Forschungsgelder würde den Zwang mit sich bringen, dass die Ziele der Forscher frühzeitig mit den Markterfordernissen in Einklang zu bringen wären. Weniger staatliche Mittel für die Grundlagenforschung an den Hochschulen würden so mehr Dynamik und Effizienz auslösen. Die theoretische Forschung bringt zwar internationales akademisches Prestige und ab und zu einen Nobelpreisträger, aber wie lange kann sich die Schweiz diesen Luxus noch leisten? Die zentrale Frage bei der Vergabe von Forschungsgeldern ist, ob und wie schnell diese zu weltmarktfähigen Produkten führen."

Der Economist vom 10. September 2005 formulierte es noch etwas härter: „Erst wenn wir beginnen, jeden Forschungsfranken einer Investitionsrechnung zu unterziehen, die kommerziellen Kriterien standhält, können wir auch erwarten, dass er dem Forschungsdollar an Effizienz ebenbürtig wird."

Auf den ersten Blick mögen diese Äusserungen einleuchten. Die Schulen und die Forschungsinstitute werden aus den Steuergeldern bezahlt und sollen uns deswegen Nutzen bringen. Lieber mehr Geld und einen höheren Lebensstandard als Bekanntheit durch Nobelpreise, so dürften viele aufgrund der oben stehenden Zeilen denken. Ist diese Vorstellung aber realistisch oder nur populistisch? Das Erfordernis der Forschungseffizienz mag naheliegend sein.

Wenn ich mich kurz fassen müsste, würde ich hier die folgenden Worte von Louis Pasteur zitieren: „Unglücklich sind diejenigen, denen alles klar ist."

Die Grenze zwischen angewandter und Grundlagenforschung ist fliessend

Um die Problematik zu verstehen, muss man sich jedoch zunächst mal mit der Rolle der Forschung in der Wissensgesellschaft und in der Geschichte der Menschheit auseinandersetzen. Und die erste Verständnisfrage müsste lauten: Was ist angewandte Forschung und was theoretische Grundlagenforschung, und stehen die beiden Bereiche überhaupt miteinander im Wettbewerb? Die Forschung kann man nicht klar in diese zwei Gebiete teilen. Die heutige Entwicklung zeigt, dass man immer mehr Forschungsvorhaben hat, bei denen eine Zuordnung zu einer dieser Kategorien unmöglich ist. Die Genomforschung und der Bau eines Quantenrechners gehören zur Grundlagenforschung und haben dennoch fast sofort kommerzielle Auswirkungen. Es gibt unzählige Beispiele wie Kryptologie und sichere Kommunikation, automatische Spracherkennung, Logistik und Optimierung der Arbeitsprozesse, Entwurf von leistungsfähigen Kommunikationsnetzen usw., bei denen die Grenze zwischen der theoretischen und der angewandten Forschung nicht mehr erkennbar sind.

Die Autoren der oben formulierten Zeilen scheinen aber zu wissen, wo der Unterschied zwischen der angewandten Forschung und der Theorie liegt. Angewandte Forschung liegt dann vor, wenn man schon zu Beginn die finanziellen Folgen des Projektes vorhersagen kann. Die Frage stellt sich, ob es sich überhaupt noch um Forschung handelt. Ich habe während meiner Gutachtertätigkeit zahlreiche gut dotierte „angewandte" EU-Projekte gesehen, die jeder Hochschulabsolvent ohne Hilfe einer Forschungsanstalt und damit ohne einen besonderen Wissenstransfer von der Universität in die Industrie abwickeln könnte. Wäre diese staatliche Investition effizient, wenn die Firmen den Auftrag auch durch die Einstellung von Hochschulabgänger bewältigen könnten? So wie man in den erwähnten Artikeln die angewandte Forschung darstellt, geht es um einen reinen Wissenskonsum und nicht um Wissenserzeugung. Damit beleidigt man sogar die angewandte Forschung.

Wissensvermehrung ist Voraussetzung für langfristigen Fortschritt

Wer wusste vor 20 Jahren, dass die Kommunikationsexplosion mit Internet, E-Commerce und Online-Banking die Gesellschaft derart stark verändern würde? Wer sah seinerzeit voraus, dass sich die Kommunikationstechnik zu einem so wichtigen Industriezweig entwickeln könnte? Hätte man damals die Effizienz damaliger Forschung abschätzen können? Die Forschung, die diese Möglichkeiten geschaffen hat, war in erster Linie physikalische, materialwissenschaftliche und elektrotechnische Grundlagenforschung für die Kommunikationstechnologien sowie die Informatik und die Mathematik für die algorithmische Entwicklung. Nur wenige Leute ahnen, welch tiefgründiges Wissen dieser Gebiete notwendig ist, um den heutigen Kommunikationsluxus zu gewährleisten. Und so war es bei jedem grossen Fortschritt. Denn keine größeren, zu Wohlstand führenden Veränderungen waren ohne vorherige Wissensvermehrung möglich. Vom derzeitigen Wissen zu schöpfen kann nur sehr kurzfristig gewinnbringend sein. Ohne unvorhersehbare Wissenserzeugung wird es nämlich weder Fortschritt noch Wohlstand geben.

Das Wort „Wohlstand" ist in diesem Zusammenhang unglücklich gewählt. Manche Verfasser versuchen uns einzureden, dass der Wohlstand das wichtigste Ziel der Gesellschaft ist. Diese Meinung ist natürlich beliebt, weil der Wohlstand uns alle betrifft. Nur aus der Sicht des heutigen Wohlstandes zu argumentieren, ist genauso gefährlich, als wenn jemand in der Steinzeit empfohlen hätte, sich von Tag zu Tag satt zu essen und keine Vorräte für den Winter anzulegen. Dass man in einem künftigen harten Winter verhungern könnte, wollte man nicht wahr haben. Wenn Sie jetzt meinen, solche Zeiten seien endgültig vorbei, erwidere ich, dass Sie die Welt blauäugig betrachten.

Die Aufrechterhaltung des Wohlstandes genügt nicht

In meinen Augen sind wir in einem fortwährenden Wettlauf mit der Zeit, der über unsere Existenz als Menschheit entscheiden wird. Die Erde hat uns 10 000 Jahre lang ein besonders mildes Klima geschenkt, das sicherlich wesentlich zur schnellen Entwicklung unserer Zivilisation beigetragen hat. Wir wissen aber nicht, was alles auf uns zukommen wird. Wenn schwierige Zeiten mit Problemen von heute unbekannten Dimensionen kommen, wird nicht entscheidend sein, ob wir im Wohlstand leben, sondern ob wir uns so weit entwickelt haben, dass wir diese Situationen meistern können. Es kann auch um das Überleben gehen. Erinnern wir uns an die Flutwelle vor mehr als einem Jahr, die Zehntausende Leben gekostet hat. Der Stand unseres Wissens wird nicht nur darüber entscheiden, ob wir einen Tsunami rechtzeitig voraussehen können, sondern ob wir Schäden möglichst vermeiden können. Deswegen ist es gefährlich, sich in Zeiten des Überflusses und der Üppigkeit auf die Bewahrung des Wohlstandes zu beschränken, ohne gleichzeitig an der eigenen Weiterentwicklung zu arbeiten.

Von der Erfindung bis zur praktischen Nutzung vergehen im Schnitt 20 Jahre

Die Umsetzung unseres Wissens in praktisch nutzbare Technologien ist das wichtigste Maß für unseren Fortschritt. Dieses Wissen entsteht durch die Forschung, und zwar meistens in der Forschung, deren finanzieller Nutzen in den nächsten 10 oder 20 Jahren nicht absehbar ist. Der Tag der Nobelpreisträger an der Feier zum 150. Jahrestag der ETH Zürich hat uns gezeigt, dass die industrielle Umsetzung grundlegender Erfindungen im Schnitt 20 Jahre beansprucht. Und wer wagt noch heute zuverlässig vorherzusagen, wohin uns die nächsten 20 Jahren bringen werden?

Die Forderung einer rein praxisbezogenen, auf die Industrie ausgerichteten Forschung – unter Verzicht auf Wissenserzeugung – und die Betrachtung von Nobelpreisträgern als unnötigen Luxus sind genauso oberflächlich, als wenn jemand die wahre Kunst als übermäßigen Luxus bezeichnen würde. Wozu Künstler wie Picasso, Dali, Hundertwasser, Mozart oder Beethoven? Lebt die Mehrheit nicht mit Kunstdrucken und Popmusik? Sind die grossen Schriftsteller also ebenfalls überflüssig, weil es unzählige leicht verkäufliche, mittelmäßige Romane gibt? Dass die grossen Kunstwerke ganze Generationen in ihrer Entwicklung beeinflusst haben, würde man dabei verschweigen. Genauso wie man vergisst, dass wir der Forschung und der Kunst ohne beschränkten Zeithorizont nicht nur den Wohlstand, sondern auch die Entwicklung unserer Zivilisation verdanken.

Die Beschränkung auf kurzfristige, einträgliche Forschung ist sehr gefährlich

Ich möchte mit diesem Abschnitt nicht darlegen, ob man zu viele oder zu wenige Forschungsgelder zur Verfügung hat oder ob die Proportionen zwischen

Grundlagen- und angewandter Forschung stimmen. Dies würde eine tiefergehende, sorgfältige Analyse voraussetzen. Eines ist aber sicher: Es ist äußerst gefährlich, die Forschungsunterstützung auf Investitionen mit kurzfristigem und absehbarem Gewinn zu reduzieren. Ganz abgesehen davon, dass solche Äußerungen die Bedeutung der Wissensproduktion und damit die Bedeutung der Bildung mindern. Andererseits ist es eine Utopie zu glauben, dass eine Bewertung des Forschungsnutzens durch die Industrie automatisch für Effizienz sorgt. Wenn nämlich ein Betrieb viel Geld für eine Technologie ausgegeben hat, hat er kaum ein Interesse an wesentlichen Innovationen, bevor sich die erste Investition ausgezahlt hat. Nur Mitbewerber veranlassen die Firmen zu entscheidenden Änderungen. Doch es besteht keine Garantie, dass rechtzeitig eine Konkurrenz auftaucht. Die einzige einigermaßen wirkungsvolle Geldverteilung in der Forschung ergibt sich durch die Gutachtertätigkeit von exzellenten Forscherinnen und Forschern. Maßgebend sind also nicht quantitative Parameter (Rangfolgen), wie sie viele Entscheidungsträger vorziehen.

Was ist also unsere Botschaft? Je mehr gute Forschungsarbeit, desto sicherer die Zukunft, desto mehr kreative Tätigkeit und somit mehr innere Zufriedenheit. Ich glaube daran, dass die Kreativität der Sinn unseres Lebens ist und deswegen schließe ich mit den folgenden Worten:

> Schöpfend wartete ich auf die Heilung, schöpfend wurde ich gesund.
>
> Heinrich Heine

> Die Wurzel alles Bösen ist mangelhaftes Wissen.
>
> Buddha

> Den Sinn des Lebens sehe ich in der Schöpfung, die unendlich ist.
>
> Maxim Gorkij

Die ursprüngliche Version diese Artikels erschien in „io new management", Nr. 10/2006.

Literaturverzeichnis

[BB03]   D. Bongartz and H.-J. Böckenhauer. *Algorithmische Konzepte der Bioinformatik*. Teubner, 2003.

[Beu02a]   A. Beutelspacher. *Geheimsprachen. Geschichte und Techniken*. Verlag P. H. Beck, München, 2002.

[Beu02b]   Albrecht Beutelspacher. *Kryptologie*. Friedr. Vieweg & Sohn, Braunschweig, sixth edition, 2002. Eine Einführung in die Wissenschaft vom Verschlüsseln, Verbergen und Verheimlichen. [An introduction to the science of coding, hiding and concealing], Ohne alle Geheimniskrämerei, aber nicht ohne hinterlistigen Schalk, dargestellt zum Nutzen und Ergötzen des allgemeinen Publikums. [Without any mystery mongering, but not without crafty shenanigans, presented for the use and delight of the general public].

[DH76]   Whitfield Diffie and Martin E. Hellman. New directions in cryptography. *IEEE Trans. Information Theory*, IT-22(6):644–654, 1976.

[Die04]   Martin Dietzfelbinger. *Primality testing in polynomial time*, volume 3000 of *Lecture Notes in Computer Science*. Springer-Verlag, Berlin, 2004. From randomized algorithms to „PRIMES is in P".

[DK02]   Hans Delfs and Helmut Knebl. *Introduction to cryptography*. Information Security and Cryptography. Springer-Verlag, Berlin, 2002. Principles and applications.

[Drl92]   K. Drlica. *Understanding DNA and Gene Cloning. A Guide for CURIOUS*. John Wiley and Sons, New York, 1992.

[Fey61]   R. P. Feynman. Miniaturisation. *D. H. Gilber (ed)*, pages 282–296, 1961.

[Hro97]   Juraj Hromkovič. *Communication complexity and parallel computing*. Texts in Theoretical Computer Science. An EATCS Series. Springer-Verlag, Berlin, 1997.

[Hro04a]   J. Hromkovič. *Randomisierte Algorithmen. Methoden zum Entwurf von zufallsgesteuerten Systemen für Einsteiger*. Teubner, 2004.

[Hro04b]   J. Hromkovič. *Theoretische Informatik*. Teubner, 2004.

[Hro04c]   J. Hromkovič. *Algorithmics for Hard Problems*. Springer Verlag, 2004.

[Hro05]   J. Hromkovič. *Design and analysis of randomized algorithms*. Texts in Theoretical Computer Science. An EATCS Series. Springer-Verlag, Berlin, 2005. Introduction to design paradigms.

[KN97]   Eyal Kushilevitz and Noam Nisan. *Communication complexity*. Cambridge University Press, Cambridge, 1997.

[MR95]   Rajeev Motwani and Prabhakar Raghavan. *Randomized algorithms*. Cambridge University Press, Cambridge, 1995.

[MRR+53]   N. Metropolis, A. W. Rosenbluth, M. N. Rosenbluth, Teller A. H., and E. Teller. Equation of state calculation by fast computing machines. *Journal of Chemical Physics*, 21:1087–1091, 1953.

[PRS05]   Ch. Păun, G. Rozenberg, and A. Salomaa. *DNA Computing. New Computing Paradigms*. Springer Verlag, 2005.

[RSA78]   R. L. Rivest, A. Shamir, and L. Adleman. A method for obtaining digital signatures and public-key cryptosystems. *Comm. ACM*, 21(2):120–126, 1978.

[Sal96]   Arto Salomaa. *Public-key cryptography*. Texts in Theoretical Computer Science. An EATCS Series. Springer-Verlag, Berlin, second edition, 1996.

Printed in the United States
By Bookmasters